böhlau

Literatur – Kultur – Geschlecht
Studien zur Literatur- und Kulturgeschichte

Herausgegeben von
Anne-Kathrin Reulecke und Ulrike Vedder

in Verbindung mit
Inge Stephan und Sigrid Weigel

Band 77

Ulrike Vedder / Annegret Pelz /
Grażyna Kwiecińska (Hg.)

Transformationen und Transfers

Literarische Raumordnungen und
ihre Dynamisierung

BÖHLAU

Bibliografische Information der Deutschen Bibliothek:
Die Deutsche Nationalbibliothek verzeichnet diese Publikation in der
Deutschen Nationalbibliografie; detaillierte bibliografische Daten sind
im Internet über https://dnb.de abrufbar.

© 2025 Böhlau, Lindenstraße 14, D-50674 Köln, ein Imprint der Brill-Gruppe
(Koninklijke Brill BV, Leiden, Niederlande; Brill USA Inc., Boston MA, USA;
Brill Asia Pte Ltd, Singapore; Brill Deutschland GmbH, Paderborn, Deutschland;
Brill Österreich GmbH, Wien, Österreich)
Koninklijke Brill BV umfasst die Imprints Brill, Brill Nijhoff, Brill Schöningh, Brill Fink,
Brill mentis, Brill Wageningen Academic, Vandenhoeck & Ruprecht, Böhlau und
V&R unipress.

Alle Rechte vorbehalten. Das Werk und seine Teile sind urheberrechtlich geschützt.
Jede Verwertung in anderen als den gesetzlich zugelassenen Fällen bedarf der vorherigen
schriftlichen Einwilligung des Verlages.

Umschlagabbildung: Ilkka Halso: „CUBE" (2003), http://ilkka.halso.net (mit
freundlicher Genehmigung des Künstlers)

Umschlaggestaltung: Michael Haderer, Wien
Satz: le-tex publishing services, Leipzig
Druck und Bindung: Prime Rate, Budapest
Printed in the EU

Vandenhoeck & Ruprecht Verlage | www.vandenhoeck-ruprecht-verlage.com
ISBN 978-3-412-51530-0

Inhalt

Einleitung 9

Urbane Räume: Aufbruch und Zerstörung

Johanna Engel
Der weibliche Aufbruch in die Großstadt um 1900.
Leonie Meyerhofs ‚Münchner Roman' *Töchter der Zeit* (1903) 15

Justyna Górny
Literarische Räume weiblicher Desillusion. Irmgard Keun und
Pola Gojawiczyńska 27

Sabine Kalff
Wüsten, Ruinen, Brachen. Zerstörung und Stadtlandschaft zum
Ende des Zweiten Weltkriegs in autobiographischen Texten 35

Alfrun Kliems
Das (post-)sozialistische Warschau als heilloser Ort.
Tyrmand, Stasiuk, Chutnik 49

Agnieszka Jezierska-Wiśniewska
„Schöne neue Welt"? Polnische Plattenbauten und ihre
literarischen Porträts 63

Maja Dębska
Gert Jonkes *System von Wien*. Ein Großstadtroman in kleinen
Formen, mit einem Seitenblick auf Stifter 77

Krisenräume: Verdichtung und Transformation

Christine Ringer
Neue Körper – neue Räume. Erfahrungsarmut bei Vicki Baum und
Walter Benjamin 91

Annegret Pelz
Blick vom Mond – Besuch im Hades. Menippeische Weltschau im
20. Jahrhundert (K. Kraus, G. Anders und D. F. Galouye/R. W. Fassbinder) ... 103

Magdalena Daroch
Hornbrille und Nashorn. Von vertrauten Dingen (Rilke) zu toten
Sachen im Konzentrationslager (Różewicz) 121

Roman Kabelik
Verschleppt, geschleust, bezahlt. Zur raumzeitlichen Darstellung
des transnationalen Menschenhandels in der Gegenwartsliteratur 133

Kamilla Najdek
Räume und ihre Grenzen. Zur Wasserpoetik Yoko Tawadas 149

Christian Wimplinger
Verschriftlichte Experimentalräume. Vom Kurbad zur Luftdruckkammer 161

Transitorische Räume: Reisen und Auswandern

Grażyna Kwiecińska
„Ums liebe Brot". Die Ausgewanderten in der polnischen Literatur
des 19. Jahrhunderts 177

Marco Lorenz
„In der Betschul' hängt ja auch ein Vorhang". Das Theater als
Bildungsanstoß und Dritter Raum in Karl Emil Franzos' *Der Pojaz* (1905) 189

Kerstin Roose
Koffer, Felleisen, Mantelsack. Literarisierungen des Reisegepäcks
im 19. Jahrhundert 203

Ulrike Vedder
Franz Kafkas *Der Verschollene* als (letzter?) Auswandererroman 217

Birgit Dahlke
Moskau und ‚Moskau'. Umbau des Ost-West-Paradigmas in den
Reiseprotokollen Christa Wolfs 233

Magdalena Baran-Szołtys
Transmemoration und Transformationen des Galizien-Narrativs 243

Anna Katharina Neufeld
Zwischen Mobilität und Transformation. Der Fahrradhelm als
biotechnologisches Paradox 259

Autor*innenverzeichnis 273

Einleitung

Die Künste und insbesondere die Literatur spielen für die Analyse historischer und gegenwärtiger Raumordnungen und ihrer Dynamisierung eine entscheidende Rolle. Denn die Literatur nutzt konkrete und abstrakte Räume, Topoi und Mikrokosmen, um den Makrokosmos historischer und gesellschaftlicher Prozesse zu beobachten und zu kommentieren, um konfliktreiche Begegnungen und Ereignisse zu inszenieren, um Visionen anderer Lebens- und Machtverhältnisse durchzuspielen. Literarische Räume können utopisch oder heterotopisch bestimmt sein, als Mnemotop oder Imaginationsraum fungieren, durch Chronotopoi erzählbar werden oder Grenzverläufe und liminale Situationen ausloten. Seit der Moderne fokussieren literarische Texte verstärkt die Ungleichzeitigkeiten zwischen Metropole und Provinz, das komplexe Verhältnis von Innen- und Außenräumen, die Dynamik zwischen Raum- und Geschlechterordnungen, die Brisanz postkolonialer und globalisierter Räume sowie die vielfältigen (Nicht)Orte des Transfers und der Transformation.

Gegenwärtig sind es die globalen geopolitischen Umwälzungen samt ihren nie gekannten Migrationsbewegungen, die ökonomische und mediale Schrumpfung der Welt oder die Gefährdung urbaner und ländlicher Räume durch den Klimawandel – bis hin zur Unbewohnbarkeit –, die ein neues Interesse an der Entwicklung von Raumkonzepten und -wahrnehmung entstehen lassen. Genauer gesagt: Sie bedingen ein Raumverständnis, das begrenzte und zunächst stabile Ausgangssituationen in mobile Figuren und Elemente transformiert, das soziale Zuordnungen verschiebt und den Raum dynamisiert. Eine solche Dynamisierung – deren Verfahren in erzählerischer und erzähltheoretischer Hinsicht nicht nur als Erzählanlass, sondern auch als ein grundlegendes Schema der modernen Literatur gelten kann – verdankt sich den Grenzüberschreitungen und Bewegungen im Raum, die nicht nur die agierenden Subjekte verändern, sondern auch die Raumordnung. Untersuchungen zur Dynamisierung gelten also nicht einem Raum ‚an sich'; vielmehr machen die Raumrelationen auf ein topologisches Verständnis von Raum aufmerksam, der in einem vielschichtigen, widersprüchlichen gesellschaftlichen und kulturellen Prozess entsteht. Darin verweisen die spezifische Verortung kultureller Praktiken und die Dynamik sozialer Beziehungen auf die Veränderbarkeit und damit Historizität von Raum – und sie verweisen auf die Denkbarkeit und Konzeptualisierung ‚fluider Räume'. Damit sind räumliche Strukturen angesprochen, die sich nicht auf feste Orte beziehen, sondern die in einer globalisierten Welt ‚deterritorialisierte' Relationen darstellen, d. h. Vernetzung und Interaktion betreiben und abbilden. Um solche

Dynamisierungsprozesse in der Literatur zu beobachten, stellen ‚Transformation' und ‚Transfer' günstige Suchbegriffe dar.

Dabei sind zunächst Transformationen von Räumen auf der einen Seite und transformative Räume auf der anderen Seite zu unterscheiden. Durch technisch-medial, politisch-sozial oder wissenschaftlich-kulturell bedingte Transformationen verändern Räume ihre Lagen und Dimensionen, verlieren ihre historische oder geografische Bedeutung, gewinnen neue Wissensordnungen oder werden entessentialisiert und mobilisiert – sie machen mithin Transformationsprozesse wahrnehmbar und erkennbar, sind deren Abbild und Schauplatz. Auch Imaginationen und literarische Schreibweisen transformieren Räume, indem sie Grenzen überschreiten oder verschieben, scharfkantige oder verschwommene Raumkonturen entwerfen, raum-zeitliche Positionierungen entscheidend verlagern oder Verhältnisse zwischen Innen- und Außenräumen verkehren. Demgegenüber sind transformative Räume solche der aktiven Veränderung – Möglichkeitsräume also, in denen der Wandel ihrer Bewohner*innen und gesellschaftlichen Strukturen, ihrer Referenzen und Umwelten forciert wird.

Mit der Frage nach Transfers durch und über Räume hinweg rücken Aspekte der Bewegung und Übertragung in den Fokus. Ob reisende bzw. migrierende Subjekte oder materielle Artefakte, Ideen oder kulturelle Praktiken mobilisiert und transferiert werden, stets sind es in räumlicher Hinsicht vorstellbar gemachte Transfers, Zustandswechsel, temporäre Situierungen. Damit werden die Räume der Transfers ihrerseits als transitorische Räume konzipiert, als Durchgangsorte also, die wiederum von den Transfers nicht unberührt bleiben. Transitorische Räume sind mithin nicht als unveränderliche Durchgangsstationen zu verstehen, sondern als ihrerseits bewegliche und mobilisierende Relais, und sie zielen weniger auf Verortung denn auf Relationalität und Verflechtung.

Im vorliegenden Buch geht es um literarisierte Raumtransformationen, -transfers und -dynamisierungen, und zwar mit Fokus auf ‚Mitteleuropa'. Der ebenso enge wie hochcodierte und beziehungsreiche mitteleuropäische Raum stellt in der Literatur des 19., 20. und 21. Jahrhunderts – die im Zentrum der folgenden Beiträge steht – ein konzentriertes Terrain der politischen, sozialen und kulturellen Umwälzungen und Umarbeitungen dar. Um dieses Terrain in den genannten Hinsichten zu erschließen, sind die Beiträge in drei Kapitel – zu urbanen Räumen, zu Krisenräumen und zu transitorischen Räumen – gegliedert.

Das erste Kapitel ist der Großstadt als einem topischen Ort der Moderne gewidmet: *Urbane Räume: Aufbruch und Zerstörung*. Im Zentrum der Beiträge steht die Transformation des städtischen Raums. Der Fokus richtet sich hier nicht zufällig auf das 20. Jahrhundert mit seinen konfliktreichen Transformationen von Gesellschaftssystemen und Geschlechterordnungen, von Städtebau und Großstadtbewohner*innen. Verortet sind diese Konflikte in München, Berlin, Warschau und Wien mit ihren je spezifischen – und bei aller räumlichen und historischen Nähe sehr unterschiedlichen – Stadtkonzepten und Rauminszenierungen. In literarischen und sachliterarischen, zudem dezidiert modernen Texten wird die Großstadt als Möglichkeitsraum und Ort der Desillusionierung entworfen, als phantasmatischer und materialiter begreifbarer Raum, der zudem die Frage der Zugänglichkeit, (Des-)Orientierung und Transitorik aufwirft. Zudem sind diese mitteleuropäischen Städte Schauplatz von Krieg, Zerstörung, Wiederaufbau und großräumiger Umgestaltung, mithin von ebenso destruktiven wie visionären Transformationsprozessen, deren Dynamik die großstädtischen Subjekte einbegreift. Thema sind hier die Vielheit der Stadtkonzepte, ihre Geschichten und Entwicklungen vor allem im Sinne einer negativen Transformation. Der weibliche Aufbruch in die Großstadt um 1900 und dessen Desillusionierung zeigen sich in Formungen auf der Ebene der Körper, des Geschlechts und der Bewegung (Johanna Engel; Justyna Górny). Zerstörte und wiederaufgebaute Stadtlandschaften sind existentiell als heillose Orte erfahrbar (Sabine Kalff; Alfrun Kliems). Der Begriff der Bauform kann hier sowohl auf literarische Portraits – gebaute Visionen der „schönen neuen Welt" polnischer Plattenbauten – wie auch auf literarisch gebaute kleine Formen im Wiener Großstadtroman bezogen werden (Agnieszka Jezierska-Wiśniewska; Maja Dębska).

Das zweite Kapitel trägt den Titel *Krisenräume: Verdichtung und Transformation* und beschäftigt sich mit den großen politischen, sozialen, technischen und ästhetischen Transformationen in Moderne und Postmoderne, die sich konkreten Krisen (Weltkrieg, digitale Überwachung, Massenmigration) ebenso verdanken wie einem literaturfähigen Krisenbewusstsein. Die literarischen Krisendiagnosen der hier untersuchten Texte führen zum einen wirklichkeitsgesättigte Sichtweisen vor, deren Realismus der Materialität und Zeichenhaftigkeit von Körpern und Dingen in Erfahrungs- bzw. Erinnerungsräumen gilt. Zum anderen sind es durch Krisen provozierte literarische Gedankenexperimente, deren analytische Kraft Räume für die Phantasie öffnet. So wird der Paradigmenwechsel einer sich verändernden Erfahrung an den Wohnräumen und an der Kleidung ablesbar, die die Körper unmittelbar umgeben. Ein zunehmend als krisenhaft erfahrenes Weltgeschehen korreliert mit der Frage, wie sich das Ganze einer vielstimmigen Menschheit literarisch perspektivieren lässt (Christine Ringer; Annegret Pelz). Mit raumzeitlichen Konstellationen der Abwesenheit und Gewalt konfrontieren literarische Texte, die sich mit nationalsozialistischen Konzentrationslagern und deren Nachleben oder mit dem gegenwärtigen transnationalen Menschenhandel auseinandersetzen (Magdalena Daroch; Roman Kabelik). Verhandelt werden zudem die zwischen Realismus und Phantastik changierenden Schreibweisen verflüssigter Räume und fiktionaler Gedankenexperimente (Kamilla Najdek; Christian Wimplinger).

Das dritte Kapitel zum Thema *Transitorische Räume: Reisen und Auswandern* versammelt Beiträge zu Mobilität und Mobilisierung sowohl innerhalb von Mitteleuropa als auch aus Mitteleuropa hinaus. Gegenstand sind hier räumliche und zeitliche Transformationen und Transfers, deren Veränderungs- und Gefahrenpotential in ihren literarischen Gestaltungen besonders hervortritt. Orte des Transfers – das kann ein Schiffsbauch sein, ein Flugzeug und auch der Zuschauerraum eines Theaters – haben nichts mehr gemein mit einem sicheren Gehäuse bürgerlicher Lebenswelten, während Bewegungen in der vertikalen Dimension – von der Liftfahrt bis zum Blick vom Mond – Hierarchien und Autoritäten untergraben, dynamisieren. Ein bevorzugtes Paradigma solcher Transformationen ist – vor allem, aber nicht nur im 19. Jahrhundert – das Reisen und Auswandern (Grażyna Kwiecińska; Kerstin Roose; Ulrike Vedder). Hier sind im mitteleuropäischen Raum die Ost-West- bzw. West-Ost-Transfers von besonderem literarischen Interesse, die sich im *third space* des k.u.k-Theaters im 19. Jahrhundert, als Kontaktzone zwischen ‚rückständigem Osten' und ‚aufgeklärtem Westen' (Marco Lorenz), ebenso zeigen wie im 20. Jahrhundert als Umbau des Ost-West-Paradigmas in der DDR-Literatur der 1950er bis 1980er Jahre und als Transformation des Galizien-Narrativs in der Gegenwartsliteratur (Birgit Dahlke; Magdalena Baran-Szołtys). An einem speziellen Objekt – dem Fahrradhelm – zeigen sich aktuelle Mobilitätsdiskurse als Gefahrendiskurse auf der Ebene der Subjekte und ihrer biotechnologischen Voraussetzungen (Anna Katharina Neufeld).

Die Beiträge verdanken sich einer intensiven Zusammenarbeit aller Beteiligten im Rahmen des *CENTRAL*-Netzwerks. Es verknüpft insgesamt fünf mitteleuropäische Hauptstadt-Universitäten (Humboldt-Universität zu Berlin, Eötvös Loránd Universität Budapest, Karls-Universität Prag, Universität Warschau, Universität Wien), von denen drei – HU Berlin, Warschau, Wien – im Projekt *Transformationen und Transfers. Literarische Raumordnungen und ihre Dynamisierung* vertreten sind. Wir danken dem *CENTRAL*-Netzwerk für die Ermöglichung dieser nachhaltigen Kooperation, und wir danken allen Beteiligten für ihr großes Engagement und das Gelingen dieser kooperativen Literatur- und/als Raumforschung. Unser besonderer Dank gilt dem Fotokünstler Ilkka Halso für die Genehmigung, eine seiner großartigen Raumfotografien auf dem Cover abzubilden.

Urbane Räume:
Aufbruch und Zerstörung

Johanna Engel

Der weibliche Aufbruch in die Großstadt um 1900

Leonie Meyerhofs ‚Münchner Roman' *Töchter der Zeit* (1903)

München gilt Ende des 19. Jahrhunderts neben Paris als führende Kunststadt Europas.[1] Dank der Kunstpolitik des bayrischen Königshauses und seiner bedeutenden Sammlungen und Museen avanciert die Stadt zu einem Zentrum der Kunst: Die vielen Ausstellungsmöglichkeiten, die hier verlegten Kunstzeitschriften und der florierende Kunsthandel sowie nicht zuletzt die *Akademie der bildenden Künste*, die seit Mitte des 19. Jahrhunderts zu den renommiertesten Ausbildungsinstitutionen zählt, locken um 1900 zahlreiche angehende Künstler in die Stadt.[2] Selbst Picasso meint 1897, hätte er einen Sohn, der Maler werden würde, so schickte er ihn zur Ausbildung nach München. Was aber, wenn er eine Tochter gehabt hätte, die bildende Künstlerin werden wollte?[3]

War es Frauen bis Mitte des 19. Jahrhunderts möglich, an der renommierten Kunstschule zu studieren, so werden an der Akademie von 1852 bis 1920 keine Frauen mehr zum Studium zugelassen. In dem von Männern dominierten Kunstbetrieb sind Frauen mit zahlreichen Einschränkungen konfrontiert: So sind sie beispielsweise nicht in die Organisation großer Ausstellungen integriert, zudem sind sie aus den Jurys öffentlicher Wettbewerbe ausgeschlossen und unterliegen einer beschränkten Mitgliedschaft in Künstlervereinigungen. Dennoch gelingt es vielen Künstlerinnen, sich in den Bereichen der Malerei, der angewandten Kunst und der Fotografie zu behaupten. Einen wesentlichen Beitrag dazu leisten die sich bereits seit Mitte des 19. Jahrhunderts in München formierende Frauenbewegung sowie die auf Eigeninitiative von Frauen hin gegründeten Künstlerinnenvereine und Ausbildungsstätten.[4] Um 1900 besuchen Künstlerinnen wie Maria Slavona, Käthe Kollwitz oder Rosa Pfäffinger[5] neben der *Damen-Akademie* auch die *Königliche*

---

1 Vgl. Antonia Voit: „Allgemeine Einführung". In: Dies. (Hg.): *Ab nach München! Künstlerinnen um 1900*. München 2014, S. 8–15, hier S. 8.
2 Vgl. außerdem die avantgardistischen Kunstzirkel wie der Kosmiker- und der George-Kreis.
3 Vgl. Voit: „Einführung", S. 8.
4 Etwa die *Weibliche Abteilung* der *Königlichen Kunstgewerbeschule* (entstanden 1872), die aus dem *Verein zur Gründung einer Kunstschule für Mädchen* (gegr. 1868) hervorgeht. Als eine der ersten staatlichen Einrichtungen in Deutschland können sich Frauen im Bereich Kunstgewerbe oder als Zeichenlehrerin ausbilden lassen; vgl. ebd., S. 13 ff.
5 1888 lernen sich Rosa Pfäffinger (1866–1949, österreichische Malerin, Mäzenin und Bohémienne) und Maria Slavona (1865–1931, deutsche Malerin des Impressionismus) als Schülerinnen der privaten

Kunstgewerbeschule oder eine der zahlreichen, teils bekannten und fortschrittlichen privaten Mal- und Zeichenschulen der Stadt.[6]

Um die Jahrhundertwende leben und arbeiten in München auch zahlreiche Frauenrechtlerinnen. Sie tragen ihr Haar kurz, fahren Fahrrad, reiten im Herrensitz durch den Englischen Garten und setzen sich in Veranstaltungen und Reden öffentlich für die soziale und rechtliche Gleichstellung von Frauen ein.[7] Als ein Zentrum der Frauenbewegung offeriert München den hier lebenden Frauen einen Raum der Freiheit, wie eine rückblickende Einschätzung der promovierten Juristin Anita Augspurg zeigt, die in München gemeinsam mit ihrer damaligen Lebensgefährtin Sophie Goudstikker das bekannte Fotoatelier *Elvira* betreibt: „Von allen Großstädten erschien München als die geistig freieste, wenigstens vorurteilsfreieste Stadt; sie war schön gelegen, künstlerisch von höchster Bedeutung, und es bestanden manche Beziehungen zu ausgezeichneten Persönlichkeiten dort, zu Theater- und Malerkreisen."[8] Auch Autorinnen werden durch das freiheitliche Flair der Stadt beeinflusst – und animiert, diese Erfahrungen literarisch zu verfassen. So veröffentlicht die junge Autorin Franziska zu Reventlow 1903 ihren autobiographisch gefärbten Debütroman *Ellen Olestjerne*, in dem sie ihre Erlebnisse als angehende Künstlerin in der Schwabinger Bohème erzählt. Bei Reventlow wird der Aufbruch der Heldin mit der Hoffnung auf kreative Identitätsbildung korreliert, kann aber letztlich eben jene Wünsche nach Selbstverwirklichung und -bestimmung doch nur begrenzt einlösen. In der antibürgerlichen Künstlerbohème, in der mit den altbekannten Künstler-Musen-Konstellationen jedoch die gleichen männlich-weiblichen Rollenmuster gelebt werden wie in der bürgerlichen Gesellschaft, wird die von der Protagonistin sehnlich erwünschte Hoffnung auf Überschreitung gesetzter Grenzen nicht erfüllt. Da Reventlows Roman *Ellen Olestjerne* eine Protagonistin inszeniert, die ihre gescheiterte Künstlerinnenexistenz in einen selbstbewussten Emanzipationsentwurf als alleinerziehende Mutter umdeutet, wird die Übermacht gesellschaftlich und kulturell tief verankerter Normen und Werte hier zwar angesprochen, letztlich aber individualisiert und damit verschleiert.

Malschule des Bildnis- und Genremalers Alois Erdtelt (1851–1911) in München kennen. Nach Schließung der Erdtelt'schen Malschule 1889 wechseln die Frauen an die Münchner Damenakademie und besuchen die Malklasse von Ludwig von Herterich, der nur hochbegabte und Professionalität anstrebende Schülerinnen aufnimmt, darunter auch Käthe Kollwitz (1867–1945, deutsche Grafikerin, Malerin und Bildhauerin).

6 Vgl. ebd., S. 15. Letztere bilden vor dem Hintergrund des zeitgenössischen Aufschwungs des Kunstgewerbes und der Bemühung um die Gleichstellung von angewandter und freier Kunst ein ‚privates Korrektiv' zur Königlichen Kunstgewerbeschule.

7 Vgl. Zara S. Pfeiffer: „München als Zentrum der Frauenbewegung um 1900". In: Antonia Voit (Hg.): *Ab nach München! Künstlerinnen um 1900*. München 2014, S. 16–21, hier S. 17.

8 Lida Gustava Heymann/Anita Augspurg: *Erlebtes, Erschautes. Deutsche Frauen kämpfen für Freiheit, Recht und Frieden 1850–1940* [1941]. Hg. v. Margit Twellmann. Meisenheim 1972, S. 14.

Anders verfährt Leonie Meyerhofs ‚Münchener Roman' *Töchter der Zeit*, der ebenfalls 1903 erscheint und in der lebendigen Kunstszene Münchens angesiedelt ist. Er beschreibt das Künstlermilieu aus dezidiert weiblicher Sicht und referiert explizit auf die Bedeutung Münchens im Hinblick auf die Frauenbewegung. Meyerhof erzählt die Geschichte eines Schwesternpaars aus dem gehobenen Bürgertum, das in München eigene künstlerische Ambitionen entwickelt und durch den künstlerisch-freiheitlichen Einfluss der Stadt animiert wird, diese Ambitionen auch gegen Hemmnisse zu verfolgen. *Töchter der Zeit* beschreibt den weiblichen Aufbruch in die Moderne als generationsspezifische Herausforderung aus weiblicher Perspektive.

Damit greift Meyerhof ein Thema auf, das viele Autorinnen der Zeit in ihren Romanen mit Bezug auf die realhistorisch virulente sog. ‚Frauenfrage' verhandeln. In einer Vielzahl der um 1900 entstehenden Romane von Autorinnen wie Hedwig Dohm, Gabriele Reuter oder Ilse Frapan wird als Dilemma der Frauengeneration der Jahrhundertwende ihr Übergangsstatus zwischen Tradition und Moderne identifiziert. So steht der Zwiespalt, in dem sich die junge Frauengeneration um 1900 befindet, im Zentrum und wird am Beispiel von als problematisch inszenierten Identitätsbildungsprozessen der Töchterfiguren kenntlich gemacht: Wird seitens der Familie und Gesellschaft erwartet, dass die Töchter den durch Elternhaus und bürgerliche Gesellschaft vorgeschriebenen Lebensentwurf von Hausfrau, Gattin und Mutter akzeptieren, so hegen die ‚Übergangsgeschöpfe' vermehrt den Wunsch, eigene Vorstellungen vom Leben durchzusetzen und ihr Leben selbstständig zu bestimmen.

Um 1900 verhandeln Autorinnen auch die Frage, wo Frauen sich angesichts der männlichen Ordnung der Gesellschaft überhaupt situieren können, indem sie die ambivalente, ja schizophrene Raumerfahrung weiblicher Figuren zentral thematisieren. Damit reflektieren die Texte den Zerfall der in der funktional differenzierten Gesellschaft bis dato fortdauernden Relikte der alten Inklusionsidentität – die Funktionsreduzierung von Beruf und Familie aus weiblicher Sicht.[9] Wird dies diskursiv in erster Linie mit der Krise der Männlichkeit verbunden, so problematisieren die emanzipatorischen Werke von Autorinnen vornehmlich die Krise des Subjekts als

---

9 Vgl. Horst Thomé: „Modernität und Bewußtseinswandel in der Zeit des Naturalismus und des Fin de siècle". In: York-Gothart Mix (Hg.): *Hansers Sozialgeschichte der deutschen Literatur vom 16. Jahrhundert bis zur Gegenwart*. Bd. 7: *Naturalismus – Fin de siècle – Expressionismus 1890–1918*. München 2000, S. 15–27, hier S. 22 f. Die Semantik von ‚Individualität' und ‚Identität' und damit der persönlichen Handlungsregulierung wird laut Thomé (mit Bezug auf Luhmann) durch den Strukturwandel von den Ständegesellschaften des alten Europa zur funktional differenzierten Gesellschaft bereits im 18. Jahrhundert umstrukturiert. ‚Identität' habe sich nicht mehr über ‚Inklusion', also über Teilhabe an einem Stand bestimmen lassen, sondern nur noch über einen Prozess der ‚Exklusion'.

verändernde Lebenssituation der Frau.[10] Dabei stellen sie heraus, dass die Krise des Subjekts um 1900 eben darin besteht, dass das männliche Subjekt sich *nicht mehr* konstituieren könne, das weibliche dagegen *noch nicht*.[11] Die Proklamation des Anspruches weiblicher Subjektkonstituierung in der Literatur von Autorinnen der Jahrhundertwende kann also als semantische Problemlösungsstrategie der Handhabung von zunehmender Exklusion verstanden werden.[12] Dafür setzen die Texte weibliche Raumerfahrungen, Bewegungen der Ein- und Ausschließung sowie das Einnehmen neuer Räume ein. Dass Autorinnen ihren Protagonistinnen fiktive Erfahrungsräume zugestehen und damit einen performativen Beitrag zur Konstitution kultureller Räume bzw. Raumvorstellungen liefern, soll im Folgenden am Beispiel von Meyerhofs Roman *Töchter der Zeit* gezeigt werden. Dabei sehen sich die aus der Institution der bürgerlichen Familie ‚aufbrechenden' Töchter allerdings mit zahlreichen Hindernissen einer Neuorganisation der gesellschaftlichen Topographien konfrontiert, wenn sie beispielsweise auf den maternalen Raum des Hauses und der

---

10 Vgl. Birgit Dahlke: *Jünglinge der Moderne. Jugendkult und Männlichkeit in der Literatur um 1900*. Köln u. a. 2006, S. 10. Die männliche Subjektidentität erscheint angesichts des rasanten gesellschaftlichen Modernisierungsschubs bedroht, was durch die weiblichen Emanzipationsbestrebungen und die gesellschaftlich vehement diskutierte Frauenfrage noch befördert wird. Mit der modernen Bewusstwerdung über die Begrenztheit und Vergänglichkeit des Männlichen artikuliert sich zudem, wie Bublitz herausgearbeitet hat, ein weiblicher Anteil der krisenhaft erlebten, männlichen Identität als imaginäres ‚Weibliches' in der Metapher der Verweiblichung der Kultur, vgl. Hannelore Bublitz: „Weiblichkeit als (Alp-)Traum der Geschichte'? ‚Feminisierung der Kultur' als Metapher der Vergeschlechtlichung und des Kulturverfalls der Moderne". In: Udo Arnold/Peter Meyers/Uta C. Schmidt (Hg.): *Stationen eines Hochschullebens. Festschrift für Annette Kuhn zum 65. Geburtstag am 22. Mai 1999*. Dortmund 1999, S. 213–229, hier S. 226. Das Phantasma der Feminisierung definiert Bublitz als männliches Verweiblichungsbegehren, das zugleich als Inbegriff des Kulturverfalls erscheint. Es zeige nicht nur die Paradigmenverschiebung im Geschlechterverhältnis an, sondern die Krise der gesamten europäischen Kultur um 1900; vgl. ebd., S. 213.
11 Überzeugend erscheint in diesem Zusammenhang Natalia Igls Vorschlag, die Geschlechterkrisensemantik um 1900 nicht länger primär als Krise der männlichen Subjektkonstitution und verzögert ablaufende Krise weiblicher Subjektkonstitution zu denken. Ihre Studie *Geschlechtersemantik 1800/1900* untersucht die literarische Diskursivierung der Geschlechterkrise im Naturalismus. Ihre These lautet, dass die Krise weiblicher Subjektkonstitution in Zusammenhang mit denselben gesellschaftsstrukturellen und semantischen Veränderungen wie die Krise männlicher Subjektkonstitution stehe. Insofern verweise die literarische Reflexion als jeweils unterschiedlich beschaffene und diskursivierte männliche bzw. weibliche Subjektkrise auf den gesellschaftlich-semantischen Modernisierungsprozess um 1900, vgl. Natalia Igl: *Geschlechtersemantik 1800/1900. Zur literarischen Diskursivierung der Geschlechterkrise im Naturalismus*. Göttingen 2014, S. 205.
12 Vgl. Thomé: „Modernität und Bewußtseinswandel", S. 24 f. Heranwachsende Kinder und Frauen, traditionell durch ihre Zugehörigkeit zur Familie definiert, erleben die Krise als Infragestellung ihrer Position innerhalb der Familie. Sichtbar wird ihre Exklusion aus dem familiären Inklusionsraum in der Entstehung der Frauen- und Jugendbewegung am Ende des 19. Jahrhunderts, mit der eigene identitätsstiftende Sonderkulturen geschaffen und die generationellen Konflikte mit Müttern und Vätern prominent diskutiert würden.

Familie zurückgeworfen werden, von wo aus nur eine eingeschränkte Möglichkeit besteht, an der gesellschaftlichen Entwicklung der bürgerlichen Gesellschaft im Sinne geschlechtlicher Gleichberechtigung mitzuwirken.[13]

In Meyerhofs Roman wird vor allem die Befreiung aus dem mütterlichen Wirkungskreis als ausschlaggebend für die etappenweise Lösung von der tradierten Frauenrolle dargestellt. Die sich vollziehende Dispensation der Töchter wird im Text konkret räumlich veranschaulicht, als es den beiden Schwestern etwa gelingt, die Mutter von der Nützlichkeit eines eigenen Ateliers zu überzeugen. Mit diesem eigenen Raum, so konstatiert die auktoriale Erzählinstanz, war „[e]in neues Stück Selbstständigkeit […] erobert."[14] Die räumlich markierte Distanzierung treibt die emotionale Entfremdung von Mutter und Töchtern voran. Bald schon führen die Schwestern in München ein eigenes Leben. Der Kontrast zwischen den ‚freien Orten' der Kunstszene Münchens, in denen die Töchter sich täglich bewegen, und ihrem Zuhause, wo sie der Zugriffsmöglichkeit der Mutter ausgeliefert sind, wird immer größer.

Die Perspektive der Töchterfiguren affirmierend, entwirft die auktoriale Erzählinstanz im Handlungsverlauf ein positives Bild Münchens und seiner lebendigen Kunstszene. Hier können sich die Schwestern und ihre Freundinnen frei bewegen. In Analogie zu den realhistorischen Vorbildern zeigt der Text die arrivierten Künstlerinnenfiguren in ihren Pensionen oder Wohnungen, die sie auch als Arbeitsräume und Ateliers nutzen. Neben den privaten Ateliers, Kunstschulen und dem Künstlerinnenverein besuchen sie in ihrer Freizeit Cafés und Restaurants, fahren Fahrrad und sind bei den Stammtischen der Künstler zu Gast. Beim gemeinsamen Mittagstisch mit männlichen Studierenden treffen sie Künstler und Literaten. Sie veranstalten Kunstausstellungen und beteiligen sich an Nachwuchswettbewerben. Bei Festivitäten trinken und rauchen sie in geselliger Runde, inszenieren sich in verschiedenen Rollen, lachen laut, musizieren und sprechen unbefangen miteinander. Insbesondere in den privaten Bereichen, in Wohn- und Arbeitsräumen, wo sich die Künstlerinnen allein oder in Gruppen aufhalten, gewährt der Text Zugang zur Kommunikation ‚unter Frauen'. Die Figuren erfüllen diese Orte entweder mit monologischen Gedankenreflexionen oder dialogischer Figurenrede, wenn sie beispielsweise alltägliche Themen wie Klatsch und Tratsch besprechen, „Klassenangelegenheiten […], [die] Lehrer, die Arbeit, die Modelle" (27). Im Unterschied zur Mutter, die ihre Gedanken mit niemandem teilt, artikulieren die Töchter dabei ihre Wünsche genauso wie Versagensängste. Insofern erscheinen die privaten Ateliers

---

13 Vgl. Michaela Krug: *Auf der Suche nach dem eigenen Raum. Topographien des Weiblichen im Roman von Autorinnen um 1800.* Würzburg 2004, S. 337.
14 Leonie Meyerhof: *Töchter der Zeit. Münchner Roman.* Stuttgart u. a. 1903, S. 178. Weitere Nachweise mit Angabe der Seitenzahl direkt im Text.

erzählstrategisch als Räume, in denen auch Kritik an der gesellschaftlichen Ordnung geübt werden kann, die den jungen Frauen trotz aller Freiheit noch immer begrenzende Rahmen auferlegt.

In Bezug auf die Protagonistinnen wird diese Problematik als weiblicher Generationskonflikt verhandelt. Der von den Töchtern geäußerte Wunsch nach einer selbstbestimmten Lebensgestaltung wird schon zu Beginn des Romans mit dem Topos der ‚Freiheit der Großstadt' korreliert, als die ältere der beiden Schwestern, Helma, ihren Eindruck von München mit ähnlichem Impetus beschreibt:

> Hier war also endlich ein Hauch dieser vielgenannten Münchener Freiheit! Hier konnte jede sprechen, wie sie fühlte – wie sie das Leben, die Schönheit, die Kunst empfand! Hier war ihre Welt. Hier weitete sich der enge Türspalt, durch den man sie das Leben anzuschauen gelehrt hatte; die Pfeiler traten zurück und ließen die Aussicht ins Große frei, ins Unbegrenzte. (49)

Die Aussicht auf die erhoffte Freiheit wird jedoch schon durch die Figurenkonstellation getrübt, die den beiden Hagen-Töchtern die Mutterfigur zur Seite stellt. Die jüngere Schwester Ottilie findet es vor ihren Kolleginnen beschämend, „so ganz unter Kontrolle zu stehen" (22) – glaubt sie doch, dass erst „wenn man auf eigenen Füßen steht, […] sich der Charakter weit selbstständiger aus[bildet], und seine ganze Kraft […] sich bis auf die eine, einzige Seite der Begabung, des Berufes neigen [kann]." (24) Diese Gedanken, in erlebter Rede wiedergegeben, geben Einblick in das Konfliktpotenzial, das die Ausgangslage birgt. Die Protagonistinnen sind durch die Anwesenheit der Mutter nicht nur stets mit einem Weiblichkeitsideal konfrontiert, das sie selbst immer mehr ablehnen, sondern auch gezwungen, sich für die unkonventionelle Lebensgestaltung, die sie eigentlich führen wollen, vor der Mutter zu rechtfertigen.

Dies verdeutlicht der Roman anhand der Figurenentwicklung von Helma, der älteren der beiden Schwestern. Sie war mit der Hoffnung nach München gekommen, hier endlich den lange gehegten Traum, etwas Großes zu werden, einlösen zu können. Scheint ihr dies zunächst auch noch verwehrt, da ausgerechnet sie „an der ersehnten Münchener Freiheit [krankte], in der sie ziellos umhertaumelte, ein quälendes Einsamkeitsgefühl im Herzen, einen Drang nach Glück, nach Betätigung, den sie nirgends zu befriedigen verstand" (40), so findet sie bald im Schreiben eine Aufgabe, die sie fordert, erfüllt – und ihr die erhoffte Anerkennung schenkt. Im Roman wird ein vom Künstlerinnenbund ausgerichteter Theaterabend präsentiert, für dessen Bühnenstück Helma Verse dichten soll. Zur Charakterisierung der jungen Frau bedient die Erzählinstanz sich zeitgenössischer Klischees, da Helma, „die praktische Seite der Frauenbewegung" ablehnend, unbedingt „nicht konventionell sein" möchte und sogleich „völlig in die Idee verliebt und vertieft" (39) ist, Schriftstellerin zu werden. Dem Stereotyp der ‚modernen Dichterin' entspricht auch die Darstellung von Helmas poetischem Debüt auf dem Theaterabend. Gewissermaßen ‚geschützt' durch das männliche Pseudonym „Willi Holger" (93) und durch eine fantasievolle Verkleidung reüssiert Helma als Dichterin. Zugespitzt wird ihr Rollenspiel, als sie sich beim anschließenden Restaurantbesuch in koketter Pose als Vorkämpferin für die Gleichberechtigung von Künstlerinnen inszeniert und vor großer Runde fordert: „Das ist es, was wir wollen: gemeinsames Arbeiten, indem eines das andere ergänzt. Des Mannes spielerische Kosen hat aufgehört. [...] Dieses jahrtausendelange Spielerei – Galanterie genannt. Wir wollen nicht Galanterie – wir wollen Anerkennung." (93) Die mit einiger Dramatik vorgetragene Forderung entsteht nicht nur aus der Überzeugung, selbst eine Künstlerin zu sein, sondern auch aus der Hoffnung, dass die Kunstszene als ‚Gegenkultur' bereit für selbstbewusste Frauen ist, die als Künstlerinnen ernstgenommen werden wollen. Doch wird sogleich deutlich, dass die von Helma mit der Kunstszene assoziierte ‚Freiheit', auf die ihre Forderung nach einer Gleichberechtigung der Geschlechter in der Kunst abzielt, mehr Wunschdenken denn Realität ist. Denn hatten Gebaren und Anblick der Schwester Ottilie in tiefe Verlegenheit gestürzt, ist sich auch Helma bereits kurz nach ihrem Auftritt nicht mehr sicher, wie ihr Verhalten von ihrem Umfeld bewertet wird:

[H]ier war ja die Freiheit, die große, ersehnte Münchner Freiheit. Niemand hier würde ihren Scherz falsch beurteilen. Scherzhaft hatte sie gesprochen, aber das Gefühl des Zusammengehens beider Geschlechter war ihr Ernst gewesen. Hier konnte man sich frei und harmlos geben – hier gab es keine Mißverständnisse, keine Einzelrechte für Männer und Frauen. Ihr war es, als habe sie etwas für diese innerlich freie, gleichberechtigte und gleichgesinnte Gesellschaft Typisches getan, das alle billigen, alle empfinden mußten, als hätte jede von ihnen es getan. (94)

Ihre gebetsmühlenartig klingenden Reflexionen, mit denen die Erzählinstanz Helmas Verunsicherung kenntlich macht, offenbaren die Angst der jungen Frau, eine gesellschaftliche Grenze übertreten zu haben. Dieser Eindruck verstärkt sich, da Helma im Anschluss an ihren Auftritt von dem jungen Dichter Kulisch zu einem gemeinsamen Restaurantbesuch eingeladen wird, so dass sie „unaufhörlichen Druck" (128) auf sich lasten fühlt. Und tatsächlich: Versucht sie sich zunächst damit zu beruhigen, dass die Einladung des jungen Literaten lediglich ein Gespräch unter KollegInnen darstelle, muss sie während ihres – vor der Schwester und der Mutter verheimlichten – Mittagessens mit Kulisch einsehen, dass dieser geglaubt hatte, er könne sie für eine Liebesaffäre gewinnen. Von dem bewunderten Literaten nur als Sexualobjekt wahrgenommen zu werden, desillusioniert nicht nur Helmas

Hoffnung auf den kollegialen Austausch mit einem anderen Schriftsteller. Auch ihr positives Bild von der mit München assoziierten ‚freien' Kunstszene ist zerstört:

> Noch nie hatte sie sich in einer ähnlichen Situation befunden. Eingehegt in ihren festen Kreis in Hannover, wo sie als Talent, als ‚geistreiches' Mädchen zwar von den Philisternaturen belächelt, aber doch im allgemeinen verehrt, ja gelegentlich gefeiert gewesen war, hatte sie niemals darüber nachgedacht, daß es Kreise gebe, in denen sie zurückgesetzt werden könne. Und nun geschah ihr das in demjenigen Kreise, nach dem sie jahrelang geseufzt und sich gesehnt hatte: in einem der jugendlichen Künstlerkreise des gelobten Münchens. (136)

Die Kunstszene Münchens wird damit fiktionsintern als Ort für eine Befreiung aus den bestehenden gesellschaftlichen Normierungen disqualifiziert.

Kurze Zeit später trifft Helma den Entschluss, nach Berlin überzusiedeln, um dort Gymnasialkurse zu besuchen, das Abitur zu absolvieren und zu studieren: „Was das Familienleben mir geben konnte, hat es mir gegeben; nun kommt es für mich darauf an, meine Entwicklung selbst in die Hand zu nehmen." (232) Dass ihre Entscheidung für eine Schriftstellerinnenkarriere jedoch eher weniger ein Ausdruck der Emanzipation ist, dekuvriert der Text, da Helma ihre Entscheidung aufgrund einer enttäuschten Liebeshoffnung fällt. Gleichwohl lässt sich Helmas Einforderung eigener Rechte als Rehabilitierung ihrer Figur und so letztlich auch des Wunsches, Schriftstellerin zu werden, lesen. Denn dem Entschluss, eine Schriftstellerinnenkarriere – und damit einen alternativen Lebensweg – einzuschlagen, wird eine dynamisierende Funktion eingeschrieben: Der Beruf verspricht neben Erfolg und Ruhm „auch die große, die eigentliche Freiheit" (58). Wird das Erreichen von Freiheit damit auch an den Verzicht auf Liebe und Ehe gebunden und in eine unbestimmte Zukunft verschoben, so stellt der Roman *Töchter der Zeit* die künstlerische Karriere der Frau doch fiktionsintern zumindest als eine erreichbare Möglichkeit in Aussicht.

Während aber das Erzählsujet das Maß an Freiheit für die Töchter steigert, indem es mit der Eroberung der Großstadt neue Handlungsfelder und Erfahrungsräume erschließt, so erweist sich das Denken der jungen Frauen noch stark durch ihre Sozialisation geprägt. Anders als etwa Reventlows Titelheldin Ellen Olestjerne, die sich in der Münchener Bohème vor allen Dingen sexuell auslebt, versagen sich die jungen Frauenfiguren bei Meyerhof diesen Teil des Lebens – und leiden darunter. Immer wieder geht es unter dem Schlagwort der zur Disposition stehenden ‚Gesellschaftsfähigkeit' ihrer Handlungen um die Angemessenheit von Ideen, Ansprüchen und Verhaltensweisen von Frauen. Es fällt auf, dass der Wunsch nach dem Ausleben von Liebe, Leidenschaft und Sexualität mit schwülstiger Redegeste unter der Parole des ‚Weib-sein-Wollens' subsumiert wird und als „alte[r], unwandelbare[r] Kern [der] nach Anlehnung und liebreicher Hingabe sich sehnende[n] Weibnatur" (119) von den jungen Künstlerinnen selbst tendenziell abgelehnt wird, zugunsten ihrer schöpferischen Arbeit. Diese Ablehnung erfüllt aber auch erzählstrategisch ihren Zweck. Die hier beschriebenen Künstlerinnen werden so als selbstverantwortliche und moralisch integre Persönlichkeiten dargestellt, welche die eigene gesellschaftliche Position reflektieren und im Gespräch miteinander aushandeln. Die junge Frauengeneration zeichnet sich in *Töchter der Zeit* gerade dadurch aus, dass sie sich von dem „[Frauen-]Typus von heutzutage" abgrenzt, den sie als „Übergangsform von dem Weibe von gestern zum Weibe von heute" (140) definiert: „[S]ie hat die modernen Theorien und die Praxis von ehemals. Sie möchte auf sich selbst beruhen – und hat doch die anderen nötig; sie macht sich eine Freiheit auf die eigene Faust zurecht und ist entrüstet, wenn die übrigen diese bestimmte Art von Freiheit nicht honorieren." (140)

Gerade weil die hier beschriebenen Künstlerinnen nicht als ‚gefallene Mädchen', sondern als selbstverantwortliche und moralisch integre Persönlichkeiten in geordneten gesellschaftlichen Räumen dargestellt werden, erhebt der Roman das Lebensmodell der Künstlerin zu einer positiven Alternative gegenüber dem tradierten Lebensentwurf der Frau, den die Mutter als Kontrastfigur verkörpert. Mit den vielen anderen jungen Künstlerinnen teilen die Schwestern also den Wunsch nach „größerer persönlicher Freiheit" (177). Er führt als Leitmotiv ihrer individuellen Entwicklung durch den Roman. Dass dieser Wunsch bedeutet, eigene Ansprüche und Vorstellungen zu entwickeln und konsequent zu verfolgen – auch und gerade gegen gesellschaftliche Normen –, führt der Roman ebenso anhand der zweiten Hauptfigur Ottilie vor.

Auch für die angehende Malerin bedingt das Erreichen der „große[n], [der] eigentliche[n] Freiheit" (58) die räumliche Trennung von der Mutter. Die Spannung zwischen Dora von Hagen und ihrer Lieblingstochter verschärft sich, als die Mutter sich selbst vorwirft, Ottilie auf einen Abweg gebracht zu haben, der von allem wegführt, „was für sie die einzig gültige Ordnung der Dinge bedeutet." (270) Der Roman spitzt also den Generationskonflikt zu, indem er die Unvereinbarkeit der Ansprüche von Mütter- und Töchtergeneration veranschaulicht. So äußert Ottilie, dass beide nicht zueinander finden können, weil zwischen ihnen eine unüberbrückbare Kluft existiert: „Mutti, das ist ja gar nicht möglich, das darfst du mir nicht antun! Ich bin ja selbst erst ein Mensch geworden unter meinen Menschen und in dieser Art von Arbeit – die – die – ach, Mutti, ich kann es dir ja doch nicht sagen! Du verstehst mich nicht! Du verstehst mich ja nicht! Es ist furchtbar!" (287) Da Mutter und Tochter auf ihren Positionen beharren, erzwingt die Erzählinstanz ein dramatisches Ende: Ottilie flieht heimlich mit einer befreundeten Künstlerin nach Paris, um sich dort weiter ausbilden zu lassen. Die künstlerischen Karrieren beider Schwestern werden also nicht erzählt, sondern an eine weitere räumliche

Grenzüberschreitung – die Übersiedlung in die Metropolen Paris und Berlin – gebunden.

Festzuhalten ist, dass in *Töchter der Zeit* München mit seiner Kunstszene als imaginierter ‚Raum der Freiheit' seinen Protagonistinnen Helma und Ottilie Freiräume bietet, die sich vor allem aus der geringeren Sozialkontrolle ergeben. Die Schwestern und ihre Freundinnen können sich frei bewegen, und der mütterlichen Kontrolle zum Trotz gelingt es den Töchtern, die Stadt sukzessive zu erobern. Bietet der Roman auch noch keine Lösung für die Frage, wie Frauen um 1900 sich in sämtlichen Aspekten des Lebens frei entfalten können, so entwirft er doch Frauenfiguren, die – wenn auch teils reichlich klischeehaft – den Anspruch auf eine selbstgewählte Lebensgestaltung anpeilen. Auf diese Weise erhebt der Roman das Lebensmodell der Künstlerin resp. Literatin zu einer Alternative gegenüber dem tradierten weiblichen Lebensentwurf. Wirksam in diesem Zusammenhang erscheinen Vergemeinschaftungsprozesse, wenn Helma und Ottilie im Verlauf ihres Dispensations- bzw. Emanzipationsprozesses immer mehr zu einer Einheit verschmelzen, die sich gegenüber der durch die Mutter repräsentierten gesellschaftlichen Ordnung durchzusetzen vermag. Und auch das Engagement und die Zusammenarbeit im Künstlerinnenbund sowie die vielen Frauenfreundschaften veranschaulichen die im Roman zentrale Vorstellung, dass sich weibliches Potenzial vor allem im Verbund verstärkt. Als Subtext ist in *Töchter der Zeit* angelegt, dass die Überwindung des bürgerlichen Weiblichkeitskonzepts eben dann gelingen kann, wenn Frauen sich als Gleichgesinnte zusammenschließen, einander Orientierung bieten und nicht zuletzt gemeinsam den Mut entwickeln, eigene Entscheidungen zu treffen und zu verwirklichen. Andererseits, so zeigt Meyerhofs Roman, verbindet sich mit einer größeren Liberalität in der Großstadt und der ‚freien' Kunstszene aus konservativer Perspektive auch eine größere ‚Gefahr' für die sexuell-moralische Integrität der Frau. Denn die Eroberung von traditionell ‚männlichen' Räumen in der gesellschaftlichen Öffentlichkeit führt zu einer zunehmenden Überschreitung von geschlechtlich codierten Normierungen der Frau.

Dabei wird der weibliche Generationenkonflikt, der das Verhältnis von Tradition und Moderne in *Töchter der Zeit* am Beispiel des konfliktreichen Mutter-Töchter-Verhältnisses zunächst vertikal verhandelt, durch die Großstadt als Erzählsujet dynamisiert. Mittels Strategien des Zusammenschlusses und der Solidarisierung unter Frauen wie der Annäherung der Schwesternfiguren und der Installierung von Frauenfreundschaften, die narrativ durch ein hohes Maß an direkter Figurenrede ‚aktiviert' werden, beschreibt *Töchter der Zeit* in Anlehnung an realhistorische Vorbilder die hier in die Moderne aufbrechenden Töchterfiguren als (generationelle) Gemeinschaft. Dass die Erweiterung von Handlungsspielräumen im Roman jedoch weder von den beiden Schwesternfiguren noch den Künstlerinnenfiguren ‚ausgenutzt' wird, kann als Strategie der Erzählinstanz interpretiert werden, ihrer LeserInnenschaft die ‚Angst' vor der Gefahr eines Sittenverfalls zu nehmen, wie sie um 1900 aus konservativer Haltung heraus insbesondere mit moderner Künstlerinnenschaft assoziiert wird. Diese harmonisierende Erzählhaltung zeigt sich zudem in der Auflösung des Romans, die die emanzipatorische Gesamtaussage des Textes entschärft. Denn auch wenn Meyerhofs Roman durch die Statik der Mutterfigur das bürgerliche Weiblichkeitsideal als destruktiven und überkommenen Lebensentwurf darstellt, während er durch die Affirmation seiner Heldinnen die Bedrohlichkeit des Imagos von der Künstlerin als sittenwidriger *femme fatale* widerlegt und tendenziell ein positives Bild der Künstlerin um 1900 entwirft, so ergibt sich doch in Bezug auf den weiblichen Generationskonflikt am Ende des Romans ein eher versöhnlicher Leseeindruck. Denn nicht nur den Töchtern wird in Aussicht gestellt, sich als Künstlerin resp. Literatin verwirklichen zu können. Auch die Mutter erhält durch die Distanzierung der Töchter die Möglichkeit, sich nicht mehr in erster Linie als Mutter, sondern wiederum als Frau sehen und deswegen den um sie werbenden Verehrer heiraten zu können. Emanzipationsbestrebungen zeigen sich in *Töchter der Zeit* mithin vornehmlich als ein Bemühen um mehr Autonomie und Selbstbestimmung sowie durch die Installierung der Protagonistinnen als in der Großstadt frei miteinander agierende Frauenfiguren. Ein solches Überschreiten von gesellschaftlichen Grenzen der bürgerlichen sozial-räumlichen Ordnung ist im Sinne einer narrativen ‚Raumgreifung' der Töchter als „self authorizing strategy"[15] zu verstehen.

---

15 Susan Stanford Friedman: „Weavings. Intertextuality and the (Re)Birth of the Author". In: Jay Clayton/Eric Rothstein (Hg.): *Influence and Intertextuality in Literary History*. Wisconsin 1991, S. 146–180, hier S. 147.

Justyna Górny

Literarische Räume weiblicher Desillusion

Irmgard Keun und Pola Gojawiczyńska

Im Folgenden geht es um die Beziehung von urbanem Raum und Körper in literarischen Texten sowie um die sozialen Konsequenzen dieser Beziehung, und zwar anhand zweier Romane, die insbesondere Mädchen und junge Frauen ins Visier nehmen. Diese Fokussierung ist bereits in den Titeln beider Texte – einem deutschen und einem polnischen – sichtbar: Der Roman von Irmgard Keun heißt *Das kunstseidene Mädchen* (1932),[1] der Titel von Pola Gojawiczyńska lautet *Dziewczęta z Nowolipek* (*Die Mädchen aus Nowolipki*, 1935; Nowolipki war ein armes Viertel in Warschau).[2] Beide Romane thematisieren das Leben heranwachsender Mädchen und junger Frauen aus armen, kleinbürgerlichen Verhältnissen, es geht um ihre Zukunftsträume und Aufstiegsphantasien, aber auch um die aufkommende Sexualität.[3] Gojawiczyńska schildert fiktive Biographien von fünf Mädchen aus einer Nachbarschaft: Janka, Cechna, Bronka, Kwiryna, Franka. Ich bespreche ihre Schicksale nicht einzeln, weil sie, trotz individueller Züge, als eine Gruppe beschrieben werden. Die einzelnen Figuren zeigen unterschiedliche Facetten eines Themas, demonstrieren wie schwierig es ist, der Tristesse des urbanen Elends zu entkommen.[4] Auch Doris, die Protagonistin des *Kunstseidenen Mädchens*, hat ein ausgeprägtes Bewusstsein ihrer sozialen und ökonomischen Unterprivilegierung. Aus diesem Bewusstsein heraus entsteht ihr Traum vom Glanz-Sein: „Ich werde ein Glanz, und was ich dann mache, ist richtig – nie mehr brauch ich mich in acht nehmen und nicht mehr meine Worte ausrechnen und meine Vorhabungen ausrechnen […] – nichts kann mir mehr passieren an Verlust und Verachtung, denn ich bin ein Glanz" (45).

Was dieser ‚Glanz' bedeuten soll, bleibt vage. In dieser Hinsicht ist Doris den Mädchen aus dem Warschauer Viertel Nowolipki ähnlich. Sie wissen, dass es eine

---

1 Irmgard Keun: *Das kunstseidene Mädchen* [1932]. Berlin 2012. Weitere Nachweise mit Angabe der Seitenzahl direkt im Text.
2 Pola Gojawiczyńska: *Dziewczęta z Nowolipek* [1935]. Warszawa 1959. Weitere Nachweise mit Angabe der Seitenzahl direkt im Text.
3 Am Rande vermerkt: Beide Texte gehen sehr wohl über das Private hinaus. Sowohl der Erste Weltkrieg als auch die politische Lage im geteilten Polen und in Deutschland Anfang der 30er Jahre werden behandelt, die Mädchen leben nicht in einer politischen Leere.
4 Die Fortsetzung ihrer Geschichte enthält der nächste Roman der Autorin, *Rajska jabłoń* (Der Apfelbaum vom Paradies, 1937), in dem die Mädchen von einst als reife Frauen beschrieben werden.

bessere Welt, ein besseres Leben gibt – wie genau es aber aussieht und wie man es erreichen kann, bleibt ungewiss. Danuta Knysz-Rudzka zufolge kann das Streben nach einem nur unklar umrissenen Aufstieg, nach einem ‚anderen, besseren Leben' als Ausdruck des „passiven Widerspruchs gegen die Wirklichkeit" verstanden werden.[5] Dies trifft insofern zu, als die Haltung der Mädchen tatsächlich als eine passive Rebellion bezeichnet werden kann. Sie suchen nach einem neuen Leben und sind bereit, sich den Regeln zu widersetzen, aber im Grunde bleiben sie eben passiv. Da ihre Ausbruchsversuche scheitern, sind sie letztendlich auf das Warten auf (männliche) Unterstützung angewiesen.

Die Stadt ist in beiden Romanen keine überschaubare Kulisse, sondern ein Raum, mit dem sich die Mädchen auseinandersetzen müssen. Eine besondere Bedeutung kommt dabei der Anwesenheit der Frauen auf der Straße zu. Zur weiblichen Präsenz in der öffentlichen Sphäre der modernen Stadt bemerkt Katharina von Ankum: „Im Gegensatz zum Phänomen des Flaneurs, in dem sich die männliche Beherrschung des öffentlichen Raums manifestierte, war sein weiblicher Gegenpart, die Flaneuse, auf die Rolle der Prostituierten festgelegt".[6] Auch andere Studien betonen die Einschränkungen und Ängste, die Frauen auf den Straßen und in anderen öffentlichen Räumen der modernen Stadt begleiten.[7] Besonders plausibel erscheint eine Feststellung von Deborah L. Parsons, wonach die modernen Frauen als „öffentliche Frauen" wahrgenommen wurden. Obwohl ihr Verhalten neu war, wurden sie im Rahmen der bereits bestehenden Kategorisierungen erfasst:

> The modern woman, living and working independently in the city, was a new visible presence in its streets. The term *public woman*, therefore, could no longer refer to just the prostitute and was applicable to a new kind of woman who could not be reduced to the category of victim and also seemed alarmingly self-reliant to the bourgeois male. In response, therefore, the meaning of the label public woman was not so much redefined as doubled, and the modern woman was herself classed as deviant.[8]

---

5 Danuta Knysz-Rudzka: *Pola Gojawiczyńska*. Warszawa 1976, S. 84.
6 Katharina von Ankum: „‚Ich liebe Berlin mit einer Angst in den Knien': Weibliche Stadterfahrung in Irmgard Keuns *Das kunstseidene Mädchen*". In: *German Quarterly*, 67 (1994) Heft 3, S. 369–388, hier S. 374.
7 So z. B. Anke Gleber: „Female Flanerie and the *Symphony of the City*". In: Katharina von Ankum (Hg.): *Women in the Metropolis: Gender and Modernity in Weimar Culture*. Berkeley u. a. 1997, S. 67–88, hier S. 73. Gleber weist auch darauf hin, dass die Anwesenheit der unbegleiteten (d. h. ohne männliche Begleitung) Frauen auf der Straße mit Erfüllung einer Funktion verbunden war. Sie flanierten nicht, sondern gingen einkaufen oder zur Arbeit.
8 Deborah L. Parsons: *Streetwalking the Metropolis. Women, the City and Modernity*. Oxford 2000, S. 83.

In beiden Romanen bemerkt man tatsächlich eine Doppeldeutigkeit, die der weiblichen Präsenz auf der Straße anhaftet. Einerseits gehen die Mädchen in die Schule und dann zur Arbeit, wodurch sie ihre Selbständigkeit gewinnen und bestätigen. Andererseits können sich auf der Straße aber auch Geschehnisse (Blicke, Begegnungen, Gewalt) zutragen, die sie zu „public women" im engeren Sinne des Wortes, zu Prostituierten werden lassen. Diese latente Bedrohung ist in beiden Romanen spürbar. Jedes Mädchen – jedes arme Mädchen – kann nicht nur als Prostituierte wahrgenommen werden, sie kann sich tatsächlich in eine verwandeln. Das ist das Leitmotiv in Gojawiczyńskas Roman. Sichtbar wird es in den Ängsten, in den an die Mädchen gerichteten Warnungen der Mütter und im Blick der wohltätigen Damen. Im Kapitel „Kaufe Knochen, kaufe Lumpen" (59–77) wird eine alte Lumpenhändlerin beschrieben, die früher Prostituierte war. Das Wort wird nicht genannt, die Mädchen, damals noch Kinder, wissen nur, dass die Händlerin früher „solch eine" war.[9] Sie kommt gegen Abend in den Hinterhof, trägt stinkende Kleider und sucht nach verwertbarem Müll. Ihr Schicksal ist die letzte Stufe, das Ende eines Weges, den jedes Mädchen aus dem Viertel gehen kann. Beispiele dafür gibt es zur Genüge, der Mechanismus ist immer der gleiche. Zuerst verliebt sich ein Mädchen in einen Mann aus besseren Kreisen, der ihr ein anderes Leben zeigt, ein Leben „außerhalb Nowolipki, in der Welt, im Freien" (60). Dieses Leben „lockte, rief, glänzte mit seidenen Strümpfen und Straußfedern am Hut" (60). Die schönen Sachen, das schöne Leben sind so anders als der Alltag im armen Nowolipki.

Ähnliche Sehnsüchte empfindet auch Keuns Protagonistin Doris, die den schönen weißen Pelz gestohlen hat, um sich ein Stück der besseren, glanzvollen Welt zu holen. Im Gegensatz dazu erscheint das Leben der Eltern und der ganzen Umgebung als grau, arm und voller Zwang. Eines der Mädchen aus Warschau beschreibt es wie folgt:

> Die Welt gehört den anständigen Menschen. Man muss im festgelegten Rahmen leben, wenn du es schafftest, dir einen Rahmen für deinen Tag, deine Woche und deinen Monat aufzubauen – dann hast du gewonnen. Darin war eine gewisse Sicherheit verborgen, in diesem genau eingeteilten Leben: Da ist die Arbeit, da ist die Kirche, da ist die Unterhaltung. Erfülle althergebrachte Gebote, lehne dich nicht auf, und es wird alles gut. Auch wenn es schlecht wird, wirst du das nicht fühlen, du wirst es verwinden. (204)

Auch Doris möchte den kleinbürgerlichen Alltag hinter sich lassen.[10] Die einzige Fluchtmöglichkeit, so wie auch die einzige Aufstiegschance, bilden die Beziehun-

---

9 „Sogar die Kinder wissen, dass sie früher ‚solch eine' war. Was das Wort bedeutet – etwas Schreckliches, das damit endet, dass man […] in stinkenden Kleidern durch die Hinterhöfe streichen muss" (62 f.).
10 Doris' Mutter ging eine Vernunftehe mit einem Mann ein, der „gar keinen Inhalt in seinem Leben außer dreckige Karten spielen und Bier trinken" (44) hat. Aus diesem ärmlichen Leben versucht

gen mit Männern – andere Wege, wie Bildung oder berufliche Arbeit, münden immer wieder in einer Sackgasse, weil die für die Mädchen zugängliche Bildung unzureichend und die Arbeit sehr schlecht bezahlt ist. Deshalb suchen sie die Unterstützung von Männern, die wiederum ihren existentiellen Preis hat. Die erste sexuelle Beziehung mit einem Mann, wenn sie nicht zur Heirat führt, wird zum Wendepunkt im Leben eines Mädchens.[11] Danach kommen immer wieder neue Männer, es gibt kein Zurück mehr, und am Ende wird das ehemals junge verliebte Mädchen zur stinkenden Lumpenhändlerin. Bei Gojawiczyńska wird quasi eine Einbahnstraße beschrieben: Vom ersten erotischen Abenteuer wird das Mädchen durch eine Kette von Notwendigkeiten auf den Grund der gesellschaftlichen Hierarchie geführt. Bei Keun scheint das etwas anders zu sein, in ihrem Roman wird eher die fließende Grenze zwischen der sexuellen Freiheit des modernen Mädchens und dem Leben einer Prostituierten – einer ‚Hulla' – gezeigt. Die Unschärfe dieser Grenze bedeutet nicht nur Gefahr, sondern auch einen gewissen Freiraum, denn die Zuordnungen zu der einen oder anderen Kategorie sich nicht endgültig. Für die Mädchen aus Nowolipki bedeutet der Verstoß gegen die Moral ihres Milieus hingegen einen Ausschluss aus der Gemeinschaft. Die Mütter aus Nowolipki erinnern sich an die betroffenen Mädchen aus der Nachbarschaft: „Sie zählten sie auf, erinnerten sich an sie, nicht so wie man sich an Verstorbene aus dem gleichen Haus erinnert, nicht mit Traurigkeit, sondern mit Grauen und Scham" (204). Die erinnerten Mädchen werden aus ihrer Nachbarschaft sowohl faktisch als auch symbolisch ausgeschlossen. Sie verwandeln sich in „gefallene Mädchen", weil sie, wie Katharina von Ankum schreibt, „gegen die gesellschaftlichen Normen von Sittlichkeit und Anstand verstießen, welche mit dem Bild der ordentlichen und sittsamen Hausfrau und Mutter verknüpft waren".[12] Der unerwünschte neue Status wird auch im städtischen Raum sichtbar: Prostituierte stehen an den Ecken und vor gewissen Lokalen. In Nowolipki ist die Fußgängerzone vor der Kondtitorei von Kac ihr Revier: „Die Mädchen vor ‚Kac' schreien unmenschlich: ein Betrunkener fasste eine von ihnen am Haar. Ein Kutscher peitschte gegen die bemalten Gesichter. Die Frauen schimpften. Jemand spuckte. Jemand verpasste einen Tritt." (63)

Im Kapitel „Kaufe Knochen, kaufe Lumpen" geht es darum, ob die ältere Schwester eines der Mädchen, Maria, eine Liebesbeziehung mit einem feinen Herrn eingehen soll. Sie ist verliebt, aber die Mutter warnt sie vor dem Schicksal der Lumpen-

---

Doris zu fliehen, aber am Ende des Romans stellt sie fest, dass eben das die einzige für sie zugängliche Möglichkeit ist.

11 Oft ist die erste sexuelle Erfahrung mit Liebe verbunden, die nach romantischen oder sentimentalen Vorstellungen aufgefasst wird – so ist es bei Doris und auch bei einigen der Mädchen aus Nowolipki. Bezeichnenderweise führt diese erste Liebe fast immer zu einer Enttäuschung, wodurch das romantische Verständnis der Liebe als unrealistisch entlarvt wird.

12 Ankum: „Weibliche Stadterfahrung", S. 378.

händlerin. Die Warnungen der Mutter und Marias Beobachtungen auf der Straße erweisen sich als wirksame Abschreckung, das Mädchen entscheidet sich gegen die Beziehung. Maria wird dafür im Roman keineswegs belohnt, im Gegenteil. Ihr Leben als anständige Frau bringt ihr kein Glück. Der Verzicht auf Liebe nimmt ihr die Lebensfreude, sie beginnt zu kränkeln und zu altern. Marias Schicksal zeigt eindrücklich, dass Gojawiczyńskas Roman keinen didaktischen Hintergedanken hat, die latente Drohung der Prostitution ist keine Warnung für die Leserinnen, die vor den Schattenseiten der sexuellen Freiheit gewarnt werden sollen, sondern eine pessimistische Bestandsaufnahme.[13]

Die Grenze zwischen den geachteten, ‚anständigen' Frauen und Prostituierten, die jeder bespucken oder treten kann, ist, wie gesagt, auf der Straße unscharf.[14] Die Verdopplung, von der Parsons spricht, ist auch in den Texten sichtbar. Jede Frau kann von einem Mann angesprochen werden – in der deutschen Literatur ist das spätestens seit der Straßenszene zwischen Gretchen und Faust bekannt. Bei Gojawiczyńska wird diese Kontaktaufnahme aus der Perspektive eines Mädchens beschrieben. Franka, das ungewollte, uneheliche Kind eines Dienstmädchens, flieht vor dem Elend ihres Lebens in die Literatur und sucht dann im Leben nach Männern, wie sie in den durchaus guten Romanen, die sie stapelweise liest, beschrieben werden. Mit bitterer Enttäuschung muss sie feststellen, dass sie auf der Straße keine lichten Helden trifft, sondern nur Männer, die sie belästigen:

> Es gibt Kerle, Fatzken, Kavaliere, Jungs, die Brüder der Freundinnen, die Freunde des Bruders, irgendwelche, die sich in den Straßen herumtreiben, ihre Runden drehen, kreisen. – Könnte ich Sie begleiten, sind Sie allein? Welche ist Ihre Richtung und warum das Gesicht so streng? Wozu die Eile, wie überempfindlich […] Franka zitterte vor Wut […] und die Schimpfworte blieben ihr im Hals stecken. (139)

Franka beschreibt auch obszöne Gesten, die ihr die Männer auf der Straße zeigen, und drückt ihre Ohnmacht und Hilflosigkeit aus, da sie dagegen nicht aufkommen kann.

---

13 Auch in der Romanwelt wird das Didaktisieren verurteilt. Vor allem im zweiten Teil, in *Rajska jabłoń*, beschreibt Gojawiczyńska die karitativen und sozialen Vorhaben der polnischen gebildeten Schicht als sinnlose Maßnahmen (wie die Aufklärung über die Bedeutung der Hygiene für Bewohner von Häusern ohne Wasser- und Kanalisationsanschluss) und vor allem als Scheinhandlungen, die nicht wirklich helfen, aber die Schützlinge zu unterwürfigen Almosenempfängern machen. Der bessere Weg wäre, so Gojawiczyńska, den Betroffenen auf die Beine zu helfen, z. B. ihnen gut bezahlte Arbeit anstelle von kostenlosem Essen zu geben.
14 Dies war nicht nur in der Literatur, sondern auch sonst der Fall. Katharina von Ankum verweist darauf, dass es Ende des 19. und Anfang des 20. Jahrhunderts immer wieder Fälle gab, wo Prostituierte und Nicht-Prostituierte verwechselt wurden.

Angesprochen auf der Straße wird auch Doris, das kunstseidene Mädchen im Roman von Irmgard Keun. Doris verzeichnet diese Situationen in ihrem Tagebuch und bewertet sie unterschiedlich. Einmal sieht sie das männliche Interesse als Beweis für ihre Attraktivität, ein anderes Mal fühlt sie sich deprimiert, weil sie als Prostituierte eingeschätzt wurde. Sie beschreibt, wie ihre materielle, körperliche Präsenz auf der Straße zum Objekt für den Blick eines Mannes wird:

> Und gestern war ich mit einem Mann, was mich ansprach und für was hielt, was ich doch nicht bin. Ich bin es doch noch nicht. Aber überall abends stehen Huren […]. Und sehn gar nicht immer aus wie welche, sie machen so einen unentschlossenen Gang – das ist nicht immer das Gesicht, was eine Hure so ausmacht – ich sehe in meinen Spiegel – das ist eine Art von Gehen, wie wenn einem das Herz eingeschlafen ist […] mit Gleichgültigkeit in meinen Kniekehlen, und da war mein Gehen ein Stehenbleiben zwischen einem Weitergehenwollen und einem Zurückgehenwollen, indem ich zu keinem von beiden Lust hatte. Und dann macht an Ecken mein Körper einen Aufenthalt […] und in mir war eine Maschinenart, die genau ihr [der Huren] Gehen und Stehenbleiben machte. Und dann sprach mich einer an.[15]

Der besondere Gang der Prostituierten wird auch bei Gojawiczyńska thematisiert: „[die Prostituierten vor der Konditorei] sprachen nicht miteinander, sie liefen nur, gingen aneinander vorbei, sie gingen schnell und unruhig, kehrten abrupt um und gingen den gleichen Weg wieder und wieder" (47). Die von Doris formulierte Frage, woran man auf der Straße eine Prostituierte erkennt, ist frappierend. Es ist offenbar nicht allein der Ort, der Prostituierte ausmacht. Wenn sich die Frauen auf der Straße bewegen, entstehen Beziehungen zwischen dem Körper und dem Raum. Es ist von Bedeutung, wie sich die Personen verhalten, wie sie von anderen körperlich behandelt oder misshandelt werden. Wenn ein Mädchen auf die Ansprache eines Mannes reagiert, dann sind ihre Stimme und ihre Körperhaltung von Bedeutung, um sie als Nicht-Prostituierte einzuordnen – oder umgekehrt, um ihre Zugänglichkeit für den Mann zu signalisieren.[16] Bei Gojawiczyńska sind die Körper der Frauen vor der Konditorei wehrlos, sie können geschlagen, gepeitscht, bespuckt werden. Es wird auch mehrmals beschrieben, wie sich ein ‚gefallenes Mädchen' im heimatlichen Viertel bewegt: Sie schämt sich, geht „wankend, dicht an den Häusermauern, nimmt Seitenstraßen, mit tiefsitzendem Hut, der die Stirn

---

15 Keun: *Das kunstseidene Mädchen*, S. 145.
16 Die oben angeführte Szene, in der Doris sich wie Prostituierte bewegt und von einem Mann angesprochen wird, endet damit, dass sie auf sein Angebot eingeht. Auch bei Gojawiczyńska entscheidet sich eines der Mädchen, Franka, für eine auf der Straße angeknüpfte Beziehung (97 f., 155, 160).

bedeckt" (139). Bei Keun ist diese Verbindung von Körper und Raum nicht weniger deutlich: Doris erkennt in ihrem eigenen Körper den besonderen Gang, die Bewegungen, die sie (fast) zur Prostituierten machen.

Das Verhältnis zwischen weiblichem Körper und Raum lässt sich in beiden Romanen auch in einem anderen Zusammenhang, im Kontext der Aufstiegsphantasien gut verfolgen. Der Aufstieg ist das Motiv, das man bei Gojawiczyńska und bei Keun als Pendant oder Gegengewicht zur ständigen Bedrohung durch sozialen Abstieg und Prostitution auffassen kann. Beide Romane haben ein relativ offenes Ende. Die Leser können zwar vermuten, dass die Hoffnungen der Mädchen scheitern, dieses Scheitern wird aber mehr angedeutet als explizit geschildert. Die optimistischen Leser können gegebenenfalls weiterhin hoffen.

In beiden Romanen kommen die Protagonistinnen aus sehr armen Verhältnissen, diese Armut ist an den Räumen, die sie bewohnen, und an ihren unterernährten, schlecht bekleideten Körpern sichtbar. Sowohl die Mädchen aus Nowolipki als auch Doris erleben mehrmals Hunger. Der Hunger wird eigentlich nicht als eine extreme Erfahrung beschrieben, sondern eher als ein unangenehmer Teil des Alltags – und als einer der Gründe, warum die Mädchen aus diesem Alltag zu fliehen versuchen. Aber nicht nur der hungernde (und kranke) Körper unterscheidet die Mädchen von ihren glücklicheren Altersgenossinnen. Auch die Körperhaltung und die Kleider, die mehrmals ausgeliehen, gestopft, umgearbeitet werden, sind Merkmale ihrer Zugehörigkeit zum Viertel Nowolipki, das so beschrieben wird: „dunkle und schmutzige Gassen und Höfe, und der Gestank der offenen Müllkippen, und blätterlose Bäume in den Hinterhöfen, in denen nichts wachsen, aufgehen, gedeihen wollte – nicht mal kümmerliches Gras" (107). In diesem armen Kiez fühlen sich die Mädchen heimisch; wenn sie seine Grenzen überschreiten, kommt das Gefühl des Fremdseins auf. Während eines gemeinsamen Spaziergangs in Ogród Saski, also in einem halbwegs eleganten Park, bekommen sie Herzklopfen aus Angst, von einem Wächter aufgehalten und des Parks verwiesen zu werden. Sie treffen dort auf eine andere Gruppe von Mädchen, die im Park spielen, während sie, die Mädchen aus Nowolipki, sich nicht trauen, den schönen Park als Spielplatz zu nutzen, und auf einer Bank sitzen bleiben. Der Unterschied zwischen den beiden Gruppen ist deutlich. Im Vergleich mit den schön gekleideten Kindern aus ‚guten Familien' fühlen sich die Mädchen aus Nowolipki alt. Nicht nur älter, sondern alt. Die anderen Mädchen haben schöne, sommerliche Kleider und tragen ihre Haare offen. Die Mädchen aus Nowolipki haben strenge Schuluniformen und Zöpfe: „Sie fühlten sich plötzlich alt, viel älter als diese schwebenden Schmetterlinge – alt mit ihren […] bis zum Kinn zugeknöpften Miedern" (61). Die Begegnungen mit der ‚besseren' Welt außerhalb Nowolipki – und der Ausflug in den Park ist nur eine von ihnen – machen deutlich, dass die Kleider und die Körper, die in ihnen stecken, zu einem bestimmten Raum gehören. Außerhalb dieses Raumes, außerhalb von

Nowolipki, werden sie sofort als fremd identifiziert – sowohl von den anderen als auch in ihrer eigenen Wahrnehmung.

Eine ähnliche Dynamik lässt sich bei Keun beobachten: Doris widmet bekanntlich viel Aufmerksamkeit ihrer Garderobe, die sie als Voraussetzung und zugleich als Beweis für den ersehnten Aufstieg betrachtet. Sie ist sozusagen einen Schritt weiter als die meisten Mädchen aus Nowolipki, denn sie besitzt teilweise die begehrten eleganten Kleidungsstücke. Es nutzt ihr aber nicht viel, denn diese Kleider sind im Grunde nur eine Verkleidung: „Am Tisch nebenan saß eine wunderbare Dame mit ganz teuren Schultern […] und ein so herrliches Kleid […] das Kleid war so schön, weil sie nicht nachdenken braucht, woher sie's bekommt, das sah man dem Kleid an. Und ich stand auf der Toilette neben ihr, und wir sahen zusammen in den Spiegel […] und ich sah neben ihr so schwer verdient aus." (47) Diese Bemerkung macht Doris mehrmals. So spricht sie z. B. darüber, dass in den Cafés Frauen sitzen, „von denen die Gesichter sich anstrengen" (81), an denen man ihre unerfüllten Hoffnungen und Ansprüche erkenne. Sie tanzen in den eleganten Lokalen und unterscheiden sich doch sehr von der „Dame mit teuren Schultern", denn sie sind auch „schwer verdient und müssen sich Mühe geben" (47). Auch der Zugang zum privilegierten Raum kann also an der sozialen Zuordnung nicht viel ändern.[17] Diese Wechselverhältnisse zwischen Körper und Raum produzieren soziale Zugehörigkeit. Sie besteht aus äußerlichen Zuordnungen, die aber verinnerlicht und in die Körper eingeschrieben werden. Die Mädchen aus Nowolipki und Keuns Doris bewegen sich frei im öffentlichen Raum, sie haben Zugang zur ‚besseren' Welt, können aber die Grenzen ihres Milieus nicht überschreiten, denn sie können sich nicht verwandeln: Ihre Körper bleiben dem zugewiesenen Ort verhaftet.

---

17 Auch die elegante Kleidung, die Doris so verbissen sammelt, ist kein Allheilmittel, denn letztlich kann sie den Menschen doch nicht verändern: „Wenn Therese Handschuhe anhat aus echt Waschleder, sehen sie doch aus wie nur Stoff" (48).

Sabine Kalff

Wüsten, Ruinen, Brachen

Zerstörung und Stadtlandschaft zum Ende des
Zweiten Weltkriegs in autobiographischen Texten

Elemente der ‚Dritten Landschaft' wie Brachen und Ruderalflächen sind zumeist an den Rändern der Zivilisation zu finden.[1] Im Fall der Trümmerlandschaften des Zweiten Weltkriegs kommt es jedoch zu einer großflächigen Zerstörung innerhalb der Zentren. Die Entstehung dieser innerstädtischen verlassenen Gelände ist keine Konsequenz der Raumplanung, sondern der Kriegsführung, insbesondere des alliierten Flächenbombardements.[2]

Anhand von drei autobiographischen Texten, deren Autorinnen die Auswirkungen des Kriegs auf Berlin und die Verwandlung der modernen Großstadt Berlin in ein Trümmerfeld über mehrere Jahre hinweg beobachtet haben, wird im Folgenden untersucht, wie das Brachland in den Zentren noch während des Kriegs wahrgenommen wurde. Ursula von Kardorffs Kriegstagebuch umfasst den Zeitraum von Ende 1942 bis zum 16. Februar 1945, dann verlässt die Journalistin der *Deutschen Allgemeinen Zeitung* (DAZ) Berlin.[3] Die Tagebuchaufzeichnungen der Schauspielerin Sabine Krug (1926?–1969) ebenso wie der autobiographische Text der Krankenschwester und Übersetzerin Waltraud Süßmilch (geb. 1930) konzentrieren sich auf das Kriegsende.[4] Auch wenn die Texte mit Ausnahme von Krug für die Publikation überarbeitet wurden, liegen ihnen schriftliche Aufzeichnungen aus der Kriegszeit zugrunde, wodurch sie sich fundamental von jenen Texten unterscheiden, die erst nach dem Krieg entstanden sind.[5]

---

1 Vgl. Gilles Clément: *Manifest der Dritten Landschaft*. Berlin 2010, S. 10.
2 Zur Entstehung von Brachen durch Raumplanung vgl. ebd., S. 13.
3 Ursula von Kardorff: *Berliner Aufzeichnungen 1942 bis 1945*. München 1992. Weitere Nachweise mit Angabe der Seitenzahl direkt im Text.
4 Sabine Krug: „‚... mir ist nur wichtig, ob es in Zukunft so eine Art von Kunst geben wird oder nicht.' Aus dem Jugendtagebuch einer Schauspielerin". In: Ingrid Hammer/Susanne zur Nieden (Hg.): *Sehr selten habe ich geweint. Briefe und Tagebücher aus dem Zweiten Weltkrieg von Menschen aus Berlin*. Zürich 1992, S. 379–421. Weitere Nachweise mit Angabe der Seitenzahl direkt im Text. Waltraud Süßmilch: *Im Bunker. Eine Überlebende berichtet vom Bombenkrieg in Berlin*. Berlin 2004. Weitere Nachweise mit Angabe der Seitenzahl direkt im Text.
5 Vgl. Sabine Kalff: „Auf der Nachtseite des Lebens. Die Ästhetik des Schreckens in Ursula von Kardorffs Kriegstagebuch ‚Berliner Aufzeichnungen 1942 bis 1945'". In: *Zeitschrift für Germanistik*, 26 (2016) Heft 2, S. 262–282, hier S. 262.

Es stellt sich die Frage, inwiefern sich die Wahrnehmung der zerstörten Stadtlandschaft während des Kriegs von jener im Nachkrieg unterscheidet. Welche Rolle spielen Überwucherungsprozesse, und inwiefern entstehen solche Sekundärwildnisse erst nach dem Krieg oder treten ins Blickfeld der Wahrnehmung? Bei Sekundärwildnissen oder Ruderalflächen handelt es sich um von Menschenhand gestaltete Areale von einer gewissen Ausdehnung – größer als eine Verkehrsinsel –, die im Anschluss an ihre Nutzung sich selbst überlassen werden.[6] Kriegseinwirkung und Zerstörung können eine Ursache sein, eine andere ist struktureller Wandel, etwa bei Industrieruinen. Es wird im Folgenden aufgezeigt, wie der kriegszerstörte städtische Raum wahlweise wahrgenommen wird als ästhetisch goutierbare Ruinen, als Schutthaufen oder als Primärlandschaft, als unberührte Natur, wie sie in Europa nicht mehr vorkommt, schon gar nicht in den Großstädten.

Bauruinen: Ein Idyll makabrer Art

Die frühen Angriffe der Royal Air Force auf Berlin, die im August 1940 einsetzten,[7] wecken bei der Bevölkerung großes Interesse, „zu Hunderten" strömten die Leute herbei, um sich die getroffenen Gebäude anzusehen.[8] Die Schaulust hält noch bis 1943 an, wenn die 16jährige Berlinerin Brigitte Eicke ihrer Großmutter die lokalen Ruinen vorführt wie eine Touristenattraktion: „Ich habe mit Oma einen kleinen Spaziergang gemacht und habe ihr ein paar zerbombte Häuser in unserer Gegend gezeigt, sie ist ganz erschüttert."[9] Während die Enkelin die Ruinen mit ästhetischem Blick betrachtet, nimmt die Großmutter das Haus psychologisch als Rückzugsraum wahr und reagiert entsprechend geschockt auf seine Zerstörung.

Die Ruinen des Zweiten Weltkriegs werden nicht nur zu Beginn der Luftangriffe als ästhetisch reizvoll wahrgenommen, ganz in Sinne Simmels, sondern auch nach dem Einsatz der ‚Schlacht um Berlin' ab November 1943, die weite Teile der Stadt

---

6 Ich folge hier der Terminologie von Burkhard Schäfer: *Unberühmter Ort. Die Ruderalfläche im Magischen Realismus und in der Trümmerliteratur*. Frankfurt/M. u. a. 2001, S. 83–85. Nicht ganz klar ist, wie sich diese Ideen zu Cléments Konzept der „Dritten Landschaft" verhalten. Clément berücksichtigt auch solche Flächen, die durch die Bebauung erst entstehen, als Zwischenraum: Böschungen, Bahndämme, Grünflächen an Autobahnkreuzen oder -auffahrten.

7 Laurenz Demps: *Luftangriffe auf Berlin. Die Berichte der Hauptluftschutzstelle 1940–1945*. Berlin 2012, S. 34 f.

8 Vgl. Werner Girbig: *Im Anflug auf die Reichshauptstadt*. Stuttgart 1970, S. 20.

9 Brigitte Eicke: *Backfisch im Bombenkrieg. Notizen in Steno*. Hg. v. Barbara Felsmann/Annett Gröschner/Grischa Meyer. Berlin 2013, S. 95 [18.8.1943]. Zu Eicke vgl. Sabine Kalff: „‚Alarm! Alarm! Teppiche geklopft.' Literarische Schreibverfahren in Brigitte Eickes ‚Backfisch im Bombenkrieg. Notizen in Steno' [2013]". In: *Feministische Studien*, 33 (2015) Heft 2, S. 210–224.

in den nächsten anderthalb Jahren sukzessive in ein Trümmerfeld verwandelt.[10] So schildert Ursula von Kardorff die bizarre Trümmerlandschaft auf dem Gelände hinter dem Reichstag, das im Rahmen von Albert Speers *Germania*-Projekt bebaut werden sollte, noch 1944 als romantisches Ruinenidyll:

> So entstand inmitten einer Hieronymus-Bosch-Landschaft ein See, mehrere Meter tief, umrahmt von der Ruine des ehemaligen Generalstabsgebäudes, in dessen Kellern jetzt die Polizei haust, und den zerstörten Villen der diplomatischen Vertretungen, von denen nur noch die des Schweizer Konsulats erhalten ist […]. Ringsum blühen die Schuttblumen, gelb und giftig, aber die Luft ist rein und das Unkraut grün, und Fische haben sich auch schon angesiedelt. Eine Idylle makabrer Art. (11.4.1944, 175)

Das Objekt der Zerstörung ist ein besonderer Ort, eine Baustelle, die nach Luftangriffen und Abzug des Personals – es gibt dringendere Projekte, namentlich im Bereich des Bunkerbaus – sich selbst überlassen ist. Daher kommen auf der aufgegebenen Baustelle schon während des Kriegs jene ökologischen Prozesse der Überwucherung in Gang, die das Menschenwerk des Bauens und Zerstörens scheinbar in das Reich der Natur überführen. Zudem erscheint der Ort entgegen der ursprünglichen Pläne frei von allen Zwecken, eine wichtige Voraussetzung, um als Ruine wahrgenommen zu werden.[11] Der Bewuchs und die Besiedlung des Sees mit Fischen verleihen dem Gelände zudem das, was den meisten zerbombten Gebäuden des Luftkriegs fehlt – eine Art Patina, wie sie für Ruinen charakteristisch ist.[12] Den Naturkräften ausgesetzt, vollzieht sich an den sich selbst überlassenen Trümmern jener Prozess, der aus Natur und Kultur eine Einheit schafft, die sich in den Augen der Betrachterin zu einem pittoresken Bild zusammensetzt.[13] Darüber hinaus schildert Kardorff die aufgegebene Baustelle als ländliche Szene, worauf auch der Begriff des Idylls verweist. Der Ort kommt der Wahrnehmung als Landschaft entgegen, weil das Motiv durch seine relative räumliche Isolation geschlossen erscheint, der Bildausschnitt begrenzbar.[14] Das führt zur Irritation – das ländliche Idyll befindet sich an geographisch unpassender Stelle, was einen surrealen

---

10 Vgl. Georg Simmel: „Die Ruine". In: Ders.: *Philosophische Kultur. Über das Abenteuer, die Geschlechter und die Krise der Moderne. Gesammelte Essais.* Berlin 1986, S. 118–124.
11 Hartmut Böhme: „Die Ästhetik der Ruinen". In: Dietmar Kamper/Christian Wulf (Hg.): *Der Schein des Schönen*. Göttingen 1989, S. 287–304, hier S. 287.
12 Vgl. Simmel: „Ruine", S. 120.
13 Zum Pittoresken vgl. Christopher Hussey: *The Picturesque. Studies in a Point of View*. London u. a. 1927, S. 7 f.
14 Damit entspricht er den Kriterien, die Simmel für die Konstitution einer Landschaft formuliert. Vgl. Georg Simmel: „Philosophie der Landschaft". In: *Die Güldenkammer. Eine bremische Monatsschrift* 2 (1913), S. 635–644, hier S. 636.

Effekt zeitigt. Die Szenerie scheint in mehrfacher Hinsicht fragil, was sich den widersprüchlichen Bestrebungen verdankt, die an ihrer Entstehung beteiligt sind. Sie ist gleichermaßen das Ergebnis der Aufgabe menschlicher Gestaltung und des Überlassens an die Naturkräfte sowie der kriegerischen Zerstörung. So ist ihr Bewuchs, die Überwucherung entschieden jünger als die der historischen Ruinen. Bei den von Kardorff beobachteten ‚giftigen' Schuttblumen, die das Idyll ebenfalls irritieren, handelt es sich um jene Pionierpflanzen mit kurzen Zyklen und einer beträchtlichen Wachstumsdynamik, die sich als erste auf verlassenen Geländen ansiedeln.[15]

Im Gegensatz zu traditionellen Ruinen, deren Verfall durch Zeit und Witterung vollbracht wird, gelangen die Gebäude im Zentrum Berlins durch die alliierte Bombardierung *ad hoc* in den ruinösen Zustand. Der Funktionsverlust vollzieht sich nicht allmählich, sondern abrupt – Wohngebäude werden von einem Moment auf den anderen unbewohnbar. Diese plötzliche Befreiung von allen praktischen Zwecken macht die nunmehr zweckfreien Bauten der ästhetischen Betrachtung zugänglich. Besonders deutlich wird das bei dem Architekten Richard Zorn, der im Dezember 1943 die Überreste hanseatischer Baukunst nicht nur fotografisch für den *Arbeitsstab Wiederaufbauplanung zerstörter Städte* unter der Leitung Albert Speers dokumentiert, sondern sie auch eingehend ästhetisch kommentiert. „Wundervoll subtil, nicht sensibel, ist dieses *eine* Fenster gebildet", lobt Zorn die fragile Fassade eines Gebäudes, die zum Zeitpunkt des Abschlusses seiner Dokumentation längst niedergerissen ist, um Passanten nicht durch spontanen Einsturz zu gefährden.[16]

Wie der Dresdner Kunsthistoriker Eberhard Hempel, der angesichts von Kriegsruinen konstatiert, „daß die größere Einheit, wie sie sich durch das Hervortreten des Kernbaues ergibt, den Bauten häufig eine Schönheit verleiht, die sie früher bei meist mannigfach dekoriertem Bewurf und vielen unwesentlichen Einzelheiten nicht besessen haben",[17] betrachtet Zorn die jeglicher Funktion beraubten Fassaden als Reduktion auf das Wesentliche. Worin das Wesentliche besteht, hängt nicht unwesentlich ab von der Interessenlage. Als Architekt, dem die zu begutachtenden Häuser nicht gehören, kann Zorn sich leicht auf die ästhetische Betrachtung zurückziehen. Eigentümer und Mieter dürften das Wesentliche eines Gebäudes eher anderswo erblickt haben.

---

15 Clément: *Manifest*, S. 20.
16 Vgl. Richard Zorn: „Gebautes Hamburg in Schutt. Dezember 1943". In: Jörn Düwel/Niels Gutschow: *Fortgewischt sind alle überflüssigen Zutaten. Hamburg 1943 – Zerstörung und Städtebau*. Berlin 2008, S. 112–220, hier S. 141.
17 Eberhard Hempel: „Ruinenschönheit". In: *Zeitschrift für Kunst,* 2 (1948) Heft 2, S. 76–91, hier S. 76. Hempel ist ein Kollege von Viktor Klemperer an der TU Dresden. 1933 erstmals berufen, profitiert er vom Nationalsozialismus, dem er sich stark andient.

Wüsten, Ruinen, Brachen | 39

Abb. 1 Subtiles Fenster. © Richard Zorn. Aus: Ders.:
„Gebautes Hamburg in Schutt. Dezember 1943".

Anfang Februar 1944 überlebt Kardorff die Ausbombung der elterlichen Wohnung im Keller des Hauses. Ein Großteil der familiären Habe fällt den Flammen zum Opfer. Gleichwohl hat Kardorff noch die Gelegenheit, den Verlust ihrer häuslichen Welt zu reflektieren: „In dem Trubel stand ich einmal allein in meinem schon etwas von Rauch erfüllten Zimmer. Bewusst nahm ich seinen Anblick noch einmal in mich auf. Nun ist von allem Ererbten und Erworbenen, von aller Behaglichkeit nur noch ein Häufchen Dreck übrig!" (1.2.1944, 156) Am nächsten Tag bedenkt Kardorff den früheren und den jetzigen Zustand ihres ehemaligen Zuhauses: „Ich ging noch einmal die Wendeltreppe, die ich in der Nacht so verflucht hatte, ein Stück hoch. Oben sah ein kaltblauer Himmel durch die Balken. Kaum zu glauben, dass dort noch vor vierundzwanzig Stunden unsere gemütliche Klause gewesen war. Der Fußboden, auf dem wir so selig getanzt hatten, war zwei Stockwerke tief hinabgefallen." (1.2.1944, 158 f.) Kardorff betrachtet die einstige häusliche Umgebung mit den Augen einer Fremden und wundert sich, dass dies derselbe Ort ist, an dem sie noch vor wenigen Tagen getanzt hat. Das zerstörte Gebäude scheint nicht dasselbe zu sein wie jenes, in dem sie jahrelang gewohnt hat. Seiner ursprünglichen Funktion enthoben wird es einem quasi touristischen Blick zugänglich. Gleichwohl ist Kardorff in einer privilegierten Situation: Sie verliert nicht ihre komplette Habe und wird nicht obdachlos.

Die Durchdringung von Öffentlichem und Privatem

Anders Waltraud Süßmilch. Die Erzählerin, zum Zeitpunkt des Geschehens vierzehn Jahre alt, wird am 20. April 1945 ausgebombt. Die Situation ist ungleich drastischer: Durch den Einsturz des Hauses in der Saarlandstraße (heute: Stresemannstraße) werden die Bewohner verschüttet, manche bereits im Keller von Trümmern begraben. Süßmilch kann sich durch den angrenzenden Luftschutzkeller des Saarlandtheaters (heute: Hebbeltheater) retten. Als sie wieder auf die Straße tritt, ist von dem Haus nicht mehr übrig als ein Steinhaufen: „Als wir durch das unzerstört gebliebene Theaterfoyer auf die breite Saarlandstraße traten, liefen wir schnell zu unserem Wohnhaus zurück. Was war geschehen? Vor Entsetzen bekam ich kaum Luft. Zielgenau hatte eine Bombe unser Haus zerstört. Nur ein kleiner Trümmerhaufen war von ihm übrig geblieben." (96) Da es an der Stelle, an der das Wohnhaus stand, nichts mehr gibt, was sich beschreiben ließe, wendet sich Süßmilch dem Nachbarhaus zu, das ähnlich wie bei Kardorff geschildert wird, als eine seltsame und spukhafte Erscheinung, die durch ihre Dysfunktionalität plötzlich und unerwartet aus der Welt der Zwecke herausgefallen ist: „Das Nebenhaus hatte keine Fassade mehr, sodass man in die Wohnungen hineinsehen konnte wie bei einer Puppenstube […]. In einem der Zimmer war in dem Fußboden eine Senke entstanden und zwei nebeneinander stehende Betten waren nach vorne gerutscht. Sie drohten, jeden Augenblick abzustürzen." (96) Der Verlust der Fassade, jenes architektonischen Elements, das sich nicht selten theatral zum öffentlichen Raum hin öffnet, zeitigt neue Effekte: Wie bei geöffnetem Bühnenvorhang wird der Blick in die Wohnungen freigegeben, die nun als Bühnenraum fungieren. Die plötzliche Öffnung des Privaten korrespondiert mit dem Verlust der Privatsphäre in der späten Kriegszeit, die sich bis weit in den Nachkrieg hinein erstreckt. Das Private wird in den öffentlichen Raum getragen, der dadurch seinen öffentlichen Charakter verliert. Zugleich greift das Öffentliche in Form der Instanzen der Kriegsführung und der Überwachungsorgane erheblich in das Private ein, das seiner Rückzugsmöglichkeiten beraubt ist.[18]

---

18 Schäfer konstatiert einen Zusammenbruch der öffentlichen Sphäre. Das stimmt in Hinblick auf die zivilen Instanzen. Die Kriegsführung, die stattdessen Raum greift, ist aber kaum privat zu nennen.

Die Unterscheidung zwischen Teil- und Totalzerstörung ist nicht nur städtebaulich relevant, sondern auch dafür, wie ein Gebäude wahrgenommen wird. Während ein teilzerstörtes Gebäude einen ruinenartigen Charakter gewinnen kann, da es zumindest an ein Haus erinnert, ist der Verlust bei der Totalzerstörung ebenso plötzlich wie vollkommen. Es gibt nichts mehr, was an den früheren Zustand gemahnt, und genau die völlige Abwesenheit dessen, was bis vor einer Stunde noch der Wohnort und private Rückzugsraum der Familie war, macht den Verlust so schockierend. Wo vorher das Haus stand, klafft nun eine Lücke.[19] Die durch den Luftkrieg entstandenen städtischen Lücken stehen nicht in Gegensatz zur Raumplanung: Die Auflockerung des Stadtbildes, das Ideal der funktionsgeteilten Stadt wurde in Berlin sowohl während des Kriegs als auch danach verfochten.[20] Für die Erzählerin markiert der Steinhaufen hingegen eine frühere Präsenz. Insofern verweist die Lücke durch ihre Absenz auf etwas historisch Gewesenes. Bei den Überresten des Hauses handelt es sich gewissermaßen um einen emotional stark besetzten Steinhaufen. Die Protagonistin hat nicht nur ihre Wohnstätte verloren, sondern zugleich ihr Zuhause – einen privaten Raum, der fest mit ihrer Identität verbunden ist und emotionalen Schutz bietet. So destabilisierten Luftangriffe, die in den eigenen vier Wänden erlebt wurden, die Betroffenen seelisch weit weniger als jene, deren Häuser zerstört waren.[21]

Der Verlust von Habe und Wohnung ist bei Süßmilch fast vollständig – die Erzählerin ist von nun an ohne privaten Rückzugsraum. Der Verlust betrifft auch die Identität: Seit der Ausbombung ist die Familie ohne Adresse. Der Wohnort hat traditionell eine große Bedeutung für die Identität einer Person, wurden doch noch bis ins 20. Jahrhundert hinein Namen in Anlehnung an den Grund gebildet, der besessen oder auf dem gedient wurde.[22] Während Kardorff an den Überresten ihres Hauses noch ein Schild mit der Telefonnummer anbringen kann (vgl. 1.2.1944, 159), gibt es bei Süßmilch kein Haus mehr, an dem sich ein Schild befestigen ließe. Als im Krankenhaus die Personalien aufgenommen werden, wird ihr bewusst, dass die Anschrift mit keinem Gebäude mehr korrespondiert: „Ich beantwortete seine Fragen, soweit ich konnte. Bei der Nennung der Saarlandstraße 29b geriet ich ins

---

Vgl. Hans Dieter Schäfer: *Das gespaltene Bewusstsein. Vom Dritten Reich bis zu den langen Fünfziger Jahren*. Göttingen 2009, S. 141.

19 Zum Begriff der Lücke vgl. Therese Teutsch: *Unverfugt. Lücken im Berliner Stadtraum*. Berlin 2013. Wie sich die Lücke zu anderen Formen von verlassenen Geländen verhält, lässt die Autorin offen. Vgl. ebd., S. 17.

20 Werner Durth/Niels Gutschow: *Träume in Trümmern. Planungen zum Wiederaufbau zerstörter Städte im Westen Deutschlands 1940–1950*. Braunschweig u. a. 1988, Bd. 1, S. 51.

21 Vgl. P. E. Vernon: „Psychological Effects of Air-Raids". In: *Journal of Abnormal and Social Psychology*, 36 (1941), S. 457–476, hier S. 475.

22 Zu Grund- und Hofnamen um 1900 vgl. Anton Tantner: *Ordnung der Häuser, Beschreibung der Seelen – Hausnummerierung und Seelenkonskription in der Habsburgermonarchie*. Wien 2004, S. 111.

Stocken. Das Haus, das zu dieser Hausnummer gehörte, war ja fast vollkommen ausgelöscht." (107)

Süßmilchs Mutter zieht sich mit ihren beiden Kindern und einer Nachbarsfamilie in den Hochbunker am Anhalter Bahnhof zurück. Bis zum Herbst 1945, als die Mutter eine Bleibe an der Sonnenallee findet, bewegt sich Süßmilchs Leben ausschließlich im öffentlichen Raum, in dem es keine Rückzugsmöglichkeit gibt. Das gilt insbesondere für die Zeit im Bunker zwischen dem 20. April und dem 1. oder 2. Mai 1945. Dort sind selbst die Toiletten als letzte Zufluchtsstätte der Intimität von Suizidanten blockiert (vgl. 130). Gleich zu Beginn des Aufenthalts wird Süßmilch darauf aufmerksam gemacht, dass sie außerhalb des Bunkers über keinen Wohnsitz verfügt. Angesichts des schreienden Nachbarskinds bemerkt eine Bunkerinsassin: „Können Sie mit dem Kind nicht nach Hause gehen?" (125) Das kann sie natürlich nicht. Die Welt des Bunkers ist eine kollektive. Es wird gemeinsam gearbeitet – die Jugendlichen werden zu Hilfsdiensten herangezogen –, die Insassen spenden ihre letzte Habe, Bettlaken und Lippenstifte, zur Anfertigung von Rotkreuzfahnen, die Notdurft wird auf einem Gemeinschaftseimer verrichtet. Auch das Sterben ist kollektiv und vollzieht sich an öffentlichen Orten. Ironischerweise scheint das nationalsozialistische Konzept der ‚Volksgemeinschaft' gegen Ende des Kriegs weitgehend realisiert.[23]

Der Krieg in der Stadt: Wüste und öde Orte

Befreit von allen gegenwärtigen Funktionen erinnern die Trümmer nur noch daran, was sie früher einmal waren. Die Überreste des *Hotel Excelsior*, vor der Bombardierung eine der ersten Adressen der Stadt, sind nicht mehr als eine Art Mahnmal ihrer früheren Existenz. So sinniert die Erzählerin bei Süßmilch: „Gegenüber dem Bahnhof lag das Hotel Excelsior. Als es Ende des 19. Jahrhunderts eröffnet wurde, galt es als eines der größten Hotels Europas. Man konnte direkt von den Gleisen durch einen Tunnel ins Hotel gelangen – das war damals eine richtige Sensation. Jetzt stand nur noch ein Gerippe dieses einst weltstädtischen Hauses da." (135 f.) Wie das Europahaus am Potsdamer Platz, „das ebenfalls sehr mitgenommen aussah" (136), gemahnt das *Excelsior* Süßmilch nicht nur an den früheren, vorteilhaften Zustand, sondern auch an persönliche Begegnungen mit den Gebäuden und Ereignissen, die sie mit ihnen verbindet. Die lädierten Bauten sind also nicht nur Mahnmale

---

23 Zum Charakter der ‚Volksgemeinschaft' als Ideologem, nicht als Realität, vgl. Frank Bajohr/Michael Wildt: „Einleitung". In: Dies. (Hg.): *Volksgemeinschaft. Neue Forschungen zur Gesellschaft des Nationalsozialismus*. Frankfurt/M. 2009, S. 7–23, hier S. 8.

ihrer selbst, sondern auch Anlass zur Erinnerung an vergangene Zeiten – übrigens nicht nur positive.

Mehrfach apostrophiert Süßmilch die derangierten Gebäude als Gerippe: „Der Anhalter Bahnhof war nur noch ein klappriges Skelett, das kurz vor dem Zusammenbrechen war." (161) Das weist einerseits voraus auf den von der Nachkriegsliteratur reichlich gepflegten Topos der toten Stadt, wie er etwa in Oda Schäfers gleichnamigem Gedicht von 1946 im Titel erscheint.[24] Während die Nachkriegstrümmer häufig mit Begleitelementen des Topos wie Stille und Einsamkeit inszeniert werden,[25] die seit Edmund Burkes Theorie des Erhabenen zum Repertoire des Sublimen zählen, ist in der Kriegsliteratur nichts von dieser friedhofsartigen Stille zu spüren.[26]

Bei Süßmilchs skelettierten Gebäuden handelte es sich gewissermaßen um frische Leichname, denen die Bestattung ebenso versagt ist wie den zahlreichen offen herumliegenden Leichen. Deren Anblick ist auch nicht friedhofsartig, sondern verweist auf den Zusammenbruch einer modernen Kultur, bei dem die räumliche Trennung zwischen Lebenden und Toten aufgehoben ist.[27] Beerdigt wird nicht mehr auf Friedhöfen, sondern im privaten Raum: „Fast jeder Vorgarten hat die stille Einquartierung."[28] Leichen im Stadtzentrum werden ein normaler Anblick: „Überall lagen auf den Bürgersteigen, unter Bäumen oder in den noch verbliebenen Hauseingängen Leichen. Manchmal war es nur eine Person, dann wieder eine kleinere Gruppe." In der zerstörten Halle des Anhalter Bahnhofs lagern ebenfalls „Berge von übereinandergestapelten Toten." (162 f.) Zwar gelingt es nicht mehr, die Toten zu bestatten, doch machen sie einen geordneten Eindruck, und es wird versucht, sie durch Abdeckungen den Blicken zu entziehen. Nach Beendigung der Kriegshandlungen in Berlin ist das nicht mehr der Fall – Leichen vergewaltigter und ermordeter Zivilistinnen liegen auf dem S-Bahnsteig des Stettiner Bahnhofs (vgl. 238), auf der Friedrichstraße stehen zerschossene deutsche und russische

---

24 Vgl. Oda Schäfer: „Tote Stadt". In: Gunter Groll: *De profundis. Deutsche Lyrik in dieser Zeit. Eine Anthologie aus zwölf Jahren*. München 1946, S. 321. Der Topos findet sich auch etwa in Wolfgang Borcherts Erzählung *Billbrook* [1947].

25 Zur Stille der Nachkriegsruine vgl. Silke Arnold-De Simine: „Die Konstanz der Ruine. Zur Rezeption traditioneller ästhetischer Funktionen der Ruine in städtischer Baugeschichte und im Trümmerfilm nach 1945". In: Andreas Böhn/Christine Mielke (Hg.): *Die zerstörte Stadt. Mediale Repräsentationen urbaner Räume von Troja bis Sin City*. Bielefeld 2007, S. 251–271, hier S. 263 f.

26 Vgl. Burke: *A Philosophical Enquiry*, S. 50.

27 Vgl. Philippe Ariès: *Geschichte des Todes*. München 1997, S. 43. Grossklaus spricht von einer Tilgung der zivilisatorischen Struktur. Vgl. Götz Grossklaus: „Das zerstörte Gesicht der Städte. ‚Konkurrierende Gedächtnisse' im Nachkriegsdeutschland (West) 1945–1960". In: Böhn/Mielke (Hg.): *Die zerstörte Stadt*, S. 101–124.

28 Anonyma (i. e. Marta Hillers): *Eine Frau in Berlin. Tagebuchaufzeichnungen vom 20. April bis 22. Juni 1945*. Frankfurt/M. 2003 [14.5.1945], S. 195.

Panzer, deren Besatzung drastisch den Verbrennungstod in unterschiedlichen Ausprägungen dokumentiert:

> Meistens war es nur jeweils einem Mann gelungen, dem Panzer zu entkommen, der lag dann verkohlt ein paar Meter neben dem Fahrzeug. Manche Soldaten hingen bis zur Unkenntlichkeit verbrannt über dem Lukenrand […]. Was ich überhaupt nicht verstehen konnte, war, dass von einigen Panzerfahrern nur die verkohlten Stiefel übrig geblieben waren, mit einem Stück Bein darin. Wo war der Rest dieser Männer geblieben? (243)

Der Krieg trägt nicht nur den Tod in vielerlei Formen in die Stadt hinein, sondern die Toten erscheinen buchstäblich mit ihr verschmolzen. Von den russischen Besatzern wird Süßmilch verschiedentlich zu Arbeitsdiensten herangezogen. Eine der Aufgaben besteht im Abkratzen von menschlichen Überresten von dem Asphalt: „Ich musste mit einer Schaufel eine übelst riechende, breit ausgewalzte Masse vom Asphalt abkratzen […]. Es war unschwer zu erkennen, dass es sich um menschliche Überreste handelte. Die Spuren der Panzerketten waren in diesem Brei, der auf der Straße angetrocknet war, noch deutlich zu erkennen." (252) Die städtische Brache, die hier geschildert wird, ist zugleich ein Kriegsgebiet. In diesem herrscht eine andere Ordnung als die zivile. Zerstörung und der Anblick von Leichen sind hier nicht schockierend, sondern Normalität. Die Ordnung des Kriegs wird zunächst in Form des Luftkriegs in die moderne Großstadt Berlin hineingetragen, anschließend durch den Bodenkrieg. Dadurch kommt es zur Überlagerung zweier Sphären, in denen gegensätzliche Normen und Gesetzmäßigkeiten herrschen, die sich im Umgang mit Tod und Zerstörung unterscheiden, aber auch hinsichtlich des Eigentums.[29] Die Kriegshandlungen, zumal zu Kriegsende, finden mitten unter der Zivilbevölkerung statt, wodurch sich der Raum des Kriegs und jener der Zivilisation stark vermischen. So unterliegen die Zivilisten bald ähnlichen Abstumpfungsprozessen wie Soldaten. Die Gewöhnung an die städtische Trümmerlandschaft wird erst deutlich, wenn sie durchbrochen wird. Es bedarf schon einer kürzeren Abwesenheit von Berlin, um Kardorff das Ausmaß der Zerstörung vor Augen zu führen. Bei ihrer Rückkehr in der Silvesternacht 1943 notiert sie: „Der von Bomben zerstörte Stettiner Bahnhof im Winterregen – dieser Anblick führt einen schon wieder in die Schrecken der Gegenwart zurück." (31.12.1943, 142) An anderer Stelle erscheint die Reise von Neuhardenberg nach Berlin wie die dräuende Rückkehr an die Front: „Der letzte Abend in Ruhe und Frieden. Vier Nächte ungestört geschlafen, das ist heute ein Geschenk." (3.2.1944, 160) Hier kehrt sich das Verhältnis von Front und Hinterland geradezu um.

---

29 Vgl. Barbara Ehrenreich: *Blutrituale. Ursprung und Geschichte der Lust am Krieg*. Reinbek 1999, S. 21.

Während die Sphären im Ersten Weltkrieg weitgehend getrennt bleiben, trägt die Einbeziehung des Flugzeugs in die Kriegsführung den Krieg systematisch ins Hinterland, mit der Absicht, die Infrastruktur und Kriegslogistik zu zerstören.[30] Der Luftkrieg dehnt das Kriegsgebiet also beträchtlich aus, nicht nur in der Horizontale, sondern auch in der Vertikale. Mit dem Luftraum über dem Staatsgebiet entsteht eine ganz neue Sphäre, die es ebenfalls zu beherrschen gilt. Traditionelle Ruinen, Objekte der Zivilisation, werden allmählich von der Natur zurückerobert und gehen mit ihr eine neue Einheit ein. Der Krieg, obwohl kein Teil der Natur, sondern der Kultur, zeitigt jedoch ähnliche Effekte. Die menschengemachte Zerstörung bereitet den Boden für die Rückeroberung durch die Natur, die oft schon während des Kriegs einsetzt. Nicht umsonst wurden Kriegswirkungen des Zweiten Weltkriegs immer wieder mit Naturkatastrophen verglichen.[31] Die Plötzlichkeit der Zerstörung unterscheidet jedoch die Kriegstrümmer von den traditionellen Ruinen. So ist auch die nachfolgende – postkatastrophische – Natur eine andere und erscheint als eine zweite, geradezu bösartige Natur. Das mündet in einer Wahrnehmung der Städte als ländlicher Raum, was nicht unrealistisch ist und aus ihrer relativen Entvölkerung resultiert. Von den 4,3 Millionen Vorkriegseinwohnern Berlins sind im August 1945 nur noch 2,8 Millionen vor Ort.[32]

Stadtlandschaft und Wildnis

Zu Kriegsende kommen die Auswirkungen von Luft- und Bodenkrieg zusammen. Süßmilchs unterirdischer Weg durch S- und U-Bahntunnel vom Anhalter zum Stettiner Bahnhof, wegen des ansteigenden Wassers aus dem gesprengten Landwehrkanal ein gefährliches Unterfangen, verläuft ungewöhnlich friedlich. Erst beim Verlassen der U-Bahnstation wird sie erneut mit den Kriegshandlungen konfrontiert, die inzwischen ein apokalyptisches Ausmaß gewonnen haben:

---

30 Vgl. etwa Richard Overy: *Der Bombenkrieg. Europa 1939–1945*. Berlin 2014, S. 352.
31 Das hat zuweilen ein apologetisches Moment – seitens der Deutschen, die Verantwortung für den Krieg von sich zu weisen, seitens der Briten, sich von der Urheberschaft an der Zerstörung zu distanzieren. So basiert W. G. Sebalds englischer Titel seiner Vorträge über den Luftkrieg in Deutschland – *On the Natural History of Destruction* – auf einer Titelidee des Wissenschaftlers Solly Zuckerman, der die Auswirkung des Bombenkriegs im Regierungsauftrag studierte. Dennoch scheint mir die Behauptung des vergleichbaren ästhetischen Effekts von natürlichen und menschengemachten Katastrophen kein reiner Vorwand, sondern ein ernst zu nehmendes Phänomen. Vgl. Winfried Georg Sebald: *Luftkrieg und Literatur*. Frankfurt/M. 1999, S. 38.
32 Allein eine Million verließ die Stadt im letzten Kriegsjahr. Vgl. Demps: *Luftangriffe*, S. 93.

> Wir hatten schon alles gesehen, vernagelte Fenster, brennende Dachstühle, zerbombte Häuser, doch jetzt wurden wir mit dem Untergang konfrontiert. […] Überall war Feuerschein zu sehen, wohin man blickte, um uns herum knisterte es, manchmal knallte etwas […]. Bewohnbare Häuser gab es nirgendwo mehr, nur Gerippe, die bald zusammenbrechen würden. (222)

Erst der Einsturz eines Gebäudes löst sie aus ihrer Schockstarre. Doch die Suche nach dem Ziel, dem Postbunker, erweist sich als schwierig. Der Grad der Zerstörung ist derart, dass jegliche Orientierungspunkte im Stadtbild ausgelöscht sind. Auffällige Gebäude, Aufschriften, Straßenschilder, nichts davon existiert mehr: „Fieberhaft überlegte ich, wo das […] Schuhgeschäft lag, in das ich immer gern hineinschaute […]. Und wo war das Schild mit der Aufschrift ‚Kolonialwarenhandlung'? Mussten wir hier abbiegen – oder dort? Ich fand mich überhaupt nicht mehr zurecht. Kein bekanntes Haus mehr, keine Markierung, nichts." (224) Die Auslöschung jeglicher zivilen Strukturen wie Hinweise auf Eigentums- oder Nutzungsverhältnisse sowie auf Funktionen führt zur Orientierungslosigkeit der Erzählerin. Die Zerstörung transformiert den Stadtraum in eine ungestaltete oder vielmehr befremdlich und zweckfrei gestaltete Masse. Die vertraute Stadt erscheint plötzlich fremd, die Bewegung durch sie hindurch wie eine Reise durch unbekanntes Gebiet. Dadurch erhält der Text Züge eines Reiseberichts. Doch liegt hier weder eine Reise noch eine längere Abwesenheit vor, sondern der Eindruck der Fremdheit entsteht durch die Vernichtung aller ziviler Marker binnen kürzester Zeit. Die Friedrichstraße erscheint derart amorph, dass sich die Erzählerin wiederholt bei vereinzelten Passanten nach dem Weg erkundigen muss: „Nirgendwo sahen wir Straßenschilder, noch vermochten wir uns in diesem Chaos anderweitig zu orientieren. Wir konnten nur hoffen, in die richtige Richtung zu laufen, nach Hause in die Saarlandstraße." (242) Die Schilderung folgt dem Topos der Heimkehr, mit dem Unterschied, dass das Ziel, die eigene Wohnung, gar nicht mehr vorhanden ist. Die Friedrichstraße hat sich gleichsam in eine unwegsame Gebirgsgegend verwandelt:

> Nachdem wir den Bahnhof Friedrichstraße erreicht hatten, wurde es schwierig, die Friedrichstraße weiter entlangzugehen. Ein Bombentrichter nach dem anderen tat sich auf, sodass die Straße bis zum Belle-Alliance-Platz fast völlig aufgerissen war. Wir mussten über Berge von Trümmern klettern und konnten nun auch das Wasser sehen, das inzwischen die U-Bahn-Schächte gefüllt hatte. (244)

Wie bei einer Bergwanderung ersteigt die Betrachterin einen Trümmerhaufen, von dem aus sich ein Panorama eröffnet. Dieses gibt allerdings nicht den Blick auf einen idyllischen Bergsee frei, sondern auf das Wasser im U-Bahnschacht. Die Trümmerlandschaft des Kriegsendes gemahnt wahlweise an eine Gebirgslandschaft oder an eine Wüste, in jedem Fall jedoch an eine von Menschenhand unberührte, schwer zugängliche primäre Wildnis, die das Schlachtfeld zweifellos nicht ist.[33]

Ähnliche Eindrücke finden sich im Tagebuch der angehenden Schauspielerin Sabine Krug, die zu Kriegsende 19 Jahre alt ist. Die elterliche Wohnung in Steglitz erweist sich in den letzten Kriegstagen als Randlage – relativ unbetroffen von Luftangriffen und dem anschließenden russischen Artilleriefeuer verbringt die Familie das Kriegsende im häuslichen Keller. Trümmergrundstücken in der näheren Umgebung schenkt Krug wenig Beachtung, sehr wahrscheinlich, weil das Ausmaß der Zerstörung nicht so groß ist wie in der Innenstadt. So betrachtet sie noch vor Kriegsende den blühenden Baum im Vorgarten als Boten der Erneuerung und einer besseren Zukunft: „so tapfer wie der weiße Baum in unserem Vorgarten Blüten über Blüten unter den Trümmern hervortreibt, werden auch wir wieder blühen." (27.4.1945, 397) Im Unterschied zu den in der Nachkriegsliteratur häufig evozierten botanischen Pionierarten, die die Trümmer überwuchern,[34] rekurriert Krug auf einen Baum, der älter ist als die Trümmer. Nicht die Zerstörung erweist sich hier als erschreckend generativ, sondern ein Baum, dessen Natur, nämlich zu blühen, den widrigen Umständen trotzt. Der Baum in seinem zyklischen Tun erscheint dauerhafter als die ihn umgebenden Trümmer.[35] Als Vorkriegsgewächs ist er kein Produkt der Zerstörung, sondern er überdauert diese.

Stärker als die Wohngebiete sind wichtige Punkte der Infrastruktur wie der Güterbahnhof Steglitz von der Zerstörung betroffen. Dort wird Krug während der letzten Kriegstage beim Plündern aus der Luft beschossen (vgl. 25.4.1945, 385–387). Wenige Tage später erscheint ihr der Ort wie eine fremdartige Berglandschaft: „Der Weg zum Bahnhof war eigentlich sehr entmutigend. Die ganze Bergstraße entlang sah man nichts als Ruinen, Schuttgebirge und Steinhaufen. […] Im Südgelände mußten wir unseren Wagen durch eine kleine trostlose Schlucht ziehen, die scheinbar als Verteidigungslinie gedient hatte." (4.5.1945, 408) Obwohl zweifellos Menschenwerk, wirkt die Zerstörung der Bergstraße – man beachte den Namen – auf Krug naturhaft. Die Trümmerlandschaft wird wie eine Schlucht und somit als Teil einer schroffen, alpinen Bergwelt beschrieben. Wie in den Bergen eröffnet sich auch hier ein Blick in die Ferne: „Die Sonne sah ab und zu beinah drohend gelblich hervor, hinten am Horizont lag in blauen Schatten das Panorama von Berlin. Unser armes Berlin, ein einziger Schutthaufen." (4.5.1945, 409). Die Bergwelt erscheint jedoch nicht als schön oder erhaben, sondern wie in frühneuzeitlicher Traditi-

---

33 Zu primären Ökosystemen vgl. Clément: *Manifest*, S. 17.
34 Vgl. die zahlreichen Beispiele bei Schäfer: *Unberühmter Ort*.
35 Zum Baum und seinem Verhältnis zur Zeit vgl. Wolf Jobst Siedler/Elisabeth Niggemeyer: *Die gemordete Stadt. Abgesang auf Putte und Straße, Platz und Baum*. Berlin 1993, S. 73–77.

on als *locus horribilis*.[36] Die hier beobachteten Ruinen sind schrecklich, auf eine ähnliche Weise, wie Thomas Burnet die Alpen im 17. Jahrhundert als ausgedehnte Trümmerlandschaft empfindet und daraufhin die ganze Erde eine Ruine nennt.[37]

Die wüsten urbanen Gebiete des Zweiten Weltkriegs lassen sich mit Clément als das Unbewusste des menschlichen Lebensraums verstehen, „in denen sich die Ereignisse sichtbar anhäufen und manifestieren, aber auf eine Weise, die nicht auf eine bewusste Entscheidung zurückgeht."[38] Die zerstörten Städte erweisen sich als besonders eindringliche, geradezu alptraumhafte Manifestation des Unbewussten, die im Nachkrieg trotz ihrer überwältigenden Präsenz häufig von ihren Bewohnern unbeachtet bleibt.

---

36 Naturalisierung von Geschichte betrifft nicht nur die Wahrnehmung von Ruinen, sondern auch andere Orte der Zerstörung. Zur traditionellen Ruine vgl. Hartmut Böhme: *Natur und Subjekt*. Frankfurt/M. 1988, S. 310.
37 Thomas Burnet: *Telluris theoria sacra*. London 1681, S. 115 ff.
38 Clément: *Manifest*, S. 57.

Alfrun Kliems

Das (post-)sozialistische Warschau als heilloser Ort

Tyrmand, Stasiuk, Chutnik

Einleitung oder Der Warschauer Kulturpalast

Die polnische Kunsthistorikerin Małgorzata Omilanowska urteilte über den Warschauer Kulturpalast (Pałac Kultury i Nauki), dieser sei in Polen „zum größten Symbol der sowjetischen Dominanz (literarisch wie metaphorisch) geworden".[1] Der polnische Kulturwissenschaftler Dominik Bartmański interpretierte das Bauwerk als ein „modernes Totem", dem ein nicht zu kontrollierendes „kulturelles Verweigerungspotenzial" innewohne.[2] Weiter heißt es bei ihm, dass „Objekte von symbolischer Ikonizität" wie der Palast die „Grenzen ihrer herkömmlichen Bedeutung transzendieren und so ein vorzeitiges Ableben vermeiden" würden.[3] Schließlich bezeichnete der rumänische Architekturhistoriker Ion Augustin Bauwerke wie den Warschauer Kulturpalast als städtebauliche „Gift-Orte".[4]

Der gigantische Palast wurde von der Sowjetunion als Geschenk an das polnische Volk apostrophiert. Sowjetische Architekten und Bauleute errichteten ihn in den 1950er Jahren auf einer Fläche, für die eigens in den Nachkriegsjahren knapper Wohnraum vernichtet werden musste. Bewusst wurde ein Stadtviertel gewählt, dass die Deutschen 1944 im Warschauer Aufstand vollkommen zerstört hatten.[5] Gebäude und Aufmarschplatz wurden in der Volksrepublik dann propagandistisch genutzt; zugleich war der Palast mit seinen Kinos, Theatern, Restaurants und Sportstätten ein Anziehungspunkt für viele Warschauer. In den Kongresssälen tagten Politiker, durften aber auch Rockstars wie die Rolling Stones auftreten. Das Bauwerk dominiert als Symbol stalinistischer Kolonialisierung das Warschauer Zentrum

---

[1] Małgorzata Omilanowska: „The Palace of Culture and Science and Defilad Square in Warsaw". In: Marina Dmitrieva/Alfrun Kliems (Hg.): *The Post-Socialist City. Continuity and Change in Urban Space and Imagery*. Berlin 2010, S. 120–139, hier S. 130.

[2] Dominik Bartmański: „Ein p/ostmodernes Totem. Wie man als kommunistische Ikone den Kommunismus überdauert". In: Christine Gölz/Alfrun Kliems (Hg.): *Spielplätze der Verweigerung. Gegenkulturen im östlichen Europa nach 1956*. Köln u. a. 2014, S. 202–221, hier S. 221.

[3] Ebd., S. 209.

[4] Ioan Augustin: „ScarCity. Vom Genius Loci über (ver)gift(ete) Orte zu einem denkwürdigen Stadtbild". In: Boris Groys/Anne von der Heiden/Peter Weibel (Hg.): *Zurück aus der Zukunft. Osteuropäische Kulturen im Zeitalter des Postkommunismus*. Frankfurt/M. 2005, S. 364–403, hier S. 376.

[5] Bartmański: „Ein p/ostmodernes Totem", S. 212.

wie den Warschau-Diskurs bis in die Gegenwart. Auch in der polnischen Literatur fungiert der Kulturpalast als ein sichtbares Symbol der urbanen Verheerung. Tadeusz Konwicki weitet dann den Befund 1979 in seinem Roman *Die polnische Apokalipse* (*Mała apokalipsa*) aus. Hier schildert er den Palast als einen „Gift-Ort" im Sinne von Augustin. Für Augustin sind das „Stätten, die aufgrund gewaltsamer Einwirkungen [...] einer Kohärenz, einer urbanen Logik sowie eines menschlichen Maßstabs entbehren und die aufgrund ihrer baulichen Dimension [...] auch auf die Umgebung abstrahlen, so dass daraus *vergiftete Orte* werden, die aufgrund der Verbreitung dieser giftigen ‚Keime' ebenfalls allmählich ihren Charakter verlieren".[6] Konwickis Roman geht indes noch weiter, indem er die Stadt als eine jahrhundertelange Nekropolis beschreibt: „In dieser Stadt, die seit ihren Anfängen behindert ist, von Besetzern vergewaltigt, von Eroberern geviertailt, von asiatischen Horden gewürgt. Irgendwann bin ich in diese Leiche hineingekrochen. [...] Meine Stadt ähnelt dem berühmten Irkutsk. Einst war es eine verkrüppelte, europäische Stadt, heute ist es ein gesunder, asiatischer Ort."[7]

Neben der architektonisch sichtbaren ‚Vergiftung' steht mit der Okkupation Warschaus, dem Aufstand im Warschauer Getto 1943 und dem Warschauer Aufstand 1944 aber auch eine unsichtbare Verheerung im Zentrum der Literatur. Unsichtbar insofern, als vom jüdischen Getto, aber auch vom Zentrum Warschaus nach 1945 nicht viel übrig blieb. Viele Städte sind im Zweiten Weltkrieg zerstört worden, doch kaum eine wurde mit einem ähnlich existenziellen Vernichtungsvorsatz ausgelöscht wie Warschau – und anschließend mit solchem Behauptungswillen wieder aufgebaut. German Ritz stellt denn auch für die polnische Literatur heraus, dass Warschau als „Hauptstadt durch die überregionale Bedeutung des Warschauer Gettos und der beiden Aufstände zum symbolischen Raum [wird], der semiotisch in einer Weise übersättigt ist, wie ihn die bisherige Stadtprosa nicht kannte, zu einem Raum, den immer neue Ausschlüsse kartieren, bis er am Schluss verschwindet".[8] So thematisieren Werke wie die Kriegstagebücher von Zofia Nałkowska oder die autobiographischen Aufzeichnungen von Miron Białoszewski Warschau als eine Stadt im Ausnahmezustand, in dem es zuallerst um das Überleben geht – und damit nicht zuletzt um eine veränderte Topographie der Stadt, um unterbrochene Routinen im Raum, um neue Wegschneisen und unerwartete Blickwinkel, z. B. aus dem jüdischen Getto und in das Getto.

---

6 Augustin: „ScarCity", S. 376.
7 Tadeusz Konwicki: *Die polnische Apokalypse*. Übers. v. Gabriele Hanussek. Frankfurt/M. 1982, S. 188 f.
8 German Ritz: „Warschau – zwischen Ausschluss und Verschwinden. Chronotopos und Kriegserfahrung". In: Wolfgang Stephan Kissel/Franziska Thun-Hohenstein (Hg.): *Exklusion. Chronotopoi der Ausgrenzung in der russischen und polnischen Literatur des 20. Jahrhunderts*. München 2006, S. 201–221, hier S. 201.

Die Ausführungen von Ritz beziehen sich zwar auf die polnische Kriegsliteratur, lassen sich aber auch auf das weitere 20. und beginnende 21. Jahrhundert applizieren. So problematisiert die polnische Warschau-Literatur der letzten Jahrzehnte, dass sie eine Stadt im Zentrum hat, deren Literarisierbarkeit sie zugleich bezweifelt. Warschau ist für sie ein heilloser Ort, ein Un-Ort an der Grenze der ästhetischen Verdaubarkeit. Das soll an den Romanen von Leopold Tyrmand, Andrzej Stasiuk und Sylwia Chutnik gezeigt werden, in denen nicht nur der Kulturpalast, sondern Warschau *selbst* als Gift-Ort par excellence, als heilloser Ort verhandelt wird. Indes unterscheiden sie sich in ihrem Blick auf die „verkrüppelte" (post-)sozialistische Hauptstadt. Während bei Tyrmand das Böse aus der Provinz in Warschau einfällt und den urbanen Nachkriegsraum infiziert, glauben Stasiuks Figuren in der Provinz die Rettung vor dem Urbanen zu finden. Sylwia Chutnik dagegen entwirft ein weibliches Warschau als Gegennarrativ zur offiziell erinnerten männlich-heroischen Aufstandsstadt.

Leopold Tyrmand und Andrzej Stasiuk: Zwischen Warschau-Saga und Warschau-Krimi

Mit Leopold Tyrmand und Andrzej Stasiuk kommen zwei Schriftsteller in den Blick, die unterschiedlicher nicht sein könnten. Indes verbindet sie mindestens dreierlei: Beide sind in Warschau geboren und aufgewachsen – Tyrmand 1920 und Stasiuk 1960. Beide haben einen programmatischen Warschau-Text geschrieben: Tyrmand 1955 die Warschau-Saga *Der Böse* (*Zły*) und Stasiuk 1999 den Roman *Neun* (*Dziewięć*).[9] Und schließlich lassen sich beider Gesellschaftsromane auch als Krimis lesen, selbst wenn sie nicht explizit als solche ausgewiesen sind. Es gibt in ihnen Kriminalität, Raub, Mord, Diebstahl, Drogenhandel und Sexualdelikte, einen weiten Fächer von Klein- und Großverbrechern. Während es aber bei Tyrmand auch noch einen ‚Fall' gibt, der zu lösen wäre, fehlen bei Stasiuk Aufklärer und Plot.

Tyrmands *Der Böse* fängt die Aufbaustimmung der 1950er Jahre im kriegszerstörten Warschau ein. Stasiuks *Neun* geht den globalen Einflüssen auf die Stadt in den 1990er Jahren nach. Beider Romanfiguren durchlaufen, durchhasten, durchfahren das jeweilige Warschau zu Fuß, im Bus, im Taxi, in der Straßenbahn vom Rand bis zum Zentrum und wieder zurück. Während die Handlung den Figuren folgt, fügt sich die Stadt selbst zu einer weiteren Hauptfigur. Tyrmand stellt dies einmal durch seine Widmung heraus: „Meiner Heimatstadt WARSCHAU."[10] Zum anderen durch

---

9 Überlegungen zu Stasiuk finden sich bereits in Alfrun Kliems: *Der Underground, die Wende und die Stadt. Poetiken des Urbanen in Ostmitteleuropa*. Bielefeld 2015, S. 293–312.
10 Leopold Tyrmand: *Der Böse*. Übers. v. Kurt Harrer. Berlin u. a. 1958, o. S.

den Schlusssatz: „Wir sind in Warschau"[11], sagt eine seiner Hauptfiguren stolz und meint das als *happy end*. Stasiuks Roman dagegen setzt Warschau voraus, expliziert es indes nicht wie Tyrmand.

Die Warschau-Poetik mag unterschiedlich sein, eines aber scheint den beiden Romanen gemein: die Verheerung des Urbanen durch ein jeweils von außen Kommendes. Dafür setzen sie beide Stadt und Land, Zentrum und Peripherie in Spannung. Tyrmand sieht die Integrität der Stadt durch den zunehmenden Zuzug aus der polnischen Provinz und den östlichen Vertreibungsgebieten verletzt. Stasiuk hingegen stellt der Stadt das zugehörige (Hinter-)Land als das ‚eigentliche' Polen entgegen. Das entwirft er auch in seinen Mitteleuropa-Essays als einen vielstimmigen, vielstämmigen und vielfältigen positiven Raum.

Leopold Tyrmands Publikumsliebling *Der Böse* spielt 1954 in der Ruinenlandschaft des kriegszerstörten Warschau: „Ringsum war Warschau gewesen, das aus den Trümmern wiedererstand, wie ein todwunder Mensch, der in einem Bombentrichter liegt und mit blutigen Lippen lächelt, weil er weiß, dass er all sein Elend, den Schmutz und die Wunden überstehen wird."[12] Tyrmand holt dieses Leichenbild mehrfach ins Gedächtnis: die Kriegsschäden, den Kampf um das nackte Überleben und die ersten Aufbauwinter.

In diesem Warschau der Nachkriegszeit nun terrorisieren Gaunerbanden und Halbstarke die Bevölkerung: Sie schubsen und prügeln in Bussen und Straßenbahnen; sie verkaufen illegale Tickets für Lichtspieltheater und Sportveranstaltungen; sie trinken und pöbeln in Cafés und Bars; sie belästigen Frauen, berauben Ältere auf der Straße und stoßen unliebsame Konkurrenten vor die Vorortzüge: „Alle fühlten sich als ob stinkender Auswurf die Luft verpeste und ihre Gesichter verklebe. Keiner versuchte mehr, Protest zu erheben."[13]

Im Hintergrund dieser auswuchernden Un-Kultur agiert so etwas wie ein mafiöses Gebilde, das am Ende von aufrechten Warschauer Bürgern enttarnt wird. Angeführt werden diese von einem Warschauer „Zorro",[14] einer Art Superheld, der im weiteren Handlungsverlauf fälschlicherweise als „der Böse" betitelt wird. Dabei handelt es sich bei dem Ex-Boxer um einen geläuterten Verbrecher, der den Warschauern zu Hilfe kommt. Insofern gibt es bei Tyrmand die handwerkliche Struktur einer *detective story* aus anfänglichem Ordnungsverlust, (individueller) Aufklärungsarbeit und (zumindest teilweiser) Wiederherstellung der Ordnung. Tyrmand entwickelt so die Metonymisierung des Ordnungsverlusts in der Nachkriegsstadt über einen Verbrechenskomplex.

---

11 Ebd., S. 625.
12 Ebd., S. 332.
13 Ebd., S. 117.
14 Ebd., S. 43.

Im Roman wird die Beziehung zwischen Stadt und Krimi aber auch in einem allgemeiner gefassten Zugriff offensichtlich, wie ihn auch Bart Keunen vorschlägt: „Urban crime fiction is organized by the actions of heroes who are tested for their ability to survive in urban culture […]. Crime novelists often refer to spatial settings which compensate for the loss of collective value systems."[15] Unter diesem Aspekt sind Tyrmands *Der Böse*, aber auch Stasiuks *Neun urban crime fiction* in Reinform. Die Prüfung ihrer Figuren auf Überlebensfähigkeit im sozial dystopischen Stadtgelände erweist sich als veritabler Rütteltest.

Was Tyrmands Roman zu einem Bestseller werden ließ,[16] war allerdings weniger die Kriminalgeschichte, die damit verbundene Liebesstory oder die euphorische Schilderung des Wiederaufbaus von Warschau, sondern seine sich in der Euphorie spiegelnde kritische Sicht auf die neu entstehende sozialistische Stadt. Witold Gombrowicz, der sich als Tyrmand-Fan bekannte, verortete Tyrmands Verfahrensweise 1958 in diesem Sinne:[17]

> Tyrmand! Ein Talent! […] Schmutz und Tand – aber heißbegehrt, begeisternd! Was für einen Sex-Appeal hat diese 300prozentige Warschauer Saga, es ist derselbe, der einst in den Hauseingängen der Hoża- oder der Żelazna-Straße lauerte – aber damals lauerte er nur – jetzt ist er zum Ausbruch gekommen! Kriminalroman, Hintertreppenroman? Aber gewiss, und schlimmer noch: Roman von schmutzigen Hintertreppen, Roman aus Ruinen und Abgründen. Und doch ist das glanzvoll und sprühend, hat Klang und Sang... […] Wie ich im Tyrmand blätterte, war es, als wandelte ich die Vorkriegsstraßen entlang, die Krucza oder Hoża oder vielleicht die Żelazna, auf den Spuren unserer windelweich geschlagenen Geschichte. […] Das Volk ist ungebildet, nationaldemokratisch, rauflustig, rüpelhaft, faul, frech und unreif, „nassforsch" und „scheisslieb", und diesem Gebilde wurde der Kreml-Kommunismus aufgepfropft.[18]

Und tatsächlich schildert Tyrmand detailliert das, was im sozialistischen Aufbauenthusiasmus zu verschwinden droht bzw. bewusst zerstört wird: lauschige

---

15 Bart Keunen: „Moralism and Individualism in Urban Fiction. A Deleuzian and Bakhtinian Critique of Spatial Transgressions in Contemporary Crime Novels". In: Jola Škulj/Darja Pavlič (Hg.): *Literature and Space. Spaces of Transgressiveness*. Ljubljana 2004, S. 105–119, hier S. 113.
16 Zur Frage, ob *Der Böse* zweitklassige Populärliteratur ist, siehe Marcin Kowalczyk: *Tyrmand karnawałowy*. Kraków 2008, S. 202. Siehe auch Jolanta Pasterska: *Świat według Tyrmanda. Przewodnik o utworach fabularnych*. Rzeszów 2000.
17 Anders als im Roman, wo der Aufbau positiv geschildert wird, kaschiert Tyrmand in seinem Tagebuch nicht, dass er dem Regime gegenüber kritisch eingestellt war. Er verließ Polen 1965 und ging ins Exil. Dazu Agata Zawrzykraj: „Dziennik 1954 Leopolda Tyrmanda. Narracja jako narzedzie autokreacji". In: *Teksty drugie* (2002) 1–2, S. 235–253, hier S. 245 u. 251 f.
18 Witold Gombrowicz: *Tagebuch 1953–1969*. Übers. v. Olaf Kühl. Frankfurt/M. 2004, S. 488 f.

Cafés, bunte Tanzlokale, die Tradition des Kabaretts, verkramte Lädchen und kleine Privatbetriebe, dunkle Hinterhöfe und die pittoreske Welt der Basare, dazu Vergnügungsorte des Warschauer Nachtlebens, seine Jazz- und Schlagerkultur. Kurz: Das ‚unordentliche' Leben der ‚bürgerlichen' Zwischenkriegszeit. Darüber re-mythisiert er das ‚alte' Warschau, das nicht nur kriegsbedingt beschädigt wurde, sondern nunmehr ganz aus dem kollektiven Gedächtnis getilgt werden sollte – nicht zuletzt durch solche gigantomanischen Bauvorhaben wie den Kulturpalast, vor dem eine seiner Figuren sinniert:

> Dieses Warschau, das Warschau an der Ecke, das Warschau „Christinchens" verschwand zusehends. An seiner Stelle entstand eine neue Stadt. […] Aus allen Richtungen drängte die Wiederaufbauoffensive vor, diese Straße jedoch änderte sich in nichts. Die alten Häuser der Warschauer Stadtmitte mit ihren bombastischen Verzierungen aus den neunziger Jahren des vorigen Jahrhunderts, mit ihrem Stuck und ihren Balkons, den unechten Renaissance-Friesen, zerschundenen Torbögen, mit der einst grünen Glasur der Fassaden, alles das gewann einen absonderlich strengen Ausdruck in diesem Zustand der Zerstörung und Verwahrlosung, inmitten der hastig und voreilig durchgeführten Reparaturen und Anbauten und der primitiven Nachbesserungen, die hier im Laufe der zehn Nachkriegsjahre entstanden waren. Das Leben, das gewöhnliche Alltagsleben pulste hier deutlicher als sonstwo.[19]

Tyrmand schildert den Verlust der Vorkriegsstadt entlang des indifferenten Bösen, das aus den Dörfern und der Peripherie in die Stadt wabert und dort das urbane Lebensklima vergiftet: Die Provinzler geben sich unerzogen und ungebildet; sie sind brutal und erweisen sich als schwer erziehbar. Soziologisch besehen handelt es sich um die Auswüchse der „under-urbanization", einer fehlenden urbanen Erfahrung, die der ungarische Soziologe Ivan Szelényi für die Bewohner der sozialistischen Retortenstädte wie das polnische Nowa Huta bei Krakau, das ungarische Sztálinváros (heute Dunaújváros) oder die damalige Stalinstadt in der DDR (heute Eisenhüttenstadt) ausmachte.[20] Ähnlich beschreiben auch Joanna Kusiak und Wojciech Kacperski den sozialen Wandel vom Vorkriegs- zum Nachkriegswarschau: „Warsaw witnessed a mass influx of so-called peasant-workers, unskilled laborers from the countryside who brought peasant lifestyles and politeness norms to the city."[21] Und

---

19 Tyrmand: *Der Böse*, S. 108 u. 212. Mit „Christinchen" ist im Roman das Kaffeehaus „Krysieńka" gemeint.
20 Ivan Szelényi: „Cities under Socialism – and after". In: Gregory Andrusz/Michael Harloe/Ivan Szelenyi (Hg.): *Cities after Socialism. Urban and Regional Change and Conflict in Post-Socialist Societies.* Oxford 1996, S. 286–336, hier S. 294.
21 Joanna Kusiak/Wojciech Kacperski: „Kiosks with Wodka and Democracy. Civic Cafés between New Urban Movements and Old Social Divisions". In: Monika Grubbauer/Joanna Kusiak (Hg.): *Chasing*

auch David Crowly charakterisiert die Kunst und Literatur der Aufbauphase als eine, die anders als Tyrmand ein Warschau präsentierte, das dem der Zwischenkriegszeit entgegenstand, ja entgegen stehen sollte: „Warsaw was self-consciously presented as an antidote to the pre-war city, which in official discourse was usually characterized as a fragmented, socially alienated and poverty-stricken environment under the conditions of capitalism. […] Warsaw's new additions were intended to anticipate the beauty of a future, complete city."[22]

Bei Tyrmand dagegen ist die Warschauer Peripherie, der Stadtrand das eigentliche Zentrum, darauf verweist auch schon Gombrowicz, und es zeigt sich in Ausrufen wie: „Warschauer Peripherie! Wie liebe ich deine von bedrohlichem Charme durchsetzte Hässlichkeit. Wie viel beunruhigender, bitterer Humor liegt doch in deinem abstoßenden Schmutz. Nur große Metropolen haben eine Peripherie, gewöhnliche Städte dagegen nur Vororte. Ihre ganze Schönheit offenbart sie im Frühling."[23] Gemeint sind neben dem Zentrum (Śródmieście) Stadtteile wie Wola, Praga, Henryków, Ochota, Słodowiec, Mokotów, Siekierki. Mit ihrer vitalen Hässlichkeit, verbunden mit dem Verweis auf den Frühling, ruft Tyrmand die in der Zwischenkriegszeit populäre Künstlergruppierung der Skamandriten auf. Einer ihrer Dichter, Julian Tuwim, löste 1918 mit dem Gedicht *Frühling* (*Wiosna*) einen handfesten Literaturskandal aus, indem er auf seinerzeit anstößige Weise die frühlingserwachende Großstadt heidnisch-entfesselt zeigte, strotzend vor unsittlicher Sexualität, das ekstatische Bild einer urbanen Peripherie zur Brunftzeit. Bei Tyrmand funktioniert der implizite Verweis auf die Skamandriten auch deshalb, weil ihre Dichtung Schlagerqualität besaß, sie das Format des Kabaretts vorantrieben, kurz: für eine Warschauer städtische Folklore standen, die Tyrmands auktorialer Erzähler evoziert. Dieser führt wie ein Stadtführer durch den Warschau-Roman, in dem mehr als 130 Straßennamen, 30 Stadtteile und Ortschaften, unzählige Kaffeehäuser, Bars, Eckkneipen und Läden aufgelistet sind. Er ist der informierte Flaneur, der das aus dem Stadtbild schon Verschwundene narrativ wieder ins Stadtgedächtnis zurückholt.[24]

Wie Tyrmand setzt auch Andrzej Stasiuk in seinem Warschau-Krimi *Neun* Stadt und Land in Spannung, Zentrum und Peripherie, um die postsozialistischen Wen-

---

Warsaw. Socio-Material Dynamics of Urban Change since 1990. Frankfurt/M. u. a. 2012, S. 213–238, hier S. 218 f.
22 David Crowly: „People's Warsaw/Popular Warsaw". In: *Journal of Design History* (1997) Heft 2, S. 203–223, hier S. 211 f.
23 Wegen der lückenhaften deutschen Übersetzung hier zitiert aus dem Original: Leopold Tyrmand: *Zły*. Kraków 2011, S. 455.
24 Zur Topografie des Romans u. a. Mikułaj Madurowicz: „Tekst warszawski literatury Tyrmanda". In: Agnieszka Karpowicz u. a. (Hg.): *„Ceglane ciało, gorący oddech." Warszawa Leopolda Tyrmanda*. Warszawa 2015, S. 92–119, hier S. 97 f.

dejahre einzufangen. Anders aber als bei Tyrmand, für den die polnische Provinz das urbane Restflair dauerhaft zu beschädigen scheint, sieht Stasiuk gerade das (Hinter-)Land als das vielfältig Positive – und lehnt die korrupte Urbanität der Metropole ab.

Die Geschichte von *Neun* beginnt damit, dass der erfolglose Kleinhändler Paweł eines Morgens in seiner verwüsteten Wohnung aufwacht. Im weiteren Verlauf gibt es wie bei Tyrmand Dealer, skrupellose Neureiche, Schlägertypen und Prostituierte. Sie alle leben in mehr oder weniger unerfreulichen Umständen, sind miteinander auf die eine oder andere Weise verbunden und treiben den Leser kreuz und quer durch Warschau, zumal durch dessen Vororte und Ränder, aber auch durch Parkanlagen, leitmotivisch über Straßen und Kreuzungen, von einer Bar in die nächste Kneipe – ohne jemals anzukommen. Einige Figuren bestehen die Prüfungen der Urbankultur, andere sterben. Das Romanpersonal wird weder aus seinen misslichen Lagen befreit, noch widerfährt ihm narrative Gerechtigkeit. So werden Figuren gejagt, vergewaltigt, zusammengeschlagen, eingesperrt oder überfahren. Dann bricht der Roman ab.

Für Przemysław Czapliński ist das Grund genug, die Leserschaft in einer Rezension vor Stasiuks Roman, den auch er als Krimi liest, zu warnen: vor seinen losen Fäden, dem übermäßigen Gebrauch von Vulgarismen, der einfachen Figurenzeichnung, einer ziellos-mäandernden Parabel und Simultankonstruktion zu vieler Geschichten. Und in der Tat, Stasiuk situiert seine Story in einem von der Mafia okkupierten Warschau, in dem *per se* nichts Gutes gelingen kann.[25]

Das liegt nicht zuletzt daran, dass für Stasiuk Warschau eine Stadt der Ebene, der Versteppung und Verheerung ist, vergleichbar mit der Beobachtung von Tadeusz Konwickis Erzähler in *Die polnische Apokalypse*. Warschau fungiert auch bei Stasiuk als vollendetes urbanes Desaster, als Zombie-Stadt, wie er 1998 in seinem Europa-Essay *Logbuch* (*Dziennik okrętowy*) ausführt. Dort nennt er die Idee, „die Hauptstadt über den Leichen aufzubauen und aus dem ganzen Land Waggonladungen von Ziegeln heranzuschaffen", die wiederum aus „Städtewracks" stammten, ein „makabres Auferstehungsfest", zu dem dann die Dörfler aus den Randzonen eingeladen werden.[26] Dieses in der polnischen Literatur nach 1945 geläufige Bild findet sich auch schon in Tyrmands *Der Böse*, wo es heißt, ein Philosoph habe berechnet, dass „die Warschauer seinerzeit pro Nase vier Ziegel jährlich eingeatmet haben". Gerade deshalb sei die Stadt wieder „zu dem alten Warschau, dem ewigen

---

25 Przemysław Czapliński: „Wara od Stasiuka!" In: *Polityka* 46 (1999), S. 48–50.
26 Andrzej Stasiuk: „Logbuch". In: Juri Andruchowytsch/Andrzej Stasiuk: *Mein Europa. Zwei Essays über das sogenannte Mitteleuropa*. Übers. v. Martin Pollack. Frankfurt/M. 2004, S. 79–145, hier S. 121.

Warschau" geworden, „trotz der neuen Straßengestaltung und der ungewohnten Häuserkonturen".[27]

Für die postsozialistische Dekade sieht Stasiuk aber den Kolonisator nicht mehr aus der sowjetischen Steppe oder dem sozialistischen Aufbauphantasma kommen, sondern er sieht ihn im globalisierten Westen. Analog liest Stasiuk das heutige Warschau vor allem als eine westlich kolonisierte Stadt. Seine Erzähler wähnen schon immer alles Schlechte aus den Metropolen kommen: „Das Böse kam immer aus den Metropolen. So ist es bis heute. Das weiß jeder."[28] Im eben gelegenen, ausgelieferten Warschau machen sie zudem eine Entropie der Fremdherrschaft aus: Die Westler, heißt es, „kamen in ein Land der Abertausend Spiegel, fanden sich zwischen riesigen Glasflächen wieder [...] und konnten endlos ihr vervielfältigtes Spiegelbild betrachten."[29] Der Warschauer Kulturpalast verliert angesichts dessen an Monstrosität; überhaupt ist er bei Stasiuk eine auffällige Leerstelle.

Die Invasion des (Stadt-)Zentrums erfolgt bei Stasiuk ebenso wie bei Tyrmand durch die und aus der Peripherie. Diese schickt „Kundschafter", die sich in Gruppen in den Warschauer Hochhausgürteln niederlassen, um näher an die „Mitte" zu rücken. Die Mitte oder Innenstadt erweist sich jedoch als eine Fata Morgana, ein Wunschgebilde, denn die Bewohner der Ränder landen allenfalls auf dem Różycki-Basar in Praga, also neuerlich am (sozialen) Rand. Die erzählte Beziehung zum Umland evoziert denn auch die einschlägigen Assoziationen der Versteppung: ‚anbranden', ‚durchwehen' und ‚ansanden'.

Zudem ist ihre Bewegung keine eingleisige, führen doch alle Vorstöße der Peripherie in die Stadt gleich wieder zurück. Das Hin und Her bringt keinen wirklichen Austausch hervor. Warschaus verwischter Stadt-Land-Saum markiert zunächst einmal nur das Scheitern sowohl der zivilen Expansion als auch der ruralen Invasion. So wenn der Geruch des Wohlstands sich über die Metropole und von dort aus über das Land legt und der Metropole eine unausweichliche immaterielle Präsenz verleiht:

Jetzt schaute er Richtung Bracka und spürte ein Verlangen. Es schwebte in der Luft. Denn jedes Ding, jeder Gegenstand strahlte, schied einen immateriellen Duft aus, der durch die Schaufensterscheiben drang und sich wie Rauch, Nebel oder schweres Gas dahinzog. Er erfüllte die schmale Rinne der Straße, stieg über die Dächer der Innenstadt, und der Wind nahm ihn mit und verteilte ihn über alle Stadtteile. [...] Und die ferne, traurige Peripherie, die armseligen Hütten in Wygoda. Die hoffnungslose Bauweise aus Bruchziegeln und Sauerkrautplatten in Białołeka, das barmherzige Grün von Siekierki, das all die Häuser

---

27 Tyrmand: *Der Böse*, S. 544.
28 Stasiuk: „Logbuch", S. 118 f.
29 Ebd., S. 121.

> bedeckte, in denen man im Winter in einen Eimer im Flur pisste, [...]: all das musste diesem Duft erliegen, denn er kam vom Himmel und erfüllte die Träume, und ein Leben ohne Träume ist daneben wie ein Schuh ohne Absatz.[30]

Das postsozialistisch boomende Warschau kommt über solche poetischen Griffe seltsam dörflich, pagan und rural daher – jedoch ohne dass in den korrumpierten Vororten noch ‚Land' im Sinne eines idealisierbaren Positiven zu erblicken wäre. Stasiuk kontaminiert vielmehr die Topografien über solche metonymischen Inbezugsetzungen von Stadt und Land. Die Einschmelzung der Topografien von Stadt und Umland, die Verwischung großstädtischer Konturen und die Privilegierung der Peripherie gegenüber dem Zentrum als Handlungsort bedingen die urbane Dislokation der Figuren: Sie haben, ganz wörtlich, keinen festen Ort mehr.

Stasiuks Warschau wird meist als eine horizontale Phantasie erzählt; greift flächig ins Umland aus; kann jederzeit vom Winde verweht werden. Die seltenen vertikalen Bewegungen adressieren dagegen die Sedimentierung lokaler Vergangenheiten, deren Überwucherung oder Unterwanderung. Geht es also um das historische Fatum des Ortes, um dessen Heillosigkeit, wählt der Roman eine vertikale Bildsprache: Gänge, Katakomben, Unterführungen. Aus denen brechen nach Art von Michael Jacksons Video *Thriller* die Zombies der Geschichte nach oben:

> Ach, scheiß auf das Gericht, das wird's sowieso nicht geben. Aber die Auferstehung. Überall. Auf der Marszałkowska platzt der Asphalt, und sie kriechen raus, in der Allee gehen die Gehwege aus den Fugen, und so weiter, überall. Du sitzt bei McDonalds in der Świętokrzyska, ziehst dir deinen Big Mac rein, und plötzlich, peng, Linoleum, Beton, alles klitzeklein, eine Leiche, die nächste, überall, am Kreisel, in der Passage, im Sächsischen Garten weicht das Gras zur Seite, und sie sprießen aus dem Boden wie Pilze oder wie diese deutschen Gartenzwerge aus Gips, auf dem Aufständischen, auf dem Paradeplatz, endlich mal Parade [...]. Oh, da wird's nicht so höflich zugehen wie früher auf den Friedhöfen in Wólka, in Bródno oder in Wola, wo es lotterleer ist und sie mit gefalteten Händen in gleichmäßigen Reihen liegen, so, wie man sie hingelegt hat ... Hier wird's ganz anders.[31]

Stasiuk gibt hier der „semiotischen Übersättigung" des Stadtraums, von der Ritz spricht, einen Ausdruck, indem er sie popkulturell wendet. Dennoch: In all seiner urbanen Hässlichkeit erweist sich Warschau für Stasiuk wie für Tyrmand als ein hochpoetischer Raum. Tyrmands Detailbesessenheit eines Stadtführers und Stasiuks Brutalität der Beschreibungen werden immer wieder über poetische Bilder

---

30 Stasiuk, Andrzej: *Neun*. Übers. v. Renate Schmidgall. Frankfurt/M. 2002, S. 58 f.
31 Ebd., S. 92 f.

eingefangen. Sie schaffen so Räume des Ineinander, Konfigurationen des Disparaten. Das geht über ein reines Unbehagen an der Stadt hinaus: Warschau mag verflucht sein – aber es ist doch begehrenswert, wie das Leben selbst.

Sylwia Chutnik: Mutter Warschau

Der Böse und *Neun* sind männliche Texte, nicht nur, weil sie von Männern verfasst wurden, sondern weil sie entsprechend der dramaturgischen Kodexverhaftung eines Krimis klischierte Topoi ‚maskulinen' wie auch ‚femininen' Verhaltens reproduzieren. Tyrmand und Stasiuk kreieren Outsider-Männergruppen, die trotz ihrer unterschiedlichen Zeit- und Milieuverankerung männliche Verhaltensbehauptungen als Erkennungssignale von Gleichgesinnten vorführen. Detektive werden als Stadt-Indianer beschrieben; der Alkoholkonsum aller Beteiligten ist immens, die Gewaltbereitschaft ebenso; Frauen fungieren meist als Opfer sexueller Gewalt, werden als Heilige Hure stilisiert, schwach und wehrlos dargestellt. Ostentativ anders macht es die 1979 in Warschau geborene Sylwia Chutnik in ihrem Roman *Weibskram* (*Kieszonkowy atlas kobiet*) von 2008.

Chutnik konterkariert das männliche Heldenmotiv der Stadt und korrigiert es, indem sie nicht zuletzt den eingeschliffenen Mythos der Mutter Polin (Matka Polka) invertiert. Wie Tyrmand und Stasiuk greift auch sie die Ziegelmetapher auf und lässt die Toten nach oben brechen, grundiert die Warschauer Nekropolis aber dezidiert weiblich. Ihr Roman fokussiert vier Frauenschicksale im Warschauer Stadtteil Ochota, genauer in der Opaczewska Straße. Der Name Maria bildet das Gravitationszentrum der Geschichten; unter Chutniks Maria-Variationen gibt es eine ‚verrückte' Basarhändlerin, den transsexuellen Schneider Marian, eine jugendliche Rebellin und die alte Jüdin Maria Wachelberska bzw. Wachelberg, der dereinst die Flucht aus dem Warschauer Getto durch die Kanalisation gelang, die dann als Meldegängerin den Terror der Deutschen überlebte, nur um dem der Russen zum Opfer zu fallen. Tagtäglich geht Maria Wachelberska über den Markt in Ochota, auf dem einst ihre Mutter starb, als sie die Tochter in den letzten Kriegstagen vor russischen Vergewaltigern schützen wollte. Chutnik literarisiert den Ort als „Herz der Kriegsqualen", als einen „Totenacker", wo die Verkaufsstände auf „den Leichen der Aufständischen von Ochota errichtet" worden seien.[32] Ein Ort, an den nicht erinnert werde, schließlich seien Vergewaltigungen im Krieg allenfalls „Weibskram", so auch der deutsche Titel der Übersetzung: „Das ist kein Heldentod, das sind keine Kriegsverletzungen, das ist Weibskram."[33] Für den „Weibskram", heißt es weiter,

---

32 Sylwia Chutnik: *Weibskram*. Übers. v. Antje Ritter-Jasińska. Berlin 2012, S. 109, 181 f.
33 Ebd., S. 77. Der polnische Titel lässt sich als „Taschenatlas für die Frau" übersetzen.

gebe es keine Heldentafeln, keine Museen, so wie auch das jüdische Leiden keinen Platz in der Stadtgeschichte habe: „Und wohin [in welche Gedenkstätte] hätte ich die Binde mit dem Davidstern bringen sollen?"³⁴ Maria Wachelberska zieht sich schließlich zum Sterben in den ehemaligen Bombenkeller des Mietshauses zurück, wo ihr eine „Mutter Warschau" erscheint, eine Erlöserin, mit der die Ich-Erzählerin zunehmend verschmilzt:

> Ich breite schützend meine Flügel über allen Frauen aus, die in die Hände des Feindes gefallen sind. Ich lege ihnen die Hände auf die Stirn und flüstere ihnen Beschwörungen ins Ohr. Ich wasche fürsorglich das Sperma von ihren Schenkeln, flicke die zerrissene Unterwäsche, versorge die Schürfwunden und den Schorf. […] Ich bin die Mutter der Stadt, spüre das Vibrieren der dahinjagenden Autos, das sich dem Pulsschlag der Stadt anpasst. Ich liege und warte ab, bis mir jemand aufhilft, den Mantel abklopft, die Taschen aufsammelt und mich wie ein kleines Kind nach Hause bringt. […] Die Mütter der Stadt verwachsen mit den Häusern, den Bürgersteigen, dem Pflaster. Rissige Mauern und raue Haut, Einschusslöcher an Fassaden und Altersflecke auf Handrücken. Vollkommene Harmonie.³⁵

Die Begegnung von Maria Wachelberska mit der „Mutter Warschau" im „Kellermoder" kontrastiert Chutnik mit der *Ahnenfeier* (*Dziady*) (1823–1860) von Adam Mickiewicz: mit *dem* polnischen romantischen Totenreigen also, der einen zuvorderst männlich-nationalen Widerstandsgeist befeuert hatte, dem die Mütter in der patriotischen Erziehung vor allem ihrer Söhne folgten. Das ist mehr als nur ein Anschluss an kritische Positionen zum sozialistischen Wiederaufbau und zur postsozialistischen Geschichtsverarbeitung. So heißt es bei ihr weiter über „unsere schöne Stadt": „Unsere Hauptstadt, die aus dem Nichts wiederaufgebaut wurde, auf einem Trümmerhaufen. Wegdepiliert sind sämtliche Überbleibsel der Vergangenheit, die trotz sorgfältiger Eingriffe hier und da wuchern. Sie sind wie Stadtunkraut, mit dem niemand umzugehen weiß."³⁶

Chutniks Warschau-Imagination ist hier wie in den anderen Maria-Variationen körperlich grundiert. Da ist zum einen das buchstäbliche Verwachsensein mit der Stadt, zum anderen das „Stadtunkraut", das auch Bettlerinnen oder Greisinnen einschließt, deren Gebrechen Chutnik unbarmherzig schildert („Meisterin der Krampfadern", „blaue Elefantenkuh mit umgekrempeltem Körper"). Wie sie keifend beim Arzt sitzen („geriatrischer Hyde-Park", „Seniorenklub"), sich als

---

34 Ebd., S. 81. Der Roman ist 2008 erschienen. Das Museum der Geschichte der polnischen Juden (Muzeum Historii Żydów Polskich, POLIN) wurde 2013 in Warschau eröffnet.
35 Ebd., S. 82 u. 99 f.
36 Ebd., S. 108.

Klatschweiber auf den Fensterbänken gerieren. Chutnik wendet den Sarkasmus ihrer Körperbeschreibungen indes immer wieder, zeigt auch die Einsamkeit des Alters, das Gefühl, nicht gewollt und gebraucht zu werden, der Familie zur Last zu fallen. Nichts davon erinnert mehr an das romantische Ideal der Mutter Polin, an ihr stilles Leiden, ihre Aufopferung und Hingabe.[37] Schlimmer noch, Chutnik macht die Leser erst zu Komplizen der Erzählstimme, die gekonnt auf der Klaviatur eines Mütter- und Generationen-Bashing spielt, um dann die Kehrseiten aufscheinen zu lassen: Was macht eine männlich-heroische Stadtimagination eigentlich mit den Bewohnerinnen? Wo finden die polnisch-jüdischen Einwohner Warschaus ihren Ort? Und wie geht die Stadt mit denen um, die sich nicht definieren lassen wollen („Tunte", „Schwuchtel", „Weibsmann", „Monster"). Chutnik macht ihre Figuren zu „anderen" Stadtbenutzern, schreibt Warschau als eine „von weiblichen Subjekten bewohnte oder bevölkerte" Stadt. Sigrid Weigel hat in ihren Untersuchungen zur Weiblichkeit der Städte gezeigt, dass es vor allem der „Blick des tätigen männlichen Subjekts" ist, der seit Jahrhunderten unsere Vorstellung von Stadt bestimmt – als Stadtplaner, als ihr Eroberer, als Flaneur oder eben als Autor.[38] Stadt wird zumeist weiblich imaginiert, Frau und Stadt analog gesetzt: Städteallegorien sind mütterlich, sexuell attraktiv, kämpferisch, dem Sieger hold – selten ambivalent. Zu Warschau gehört die Sirene, deren Attribut das Schwert ist, da sie als Beschützerin der Stadt gilt. In Chutniks letzter Geschichte stellt sich heraus, dass diese Sirene die postsozialistische Stadt längst aufgegeben hat, auch weil die Menschen das „Ungetüm, Fischweib" aus dem „dreckigen Fluss" mit Steinen bewerfen würden.[39] Chutniks jüngste Maria, die Schülerin Marysia, wird sich dann als einzige anders als durch stilles Leiden in die Stadt eingravieren:

> Der menschenleere Markt hatte etwas von einem Friedhof. In der Ferne ging eine der vereinzelt dastehenden Laternen an und aus und verbreitete eine Stimmung wie in einem Horrorfilm. Auuuu, gleich kommt Michael Jackson aus der Blechbaracke und beginnt zu tanzen. Morgens wird es keine Spur mehr von diesem *danse macabre* geben, und selbst wenn, wird das sowieso keinem auffallen.[40]

Marysia will den Markt von Ochota in Flammen aufgehen lassen – als Zeichen gegen eine billige Konsumkultur, aber auch als Protest gegen eine Erinnerungskul-

---

37 Nina Seiler: *Privatisierte Weiblichkeit. Genealogien und Einbettungsstrategien feministischer Kritik im postsozialistischen Polen*. Bielefeld 2018, S. 44.
38 Sigrid Weigel: „Zur Weiblichkeit imaginärer Städte. Eine Forschungsskizze". In: Gotthard Fuchs/ Bernhard Moltmann/Walter Prigge (Hg.): *Mythos Metropole*. Frankfurt/M. 1995, S. 35–45, hier S. 36.
39 Chutnik: *Weibskram*, S. 184.
40 Ebd., S. 179.

tur, in der mehr verschwiegen denn erinnert wird. Und wie Stasiuk äußert auch Chutnik den Protest ihrer Figur popkulturell, führt auch bei ihr Michael Jackson die Toten der Geschichte zum Totentanz von unten nach oben. Nur dass ihre Figur überlebt: „Ich werde kein Opfer sein."[41]

Zusammenfassung oder Alles endet auf dem Asphalt

Tyrmand und Stasiuk weiten ihre städtischen Räume ideell ins Land. In beiden Romanen verhandeln sie darüber auch ein dem Warschau-Stadttext inhärentes Problem: nämlich die Schwierigkeit der Literarisierbarkeit einer verheerten Stadt, eines Leichnams, in den hineingekrochen werden muss, um Konwicki nochmals aufzugreifen, der das Monströse des Stadtraums nicht nur auf das 20. Jahrhundert bezieht, sondern die jahrhundertelange Fremdherrschaft über die Stadt meint. Chutnik indes sucht nach einer Erzählbarkeit, die den bislang im Geschichtsdiskurs Ausgeblendeten gerecht zu werden versucht – die Warschauer Sirene eingeschlossen.

Was bleibt, ist ein Warschau-Text, der so poetisch-verzweifelt wie kaum ein anderer europäischer Stadt-Text das thanatologische Fatum der eigenen Stadt einzufangen sucht – sei es, indem das Böse aus dem Stadtzentrum an die Peripherie ausgelagert wird und von dort zurückkommt (Tyrmand). Sei es, indem die Peripherie als das Eigentliche postuliert wird und dem Leben im Uneigentlichen, in der westlich kolonialisierten urbanen Metropole Warschau, vorgezogen wird (Stasiuk). Oder sei es als Varianz – der Blicke, der Geschlechter, der Mythen, der Leben und dementsprechend auch der Erinnerungen (Chutnik). Immer aber geht es um die Toten, mit denen – oder über deren Überresten – auf dem Warschau-Friedhof nicht folgenlos gelebt werden kann.

Vielleicht ist am Ende die Aufgabe des Identitären ein möglicher Ausweg aus dem Dilemma. Alles wäre dann heillos, das ganze Leben – aber auch in seiner Unerträglichkeit begehrenswert. Dorota Masłowskas *Die Reiherkönigin* (*Paw Królowej*) von 2005 versucht das in einem Genre zu zeigen, das nicht nur in Polen ausgesprochen populär ist: im Rap. Ihr Rap-Roman fängt die urbane Peripherie paradigmatisch im Bild des Wohnblocks (*blokowisko*) ein. Warschau ist bei ihr eine Großstadt unter anderen: nicht europäisch, nicht asiatisch, vielleicht „verkrüppelt", aber wenn, dann so „verkrüppelt" wie jeder andere urbane Raum und dessen Vorstädte auch, wo die Figuren jederzeit unter die Räder geraten können.

---

[41] Ebd., S. 184.

Agnieszka Jezierska-Wiśniewska

„Schöne neue Welt"?

Polnische Plattenbauten und ihre literarischen Porträts[1]

> Le Corbusier war für uns alle ein Prophet […].
> [Seine] Größe […] schien uns (zu Recht) enorm.
> Genial durchdachte Häuser ohne dunkle Innenhöfe […]
> ohne Kellergeschosswohnungen [wo arme Kinder dahinsterben],
> ohne sommers wie winters mörderische Dachgeschosse.
> Fenster groß wie die Wand, Flachdächer, die in Terrassen
> umgewandelt werden können. Alles war neu, alles war brillant,
> mehr noch: Es war ein Ausblick auf eine Schöne neue Welt,
> wo sowohl der Proletarier als auch der Arbeiter sowie
> der Akademiker denselben Anspruch auf
> Sonne, Luft und Grün haben sollen.
> Irena Krzywicka[2]

> Enthusiasmus + Plan = Wohnung
> Werbeslogan[3]

Die Erwartung

In Joanna Bators Roman *Sandberg* (2009) kommt der Sohn eines der Protagonisten, der Warschau während des Kriegs verließ und nach Amerika auswanderte,

---

1 Das Zitat von Irena Krzywicka im Titel meines Beitrags zitiert Aldous Huxleys Roman *Schöne neue Welt* [1932]. Passagen meines Textes überschneiden sich mit meinem Beitrag „Miasto, masa, maszyna do mieszkania — blokowisko w tekstach Mirona Białoszewskiego, Joanny Bator i Sylwii Chutnik". In: Joanna Godlewicz-Adamiec/Tomasz Szybsty (Hg): *Literatura a architektura*. Kraków u. a. 2017, S. 451–471.
2 Irena Krzywicka: *Wyznania gorszycielki*. Warszawa 1992, S. 100 f. Alle Übersetzungen aus dem Polnischen ohne weitere Angaben von mir – A.J. Vgl. auch: Marta Leśniakowska: „Oczy Le Corbusiera". In: Le Corbusier: *Vers une architecture* [1923]. Übers. v. Tomasz Swoboda als *W stronę architektury*. Warszawa 2012, S. 7–39, hier S. 10.
3 Werbeslogan, zit. nach: Lidia Pańków: *Bloki w słońcu. Mała historia Ursynowa Północnego*. Wołowiec 2016, S. 270.

in die neubebaute Hauptstadt Polens. Nach der Rückkehr in die Vereinigten Staaten erzählt er „[m]it einer frischen Falte auf seiner hohen Stirn […] von einem Jugendfreund seines Vaters, dem Professor der unschuldigen Ornithologie, der entlassen wurde, und der, weinend, seine Koffer packte, in seiner Wohnung in einer Betonsiedlung, einer Siedlung, die in Amerika nur arme Leute und illegale Immigranten bewohnen."[4] Bator macht hier auf einen kulturellen Unterschied aufmerksam: Für einen Besucher aus dem Westen sind polnische Wohnverhältnisse undurchschaubar, denn der Plattenbau belegt sowohl in der mentalen als auch in der topographischen Landschaft des Ostblocks, darunter Polens, einen besonderen Platz.[5] Die Wohnungsnot der Nachkriegszeit war schwer zu beseitigen: Nicht sanierte Altbauwohnungen, in denen mehrere Familien untergebracht wurden (sog. *Kommunalka*), abgerissene oder baufällige Wohnhäuser, nicht selten ohne Kanalisation, boten kein würdiges Zuhause. Diese Erfahrung war vielen mitteleuropäischen Ländern nach dem Krieg (darunter auch Deutschland) gemeinsam, doch in Polen waren die Mängel besonders spürbar und wurden jahrzehntelang nicht beseitigt.[6]

Die Ausgangssituation nach dem Zweiten Weltkrieg wird von Bator, wenn auch zugespitzt, in ihrem Waldenburg-Roman *Sandberg* porträtiert, der nach dem Namen der Plattenbauwohnsiedlung Piaskowa Góra (dt. ‚Sandberg') betitelt wurde – einer Siedlung, in der Bator selbst aufgewachsen ist. Neuankömmlinge aus den ehemaligen Ostgebieten Polens mussten sich dort, „woher sie kamen, mit wenig Platz beschränken" und „hatten auf dem Strohsack zwischen Schwester und Bruder gelegen, um es wärmer zu haben".[7] Auch in einem viel älteren berühmten Propagandagedicht *Lud wejdzie do śródmieścia* („Das Volk wird in die Innenstadt drängen", 1950) von Adam Ważyk werden die enorme Enge und Armut thematisiert: „Aussätzige Vororte / Enge Kammer mit zwanzig [Menschen]/ Wohnkeller,

---

4 Vgl. Joanna Bator: *Piaskowa góra*. Warszawa 2009, S. 345: „Ze świeżą zmarszczką na wysokim czole syn Ignacego mówił o znajomym ojca z młodości, profesorze niewinnej niczemu ornitologii, którego wyrzucili z pracy i który, płacząc, pakował walizki w mieszkaniu na betonowym osiedlu, w jakich w Ameryce żyją biedacy i nielegalni imigranci." Diese Passage fehlt in der deutschen Ausgabe (Joanna Bator: *Sandberg*. Übers. v. Esther Kinsky. Berlin 2015, S. 382), wahrscheinlich weil sie zur Haupthandlung nicht beiträgt. Die deutsche Übersetzung wurde mit einigen nicht vermerkten Kürzungen publiziert. Einige der Auslassungen wurden von Carolin Piorun im Beitrag „Beschneidung. Die jüdischen Motive in Joanna Bators *Sandberg*" analysiert. In: *OderÜbersetzen* (2013), Nr. 4, S. 138–141.

5 Als in Polen Massensiedlungen aus Platte noch gebaut wurden, Ursynów z. B., wurden diese in Amerika abgerissen, wie Pruitt-Igoe. Vgl. Beata Chomątowska: *Betonia. Dom dla każdego*. Wołowiec 2018, S. 34 f.

6 Wie brennend dieses Problem war, schildert Dariusz Jarosz in seinem Buch *Mieszkanie się należy… Studium z peerelowskich praktyk społecznych*. Warszawa 2010.

7 Bator: *Sandberg*, S. 37. Weitere Nachweise mit Angabe der Seitenzahl direkt im Text.

Dachgeschoss – / nur so wenig hatten wir".[8] In Zeiten des Kommunismus besserte sich die Lage der Menschen aus ärmeren Verhältnissen angeblich deutlich. Arbeiter konnten endlich nicht nur auf ein minderwertiges Zuhause rechnen und wurden im offiziellen Diskurs geschätzt und mit neuen Wohnungen belohnt, was ihnen ein Gefühl der Genugtuung gab. Egalität fungierte als Schlüsselbegriff.[9]

In diesem kulturellen und geschichtlichen Kontext wurde der Neubau der 1960er, 70er und zum Teil der 80er Jahre, vor allem die Einzelwohnungen in Plattenbauten, zum begehrten Gut und sogar ersehnten Paradies, oder wenigstens bedeuteten sie einen sozialen Aufstieg. Wie für einen der Protagonisten von *Sandberg*, den aus einfachen Verhältnissen stammenden Stefan Chmura: „Keiner in Stefans Familie hatte je so etwas Kostbares wie eine Wohnung im Block bekommen, einfach so, von Nichts. Höchstens einen gebrauchten Unterrock von der Frau des Hauses oder eins über den Schädel vom Herrn" (75 f.). Die Wohnungen in der Platte galten als Vollkomfortwohnungen: „überall Heizkörper. Ein sagenhaftes Glück" (32)[10] – freut sich das Ehepaar Chmura auf ein Zuhause in der Sandberg-Siedlung. Bator verweist auch darauf, dass der Plattenbau als eigener Raum, ohne geschichtliche Belastung gedeutet wurde: „Schluss mit dem Aufeinanderhocken in einer ehemals deutschen Bruchbude, Schluss mit den Nazischränken und Gestapo-Klobrillen, mit den Öfen, derentwegen kürzlich jemand im Haus nebenan in Szczawienko an Rauchvergiftung gestorben war." (32) Großtafelwohnungen bieten einen Zufluchtsort, eine sichere Bleibe, ohne fremde und feindliche Spuren – sind also nicht *poniemieckie*, etwa ‚nachdeutsch', ein Begriff, mit dem ehemalige deutsche Besitztümer oder Räume bezeichnet werden, der zum Standardwortschatz im Polnischen gehört und eine Zeitlang negative Gefühle weckte.

---

8 Adam Ważyk: „Lud wejdzie do Śródmieścia". In: Ders.: *Wiersze 1940–1953*. Warszawa 1953, S. 53. Vgl. dazu Marlena Happach: „Stolica z betonu, czyli krótka historia warszawskich blokowisk". In: Jarosław Trybuś: *Przewodnik po warszawskich blokowiskach*. Warszawa 2011, S. 6–24, hier S. 8–16. In diesem Gedicht schildert der Dichter seine unkritische Begeisterung für den Kommunismus, der bisherige Klassenunterschiede tilgt. Ähnliche Begeisterung für Neue Hütte bei Krakau bringt Wiktor Woroszylski im Gedicht *Wiosna* zum Vorschein, aus dem Gedichtband *Wiersze i poematy wybrane* [1955].

9 Dabei gab es nur scheinbar Gerechtigkeit, was die hier angeführten Texte der Kultur offenlegen: Ein Parteigenosse bekommt in der Fernsehserie *Alternatywy 4* eine Wohnung ohne Wartezeit. Bei Bator wohnen die Reichen eher in Szczawno Zdrój, in Einfamilienhäusern.

10 Diese Begeisterung war auch im Westen anfänglich sichtbar: So die Meinung eines Rentners, der seit fast 30 Jahren „in der gleichen 69-Quadratmeter-Wohnung [in Marzahn wohnt]. Drei Zimmer. Eine ‚Vollkomfortwohnung', wie [er] sagt. In den Altbauten in der Innenstadt habe er vorher mit Kohle heizen müssen, die Toilette war auf der Treppe oder im Hof. ‚Da war das hier eine Erlösung und ein Glück'." www.welt.de/kultur/article160310018/Wird-die-Platte-der-naechste-hippe-Szenebezirk.html (letzter Zugriff: 28.02.2024). Dieser Duktus entspricht eigentlich dem Stil aus Bators *Sandberg*.

Enorme Erwartungen, die mit den polnischen Großtafelbauten verbunden sind, zeigt eine Fernsehserie, die Anfang der 1980er Jahre gedreht wurde (wegen der Zensur erst 1986 mit Kürzungen ausgestrahlt[11]), unter dem plakativen Titel *Alternatywy 4* (wortwörtlich: ‚Alternative Nr. 4' oder ‚vier Alternativen', also *contradictio in adjectio*). Die erste Folge thematisiert die Hoffnungen und Erwartungen der potenziellen Bewohner sowie den sozialen Aufstieg der Auserwählten, die nach mehreren Jahren Wartezeit (bis zu 30!) endlich eine eigene, wenn auch kleine Wohnung zugeteilt bekommen.[12] Faule Bauarbeiter bauen ein Hochhaus, in dem alles falsch gemacht wird: Eine Wohnungstür ist zugemauert, Rohre wurden falsch montiert, Wände sind uneben usw. Diese etwas zugespitzte Vision der Mängel hat für mehrere Jahre das Bild der Platte geprägt: Großtafelbauweise galt als nicht ernstzunehmendes Phänomen, wirkte nur lächerlich, die Wohnungen wurden als minderwertig dargestellt. Auch Joanna Bator verweist auf Unzulänglichkeiten: Da die Wohnsiedlung in Eile gebaut wurde, geraten die „Fenster- und Türrahmen in Piaskowa Góra […] daher nicht gerade" (37 f.).

Die Mängel hängen aber nicht mit dem gesellschaftlichen Status der Einwohner zusammen. Zu ihrer Entstehungszeit waren Plattenbauten fast konkurrenzlos. Je nach Wohnsiedlung waren die Einwohner recht unterschiedlich. In der Sandberg-Siedlung sind das vor allem die Arbeiter aus der Kohlenbergwerk (diese gesellschaftliche Gruppe porträtiert Bator, was im Grunde den Tatsachen entspricht), doch einige Plattenbauviertel wurden gezielt für Akademiker geplant, u. a. Osieldle Grunwaldzkie in Breslau: „moderne Wohnblocks mit komfortablem Wohnungen – u. a. für wissenschaftliche Mitarbeiter der um die Siedlung entstehenden Hochschulen."[13] Die Architekten, die Ursynów, also die letzte Massensiedlung entworfen haben, wohnten selbst in dieser Siedlung, zuerst in der Platte, heute oft im Neubau – haben also die Gegend nicht verlassen, darunter der namhafte Architekt Marek Budzyński.[14] Auch SchriftstellerInnen, KünstlerInnen u. a. haben dort gewohnt, viele sind bis heute geblieben, wie beispielsweise auch Mieczysław Król, der Archi-

---

11 Regie: Stanisław Bareja, Drehbuch: Stanisław Bareja, Janusz Płoński und Maciej Rybiński, Polen 1983.
12 Nur mit einer Ausnahme: Ein Alkoholiker, der in einem heruntergekommenen Haus im Warschauer Stadtteil Praga wohnt, will nicht in den Neubau einziehen, da er sein soziales Umfeld verlieren würde.
13 Filip Springer: *Księga zachwytów*. Warszawa 2016, S. 291.
14 Einer der wichtigsten zeitgenössischen Architekten in Polen, der u. a. das Gebäude des Obersten Gerichts und der Universitätsbibliothek in Warschau entworfen hat. Vgl. Pańków: *Bloki w słońcu*, S. 50 f.; zum „Block der Architekten" vgl. ebd., S. 45–47. Vgl. auch Jarosław Trybuś: *Przewodnik po warszawskich blokowiskach*. Warszawa 2011, S. 189. Ursynów „genießt den Ruf eines Akademikerviertels. Sogar 30% der Einwohner kann ein Hochschuldiplom vorlegen, was den Höchstdurchschnitt der polnischen Städte verdoppelt". Dieses Phänomen ist in der Serie *Alternatywy 4* sichtbar.

tekt von Koszutka in Kattowitz.[15] Beata Chomątowska aus dem Stadtteil Krowodrza Górka in Krakau erinnert sich: „In meinem Wohnblock lebte der künftige Rektor der AGH [einer der führenden Hochschulen in Krakau], wohnten Künstler, Buddhisten, die Zeugen Jehovas, Taxifahrer, Arbeiter, Alkoholiker. Wir kannten keinen Begriff wie *blokers* oder *blokowisko* [Plattenbausiedlung]".[16] Der Begriff Querschnitt erscheint hier passender.

Nur einige der Plattenbauten gelten als gefährlich.[17] Es gibt zwar heutzutage das Phantom des klischeehaften ‚Blockers' (eines gewalttätigen, sozial schwachen Bewohners des Plattenbaus, der seinen Lebensunterhalt mit kleinen Verbrechen sichert), von dem sich Chomątowska distanziert – der aber ist ein mediales Produkt.[18] Małgorzata Czermińska behauptet, dass Plattenbausiedlungen im Gegensatz zu neuen luxuriösen umzäunten Siedlungen (eine Art *gated communities*) ihren Bewohnern die Möglichkeit zur Vernetzung und Gemeinschaftsbildung geben.[19] Überdies war die ökonomische Angleichung von Bedeutung – die meisten Einwohner der Großstädte hatten vor der Wende eine Adresse im Wohnblock und ein ähnliches Einkommen. Bis heute wohnen in Polen schätzungsweise 6–8 Millionen Leute ‚im Beton' – sechzig Prozent der Stadtbewohner.[20]

---

15 Vgl. Filip Springer: *Źle urodzone* [2012]. Übers. v. Lisa Palmes als *Kopfgeburten*. Berlin 2015, S. 141: „Er tritt aus der Tür seiner selbst gestalteten Wohnung in dem selbst entworfenen Wohnblock am selbst erdachten Grunwald-Platz. Die Stadt (Kattowitz) und der Stadtteil (Koszutka) sind ebenfalls sein Werk".

16 *Blokowisko' brzmi jak ‚konkubent', ‚wysypisko', ‚śmietnisko'. To jest po prostu brzydkie słowo. Co innego osielde.* Mit Beata Chomątowska spricht Aleksandra Boćkowska, http://weekend.gazeta.pl/weekend/1,152121,23406387,blokowisko-brzmi-jak-konkubent-wysypisko-smietnisko.html (letzter Zugriff 28.02.2024). In Plattenbauten von Służew nad Dolinką wohnten z. B. der berühmte polnische Maler Beksiński und sein Sohn, ein legendärer Radiomoderator und Übersetzer, was jüngst im Film *Ostatnia rodzina* [2016], Regie Jan P. Matuszyński, zu sehen war. In derselben Wohnsiedlung lebt die Protagonistin aus Małgorzata Szumowskas Film *Body/Ciało* [2017]. Plattenbauten wurden oft zur Kulisse der älteren Filme, u. a. bei Kieślowski.

17 Chomątowska erwähnt in diesem Kontext Azory in Posen. Vgl. Chomątowska: *Betonia*, S. 176–190. Springer: *Księga zachwytów* [2016] erwähnt Osiedle Grunwaldzkie in Breslau (S. 293).

18 Vgl. Agnieszka Barczykowska: „Wielkomiejskie zespoły mieszkaniowe jako środowisko życia". In: *Studia Edukacyjne* (2009) Heft 10, S. 129–145, hier S. 142. Chomątowska bemerkt, dass der Ursprung des polnischen negativ gefärbten Bezeichnung *blokowisko* aus den negativen Erfahrungen aus Pruitt-Igoe stammt. Vgl. Chomątowska: *Betonia*, S. 39.

19 Małgorzata Czermińska: „Socmodernizm, blokowisko i mafia deweloperska. O przestrzeni miejskiej w młodej prozie". In: *Bliza. Kwartalnik artystyczny*, 27 (2016) Heft 3, S. 33–37, hier S. 37. Von der Idealisierung der kommerziellen Neubauten spricht auch Barczykowska in „Wielkomiejskie zespoły mieszkaniowe", S. 129. Dieser Diagnose widerspricht Chomątowska. Sie betont, dass viele Mythen um die beiden Arten der Wohnsiedlungen entstanden sind. Die Vernetzung in der Platte ist eine idealistische Vorstellung, auch die umzäunten Neubauten erlauben zwischenmenschliche Kontakte. Vgl. ‚*Blokowisko' brzmi jak ‚konkubent', ‚wysypisko', ‚śmietnisko'*.

20 Vgl. Pańków: *Bloki w słońcu*, S. 308.

Die Erfahrung

Irena Krzywicka, eine wichtige polnische Aktivistin der Zwischenkriegszeit, spricht von ihrer Enttäuschung mit der Massenbauweise: „Wer konnte voraussehen, dass aus den Entwürfen des genialen Architekten [Le Corbusier] im Endeffekt monotone, trübsinnige, phantasielose Wohnsiedlungen entstehen, Gebäudemonster, nicht geeignet für das menschliche Maß und Schicksal."[21] Die Idee, die auf dem Papier verführerisch wirkte, wurde nur zum Teil verwirklicht. Aus der von Le Corbusier postulierten Triade: Licht, Raum, Grün wurde vor allem das Phänomen des Raumes vernachlässigt. Der einzelne Mensch wurde zum Teil einer Masse, in der Andersartigkeit nicht geduldet wurde.

„Die mörderische Missachtung des Individuums"[22]

„Kommunistische Plattenbausiedlungen mit ihren unifizierten Formen des Wohnviertels, des Blocks und der Substandardwohnung parodierten die Ideen von Le Corbusier"[23], bemerkt Maria Leśniakowska. Denn „in den Utopien des einheitlichen Raumes – in ästhetischer, sozialer und ideologischer Hinsicht – steckte der Virus des Pathologischen und der Devianz"[24]. Die Stadt als Maschine, die reibungslos wie eine Fabrik funktioniert, vereinte die Avantgarde der Architektur mit Totalitarismen.[25] Die Umsetzung der großen Idee in die Tat wurde zum Albtraum, was im Roman *Jolanta* (2015) von Sylwia Chutnik zum Vorschein kommt. Das Hochhaus,[26] das als Kulisse der Handlung dient, ähnelt kaum der von Le Corbusier erdachten Wohnmaschine:

> In dem gegen die Wolken emporragenden Haus in der Kowalczyka-Straße gab es zweihunderteinundvierzig Wohnungen. Eine an der anderen in Stockwerken durch Fahrstuhlschächte miteinander verbunden, die in der Nacht Luft und Essen pumpen. Wohnblocknabelschnüre, durch die die notwendigen Zutaten gepumpt werden, damit die Einwohner am Morgen die Kraft haben, die Augen zu öffnen und rauszugehen. Raus! Aus dem Treppenhaus, ohne sich umzuwenden, zum ersten besten Bus in der Modlińska-Straße.[27]

---

21 Vgl. Krzywicka: *Wyznania gorszycielki*, S. 101.
22 Brigitte Reimann: *Franziska Linkerhand*. Berlin 1974, S. 133.
23 Leśniakowska: „Oczy Le Corbussiera", S. 10.
24 Ebd., S. 14.
25 Vgl. ebd.
26 Das Hochhaus aus dem Roman von Chutnik wurde zwar nicht aus Platte gebaut, aber die technologischen Unterschiede sind aus literaturwissenschaftlicher Sicht zweitrangig. Es geht um die Bauweise aus Fertigelementen. Das Ergebnis unterscheidet sich kaum von der Platte.
27 Sylwia Chutnik: *Jolanta*. Warszawa 2015, S. 134.

In der *Sandberg*-Siedlung wurden laut Bator 30.000 Einwohner „in die einheitlichen Fächer der Hausschachteln gestopft" (16).²⁸ In den kleinen Wohnungen mit niedrigen Decken schrumpfen Menschen zu Ratten oder Insekten.²⁹ Diese letzte Bezeichnung geht auf eine übliche polnische Bezeichnung der größeren Plattenbauten zurück: *mrówkowce*, etwa ‚Ameisenhäuser' (‚Ameisenhaufen' heißt *mrowisko*). Die Postulate von Le Corbusier wurden willkürlich eingesetzt, darunter sein Proportionssystem Modulor. Die Stockwerke der polnischen Wohnungen waren möglichst niedrig, obwohl bei Le Corbusier dieses System für zweistöckige geräumige Wohnungen vorgesehen war. Dadurch konnten die Bewohner den Raum beliebig gestalten. In Polen dagegen war es kaum möglich Plattenbauwohnungen durch die Raumgestaltung zu individualisieren. Im Film *Kingsajz* (polnische Transkription von *king's size*, 1987³⁰) wird die Enge karikiert: In einer dystopischen Welt Schublandia (poln. *Szuflandia*), die mehrere Parallelen mit der Volksrepublik Polen und deren Mangelwirtschaft aufweist, wohnen kleine Männlein buchstäblich in Schubladen.

Soziale Utopie

> Fachleute, unter denen bezeichnenderweise weder Soziologen noch Psychologen, weder Politiker noch Vertreter der Stadtbevölkerung auftauchen, hatten sie ausgearbeitet – ohne Auftrag, ohne Beratung, ohne Kontrolle. Sie sollte nicht mehr geprüft, erprobt oder gar verändert, sondern nur noch durchgesetzt werden. […] Für die vielfältigen Einzelfragen sollen zwar Spezialisten zugezogen werden, aber am Ende laufen doch wieder alle Fäden beim Architekten zusammen.³¹

Die neue Bauweise betraf nicht nur die Raumgestaltung, es ging auch um eine neue Architektur der Gesellschaft: „Das Leben im Wohnblock soll das Ideal der harmonischen Existenz der Bürger aus verschiedenen gesellschaftlichen Klassen des sozialistischen Vaterlandes wiederspiegeln",³² erinnert Chomątowska die kommunistischen Parolen.

---

28 Die polnische Bezeichnung für Massensiedlung aus Platte lautet ‚blokowisko' – eine hässliche Wortbildung.
29 Vgl. Chutnik: *Jolanta*, S. 8; vgl. auch Miron Białoszewski: *Chamowo*. Warszawa 2009, S. 77.
30 Regie: Juliusz Machulski, Drehbuch: Juliusz Machulski und Jolanta Hartwig-Sosnowska, Polen 1987.
31 Norbert Huse: *Le Corbusier*. Reinbek 1999, S. 71.
32 Chomątowska: *Betonia*, S. 18.

Einen misslungenen Versuch, das menschliche Leben zu programmieren, schildert Bator: Während der Architekt glaubt, der entworfene Raum erlaube zwischenmenschliche Beziehungen auch unter verschiedenen gesellschaftlichen Gruppen, und dank der Zusammenarbeit werde die Gegend angenehm, zeigt der Roman, dass das nicht mehr als ein Wunschbild bleibt:

> Im Modell von Piaskowa Góra sah das größte Gebäude der Siedlung überhaupt nicht schlecht aus, vor allem aber, Genossen: modern. Auf der Dachterrasse blühten Plastikblumen, und rings herum wucherte üppig das Gras aus Resten grüner Auslegware. Der ehrgeizige junge Architekt redete von Begegnungsstätten für die Bewohner, von Müttern, die mit ihren Kindern auf der Terrasse spazieren gingen, die alle gemeinsam in rotierender Verantwortung pflegen würden. Dort würden die Arbeitsgenossen nach der Arbeit zwischen den Blumenkästen sitzen und mit den Nachbarn plaudern. Lauter anständige Leute, Kumpel, die Frauen der Kumpel, die Kinder der Kumpel und ihre Kumpelfrauen, Arm in Arm mit Intellektuellen der ersten Generation. (157)

Die *Hybris* des Architekten, der das einzelne Menschenleben zu verstehen glaubt – verstärkt durch seine Jugend –, findet keine Bestätigung im Leben. Betont sei, dass auch Ursynów von sehr jungen Menschen entworfen wurde: unter 30 Jahren, oft ohne echte Berufserfahrung (Ausnahme Marek Budzyński) – lauter Idealisten und Enthusiasten, mit einer Utopie im Hinterkopf.[33] Die miserablen Folgen solcher Kopfgeburten zeigt Bator in einer weiteren Passage, die auf fehlende Verantwortung und Engagement der Einwohner verweist. Um einen Raum, der allen gehört, wird sich keiner kümmern, geschweige denn die Inhaber der Haustiere:

> Die Liebe der Bewohner von Piaskowa Góra war eine irrige Annahme, sowohl im Hinblick auf den Terrassengarten als auch auf die Blumenkästen im Parterre, die aussahen wie große Betongräber […]. Die Dachterrasse ist für Selbstmörder und Drogensüchtige gut, die Blumenkästen für die Besitzer der Mimis und Hektors, sie stehen in Pantoffeln am Hauseingang und warten, bis ihr mit den Resten des Mittagessens gefütterter Liebling seinen Beitrag zum Haufen der Köttel und Kackhaufen geliefert hat, aus dem ein Schild mit der Aufschrift ragt: Schone die Grünflächen. (157 f.)

---

33 Vgl. Pańków: *Bloki w słońcu*, S. 62–89, insb. S. 68 f. Angehende Architekten schmieden vage Pläne, wie das Leben in der neuen Plattenbauwohnsiedlung aussehen soll. Sie arbeiten eng mit verschiedenen Fachleuten, nicht zuletzt Psychologen, erwarten Rückmeldungen von den Einwohnern, positionieren sich im Widerspruch zu den anderen Plattenbauten in Polen (Stegny usw.). Trotz der Mangelwirtschaft, die das Endergebnis stark beeinträchtigt, sind sie im Endeffekt eher zufrieden oder halten es wenigstens für keine „Bankrotterklärung der Architektur", um Reimann zu zitieren.

Die Umsetzung der idealistischen Ideen wird hier ins Lächerliche geführt, der Architekt kann in das menschliche Leben nicht eingreifen. Doch die von ihm ohne entsprechende Menschenkenntnis auf Papier entworfenen Häuser beeinflussen das einzelne Schicksal auf eine diametral andere Art und Weise. Jede Andersartigkeit wird getilgt, ausgerottet, korrigiert. So werden die „Homodingsbums" (226), ein kultiviertes homosexuelles Paar, mit besonderer Brutalität von anonymen Tätern verprügelt und dadurch zum Auszug aus dem gleichgeschalteten Raum von Sandberg gezwungen. Durch die nicht schalldichten Wände werden die Nachbarn zu Ohrenzeugen dieses Delikts, doch niemand leistet Hilfe (229–235). Die Gleichgültigkeit der Mitbewohner steht im krassen Widerspruch zu dem von Architekten entworfenen Kollektiv. Esther Kinsky spricht in diesem Kontext von „missglückten Gemeinschaftskonzepte[n] der ‚Platte'".[34]

Es gibt in den Massensiedlungen wortwörtlich und im übertragenen Sinne keinen Raum für Kunst. Eine der Protagonistinnen in Dorota Terakowskas Roman *Ono* (2003) bemerkt: „Sie wohnen doch in Gomułka-Käfigen. Sechs Meter pro Person. Sogar im Gefängnis gibt es mehr. Und das Treppenhaus soll so sein, dass man kaum den Schrank hochtragen kann, geschweige denn einen [Flügel]".[35] In *Alternatywy 4* werden zwei identische Schränke vertauscht und nur mit Mühe in die Wohnungen gebracht.[36] Dass Plattenbau für Kultur und ihre Artefakte nicht geeignet ist, veranschaulicht eine absurde Szene, in der einer der Bewohner eine Reproduktion des berühmten polnischen Bildes *Die Schlacht bei Tannenberg* von Jan Matejko in seine Wohnung bringen will.[37] Das Bild bleibt im Treppenhaus stecken.[38]

Sentimentaler Rückblick

Massensiedlungen sichern Vernetzungen vor allem in einer Altersgruppe: unter Kindern, für die große Siedlungen ihre natürliche Umgebung darstellen. Ein Gespräch aus Białoszewskis Tagebuch *Chamowo* bestätigt diese Diagnose:

> ‚Es wurde festgestellt, dass zu große Häuser gebaut werden. Keine zwischenmenschlichen Beziehungen' [bemerkt ein Freund des Erzählers].

---

34 Esther Kinsky: „Landschaft mit fragmentierten Lebensläufen". In: Bator: *Sandberg*, S. 483–489, hier S. 486.
35 Dorota Terakowska: *Ono*. Kraków 2003, S. 73.
36 Folge 2: *Przeprowadzka*.
37 Dieses Bild spielt in der polnischen Kultur und Schulbildung eine kanonische Rolle: Es ist die berühmteste Darstellung des polnischen Sieges über Kreuzritter im Jahre 1410. Die Erkennbarkeit des Bildes steigert das Groteske.
38 Folge 4: *Profesjonaliści*. Allerdings würde dieses Bild wohl auch in einem Altbau steckenbleiben.

,Ich wohne doch in einer solchen ‚Menschheit" [antwortet Białoszewski].
,Moment mal. Und was ist mit den Kindern?'
,Die werden einander kennen. Gemeinsamer Kindergarten, danach ein gemeinschaftlicher Kioskraub'.
,Na also'.
,Aber dann werden sie zu Erwachsenen. Und wieder einander fremd'.
,Aber ihre Kinder. Die werden doch einander kennen. Nichts wird sich ändern'.[39]

Ähnliches beobachtet Chomątowska: Beziehungen entstehen meist unter gleichaltrigen Kindern. Anders als ihre Eltern, die sich oft mit ihrer sozialen Gruppe identifizieren, bemerken sie die Unterschiede nicht.[40] Nach solchen zwischenmenschlichen Beziehungen sehnt sich Dorota Małsłowska (Jahrgang 1983): „Plattenbauviertel. Ich gehöre zu den Babyboomern und es tut mir leid, dass Malina [ihre Tochter] so was nicht erlebt. Ich meine die Bande. Dreißig Kinder im gleichen Alter, die zusammenlaufen auf dem Sportplatz, in den Kellern, im Sand, die auf das Dach klettern und zusammen Eier zum Fenster hinaus werfen. Ganze Tage im Hof mit Gleichaltrigen".[41] Sie ist wohl eines der Kinder, die Białoszewski in seinem Text erwähnt. Zu der Generation, die ihre eigenen Erfahrungen mit der Massenbauweise hat und mit den gängigen Klischees nicht einverstanden ist, zählen auch Filip Springer (nur ein Jahr älter als Masłowska), Jarosław Trybuś (Jahrgang 1976) und zwei Autorinnnen, die sich zu ihrem Plattenbauhintergrund offen bekennen: Lidia Pańków (Jahrgang 1977), die im Nordursynów aufgewachsen ist, und Beata Chomątowska (wie Trybuś Jahrgang 1976) aus Krowodrza Górka in Krakau. Als Babyboomer, die den Plattenbau aus eigener Erfahrung kennen, widersprechen sie den gängigen Vorstellungen. In ihren journalistischen Texten bringen sie die Komplexität des Lebens in Massensiedlungen zum Vorschein. Nicht häufige Blackouts in den Achtzigern, nicht Pannen und Baufehler, sondern Menschen mit ihren Geschichten rücken hier in den Mittelpunkt. Der Raum wird mit positiven Gefühlen und Erinnerungen besetzt. Für diese AutorInnen bieten Barejas Filme und Fernsehserien keinen Bezug, sie distanzieren sich von der bissigen Ironie aus *Alternatywy 4*, die jahrzehntelang Klischees stiftete.[42]

In den Erinnerungen der GesprächspartnerInnen von Pańków und Chomątowska, also in ihren Reportagen, überwiegen sentimentale Bilder, die oft die Erfahrung

---

39 Białoszewski: *Chamowo*, S. 317. *Chamowo* ist ein Tagebuch von Białoszewski, das nach seinem Umzug aus der Warschauer Innenstadt in einen Plattenbau geschrieben wurde.
40 Vgl. Chomątowska: *Betonia*, S. 19.
41 *Najgorsze dziecko świata. Rozmowa z Dorotą Masłowską*, „GAGA", Internetzeitschrift, Nr. 8.
42 Piotr Kubkowski: „Mirona Białoszewskiego ‚blokowanie': przestrzenie, obrazy, dźwięki". In: Agnieszka Karpowicz/Piotr Kubkowski/Włodzimierz Karol Pessel u. a. (Hg.): *Tętno pod tynkiem. Warszawa Mirona Białoszewskiego*. Warszawa 2013, S. 115-136, hier S. 135.

der Platte idealisieren. Sie zeigen eine Welt der zwischenmenschlichen Beziehungen, der Freundschaften. Enge und schlechte Akustik werden ausgeblendet. So glauben GesprächspartnerInnen von Pańków, dass der kommunistische Untergrund und Konspiration auch deshalb möglich waren, weil man die Nachbarn nicht hören konnte[43] – dagegen spricht jedoch die Erinnerung einer anderen Bewohnerin, die deutlich das Klappen einer Klobrille aus der benachbarten Wohnung hören konnte.[44] Pańków ist stets bemüht, verschiedene Perspektiven zu berücksichtigen, doch das idealisierte Bild gewinnt die Oberhand. Trybuś verweist auf Sehenswürdigkeiten in Massenbausiedlungen, die oft nicht als Gegend für Besucher und Touristen betrachtet werden. Springer zeigt die – seiner Meinung nach – gelungenen bzw. interessanten Beispiele der Plattenbauweise: *falowce* ‚Wellenhäuser' in Danzig,[45] Osielde Grunwaldzkie in Breslau,[46] Osiedle Tysiąclecia[47] und Supereinheit in Kattowitz[48]. Sie alle machen den Plattenbau salonfähig oder zumindest zu einer wichtigen Erscheinung.

Die Nostalgie gegenüber den Plattenbauten erklärt Małgorzata Czermińska folgendermaßen:

> Die Vergangenheit, auch wenn sie nur die vorige Generation oder die eigene Kindheit betrifft, bekommt ihr eigenes Kolorit. Negative Emotionen schwinden. Es kommt vor, dass Bewohner, die [aus der Platte] ausgezogen sind, zurückkommen, denn sie können sich nirgendwo anders einnisten. Die einst verachteten Plattenbauten erscheinen in einer nostalgischen Perspektive. Wäre es möglich, dass eine Plattenbausiedlung zum Paradise Lost wird?[49]

Ehemalige Plattenbaubewohner in Polen empfinden ihren Hintergrund nicht als peinlich, mehr noch: Sie sind irgendwie stolz auf ihre Gegend, wie z. B. Venio, ein bekannter Rapper: „nicht jeder Erstbeste konnte einziehen. […] Lauter Privilegien: eine Piste, Kabacki Wald, eine Pferderennbahn. Fehlt hier etwas?"[50]

---

43 Vgl. Pańków: *Bloki w słońcu*, S. 299–305.
44 Vgl. ebd., S. 303.
45 Vgl. Springer: *Księga zachwytów*, S. 57–59.
46 Ebd., S. 291–293: Bei dieser Siedlung werden die vagen und idealistischen Pläne der Architekten genauso misslingen wie im Roman von Bator, S. 291 f.
47 Vgl. ebd., S. 325–327.
48 Vgl. Springer: *Kopfgeburten*, S. 153–156. Springer sieht nicht von den Makeln ab, doch die Fehler sind für ihn nicht disqualifizierend.
49 Czermińska: *Socmodernizm, blokowisko i mafia deweloperska*, S. 37. Eine der Protagonistinnen aus Grażyna Plebaneks *Dziewczyny z Portofino* [2005] will nach einer schweren Zeit in Deutschland, wo sie als Prostituierte Geld verdiente, eine Wohnung in der Gegend ihrer Kindheit kaufen, also im Wohnviertel Stegny.
50 Pańków: *Bloki w słońcu*, S. 231 f.

Eigentlich erstaunt es, dass polnische Plattenbauten immer noch beliebt sind, zumal sie nicht so intensiv wie die im Westen renoviert wurden. Ihre Schemen haben sich nicht geändert, immer wieder gelten deutsche Versuche, Plattenbauten menschenfreundlich zu machen, als unerreichbares Vorbild für polnische Städteplaner. Was in Polen häufig kritisiert wird, sind die Nebenfolgen der Wärmedämmung – bei dieser Modernisierung wurden Blocks in sog. „Unterwäsche-Farben" gestrichen, in bunten Farbkombinationen, als Gegenreaktion auf das bisherige Grau. Der Begriff „Pastellosis" klingt wie eine Krankheit: „,Pastellosis' lautete die Diagnose – eine zusammenhanglose, möglichst grelle Neuinterpretation des Stadtbildes, um nur ja jeden grauen Gedanken zu vertreiben".[51] Auch Fachleute betonen, dass die Situation der polnischen Plattenbauten sich von der deutschen unterscheidet: Es gibt keine Leerstände, die Wohnsiedlungen sind bewohnt und Plattenbausiedlungen immer noch notwendig.[52] Die Geschichte der polnischen Platte bestätigt eine Binsenweisheit: Der Raum gewinnt seine Bedeutung durch Menschen und den geschichtlichen Kontext. Polnische Massenbausiedlungen mit ihren Unzulänglichkeiten, unperfekt, den westlichen Vorbildern nicht gewachsen[53], haben trotz allem ihre soziale Funktion besser erfüllt als die im Westen. Unter anderem aus diesen Gründen werden polnische Plattenbauten mit ambivalenten und widersprüchlichen Gefühlen belegt und gelten bis heute nicht unbedingt als Bausünden – sie werden oft als neutrale Wohnhäuser empfunden, insbesondere in der Großstadt, viele gelten sogar heute als anständiger Platz zum Wohnen.[54] Nichtdestotrotz wurden Plattenbauten zum verschwiegenen Erbe. Marlena Happach schreibt in ihrer Einführung zum „Reiseführer durch Warschauer Massenbausiedlungen" (*Przewodnik po warszawskich blokowiskach*) von Jarosław Trybuś: „Wir leben in einer Stadt, in der zwei Drittel der Fläche Massensiedlungen ausmachen. Trotzdem sind diese Siedlungen ein Raum, der aus dem Kollektivbewusstsein verdrängt wurde".[55]

Gerade Literatur und Reportage schaffen einen Raum, in dem uneindeutige Eindrücke und Erfahrungen zum Vorschein kommen. Die Trennlinie verläuft dabei nicht zwischen faktualen und fiktionalen Genres, sondern zwischen autobiographischer Fundierung und Fiktion. Texte von Białoszewski, Bator, Pańków und

---

51 Joanna Kusiak: „*Sich selbst bauen* in veränderten Landschaften – Häuser und Träume in Polen nach 1989". In: *Bauwelt* (2014) Heft 3, S. 12–17, hier S. 16.
52 Vgl. ace: *Blokowiska: reaktywacja – to możliwe!* www.bryla.pl/bryla/56,85301,9814369, Blokowiska__reaktywacja___to_mozliwe_.html (letzter Zugriff: 28.02.2024).
53 Chomątowska und Pańków beschreiben die Verwunderung der polnischen Architekten bei Dienstreisen im Westen.
54 Chomątowska und Barczykowska betonen mehrmals, dass einzelne Siedlungen miteinander nicht vergleichbar sind.
55 Happach: „Stolica z betonu", S. 6. Der Titel des Bandes benutzt großzügig den Begriff ‚blokowisko': Gemeint ist auch z. B. Muranów, das direkt nach dem Krieg gebaut wurde, ohne Hochhäuser (die Bauten ähneln eher Mietshäusern), und m. E. nicht zu diesem Dachbegriff passt.

Chomątowska sind vielschichtiger, wirken nicht so klischeehaft, wie das literarische Bild der Massenbauweise bei Chutnik, die zugibt, dass sie zwar ein authentisches Haus beschreibt, das sie aber nicht aus ihrer Erfahrung kennt.[56] Autobiographischer Hintergrund ist nach Czermińska Voraussetzung für eine „topographische Imagination"[57] – die eine Darstellung des Raumes erlaubt, die Stereotypen und Pauschalisierung nicht huldigt.

---

56 Vgl. *„Jolanta" to nie jest powieść wakacyjna*. Interview mit Sylwią Chutnik, geführt von Zofia Karaszewska, lubimyczytac.pl, 02.08.2015, http://lubimyczytac.pl/aktualnosci/rozmowy/5885/jolanta-to-nie-jest-powiesc-wakacyjna—wywiad-z-sylwia-chutnik (letzter Zugriff: 28.02.2024).
57 Vgl. M. Czermińska: „Miejsca autobiograficzne. Propozycja w ramach geopoetyki". In: *Teksty Drugie*, 131 (2011) Heft 5, S. 183–200, hier S. 188.

Maja Dębska

Gert Jonkes *System von Wien*

Ein Großstadtroman in kleinen Formen, mit einem Seitenblick auf Stifter

Himmelstraße – Erdbrustplatz oder Das System von Wien ist ein Erzählband von Gert Jonke (1999), dessen Klappentext zu entnehmen ist, dass es sich um ein unvollendetes Romanprojekt handelt: „Als ich 1966 das erste Mal nach Wien übersiedelte, begann ich sofort nahezu fieberhaft an einem […] Roman über eine große Stadt zu arbeiten. […] So versuchte ich das mir fremde Wien zu erlernen […]. Aber richtig erlernt habe ich Wien bis heute nicht, wahrscheinlich einer der Gründe, dass jenes erste Romanvorhaben damals unvollendet bleiben musste."[1] Dieses Zitat im Paratext legt nahe, dass Jonkes ‚Romanvorhaben', dessen Handlungslinien dem Straßenbahnnetz von Wien folgen sollen, sich im vorliegenden Band erfüllt. Auf dem Buchrücken lesen wir entsprechend: „Das System der Straßenbahnlinien von Wien hatte mich von Anfang an fasziniert und genau die Strecken der einzelnen Tramways entlang gedachte ich die Handlungsfäden des erträumten Buches zu spannen".[2] Ein ähnliches Vorhaben hatte Jonke 1996 in seinem poetologischen Text *Individuum und Metamorphose*[3] angesprochen. Dort behauptet er noch vor der Publikation seines bekanntesten Werks *Geometrischer Heimatroman*[4] einen Roman über Wien schreiben zu wollen, der durch die Anwendung des städtischen Verkehrssystems als Vorlage eine Art ‚geometrischer Stadtroman' sein sollte.[5] Aus dem Plan wurde aber nichts, weil, wie Jonke schreibt, „die Aufgabe in ihrer Ausführlichkeit damals für mich wirklich eine Nummer zu groß war".[6] Das Versprechen wird auch in *Himmelstraße – Erdbrustplatz* nicht eingelöst. Obwohl die räumliche Struktur der Stadt im Vordergrund steht und die Form des Textes zum Teil stadtplanerischen Strukturen folgt, stellt der Text kein solches ‚System' dar. Jonke erzählt, wie für ihn üblich, selektiv und fragmentarisch. Er bleibt bei der kleinen Form.

---

1 Gert Jonke: *Himmelstraße – Erdbrustplatz oder Das System von Wien*. Salzburg u. a. 1999, Klappentext.
2 Ebd.
3 Gert Jonke: „Individuum und Metamorphose". In: Ders.: *Stoffgewitter*. Salzburg u. a. 1996, S. 21.
4 Gert Jonke: *Geometrischer Heimatroman*. Frankfurt/M. 1969.
5 Vgl. Jonke: „Individuum und Metamorphose", S. 21.
6 Ebd.

Der Begriff der kleinen Form wird hier im Sinne von Roland Barthes' Unterscheidung zwischen kleiner und großer Form verwendet. Bei Barthes können die Form der Notiz und des Haiku die Gegenwart und den flüchtigen Moment aufgrund ihrer minimalen Länge wahrheitsgetreu aufzeichnen.[7] Anders als diese kleine, wahrheitsgetreue Form gehen lange Romane von der Erinnerung aus, entstehen aber erst wirklich, wenn die AutorInnen nicht mehr wissen, woran sie sich genau erinnern – wenn sich die Erinnerung verformt:[8] „In Wirklichkeit ist nicht das Gedächtnis schöpferisch für den Roman, sondern seine Deformation, seine Verformung."[9] Im Unterschied dazu zeichnet die kleine Form der Notiz die Gegenwart in ihrer Diskontinuität, Flüchtigkeit, Momenthaftigkeit auf. Vor allem wenn sie, mit Barthes, eine „nicht begrifflich[e], *momenthaft*[e] ‚Wahrheit'"[10] berührt, tritt, so meine These, auch in Gert Jonkes Werk „das Wirkliche an der Wirklichkeit"[11] zu Tage, aber nicht durch den Inhalt oder durch eine konsistente Erzählung, sondern gerade durch die lose Form im Erzählen des flüchtig Alltäglichen, fiktionalisierter Erinnerungen und nebulöser Ereignisse. Gerade diese formale Repräsentation der Stadt und das Umherirren des Protagonisten zeigen, in Verbindung mit der abrupten Textbewegung, zentrale Aspekte des Stadtlebens – das Flüchtige, das Momenthafte und Nicht-Konkrete –, die durch systematisches Erinnern im Erzählfluss eines Romans vielleicht untergegangen wären.

Jonkes Vorhaben, den Stadtplan als Struktur und Kompositionsprinzip des Erzählbandes zu nutzen, ist Ausgangspunkt für das folgende Nachdenken über einen Großstadtroman in kleinen Formen. Zu analysieren ist, wie die kleine Form und Jonkes Erzähltechniken in *Himmelstraße – Erdbrustplatz* am Ende die Unbeschreibbarkeit der Stadt zum Ausdruck bringen. Obwohl dabei die beabsichtigte Wien-Darstellung nicht direkt entsteht, ergibt sich doch ein System. Es ist ein System der zwei Ebenen: der Ober- und der Unterwelt. Durch die vermeintlich sichere Umgebung der Oberwelt bricht die Unterwelt herauf, und der alltägliche Gehsteig erweist sich als doppelter Boden. Schon im Titel *Himmelstraße – Erdbrustplatz* zeigt sich diese Dichotomie sowohl im stadtplanerischen Sinne, als Bewältigung

---

7 Vgl. Roland Barthes: *Die Vorbereitung des Romans. Vorlesung am Collège der France 1978–1979 und 1979–1980.* Hg. v. Éric Marty. Übers. v. Horst Brühmann. Frankfurt/M. 2008, S. 56.
8 Vgl. ebd., S. 51.
9 Ebd.
10 Ebd., S. 64.
11 Diese Formulierung übernehme ich von Andrea Kunne, die das Verhältnis zwischen den konventionalisierten Wirklichkeitskonzeptionen und ihrer Entwicklichung in drei – als Jonkes Trilogie bezeichneten – Prosatexten *Schule der Geläufigkeit* [1977], *Der ferne Klang* [1979] und *Erwachen zum großen Schlafkrieg* [1982] untersucht. Vgl. Andrea Kunne: „Was ist Wirklich an der Wirklichkeit? Gert Jonkes Thematisierung der Grenzen zwischen Wirklichkeit und Fiktion". In: Klaus Amman (Hg.): *Die Aufhebung der Schwerkraft. Zu Gert Jonkes Poesie.* Wien 1998, S. 65–80, hier S. 65.

der Strecke zwischen zwei weit entfernten Koordinaten, als auch metaphorisch: als Versuch, eine hoch in den Himmel erhobene Straße im angesehenen Grinzing mit einem Gebiet zu verbinden, das topographisch ein sumpfiges Gelände ist und „zur Wahrung des Riednamens ‚Erdbrust'"[12] genannt wurde. In der Darstellung der Stadt als zweischichtig besteht eine Verwandtschaft zwischen Gert Jonkes Texten und den kurzen Aufsätzen von Adalbert Stifter, die in den Jahren 1841–1844 verfasst und unter dem Sammeltitel *Wien und die Wiener*[13] publiziert wurden. Besonders die beiden ersten Texte *Aussicht und Betrachtungen von der Spitze des St. Stephansturmes* und *Ein Gang durch die Katakomben* bilden eine Verbindungslinie zur Titelwahl Jonkes. Definitionen des Vertikalen und Horizontalen, wie Juliane Vogel sie vorschlägt, bieten einen produktiven Ausgangspunkt für die Analyse.

Der Stadtplan als Struktur und Kompositionsprinzip

Die Erzählungen in dem Band *Himmelstraße – Erdbrustplatz* folgen nur lose dem angekündigten Schema. Die Titel der einzelnen Texte beinhalten meist einen Ort in Wien oder beziehen sich auf Ordnungssysteme, wie die Straßenbahnendhaltestellen. Straßen, Bezirke, topographische Gegebenheiten, Elemente der Stadtarchitektur werden als Vorlage der Texte benutzt. „Metternichgasse",[14] „Praterhauptallee" (14), „Rosenhügel" (23), „Reichsbrücke" (80), „Wienerwald" (28) und „Donaukanal" (34) sind zwar Zielorte des Erzählers, aber er gelangt nicht ans Ziel. Die einzelnen Titel erinnern wie bei Stifters Aufsätzen – zum Beispiel *Der Prater, Die Karwoche in Wien* oder *Wiener Salonszenen* – an eine Art literarischen Stadtführer im Kleinformat oder an poetische Tableaus für Touristen. Stifters und Jonkes Inhaltsverzeichnisse versprechen „nur Triviales"[15]: von Fassaden zu Schlupfwinkeln, von Gebäudehüllen zu ihrem Inneren, vom studentischen Leben (in Stifters *Leben und Haushalt dreier Wiener Studenten* und in Jonkes *Opernseminar*), von seltsamen Menschentypen in Wien (*Die Streichmacher* bei Stifter, der *Großfischhändler am Donaukanal* oder *Der Markensammler im Wienerwald* bei Jonke). Es geht jedoch in beiden Werken nicht nur um Äußerlichkeiten, sondern um eine tiefgründige Charakteristik der Stadt Wien. Beide Autoren entwickeln in diesen Texten Erzähltechniken, die auch

---

12 Vgl. www.geschichtewiki.wien.gv.at/Erdbrustgasse (letzter Zugriff: 28.02.2024).
13 Adalbert Stifter: „Wien und die Wiener". In: Ders.: *Sämtliche Werke*. Hg. v. Hannsludwig Geier. Wiesbaden 1972, Bd. 3, S. 1013–1181. Weitere Nachweise mit der Angabe der Seitenzahl direkt im Text.
14 Jonke: *Himmelstraße – Erdbrustplatz*, S. 14. Weitere Nachweise mit der Angabe der Seitenzahl direkt im Text.
15 Gunter H. Hertling: *Adalbert Stifters Essays „Wien und die Wiener" (1841–1844) als verhaltenspsychologische „Studien" impressionistischen Kolorits*. Bern 2006, S. 16.

in ihrem späteren Schaffen nachweisbar sind.[16] Genauso wie Jonkes Protagonist in der Stadt herumirrt, ist auch der Ich-Erzähler bei Stifter ein Wanderer, der sich mit größter Aufmerksamkeit durch den unvertrauten öffentlichen Raum Wiens bewegt.

In der Erzählung *Möbelmesse – Praterhauptallee* führt Jonke einen Protagonisten ein, der die Möbelausstellung im Prater besucht, weil er „noch nie Möbel auf Wiesen stehen gesehen" (22) hat. Am Ort des Geschehens steckt ihm jemand ein Buch mit dem Titel *Das System von Wien* (19) zu. Der Erzähler findet es aber zu „umständlich, unbequem und auch unnötig" (22), an einem heißen Tag ein Buch unter dem Arm zu tragen, und legt es „in den nächsten Papierkorb hinein" (22). Somit wird auch der Anspruch, das System von Wien zu erfassen, in den Papierkorb gelegt. Das Netzwerk der Stadt zu erfassen, wird nicht gelingen, aber es wird auch gar nicht wirklich versucht. Das Titelversprechen des Erzählungsbands, das System von Wien darzustellen, wird, zumindest aus stadtplanerischer Perspektive, nicht eingelöst. Jonkes Protagonisten begeben sich oft auf Ausflüge, oder sie befinden sich einfach an Handlungsorten, ohne zu erklären, wie sie dorthin gelangt sind. Sie spazieren „[a]n klaren Frühlingsabenden […] am Donaukanal auf und ab" (34), gehen durch den Wienerwald (28) oder am Ufer der Donau von Brücke zu Brücke (80). Häufiger Ausgangspunkt der Erzählungen ist die prototypische Stadterfahrung der öffentlichen Verkehrsmittel. Die Protagonisten verbringen ihre „hauptstädtische Zeit" im Sinne Friedrich Kittlers „[m]it Umsteigen und Umschalten"[17]: von der Station Jörgerbad mit der Straßenbahnlinie 43 in Richtung Schottentor (in der Erzählung *Entwurf eines Lebensverlaufens von Neuwaldegg zum Schottentor*), vom Schottentor mit der Linie D und 71 zur Metternichgasse (in *Opernseminar – Metternichgasse*) oder mit der Linie D und dem „Dr.-Richard-Autobus" (47) während des *Ausbruchsversuch[s] nach Klosterneuburg*. Allerdings kommen die Protagonisten nie wirklich an. Sie haben „plötzlich das Bedürfnis […], den Bahnhof Nußdorf einer näheren Betrachtung zu unterziehen" (47), und biegen ab, ihre Straßenbahn scheint „irgendwie unfähig, anzukommen" (43), und wenn es doch einmal einer Figur gelingt, ans Ziel zu kommen, verliert sie sich letztendlich am Zielort selbst, z. B. auf der Suche nach „de[m] kleinen Theatersaal" (15) in der Opernabteilung der Musikakademie. Die Figuren agieren halbherzig, und die Stadt lässt sie auch nur halbherzig handeln.

---

16 Adalbert Stifter und Gert Jonke verfassten die besprochenen Texte am Anfang ihrer jeweiligen schriftstellerischen Karriere. Das Erscheinungsdatum von *Himmelstraße – Erdbrustplatz* weist darauf nicht direkt hin. Aber Jonke gab fast dieselben Texte schon früher u. a. unter den Titeln *Musikgeschichte* (Berlin 1970) oder *Beginn einer Verzweiflung* (Salzburg 1970) und in der Grazer Literaturzeitschrift *manuskripte* heraus.

17 Friedrich A. Kittler: „Eine Stadt ist ein Medium". In: Dietmar Steiner/Georg Schöllhammer/Gregor Eichinger u. a. (Hg.): *Geburt einer Hauptstadt*. Wien 1988, Bd. 3: *Am Horizont*, S. 507–527, hier S. 514.

Ein Protagonist spuckt von einer Brücke ins Wasser hinunter und erklärt diese Missetat als Ersatz – als pars pro toto – für ihn selbst, weil er von der Reichsbrücke „in [seiner] Gesamtheit" (81) hätte hinunterspringen wollen. Nur ist die Brücke vor ein paar Minuten zusammengebrochen und hat somit seine Pläne durchkreuzt. Der liminale Zwischenraum zwischen dem ersten Schritt und der – nie eintreffenden – Verwirklichung des Plans[18] bestimmt das Schicksal der Protagonisten und ihr Handeln im gesamten Erzählband. In den meisten Erzählungen stoßen sie auf versperrte Türen, bleiben aus belanglosen Gründen handlungsunfähig und stecken dadurch in absurden Situationen und labilen Zuständen fest. Realität und Fiktion verschwimmen, abrupte Sprünge in der Handlung und magische Wendungen lassen das Geschehen traumartig erscheinen.

Das alles zeigt sich auch in der Sprache – es wird oft etwas weitererzählt, im Konjunktiv gesprochen, indirekt erzählt –, so dass sich eine gewisse Unsicherheit vermittelt, der Wahrheitsgehalt des Erzählten wird anzweifelbar. Der Erzähler bedient sich Splittern oder, nach Roland Barthes, ‚Schnipseln', des ‚Spans' einer Erinnerung oder eines Einfalls und entwickelt diese jeweils zu einer kurzen, erfundenen Geschichte.[19] Dies hat zur Folge, dass die konventionalisierte Wirklichkeit „entwirklicht" wird.[20] Sowohl die Haltung der Protagonisten als auch die Sprache und Erzählweise implizieren eine indirekte Erfahrung der Stadt und gleichzeitig deren Unbeschreibbarkeit.

Die Unbeschreibbarkeit der Stadt

Die Stadt zeigt sich nicht als Hintergrund der Handlung, sondern als Ausgangs- und Angelpunkt der Erzählungen, weil sich der Protagonist oft auf eine Reise durch die Stadt begibt, sich in Bewegung setzt, nur um durch Hindernisse gebremst und blockiert zu werden und sich in endlosen Korridoren zu verirren. Genau an dem Punkt, wo der Protagonist blockiert ist, beginnt oft der Kern der Geschichte. Die Handlung beschleunigt, wird zunehmend fiktional, folgt nicht mehr dem einleitenden Plot, sondern zweigt ab. Deutlich wird dies in der Erzählung *Opernseminar – Metternichgasse* über einen ‚Lichtbildervortrag' im Gebäude der Musikakademie. Ein „verwirrendes und unüberschaubares Treppen- und Korridorsystem" (15) macht es unmöglich, den Weg zum Portier und zurück in den Vortragssaal zu finden. Der Protagonist verliert sich, durchquert Korridore, betritt falsche Säle. Endlich landet

---

18 Vgl. Victor Turner: *The Ritual Process. Structure and Anti-Structure* [1969]. Ithaca u. a. 1991, S. 94–97, vgl. Albrecht Koschorke: *Wahrheit und Erfindung. Grundzüge einer Allgemeinen Erzähltheorie* [2012]. Frankfurt/M. 2013, S. 115.
19 Vgl. Barthes: *Vorbereitung des Romans*, S. 99 u. 102.
20 Vgl. Kunne: *Was ist wirklich*, S. 65.

er in einem Theatersaal, setzt sich nieder, und obwohl der Vortrag gerade anfängt, schläft er ein.

Der urbane Aufbau der Stadt soll es ja eigentlich ermöglichen, problemlos von A nach B zu gelangen, worauf Jonke etwa durch die Erwähnung von Straßenbahnlinien Bezug nimmt. Diese Systematik wird hier ad absurdum geführt. Somit verliert die Stadt auch ihre Funktion als vorstellbarer Raum, sie wird fragmentarisch erlebt und in „Schnipsel[n]"[21] erzählt. Vor diesem Hintergrund der beabsichtigten, aber gescheiterten Stadtbeschreibung ist auch die Erzählung *Herbstnebel – Rosenhügel* von Bedeutung. Der Erzähler steigt spontan an der Haltestelle Rosenhügel aus. Der Hügel könnte es ermöglichen, endlich einen Überblick über die Bezirke Wiens zu bekommen. Dies scheitert aber erneut: „Dann muss ich auf einem Hügel angelangt sein, vor mir wurde ein dunkler Laubwald errichtet. Ich erinnere mich, die einzelnen Bezirke von Wien gesehen zu haben, wie sie im Nebel an solchen Tagen daliegen, an denen man glaubt, das Leben folge unter der Straßendecke verborgen katakombischen Bahnen." (23)

Die direkte Erfahrung von Wien als ein komplexes, unüberschaubares System und der Wunsch, endlich die Stadt in ihrer Ganzheit zu sehen, gelingen wieder nicht. Der Protagonist muss sich erneut mit einer Art sekundärer Erfahrung begnügen. Wenn ein Überblick möglich sein kann, dann nur als eine der vielen „Vorstellungsangelegenheiten" (24), als eine subjektive Beschreibung, wiedergegebene Erinnerung – nie jedoch als ein geschlossenes, konsistentes System, eine direkt erfahrene Realität.

Ein Gesamtpanorama von Wien versucht auch Adalbert Stifter in seinem Aufsatz *Aussicht und Betrachtungen von der Spitze des St. Stephanturmes* zu geben. Im Gegensatz zu Jonkes Protagonist, der im Nebel nichts sieht, ist für Stifters Wien-Betrachter der Fernblick möglich. Die Stadt bleibt „unberührt von der Morgenröte" (1018), und nach dem Morgengrauen geht die Sonne auf. Die Fähigkeiten des menschlichen Auges werden hier durch das Fernrohr erweitert, um den Touristen den Willkommensblick auf die Stadt Zentimeter um Zentimeter zu ermöglichen. Der Betrachter mit dem Rohr in Händen wird vom Erzähler instruiert: „so gehe nun damit etwas links" (1021), „besieh dir auch rechts ab von den Brücken" (1025), „gehe nun mit dem Rohre einen Finger breit links" (1022). Der Turm soll den lückenlosen Rundumblick bieten, denn „[d]iese Stadt muss wie ein kostbares Nachessen langsam, Stückchen für Stückchen mit Prüfung ausgekostet werden" (1027). Das Auskosten des Ausblicks in allen Details mit allen technischen Annehmlichkeiten verhindert es jedoch, einen Überblick zu gewinnen. Denn durch den Anspruch der Genauigkeit verschwimmt das Bild, als wäre es zu hoch aufgelöst: Gassen schimmern im Morgenglanze, Fensterreihen sind mit Gold belegt, Turmkreuze und Kuppeln

---

21 Barthes: *Vorbereitung des Romans*, S. 99.

funkeln (vgl. 1019). Die Überfülle der Einzelheiten beeinträchtigt die Observation. Die Stadt wird zum „wirre[n] Babel" und zur „ungeheure[n] Wabe von Bienen" (1019). Die Masse der Vorstädte, das Wachsen und Bauen ohne Ende, schwache Staubwolken, Häusergewimmel gehen ineinander über. Die schimmernde Sonne wirft das Gold der kaiserlichen Hofburg zurück, und die wandelnden Fußgänger vermischen sich mit dem „Gewimmel und Geschiebe" (1019) von Dächern, Giebeln und Schornsteinen. „[D]ie Menschen laufen auf dem lichtgrauen Pflaster wie dunkle Ameisen herum, und jene Kutsche gleitet wie eine schwarze Nussschale vorüber, [wie] von zwei netten Käferchen gezogen." (1019) Die Unruhe überträgt sich auf das Schreiben Stifters und lässt auch im Text den Eindruck einer hektischen Momenthaftigkeit entstehen, die wie auf impressionistischen Bildern flüchtige Aufnahmen der Wirklichkeit zeichnet: „[I]n zahlreichen Kleinstudien sowie in der Prosa seiner *Betrachtungen* […] geben Tupfen und kleine Pinselstriche einen verschwimmenden, geradezu flimmernden und daher formlosen Eindruck der Wirklichkeit."[22] Stifters impressionistisches Erzählverfahren erlaubt es nicht, die Realität direkt zu erfahren, und hinterlässt lediglich „Eindrücke optischer Wirklichkeitserfahrung".[23] Stifters Vorliebe für die realistische Wiedergabe des Wirklichen verursacht paradoxerweise ein umgekehrtes Resultat: Sie verwischt das Stadtbild und hält so ein undeutliches Bild von Wien fest. Mit Jonke gesprochen: „Je genauer etwas beschrieben wird, desto verschwommener"[24] ist es. Auch bei Stifter resultiert Hertling zufolge daraus eine „Hinwendung zu Kurzformen wie Skizzen […], in denen alles um Nuancen des Gefühls, um den persönlichen Eindruck und um eine kulturkritische Stimmung kreist".[25] Die städtische Wirklichkeit gewinnt einen „‚unrealistischen' Zug"[26] und lässt sich, wie bei Jonke, nur fragmentarisch aufnehmen, aber sie enthüllt vielleicht eben dadurch „das Wesen des Stadtlebens".[27] Während man bei Stifter das Gefühl bekommt, der Erzähler nehme eine konkrete Perspektive ein, findet man sich bei Jonke nie wirklich zurecht. Jonkes Protagonisten, wie auch die LeserInnen, sind dem simultanen Gewirr des städtischen Lebens hilflos ausgeliefert und verlieren sich als Individuen in den multiperspektivischen Erzählungen.

---

22 Hertling: *Stifters Essays*, S. 42.
23 Ebd., S. 36.
24 „Je genauer etwas beschrieben wird, desto verschwommener kann das Beschriebene auch werden – wie wenn man einen Gegenstand immer näher ans Auge hält –, und die Art und Weise wie ich etwas durch die Art und Weise der Genauigkeit verschwimmen lasse, ergibt dann den Charakter des Umkippens, Verfremdens oder Abrutschens […] oder der bösen Karikatur." Jonke: *Individuum und Metamorphose*, S. 20.
25 Hertling: *Stifters Essays*, S. 42.
26 Fritz Novotny: *Adalbert Stifter als Maler*. Wien 1941, S. 55, zit. nach Hertling: *Stifters Essays*, S. 36.
27 Hertling: *Stifters Essays*, S. 44.

Die ‚kleine Form' und Jonkes Schreibpraxis

In der Erzählung vom Rosenhügel tritt eine Binnenerzählung auf, übernimmt doch ein Bildhauer, auf den der Erzähler trifft, plötzlich selbst die Rolle des Erzählers:

Sie glauben, ich stände hier unter diesem Baum und beschäftigte mich mit dieser zugegebenermaßen eigenartigen Skulptur, aber das verhält sich keineswegs so [...] horchen Sie, wahrscheinlich befinden wir uns [...][in] einem uns verdächtig bekannt vorkommenden Zimmer. Sie werden es nicht für möglich halten, ja was machen wir denn dort, nun, Sie werden schon wieder nicht glauben, aber horchen Sie, wir sitzen, ja, sitzen vermutlich an einem Tisch, und was machen wir da, Sie werden staunen, wir schreiben, jawohl, wir schreiben, was zunächst schreiben wir [...] Sie werden einzusehen wissen, dass wir alles Mögliche, nur nichts von diesem Zimmer schreiben. (24 f.)

In dieser Beschreibung eines Schreibprozesses spiegelt sich noch einmal Jonkes Bemühen, die Stadt zu beschreiben. Ausdrücklich formuliert es der neue Erzähler in dem Satz: „[W]ährend Sie also geschrieben haben, dass Sie [...] diesen Hügel heraufgekommen seien und diese von Ihnen beschriebene Stadt von oben besichtigt hätten, ich betone, von Ihnen beschriebene Stadt" (25 f.). Der Blick des Betrachters vom Hügel sowie die Vorstellung des Autors von der Stadt können nie in einen eindeutigen Text übertragen werden, so wie der Bildhauer nie „die Darstellung der grauen Herbstluft" (24) in feste Materie übertragen kann. Beide versuchen etwas zu fassen, was nicht fassbar ist.

Dies erlaubt den Schluss, das einzig ‚Wirkliche an der Wirklichkeit' seien bei Jonke die Unbeschreibbarkeit und die Indirektheit der Erfahrung, so wie die Unfassbarkeit des komplexen Systems der Großstadt, des Großstadtlebens und der flüchtigen Alltagspraktiken. Aufgrund der Bruchstückhaftigkeit des Erlebens und Erinnerns bedient sich Jonke der kleinen, fragmentarischen Form, die nach Roland Barthes eine Sprachpraxis ist, die Wahrheit generiert.[28] Jonke setzt dort an, wo auch Barthes einen schöpferischen Moment für seinen Roman gefunden hat. Nicht im Gedächtnis – er webt den Text nicht aus Erinnerungen –, sondern aus deren Deformation und Verfremdung. Jonkes Imaginationskraft zerlegt Bilder und zeigt – mit Barthes – durch „diskontinuierliches Aufblitzen" (51) und subversive Chronologie die Schärfe seiner Gegenwartswahrnehmung. Während die kleine Form nach Barthes ein „Wahrheitsgenerator" (64) ist, ermöglicht sie in Jonkes Erzählungen jenen Momenten des Jetzt, die sich immer in einem labilen Zustand, in einer Art „Provisorium" (71) befinden, zum Vorschein zu kommen. Im Gegensatz zum

---

28 Vgl. Barthes: *Vorbereitung des Romans*, S. 61. Weitere Nachweise mit Angabe der Seitenzahl direkt im Text.

Roman arbeitet die kleine Form mit Nuancen, in denen sich Barthes zufolge das Besondere zeigt (vgl. 93) und bei Jonke das „Wirkliche an der Wirklichkeit" zu Tage tritt, also ihre Ungreifbarkeit, die Flüchtigkeit der Wahrnehmung, die Fremdheit in der eigenen Stadt. Während Barthes jedoch die kleine Form als Widerstand gegen das Erinnern verwendet, da das Erinnern das Gefühl des „Nebel[s]-über-dem-Gedächtnis" (51) hervorruft, ist bei Jonke schon der gegenwärtige Moment, schon der Prozess der Wahrnehmung vernebelt.

Der doppelte Stadtboden

Trotz der fragmentarischen, mit Barthes „nebulösen" (53) Erzählweise Jonkes ergibt sich doch ein Gesamtbild glaubhafter Gesellschaftskritik. Dies geschieht einerseits durch die Mentalität der dargestellten Charaktere, die sich für Menschen ausgeben, die sie nicht zu sein scheinen; andererseits zeigt sich im Scheitern am System Großstadt die Schwäche aller Systeme: von der Politik über die Wissenschaft, die Universitäten, bis zum Zeitgeist,[29] der mit dem „Schmelzwasser der Wiener Vorberge" (50) in das „von verdünntem Urin überflutet[e] [...] öffentliche Pissoir" (47) mündet.

Dass es in Jonkes Erzählungen nicht nur um das urbane Ordnungssystem geht, sondern auch um ein verborgenes, unterirdisches, verdächtiges System, klingt schon im Titel des Bandes an. *Himmelstraße – Erdbrustplatz* sind insofern nicht zwei zufällige sehenswerte Orte in Wien, sondern verweisen durch ihre Eigennamen (und vielleicht auch durch die topographische Lage) auf die Pole des Vertikalen und Horizontalen im Sinne Juliane Vogels. Das heißt, es handelt sich hier um die „autoritäre Senkrechte"[30] der Himmelstraße im Kontrast zur „Dimension[] des Bodens bzw. der Abwärtigkeit"[31] des Erdbrustplatzes. Die Verwendung des Riednamens *Erdbrustplatz* verweist auf „das Ferment der Horizontalität"[32] und „den Prozess der Defiguration"[33]. Insofern wird die aufrechte, autoritäre Seite der Stadt als ein aristokratisches, „idyllisch gealterte[s] Weinhauerdorf[]" (104) mit „arroganten Stadtrandhäuser[n]" (104) dargestellt. Mehr Textraum widmet Jonke der Illustration des kranken Wien, das im Zerfall begriffen ist und in der Hand verbrecherischer politischer Mächte liegt. Damit repräsentiert das Stadtbild Wiens das Formlose und Informelle im Prozess der Deformation. Nicht nur der Erdbrustplatz, sondern

---

29 Im Original „Zeitgas", vgl. Jonke: *Himmelstraße – Erdbrustplatz*, S. 88.
30 Juliane Vogel: „Horizontal/Vertikal. Bild und Schrift zwischen den Achsen". In: Gerhard Neumann/Claudia Öhlschläger (Hg.): *Inszenierungen in Schrift und Bild*. Bielefeld 2004, S. 205–225, hier S. 207.
31 Ebd., S. 208.
32 Ebd., S. 225.
33 Ebd., S. 207.

die ganze Stadt scheint durch eine „Endstellenschienenschleife" (104) umgeben zu sein, die wie bei einer Halsumrundung eines Hemdkragens den Kopf abzuschnüren vermag.

Jonke schildert den Verfall der Stadt Wien, die als Stadtorganismus ihre originäre Form verliert. Das Ferment wird auf vielfache Weise illustriert: durch die Gerüche der Speisen, die in Hernals nach „Höfen, Kanalöffnungen und Wirtschaftshäusern" riechen (39), die Düfte des „Zigarettenstummel[s] der vergangenen Nacht auf dem öligen Boden" (49) oder Ausdünstungen aus den Pissoirs. Die letzteren offenbaren, wie heruntergekommen die Stadt der Habsburger ist: „Die öffentlichen Wiener Pissoirs in den alten Jugendstilvorstadtbahnhöfen riechen nach Salmiakgeist und Teer" (47). Die Bebauung der Stadt verliert ihre Integrität. Die Häuserwände tragen Schichten einer „schimmelpilzartig[en]" Substanz (47), die Mauern „schneuzen" ihre „übernächtige Schlafzimmerbettwäsche aus den Fenstern" (84), die Gebäude „husten aus […] Kaminen" und „niesen aus […] Dachluken" (84). Manchmal drängt sich das ganze Innere der „Zimmerfluchten" auf die öffentlichen Plätze (vgl. 84). Im angefaulten Stadtraum treten graue Eminenzen auf, die mit Samthandschuhen die rechtlichen und politischen Strukturen des Staates untergraben. In der Möbelausstellung im Prater beispielsweise begegnet dem Protagonisten eine beinahe dreißigköpfige Menge von schwarz gekleideten Herren. Einer von ihnen stellt sich als der „Vertraute des Kanzlers" (20) vor, ähnlich wie die am Donaukanal angetroffene Figur des „Großfischhändlers" (36), der behauptet, eigentlich das Amt des Kanzlers zu bekleiden. Sein „Großfischhändlerdasein" (36) dient nur der Tarnung in der Öffentlichkeit, wie auch „Schneider, Weinhauer, Fassbinder […] Sonderschullehrer […] oder Fleischhauer" (37), seiner Überzeugung nach, in Wirklichkeit Politik betreiben. Den Eindruck der Ungewissheit und der Feindseligkeit bekräftigen absurde Situationen in der Schrebergartenlandschaft in Klosterneuburg. „Blumen aufs Gangfenster zu stellen" (62) genügt als Kündigungsgrund, ein Arbeiter schaufelt vergeblich Sand vom Haufen, ohne sich nach dem Sinn seiner Sisyphusarbeit zu fragen, und ein Hund wird dazu dressiert, die Hosen der fremden Passanten zu beißen. Vor allem jedoch versuchen sich die Bewohner dieses „Brunnenschutzgebietes" gegenseitig herauszubeißen (56).

Der Untertitel *Das System von Wien* bestärkt die Vermutung, dass es sich dabei um ein Leben auf zwei Ebenen handelt: eine, die sichtbar ist, und eine, die verdeckt bleibt und unterirdisch, in den zitierten Katakomben verläuft. Das System im Untergrund ruft Assoziationen von Korruption hervor. Wien zeigt sich als Stadt der informellen Verbindungen, die die Transparenz im Stadtraum untergraben. Auch Stifter schildert im *Gang durch die Katakomben* einen Ausschnitt des ersten Wiener Bezirks auf zwei Etagen: den „Stephansplatz mit schönen Häusern […] Warenauslagen, und glänzende[n] Karosse[n]" (1037) sowie den Stephans-Friedhof, die Ruhestätte der Wiener Vorfahren. Oberirdisch erschallen das Sprechen und Lachen der Lebenden, und unterirdisch liegen die Toten – „Bewohner dieser stillen, finsteren Stadt" (1039). Stifters Katakomben bilden ein „System der Gewölbe", das nur für „die Mächtigsten und Reichsten" (1047) zugänglich ist. Zwar handelt es sich hier nicht um die Verbrecherwelt, welche Jonke in seinen Texten spürbar macht, aber auch hier resultiert der unterirdische Aufenthalt in düsteren Überlegungen. Die Gedanken-„Gänge" des Stifter'schen Erzählers werden als „heftiges kultur- und menschenkritisches Dokument"[34] interpretiert. Ähnlich wie bei Jonke wird diese Kritik durch die Topographie des Geländes ersichtlich. Schon der erste weiche Tritt in den Katakomben Stifters löst ein unangenehmes Gefühl aus: den Eindruck, dass die verdorbenen Körpermassen der Begrabenen sich unter den Füßen der Besucher ausbreiten. Die verzerrten Züge der Toten sind „bis zum Erschrecken" (1043) deutlich erhalten, als wären sie „gestern hierher gestellt worden" (1043). Die omnipräsente Fäulnis betrifft eher weniger die Verstorbenen, vielmehr wird die Verwesung auf Stifters Zeitgenossen übertragen, die sich durch einen Mangel an Bildung und durch „religiöse[n] Indifferentismus" (1035) charakterisieren lassen. Es wird der Zeitgeist kritisiert, der sich am so genannten Praktischen, d. h. dem materiell Nützlichen orientiert und von einem Wiener nicht einmal verlangt, den Platz von St. Stephan zu überqueren, ohne von dem Dom etwas anderes zu wissen, als dass er groß ist (vgl. 1035). Die Eitelkeit der Menschheit dringt bis ins Jenseits durch, wo diejenigen, die ein ‚Begräbnisplätzchen' (1044) in der Stephansgruft errungen haben, sich in „schimmernden Seidenstoffen" (1040) begraben ließen.

Fazit

Dass Gert Jonke das Versprechen, einen Stadtroman zu schreiben, nicht einlöst, ist eigentlich auf den ersten Blick zu erkennen. Gleichwohl ist der Erzählband mit der Gattung des Großstadtromans verwandt, insofern er die Subjektivität der Stadtwahrnehmung und den Einfluss des Stadtorganismus auf das Individuum hervorhebt. Wenn wir also annehmen, dass die Form der kurzen Erzählungen gegenüber dem Roman eine Art Aufleuchten der Alltagspraktiken darstellt, dann ist das neben den flüchtigen Momenten in der Stadtwahrnehmung die Schreibpraxis Jonkes, der er sich ausliefert, wenn er im Schreiben immer neue Wege geht, Bedeutungen umdeutet, das Erzählte wiederholt und sich selbst in seinen Geschichten immer mehr verliert.

Trotz der visuellen Nähe in der Darstellung der Stadt und der Lust am Zeigen dessen, was für die Augen vieler unsichtbar ist, sind die Unterschiede zwischen Stifters und Jonkes Texten deutlich lesbar. Der Autor des Biedermeier beschreibt die städtische Landschaft wirklichkeitsgetreu: aus der Vogelperspektive das, was

---

34 Hertling: *Stifters Essays*, S. 45.

über der Erde zu sehen ist, und dann den Friedhof, die unterirdische Stadt. Bei Jonke sind die beiden Ebenen metaphorisch zu lesen; so wie aus den Erzählungen kein architektonischer Stadtgrundriss ableitbar ist, kann auch Jonkes Wien, in der Vertikalen gewachsen, nicht mehr vom Rathausturm überblickt werden. Konsequenterweise stellt Jonke einen Raum dar, der sich nur als metaphorisches System der Stadt Wien interpretieren lässt. Gemeinsam ist beiden Autoren die stark präsente Gesellschaftskritik, die sich verstärkt, je tiefer ihre Protagonisten in die Stadt vordringen. Das literarische Erfassen der Stadt gelingt den Autoren gerade durch die Unmöglichkeit, einen klaren Überblick über die Stadt zu bekommen. Beide nutzen das fragmentarische Konzept der kurzen Erzählform und bauen daraus ihre eigene Art des Stadtromans.

Krisenräume:
Verdichtung und Transformation

Christine Ringer

Neue Körper – neue Räume

Erfahrungsarmut bei Vicki Baum und Walter Benjamin

„Wer trifft noch auf Leute, die rechtschaffen etwas erzählen können? Wo kommen von Sterbenden heute noch so haltbare Worte, die wie ein Ring von Geschlecht zu Geschlecht wandern? Wem springt heute noch ein Sprichwort hilfreich zur Seite? Wer wird auch nur versuchen, mit der Jugend unter Hinweis auf seine Erfahrung fertig zu werden?"[1] Diese Fragen stellt Walter Benjamin in seinem 1933 veröffentlichten Essay *Erfahrung und Armut*. „Vicki Baum", ließe sich antworten, „sicher nicht". So viel wird deutlich in Baums kurzem Essay *Die Mütter von morgen – die Backfische von heute* (1928), in dem sie ihre eigene Generation der ihrer Mutter und der ihres Sohnes gegenüberstellt. Und so konstatiert auch Benjamin in *Erfahrung und Armut*: „die Erfahrung ist im Kurse gefallen" (214). Beide Texte, Baums „Backfische" und Benjamins „Erfahrung und Armut", sind um 1930, nur wenige Jahre nacheinander entstanden und beschreiben, so meine These, denselben Paradigmenwechsel in Bezug auf das Verhältnis der älteren Generation zur jeweils nachfolgenden. Benennen lässt sich dieser Wandel als ein kommunikativer Bruch zwischen den Generationen, der eine Neuordnung der Idee von Erziehung nach sich zieht. Erziehung ist nicht mehr zwangsläufig das, was eine Generation an die nächste weitergibt, ein Konglomerat aus Normen, Erfahrungen und Wissen. Der Begriff hat sich vielmehr geöffnet, hin zu Vorstellungen von einer Erziehung durch Gleiche (das heißt Gleichberechtigte), durch Kunst, Architektur oder Technik.[2]

Baum und Benjamin kommen nun aus ganz unterschiedlichen Gründen zur gleichen Diagnose. Während Benjamin diesen Paradigmenwechsel in der Erfahrung des Krieges und den technischen Entwicklungen der Zeit begründet sieht, geht Baums Essay von einer sich verändernden Erfahrung von Sexualität und Körper

---

1 Walter Benjamin: „Erfahrung und Armut". In: Ders.: *Gesammelte Schriften*. Hg. v. Rolf Tiedemann/ Hermann Schweppenhäuser. Frankfurt/M. 1991, Bd. II.1, S. 213–219, hier S. 214. Weitere Nachweise mit Angabe der Seitenzahl direkt im Text.
2 Interessant wäre an dieser Stelle ein Vergleich mit dem Cavell'schen Erziehungsbegriff, den dieser unter anderem in seinem Buch zu *Remarriage*-Komödien erläutert: Hier geht es ebenfalls um die Erziehung von Erwachsenen durch Philosophie oder in der Kommunikation und Auseinandersetzung mit einem gleichberechtigten Partner. Vgl. Stanley Cavell: *Pursuits of Happiness. The Hollywood Comedy of Remarriage*. Cambridge 1981.

aus.³ Aus diesen unterschiedlichen Richtungen kommend interessieren sich beide für die den Körper unmittelbar umgebenden Räume: den Wohnraum bei Benjamin, den Raum, den die Kleidung um den Körper bildet, bei Baum.

Vicki Baum: Körper und Kleider

Baum beginnt ihren Essay mit einer Beschreibung ihrer Mutter. Genauer gesagt, sie beginnt mit einer Beschreibung des Körpers ihrer Mutter und seiner Bekleidung. Dabei wird eine weibliche Form des Theweleit'schen „Körperpanzers" sichtbar:⁴ Die Hände sind von Handschuhen bedeckt, ein Korsett lässt „das Fischbein krachen"⁵ hören, der Po ist durch einen Cul vergrößert, daran hängt eine Schleppe, auf dem Kopf sind die Haare zu einer Turmfrisur aufgebaut (31). Der Körper tritt als ein verhüllter und geformter in Erscheinung. Der Blick, der aus diesem Kostüm in die Welt sieht, ist ein „unverständig-wohlerzogener" (31). Dieser überformte, überkultivierte Körper, den Baums Beschreibung entwirft, gibt, von den blickenden Augen abgesehen, dem Betrachter keinen Zentimeter seiner eigenen Oberfläche,

---

3 Baum schreibt diesen Aufsatz aus einer spezifisch mütterlichen Perspektive, als Mutter auf ihre eigene Mutter und ihren Sohn blickend. Dieses Verfahren stellt Thesen von der Unvereinbarkeit von Mutterschaft und Neuer Frau, wie sie beispielsweise Barbara Kosta in „Unruly Daughters and Modernity" aufruft, in Frage. Vgl. Barbara Kosta: „Unruly Daughters and Modernity. Irmgard Keun's *Gilgi – eine von uns*". In: *The German Quarterly*, 3 (1995) Heft 68, S. 271–286. Die Figur der Mutter erhält bei Baum eine neue Bedeutungszuweisung. Sie ist nicht mehr das Objekt, über das geschrieben wird, sondern selbst schreibendes, beobachtendes, analysierendes Subjekt. Über den Konnex der Erfahrungsarmut mit Benjamins Essay verbunden, tritt sie vor der Kontrastfolie dessen männlich bis geschlechtslos konnotierter Perspektive umso deutlicher als Novum in Erscheinung.

4 Theweleit bezeichnet mit „Körperpanzer" in erster Linie einen faschistisch-soldatischen Körper, der zur Kontrolle seiner „chaotisierten Triebe" dem Körper „von außen zugefügt" wird und „mühsam instand [ge]halten" werden muss. Bei Theweleit ist dieses Konzept ein dezidiert ‚männliches', dessen Ziel es ist, alles ‚Weibliche' in sich selbst und der Welt abzuwehren. Vgl. Klaus Theweleit: *Männerphantasien*. Bd. 2: *Männerkörper – Zur Psychoanalyse des weißen Terrors*. München 1995, S. 256. Dieses Bestreben der Abwehr von Körperlichkeit und Begehren findet sich meines Erachtens anders konnotiert auch schon in den Frauenkörpern der Elterngeneration der von Theweleit untersuchten Soldaten des Ersten und Zweiten Weltkriegs. Daniel Wildmann sieht im Kern des Konzepts vom „Körperpanzer" die Notwendigkeit für die Körper, „sich immer einer Bedrohung erwehren" zu müssen. Dieses Streben findet sich, wie ich im Folgenden zeigen will, auch in Baums Analyse des ‚Mode-Panzers' ihrer Mutter wieder. Vgl. Daniel Wildmann: „Kein ‚Arier' ohne ‚Jude'. Zur Konstruktion begehrter Männerkörper im ‚Dritten Reich"'. In: Julika Funk/Cornelia Brück (Hg.): *Körper-Konzepte*. Tübingen 1999, S. 59–82, hier S. 76.

5 Vicki Baum: „Die Mütter von morgen – die Backfische von heute". In: Anna Rheinsberg (Hg.): *Bubikopf. Aufbruch in den Zwanzigern. Texte von Frauen*. Darmstadt 1988, S. 31–35, hier S. 31. Weitere Nachweise mit Angabe der Seitenzahl direkt im Text.

seiner eigenen Form preis. Körper und Blick finden sich hier eng verknüpft. Versteckt scheint der Körper nicht nur für den Betrachter zu sein, sondern auch für seine Trägerin. Er birgt einen Geist, der den Bezug zum Körper, seinen Fähigkeiten und Begehren verloren, beziehungsweise nie erlernt hat. Baum gibt das Beispiel ihrer Tante Eugénie: Eugénie, die Schwester von Baums Mutter, „glaubte bis kurz nach ihrer Verheiratung, daß die Wickelkinder gleich fertig verpackt, in Wäsche und Steckkissen, zur Welt kämen" (31). Ein Glaube, den die Familie als das „Resultat einer wirklich guten Erziehung" (31) rühmt. Die Unerfahrenheit der Tante ist also anerzogen und durchaus erwünscht. Die elementaren körperlichen Erfahrungen von Sexualität und Geburt werden hier nicht nur nicht weitergegeben, sondern gezielt unterschlagen, um ein Ideal von Unschuld und Reinheit zu etablieren. Ausgeblieben ist also auch die Erfahrung eines offenen, intergenerationalen Austauschs. Was sollte eine so erzogene Achtzehnjährige mit dem „Aussehen einer vierzigjährigen Frau und de[m] Verstand und [der] Lebenskenntnis eines neunjährigen Mädchens" (31) an eigenen Erfahrungen weitergeben können? Entsprechend beschränkt sich die „Erziehung" (31) der Mutter auf die Sorge um den Körper der Tochter: „[Sie gab acht], daß ich keine nassen Füße bekam, mich nicht erhitzte, nicht erkältete, sie packte mich in viel warme Unterkleidung ein, kämpfte jahrelang mit Bürste und Nussöl gegen mein widerspenstiges, dickes und geradezu unpassendes Haar [und] steckte mir fünf schwere Zöpfe um den Kopf, denen ich alle Kopfwehqualen meiner Jugend verdankte" (31 f.). Der Körper wird domestiziert und von äußeren Einflüssen wie Nässe und inneren wie Erhitzung abgeschirmt. Viel warme Unterkleidung wird zur Barriere zwischen Welt und Körper, die aber doch immer in Gefahr ist von Krankheitserregern durchbrochen zu werden. Es ist wenig überraschend, dass ein solcher Körper keiner ist, der Lust an Aktivität oder Sexualität empfindet: „[Sie] warnte mich an meinem sechzehnten Geburtstag in dunklen, schamerfüllten Worten vor den Schweinereien, die alle Männer ohne Ausnahme mit jungen Mädchen vorhätten. Wenn ich sie recht verstand, so ekelte sie sich nicht nur vor der unerlaubten Liebe, sondern auch vor der erlaubten Ehe und vor dem Leben überhaupt." (32) Erfahrungen *des* Körpers und Erfahrung *durch* den Körper werden, wo möglich, vermieden. Wo der Körper doch erfahren wird, da ist es in seiner Prekarität: Widerständig, Schmerz und Krankheit ausgesetzt, die beim geringsten Ungleichgewicht drohen, ist er ein Ding, bedrohlich und Schutz bedürfend gleichermaßen. Baum, geboren 1888, beschreibt hier die Erlebnisse einer Kindheit um die Jahrhundertwende.

Walter Benjamin: Körper und Räume

Benjamin siedelt den „Kursverfall der Erfahrung" später an: in der Zeit nach dem Ersten Weltkrieg und verbunden mit einer Generation, „die 1914–1918 eine der ungeheuersten Erfahrungen der Weltgeschichte gemacht hat" (214). Anders als Baum sieht er dessen Ursache nicht im *unerfahrenen* Körper, sondern in einem *Überschuss* an Erfahrung. Ausgelöst wurde dieser durch die „ungeheure[] Entfaltung der Technik" (214) zu Beginn des 20. Jahrhunderts. Benjamin spitzt dies – mit Paul Scheerbart – zu der Frage zu, „was unsere Teleskope, unsere Flugzeuge und Luftraketen aus den ehemaligen Menschen für gänzlich neue sehens- und liebenswerte Geschöpfe [gemacht haben]" (216). Zum anderen sieht er den Überschuss an Erfahrung durch den Krieg verursacht, als der schlicht unmitteilbaren, da jegliches zuvor Erfahrene negierenden Erfahrung schlechthin: „nie sind Erfahrungen gründlicher Lügen gestraft worden als die strategischen durch den Stellungskrieg, die wirtschaftlichen durch die Inflation, die körperlichen durch den Hunger, die sittlichen durch die Machthaber" (214). Im Gegensatz zu Baum handelt es sich also nicht um ein Zuwenig, sondern um ein Zuviel an Erfahrung, das das Schweigen zwischen den Generationen hervorruft.

Der Körper bleibt in diesen Überlegungen mehr oder weniger ausgeklammert. Die einzige körperliche Erfahrung, die Benjamin nennt, die Erfahrung des Hungers, erscheint hier als eine Erfahrung der Extreme – und darin als eine von vielen. Über einen kurzen Umweg lässt sich jedoch auch in Benjamins Text zum Körper finden. Wie eingangs bereits angedeutet gleicht nämlich der verpackte weibliche Körper, wie Baum ihn schildert, auf kuriose Weise den „Plüschgelassen" (217), die Benjamin als Marker einer vergangenen Bürgerlichkeit und einer vergangenen Epoche setzt. Wie der verhüllte Körper der Mutter sind auch die Räume Benjamins von einer erstaunlichen Fülle geprägt: „hier ist kein Fleck, auf dem nicht der Bewohner seine Spur schon hinterlassen hätte: auf den Gesimsen durch Nippessachen, auf dem Polstersessel durch Deckchen, auf den Fenstern durch Transparente, vor dem Kamin durch den Ofenschirm" (217). – „[H]ier hast du nichts zu suchen" (217), fasst Benjamin den Eindruck, den diese bürgerlichen Zimmer der 1880er Jahre dem Eintretenden vermitteln. Benjamins Interieur und Baums Mode sind Zeitgenossen: Sie reagieren auf die gleiche ästhetische und gesellschaftliche Sensibilität, die dem Menschen, der sich in ihnen bewegt, keinen Raum für eben dies, die Bewegung, lassen will: „Arme Mütter von 1890! Eure Welt war so eng wie ein Kaninchenstall, auf allen Seiten mit Brettern vernagelt und ohne Lüftung" (32). Dass sich diese Unbeweglichkeit des Körpers auch auf den Geist erstreckt, beobachten sowohl Baum als auch – weniger drastisch – Benjamin. Während Baums Mütter von 1890 mit ihren „steif[en]" (31) Körpern und ihrem ungeforderten Geist vor „Ibsen", „Nietzsche" und arbeitenden Frauen (32) nur erschrecken können, schreibt Benjamin von Gewohnheiten, die der Bewohner der Plüschgelasse annimmt, „die mehr dem Interieur, in welchem er lebt, als ihm selber gerecht werden" (217). Bewohner und Wohnraum sind so eng miteinander verbunden, dass das Zerbrechen eines Gegenstandes zu einer Bedrohung des Besitzers wird: „die absurde Verfassung […], in welche die Bewohner solcher Plüschgelasse gerieten, wenn im Haushalt etwas entzweigegangen war […] war vor allem die Reaktion eines Menschen, dem man ‚die Spur von seinen Erdetagen' verwischt hat" (217). Die vorangegangene Generation scheint geprägt von Starrheit und Angst, geformt von den Räumen, in denen sie lebt.

Benjamins Auseinandersetzung mit der Erfahrung bewegt sich, anders als Baums, entweder im geschlechtsneutralen Raum von „Generation" und „Leuten" oder im männlich konnotierten von „Söhnen", „Vätern" und „Soldaten", nie aber in einem spezifisch weiblichen. Es ist die Rede von „Jungen", „Söhnen" und „Enkeln" (214) als den (ehemaligen) Adressaten der Erfahrung und von „Vätern" und „älteren Leuten" (213 f.) als deren Überbringern. Erst die „Leute, die verstummt vom Felde kamen" (214), durchbrechen bei Benjamin die Linie der Erfahrungsweitergabe. Benjamin benutzt hier, seine Analyse Scheerbarts vorwegnehmend, das geschlechtsneutrale Wort „Leute", obwohl vom Felde in der Regel nicht beliebige Leute kamen, sondern vornehmlich Soldaten. In die Zeit vor dem Ersten Weltkrieg projiziert Benjamin den mythischen Ort der erfolgreichen Tradierung von Erfahrung, an dem es Fabeln von alten Männern gibt, die ihren Söhnen auf dem – wohl plüschlosen – Sterbebett Erfahrungen mitgeben, die diese für den Rest ihres Lebens begleiten werden:

> In unseren Lesebüchern stand die Fabel vom alten Mann, der auf dem Sterbebette den Söhnen weismacht, in seinem Weinberg sei ein Schatz verborgen. Sie sollten nur nachgraben. Sie gruben, aber keine Spur von Schatz. Als jedoch der Herbst kommt, trägt der Weinberg wie kein anderer im ganzen Land. Da merken sie, der Vater gab ihnen eine Erfahrung mit: Nicht im Golde steckt der Segen sondern im Fleiß. Solche Erfahrungen hat man uns, drohend oder begütigend, so lange wir heranwuchsen entgegengehalten: „Grüner Junge, er will schon mitreden." „Du wirst's schon noch erfahren." (213 f.)

Diese archaische Tradierung von Wissen ist jedoch schon in der Erinnerung Benjamins durch die Moderne kontaminiert. Der Ort der Fabel ist nicht mehr das Sterbebett des Großvaters und ihr Erzähler nicht mehr ein Vorgänger in der patriarchalen Linie, es ist das Schulbuch. Der Erzähler ist durch den Staat, vertreten durch das Schulsystem, ersetzt worden. Damit einhergehend ist die Erzählung der Erfahrung aus dem Bereich der Sprache in den Raum der Schrift übergegangen. Ausführlichere Anmerkungen zu diesem Übergang finden sich in Benjamins *Erzähler*-Essay zu Nikolai Lesskow. Benjamin notiert dort in einer fast identischen Wortwahl die oben aus *Erfahrung und Armut* angeführten Beobachtungen zur Erfahrungsarmut: „[Die Erfahrung] sagt uns, daß es mit der Kunst des Erzählens zu Ende geht. Immer seltener wird die Begegnung mit Leuten, welche rechtschaffen etwas erzählen können. […] Es ist, als wenn ein Vermögen, das uns unveräußerlich schien, das Gesichertste unter dem Sicheren, von uns genommen würde. Nämlich das Vermögen, Erfahrungen auszutauschen."⁶ Benjamin bestimmt als eines der Merkmale, die die Erzählung vom Roman unterscheiden, deren Ansiedlung im Sozialen:

> Das mündlich Tradierbare, das Gut der Epik, ist von anderer Beschaffenheit als das, was den Bestand des Romans ausmacht. […] Der Erzähler nimmt, was er erzählt, aus der Erfahrung; aus der eigenen oder berichteten. […] Der Romancier hat sich abgeschieden. Die Geburtskammer des Romans ist das Individuum in seiner Einsamkeit, das sich über seine wichtigsten Anliegen nicht mehr exemplarisch auszusprechen vermag, selbst unberaten ist und keinen Rat geben kann. (443)

Benjamin definiert die Erzählung also als fundamental mit Erfahrung und deren Weitergabe verbunden.⁷ Erfahrung manifestiert sich als Rat, der dem Hörer (weiter)gegeben wird:

> [Die Erzählung] führt, offen oder versteckt, ihren Nutzen mit sich. Dieser Nutzen mag einmal in einer Moral bestehen, ein andermal in einer praktischen Anweisung, ein drittes in einem Sprichwort oder in einer Lebensregel – in jedem Falle ist der Erzähler ein Mann, der dem Hörer Rat weiß. Wenn aber ‚Rat wissen' heute altmodisch im Ohre zu klingen anfängt, so ist daran der Umstand schuld, daß die Mitteilbarkeit der Erfahrung abnimmt. Infolge davon wissen wir uns und andern keinen Rat. (442)⁸

Die generelle „Ratlosigkeit", die diese Passage beschreibt, wiederholt, was Robert Musil 1922 in seinem Essay *Das hilflose Europa* über die eigene Zeit konstatiert:

---

6 Walter Benjamin: „Der Erzähler". In: Ders.: *Gesammelte Schriften*. Bd. II.1, S. 438–465, hier S. 439. Weitere Nachweise mit Angabe der Seitenzahl direkt im Text. An dieser Stelle ist es das „rechtschaffene" Erzählen, das mit dem gleichen, prägnanten Begriff in *Erfahrung und Armut* beschrieben wird. Auch die Formulierung, dass die Erfahrung „im Kurse gefallen" sei, findet sich in beiden Aufsätzen. Vgl. Benjamin: „Erzähler", S. 449. Gleiches gilt für die „Leute die verstummt aus dem Felde kamen", vgl. Benjamin: „Erfahrung", S. 212. Die Beispiele ließen sich fortsetzen.

7 Benjamin verortet damit den Ursprung der Erzählung durchaus im Oralen, beschränkt die Tradition der Gattung jedoch nicht auf die mündliche Überlieferung. So nennt er Lesskow, den der Essay zum Gegenstand hat, einen der schreibenden Erzähler. Andere sind beispielsweise Gotthelf oder Hebel. Die Qualität des Sozialen bleibt – anders als bei der Lektüre eines Romans – laut Benjamin auch in der verschriftlichten Form der Erzählung bestehen: „Wer einer Geschichte zuhört, der ist in der Gesellschaft des Erzählers; selbst wer liest, hat an dieser Gesellschaft teil. Der Leser eines Romans ist aber einsam." Benjamin: „Erzähler", S. 456.

8 Es fällt auf, dass auch in dieser Passage der Raum des Rat-Gebens ein dezidiert männlicher ist: „in jedem Fall ist der Ratgeber ein Mann" – um Benjamin etwas verkürzt zu zitieren.

„die Ordnungsbegriffe des Lebens fehlen".[9] Das Verhältnis zwischen Erzählung und Erfahrung ist in Benjamins Fabel vom Weinberg jedoch noch komplexer. Die Erzählung des sterbenden Vaters enthält dezidiert keinen Rat an die Söhne, sondern *führt* sie *zu* einer eigenen Erfahrung: nämlich der des Segens, der im Fleiß liegt. Der Rat wird also nicht direkt ausgesprochen, sondern indirekt vermittelt. Die Erzählung dieses Umwegs wird Teil des Rates, den die Fabel in Benjamins Lesebuch ihrem Leser gibt: Erfahrung muss gemacht werden, um nachhaltig zu wirken; ein nur ausgesprochener Rat reicht nicht immer aus. Ein solcher utopischer Ort der Vergangenheit, an dem Erfahrung noch vermittelbar war, bleibt in der weiblichen Tradition bei Baum leer. Dies mag spezifisch für das bürgerliche Milieu sein, über das Baum schreibt – auch Benjamin siedelt die erfolgreich vermittelte Erfahrung im Bereich von Bauern und Handwerkern an (440 und 446 f.). Die (bürgerliche) Generation der Urgroßeltern, die die Unwissenheit der Tante Eugénie als gute Erziehung rühmt, lässt sich jedenfalls nicht als Ort der Tradierung eines im Leben akkumulierten Wissens imaginieren. Dass diese ausbleibende Tradierung zu Beginn des 20. Jahrhunderts sichtbar wird, hängt mit den radikalen Veränderungen insbesondere weiblicher Lebensentwürfe zusammen: Die Zulassung von Frauen zum Studium wird ab 1908 möglich, das Wahlrecht und damit die rechtliche Gleichstellung von Frauen wird 10 Jahre später durchgesetzt. Dazu führt der Erste Weltkrieg zu einer verstärkten Berufstätigkeit und damit finanziellen Autonomie von Frauen. Kracauer schreibt 1930, dass von den 3,5 Millionen Angestellten in Deutschland 1,2 Millionen Frauen sind.[10] Gänzlich neue Möglichkeiten das eigene Leben zu gestalten scheinen sich anzubieten, ohne dass von den vorangegangenen Generationen viel über Preis und Nachhaltigkeit dieser neuen Lebensentwürfe zu erfahren wäre. Musil fasst es in seinem 1929 publiziertem Essay *Die Frau gestern und morgen* wie folgt: „heute [werden] höchstens Geld und Besitz vererbt [...], wogegen das früher beinahe mit dem ganzen Zuschnitt des Lebens geschah".[11] Der Bruch, der zwischen diesen nur noch Geld und Besitz ver/erbenden Generationen besteht, wird deutlich, wenn Musil in demselben Aufsatz „die neue Frau" als ein „etwas verwickeltes Wesen" beschreibt und die Frage stellt, „ob es die neue Frau wirklich gibt oder ob sie sich nur vorübergehend dafür hält".[12] Diese Generati-

---

9 Robert Musil: „Das hilflose Europa oder Reise vom Hundertsten ins Tausendste". In: Ders.: *Gesammelte Werke. Prosa und Stücke. Kleine Prosa, Aphorismen. Autobiographisches. Essays und Reden. Kritik.* Hg. v. Adolf Frisé. Reinbek 1978, S. 1075–1094, hier S. 1086.
10 Vgl. Siegfried Kracauer: *Die Angestellten. Aus dem neuesten Deutschland.* Frankfurt/M. 1971, S. 11.
11 Robert Musil: „Die Frau gestern und morgen". In: *Gesammelte Werke*, S. 1193–1199, hier S. 1196.
12 Ebd., S. 1193. Die Debatte über Existenz und Status der neuen Frau wird in der Forschung nach wie vor fortgesetzt, vgl. z. B. Veronika Hofeneder: „Die ‚neue Frau' – weibliche Errungenschaft der Moderne, männliches Konstrukt oder bizarre Modelaune? Lektüren journalistischer Texte von Vicki Baum und Gina Kaus." In: Susanne Blumesberger/Jana Mikota (Hg.): *Lifestyle – Mode – Unterhaltung*

on ‚neuer Frauen' ist also erst einmal auf sich selbst gestellt, wenn es um einen passenden Zuschnitt für das eigene Leben geht.

Das Problem ihrer Ratlosigkeit scheint, folgt man Baum, jedoch gerade nicht in dem gesellschaftlichen Bruch zu liegen, der die eine Generation von Frauen von der vorhergehenden trennt. Selbst als die Zukunft junger Mädchen ganz klar und eindeutig in der Erfüllung ihrer Rolle als „Gattinnen und Mütter" lag, konnten sie sich unter dieser Zukunft „ganz bestimmt nichts vorstellen" (31). Ratlosigkeit erscheint somit als das definierende Moment der „unverständig[en]" Mutter, die laut Baum dem Leben „in keiner Weise gewachsen" (31) war. Noch den Schwierigkeiten bei ihrer Geburt, die die Mutter fast das Leben kostete, scheint in Baums Beschreibung ein Schimmer des Scheiterns anzuhaften: ein weiterer Beweis für die fundamentale Lebensuntüchtigkeit der vorhergehenden Generation.[13] Möglicherweise deutet sich hier ein bekanntlich nur wenige Jahre darauf an Einfluss gewinnendes Gedankenkonstrukt an, das Stärke idealisiert und (körperliche) Schwäche als ein moralisches Problem begreift. In dieser Grundstruktur erinnert der Essay an Baums Roman *Rendezvous in Paris* (1935)[14]. Der frühe Tod der Protagonistin Eveline stellt dort das gleichermaßen versöhnliche wie unausweichliche Ende einer Frau dar, die, blass und zu Ohnmacht neigend, den Platz an der Seite ihres Mannes für die wesentlich sympathischere, selbstständige und erfolgreiche Freundin Marianne freimacht. Unter der Oberfläche einer unglücklichen Liebesgeschichte verbirgt sich auch dort eine gewisse ironische Brutalität: Eine ‚alte' Frau wird zum Wohle aller gegen eine ‚neue' ausgetauscht. Benjamin und Baum eint die Faszination für die neue Generation – und ein latenter Widerwillen gegen die alte.

Erziehung ohne Erfahrung

Bei Baum manifestiert sich die Unvermittelbarkeit von Erfahrung in einer Erschütterung des klassischen Verhältnisses zwischen Erzieher und Erzogenem.[15] Anders als in dem Verhältnis zur vorhergehenden Generation wird die eigene Unsicherheit

---

oder doch etwas mehr? Die andere Seite der Schriftstellerin Vicki Baum (1888–1960). Wien 2013, S. 37–59.
13 „Meine Geburt kostete sie fast das Leben, ein Leben übrigens, dem sie auch sonst in keiner Weise gewachsen war, und das sie früh verließ." Baum: „Mütter von morgen", S. 31.
14 Vicki Baum: *Rendezvous in Paris*. München 2014.
15 Entsprechend selten stehen Familien oder Probleme, die mit Hilfe des Wissens einer vorangegangenen Generation zu lösen wären, im Zentrum von Baums Romanen. Eine Ausnahme stellt bezeichnenderweise Baums Bali-Roman *Liebe und Tod auf Bali* [1937] dar, der aber sowohl zu einer anderen Zeit als auch in einem anderen Kulturkreis angesiedelt ist, als der Großteil von Baums Schreiben, vgl. Vicki Baum: *Liebe und Tod auf Bali*. Köln 2015.

nicht durch Fiktionen – wie zum Beispiel jene über den Ursprung der Kinder – verschleiert, sondern angenommen. Diese bewusste Erfahrungsarmut bildet eine Leerstelle, die der nachkommenden Generation gegenüber eine neue Offenheit ermöglicht. Die Mütter dieser neuen Epoche werden so von ihren Kindern erzogen: „Erziehung sieht jetzt zum Beispiel so aus: Mein Junge sitzt oben auf dem Dach der Laube mit der Stoppuhr in der Hand, und ich muß unten Dauerlauf üben." (32) Wieder steht der Körper der Mutter im Zentrum der Aufmerksamkeit. Er hat sich jedoch gänzlich verändert: Aus der Erstarrung erwacht, ist er beweglich geworden und hat sich aus dem Interieur ins Freie begeben. Die Erwartungen, die dort an ihn gestellt werden, sind vielfältig:

> Verlangt wird von uns: Daß wir nett und nicht alt aussehen, aber doch wie Mütter aussehen, das heißt ohne Lippenstift und Haarfärbemittel und all die Dinge auskommen, die schon die Neunjährigen als Kitsch bezeichnen. […] Muskeln sind an uns erwünscht, Speckansätze werden mitleidig belächelt. Sehr gut für die Erziehung ist es, wenn unsere Drives beim Tennis stärker, unsere Kopfsprünge beim Schwimmen besser sind als die der Kinder. (32 f.)

Die Körper der neuen Mütter könnten denen der vorhergehenden Generation auf den ersten Blick kaum unähnlicher sein: sportlich, ständig in Bewegung und möglichst frei von Künstlichkeit. Dennoch sind es trainierte, also geformte Körper, die, wenn auch einer ganz anderen Norm folgend, nach einem bestimmten Ideal gebildet und kontrolliert werden.

Die Frauen, die diesem Körperideal folgen, geben nun also ebenfalls keine Erfahrungen an ihre Kinder weiter, denen sie nur heimlich „ein wenig Geistiges einzuimpfen" (33) versuchen, um der Körperlichkeit der Jugend etwas entgegenzustellen. Vermittelt wird dieses Bestreben über eine Metaphorik des Körpers.[16] Die Vergeblichkeit des Unterfangens zeichnet sich jedoch schon in Benjamins Frage ab: „was ist das ganze Bildungsgut wert, wenn uns nicht eben Erfahrung mit ihm verbindet?"[17] Und eigentlich ist das Ziel der Mütter auch vielmehr, „das reine Gespinst der Kameradschaft" nicht zu zerreißen, das sie mit dieser neuen Generation verbindet, „und mit ihr Takt zu halten": „Im Tiefsten haben wir ja doch das Gefühl, daß sie viel sicherer und lebenstüchtiger sind als wir, diese Zwölfjährigen, Fünfzehnjährigen, Achtzehnjährigen" (32 f.).

---

16 Folgt man dem Bild des Impfens, nimmt das Geistige sogar die Position des Impfstoffes, also eines Krankheitserregers in ausreichend kleiner Dosierung ein. Das „Einimpfen von Geistigem" würde konsequenterweise also in der Immunität gegenüber Geistigem enden, nicht im Erlangen von Bildung.
17 Benjamin: „Erfahrung", S. 215.

Das Misstrauen gegenüber Verschleierungen, das Baum so explizit formuliert, zeigt sich bei Benjamin im Glas, das die Architektur der neuen Generation bestimmt und das seiner Natur nach nichts verbergen kann: „Das Glas ist [...] der Feind des Geheimnisses".[18] Der Blick voll Illusionslosigkeit und Neugier ist, was Baum als neue Mutter mit den Künstlern der Erfahrungsarmut bei Benjamin gemein hat: „Gänzliche Illusionslosigkeit über das Zeitalter und dennoch ein rückhaltloses Bekenntnis zu ihm ist ihr Kennzeichen".[19] Wie Baum sich der neuen Generation in Form ihres Sohnes zuwendet, so wenden sich laut Benjamin Paul Klee, Adolf Loos und Paul Scheerbart dem nackten Zeitgenossen zu, „der schreiend wie ein Neugeborenes in den schmutzigen Windeln dieser Epoche liegt".[20] Baum und Benjamin nähern sich einander an dieser Stelle erstaunlich an: Aus den ehemaligen Menschen sind, so Benjamin, „gänzlich neue sehens- und liebenswerte Geschöpfe geworden".[21] Sie zeichnen sich durch ein Loslassen der Bildung, der Kultur und der Erfahrung der vorangegangenen Generationen aus. Sowohl Benjamin als auch Baum evozieren prä- oder postzivilisatorische Utopien, wenn sie über die kommende Generation sprechen. Benjamin verwendet den Begriff eines „positiven Barbarentums",[22] Baum schreibt von „strammen und wachen kleinen Tieren", ihren imaginierten „urwaldbraunen, splitternackten [...] Enkeln" und „kleinen, sechzehnjährigen Amazonen in [...] kurzen Trikots" (33). Die *tabula rasa*, die die Erfahrungsarmut ermöglichte, bringt nicht nur eine neue Kunst, sondern einen neuen Menschen zustande.

Auch wenn Baum sich diesem neuen Menschen über den Körper nähert, Benjamin dagegen über die Technik, gibt es in beiden Texten jedoch ein – ephemeres – Zusammentreffen von Körper und Technik. Baum beobachtet, dass die Bildung ihrer Generation – Tristan, Ibsen und Nietzsche – durch eine „Bildung" ersetzt wurde, die darin besteht, „die wichtigsten Rekordzeiten, die Automarken, die Flugzeugkonstruktionen" zu kennen (33). Das Bildungsideal dieser den Körper idealisierenden Generation kreist also um die „ungeheure[] Entfaltung der Technik".[23] Bei Benjamin findet das Zusammentreffen von Körper und Technik überraschenderweise in der Figur von Mickey Maus statt:

> Das Dasein von Micky-Maus ist ein solcher Traum der heutigen Menschen. Dieses Dasein ist voller Wunder, die nicht nur die technischen überbieten, sondern sich über sie lustig machen. Denn das Merkwürdigste an ihnen ist ja, daß sie allesamt ohne Maschinerie,

---

18 Ebd., S. 217.
19 Ebd., S. 216.
20 Ebd.
21 Ebd.
22 Ebd., S. 215.
23 Ebd., S. 214.

improvisiert, aus dem Körper der Micky-Maus, ihrer Partisanen und ihrer Verfolger, aus den alltäglichsten Möbeln genau so wie aus Baum, Wolken oder See hervorgehen. Natur und Technik, Primitivität und Komfort sind hier vollkommen eins geworden.[24]

Je technisierter die Körper werden, desto geschlechtsloser werden sie auch. Die vormals starke Trennung zwischen den Geschlechtern zeigt sich bei Benjamin und Baum noch in den unterschiedlichen Perspektiven, aus denen sie über den Wandel im Verhältnis zur Erfahrung sprechen. Die Distanz zwischen männlicher und weiblicher Erfahrungswelt, die die Polarität der Texte gleichzeitig begründet, wie sie sie illustriert, scheint in dieser kommenden Generation mehr und mehr aufgehoben zu werden. Soldatische Kriegserfahrung und Angst vor dem anderen Geschlecht als prägende Erfahrungen treten in den Hintergrund, aus Menschen werden Leute, die wie in den Texten Scheerbarts ihre Geschlechtsidentität hinter sich lassen oder sich in reduzierterer Variante, wie bei Baum, zumindest den gleichen Erwartungen ausgesetzt sehen, was Gesundheit, Aktivität und Bildung angeht.[25] Wie die Geschlechter, so nähern sich auch die Texte Benjamins und Baums an: Der nackte Körper wird zum Konnex ihrer Betrachtungen der Zeitgenossen. „[G]esund und lustig, ohne Hysterie, ohne Blutarmut, ohne Nerven und Sentimentalitäten", so beschreibt Baum die jungen Mädchen, „[w]eil ihre Körper frei sind, bleiben ihre Seelen sauber und gerade" (35). Was die Körper und die Räume der vorhergehenden Generation nicht zugelassen haben, wird in denen der kommenden möglich. Man möchte Baums Optimismus nur allzu gerne Glauben schenken. Obwohl nur fünf Jahre später entstanden als Baums Essay, wird derselbe Optimismus, der auch Benjamins *Erfahrung und Armut* in Teilen durchzieht, bei diesem schon gebrochen. Ganz zum Ende des Textes erwähnt er den Schatten des kommenden Krieges, der bei Baum noch nicht zu erahnen ist. Der Beigeschmack, den ihre abschließenden Sätze hinterlassen, könnte so kaum bitterer sein, die jungen Mädchen ihrer Zeit anredend schreibt sie: „Ja, man muss euch liebhaben und euch vertrauen. Man kann sich an euch freuen, und man darf neugierig sein, wie ihr in zehn oder fünfzehn Jahren eure Sache machen werdet" (35). In zehn Jahren wird es 1938 sein.

---

24 Ebd., S. 218.
25 Vgl. Baum: „Mütter von morgen", S. 34.

Annegret Pelz

Blick vom Mond – Besuch im Hades

Menippeische Weltschau im 20. Jahrhundert
(K. Kraus, G. Anders und D. F. Galouye/R. W. Fassbinder)

Noch im Jahr 1932 sprach der ungarische Philosoph und Literaturwissenschaftler Georg Lukács von der Satire als einer „Kampfform" gegen das im historischen Moment Falsche und Überlebte.[1] Aber schon im Jahr darauf musste der österreichische Publizist Karl Kraus feststellen, dass die Satire im aufkommenden Faschismus dem Übel nicht die Stirn zu bieten vermag, denn wo die Leugner der Gegebenheiten selbst „wahrhaft gekonnt" satirisch agieren, erscheint die Polemik unzulänglich.[2] Auch nach 1945 bleibt die Satire eine unangemessene Kunstform, da, so Theodor W. Adorno, „[g]egen den blutigen Ernst der totalen Gesellschaft […] einzig noch der blutige Ernst, die begriffene Wahrheit" stehen kann.[3] Aber in den 1950er und 1960er Jahren erinnern der kanadische Literaturkritiker Northrop Frye und der russische Kulturtheoretiker Michail Bachtin an die revolutionäre Kraft des Lachens und an die Sonderform der menippeischen Satire als einem Darstellungs- und Erkenntnisinstrument skeptischer Kritik.[4] Heute unterstreicht Werner von Koppenfels' Studie *Der Andere Blick oder Das Vermächtnis des Menippos* (2007) den reichen Bildkomplex, den die Menippea geschaffen und den europäischen Literaturen über die Jahrhunderte vermacht hat.[5] Diese provoziert Ausnahmesitua-

---

1 Georg Lukács: „Zur Frage der Satire" [1932]. In: Ders.: *Werke*. Bd. 4: *Essays über Realismus*. Neuwied u. a. 1971, S. 83–107, hier S. 87.
2 *Karl Kraus 1933: Dritte Walpurgisnacht*. Annotierte Fassung, Absatz 5. Arbeitsstelle österreichischer Corpora und Editionen (ACE) der Österreichischen Akademie der Wissenschaften (Hg.): https://kraus1933.ace.oeaw.ac.at/Gesamt.xml?root=3.6.2.16 (letzter Zugriff: 1.3.24). Zu dem Satz, dass Kraus zu Hitler nichts einfalle, vgl. https://falschzitate.blogspot.com/2017/04/zu-hitler-fallt-mir-nichts-ein-karl.html (letzter Zugriff: 01.03.2024).
3 Theodor W. Adorno: *Minima Moralia. Reflexionen aus dem beschädigten Leben* [1944–1947]. Berlin u. a. 2001, S. 406. Vgl. Stephan Braese: *Das teure Experiment. Satire und NS-Faschismus*. Opladen 1996.
4 Northrop Frye: *Anatomy of Criticism: Four Essays*. Princeton 1957. Übers. v. Edgar Lohmer als *Analyse der Literaturkritik*. Stuttgart 1964. Michail Bachtin: *Probleme der Poetik Dostojewskijs* [1963]. Übers. v. Adelheid Schramm. Frankfurt/M. u. a. 1985. Vgl. Sylvia Sasse (Hg.): „*Das Lachen ist ein großer Revolutionär". Michail M. Bachtins Dissertationsverteidigung im Jahr 1946*. Übers. v. Anne Krier, Zürich 2015.
5 Werner von Koppenfels: *Der Andere Blick oder Das Vermächtnis des Menippos. Paradoxe Perspektiven in der europäischen Literatur*. München 2007.

tionen, um bestehende Weltbilder zu irritieren, schaut aus der Hölle herauf und vom Himmel herab auf eine schuldbeladene, sterbliche, ins Lächerlich-Nichtige verkleinerte und zum Ameisenhaufen verfremdete Menschenwelt. Die Menippea richtet ihren Witz gegen herrschende Denkgewohnheiten, etablierte Verhaltensnormen und kanonisierte Gattungen und erzeugt ihre Welten durch die Transformation bestehender Weltbilder. Die freie Kühnheit des Erdichteten und Phantastischen zeichnet sie dabei ebenso aus wie Derbheiten und ein respektloser Umgang mit den Prätexten, was jedoch, so Bachtin, keinesfalls der positiven Verkörperung einer Wahrheit dient, sondern der Suche nach ihr.[6]

Für die Literarisierung und Perspektivierung der Katastrophen und Krisen des 20. Jahrhunderts bleibt die Menippea aller Satireskepsis zum Trotz eine unentbehrliche Darstellungsform. So zielt Karl Kraus' Tragödie *Die letzten Tage der Menschheit* (1922/1926)[7] in menippeischer Phantastik und Derbheit auf die Ideologie von der Unausweichlichkeit des Ersten Weltkriegs. Die zwei Bände mit dem Titel *Der Blick vom Mond* (1970) und *Besuch im Hades* (1967/1979) des aus dem amerikanischen Exil zurückgekehrten Philosophen Günther Anders schauen aus der Hölle herauf und vom Himmel herab auf die monströsen, menschengemachten Katastrophen des Zweiten Weltkriegs und auf die Art und Weise, wie der einst menippeische Blick vom Mond zu einer Funktion der Technik wird.[8] Der Science-Fiction-Roman *Simulacron-3* (1964) des US-amerikanischen Journalisten und US-Navy-Piloten Daniel F. Galouye wie auch Rainer Werner Fassbinders Literaturverfilmung *Welt am Draht* (1973) entwerfen schließlich ein Szenario totalitärer Überwachung im beginnenden Informationszeitalter. Alle drei Texte und der Film greifen in ihrer Suche nach einer planetarisch angemessenen Multiperspektivität auf die Menippea als Darstellungs- und Erkenntnisinstrument skeptischer Kritik zurück.

Das Fiktionsmodell menippeischer Weltwahrnehmung (Lukian)

Das Fiktionsmodell der menippeischen Weltschau basiert auf den nicht erhaltenen Werken des griechischen Philosophen Menippos von Gadara in der Überlieferung durch den syrischen Satiriker Lukian von Samosata.[9] In Lukians mythenparodistischer Erzählung *Ikaromenippos oder Die Luftreise* (2. Jahrhundert) kehrt der Protagonist Menipp von einer phantastischen Reise zum Mond und zu den Göttern zurück und rekapituliert die Entfernung zwischen Erde und Mond: „Also

---

6 Vgl. Bachtin: *Probleme der Poetik*, S. 128 f.
7 Karl Kraus: *Die letzten Tage der Menschheit* [1926]. Frankfurt/M. 1986.
8 Günther Anders: *Der Blick vom Mond. Reflexionen über Weltraumflüge* [1970]. München ²1994; Günther Anders: *Besuch im Hades* [1967/1979], München ³1996, vgl. S. 39.
9 Menippos von Gadara, aus der Schule der Kyniker, um ca. 330 v. u. Z.

dreitausend Stadien waren es von der Erde bis zum Mond. Unsere erste Station. – Von da bis zur Sonne ungefähr fünfhundert Parasangen [persische Meilen]. Von der Sonne bis in den Himmel zur Zeusburg geht zwar kein gebahnter Weg, aber ein rüstiger Adler kann doch wohl in einem Tage damit fertig werden."[10] Menipp hatte auf der Erde und unter den Philosophen vergeblich nach Erkenntnis über die „ganze Einrichtung des Weltgebäudes" (182) gesucht und wendet sich nun an die Götter. Mit Unterstützung des Fabeldichters Äsop meidet er die Fehler des Ikarus und fliegt mit einem Adler- (Kunst des Sehens) und einem Lämmergeier-Flügel (Weisheit/Strategie) vom Olymp, dem höchsten Gebirge Griechenlands, geradewegs dem Himmel zu. Über den Wolken und nach anfänglichem Schwindel beim Blick in die Tiefe gewöhnt er sich an die neue Perspektive, sieht vom Mond aus gleich dem homerischen Zeus belustigt auf die Erde herab und heftet die Augen, die *Ilias* zitierend, „bald ‚auf das Land der rossenährenden Thraker und der streitbaren Myser', bald auf Griechenland, Persien, Indien und worauf es mir beliebte" (187).

Als der Freund und Dialogpartner bezweifelt, dass Menipp geradewegs von Zeus, dem Himmel und den Wolken herkomme, fordert dieser ihn auf, sich emporzuschwingen, ihm in Gedanken nachzureisen und mit ihm zu beobachten, „wie sich die Dinge auf der Erde von dort aus den Augen zeigen werden":

> Fürs erste bilde dir ein, du sehest die Erde ganz außerordentlich klein, ich will sagen, noch viel kleiner als den Mond, so daß ich mir, wie ich zum erstenmal hinunterguckte, gar nicht vorstellen konnte, wo alle die hohen Berge und das so große Weltmeer geblieben wären; und ich versichere dich, hätte ich den Koloß zu Rhodos und den Leuchtturm bei Pharos nicht erblickt, ich würde die Erde gar nicht einmal gefunden haben. (187)

Auf die skeptische Nachfrage, wie Menipp „auf einmal in ein solches Luchsauge verwandelt worden sein [sollte], daß [er] alle Dinge auf der Erde, Menschen, Tiere und beinahe die kleinen Mücken in der Luft hätte[] unterscheiden können?" (188), berichtet dieser von dem Rat des Naturforschers, Kosmologen und Mondbewohners Empedokles, mit dem Adlerflügel des scharfäugigsten aller Tiere zu schlagen, wodurch auf einmal alles sichtbar wird: „Ich sah nun, indem ich auf die Erde herabschaute, ganz deutlich Städte und Menschen und alles, was die letzteren nicht nur unter freiem Himmel, sondern sogar, was sie in ihren Häusern taten, wenn sie von niemand gesehen zu werden glaubten." (191) Was sich im Blick von oben offenbart, ist die mit Mängeln behaftete Wirklichkeit der Erde: unter den Königen, Wissenschaftlern, Feldherren und Herrschern „überall nichts als Ehrenschänder,

---

10 Lukian: „Ikaromenippos oder Die Luftreise". In: Lukianus Samosatensis: *Sämtliche Werke*. Übers. v. Christopher Martin Wieland, bearb. v. Hanns Floerke. München u. a. 1911, Bd. 1, S. 177–206, hier S. 177 f. Weitere Nachweise mit Angabe der Seitenzahl direkt im Text.

Mörder, Giftmischer, Räuber, Meineidige, Geängstigte" (192) und bei den Privatleuten Meineide, Diebstahl, Bordellbesuch, Einbrüche und Gerichtsstreitigkeiten sowie Wucherer, die ihre Schuldner quälen. Da es unmöglich ist, das simultane Geschehen „der Ordnung nach" (193) durchzugehen, bedient sich der Erzähler etablierter Darstellungstechniken von Detail und Ganzem. Er nutzt Sehweisen der Welt im Kleinformat von Homers Schild des Achill, fasst den großen „Mischmasch" theatermetaphorisch als buntscheckiges, planloses, lächerliches Schauspiel des menschlichen Lebens und nennt die Erdbewohner Choristen, in deren verwirrtem Konzert jeder seine eigene Melodie anstimmt (194).[11] In der exzentrischen Perspektive reizt das „Schauspiel des menschlichen Lebens" (195) zum Lachen. Der Landbesitz, auf den sich die Reichen so viel einbilden, ist aus der Höhe nicht größer als ein Atom, und in ihrer Betriebsamkeit ähneln die Bewohner der Städte einem lächerlichen Ameisengewimmel.

Nachdem Menippos „alles zur Genüge betrachtet und belacht hatte" (195), reist er zum Olymp, um Zeus sein Anliegen darzulegen. Hermes öffnet ihm die Himmelspforte, und Zeus führt ihn unter Klagen über schlechte Zeiten und nachlassende menschliche Opferbereitschaft zu dem Ort, an dem die Götter dem vielstimmigen und dissonanten Chor der Menschen durch das Öffnen und Schließen einzelner mit Deckeln versehener Öffnungen Gehör schenken: „Oh Zeus, laß mich König werden! O Zeus, laß meine Zwiebeln und Knoblauch gedeihen! O Zeus, laß meinen Vater bald von hinnen fahren!" (200), einer will Nordwind, der andere Südwind, der eine Regen, der andere Sonnenschein usw. Nach getaner Arbeit, wozu auch die Anhörung der Eidschwörenden, Ahnungen und das Machen des Wetters gehören, begeben sich die Götter zur Tafel, halten Gastmahl und sitzen über die unbrauchbaren Spitzfindigkeiten der Philosophen zu Gericht, so dass Menipp mit der frohen Botschaft zur Erde zurückkehrt, die Götter haben beschlossen, die Philosophen als öffentliche Sittenrichter in jeder Hinsicht für entbehrlich zu erklären und samt ihrer Dialektik mit Blitzen zu zerschmettern.[12]

Das Gegenstück der Himmelsreise, Lukians *Die Höllenfahrt des Menipp oder Das Totenorakel*,[13] zeigt die Menschheit in kynischer Nahsicht von unten. Hier kehrt Menipp mit Hut (Odysseus), Leier (Ovid) und Löwenhaut (Herakles) von

---

11 Der Chorvergleich ist ein beliebter Topos der Kyniker, er veranschaulicht die Notwendigkeit gemeinsamen politischen Zusammenwirkens.

12 Die Philosophen, das Ziel von Lukians Spott, haben das Ganze aus den Augen verloren. Vgl. Jürgen Habermas' Bemerkung, die Philosophie dürfe im Unterschied zu anderen Wissenschaften „das Ganze nicht aus dem Blick" verlieren. Ders.: *Auch eine Geschichte der Philosophie*. Bd. 1: *Die okzidentale Konstellation von Glauben und Wissen*. Frankfurt/M. 2019, S. 12, zit. n. Eva Geulen/Claude Haas (Hg.): *Formen des Ganzen*. Göttingen 2022, S. 9.

13 Lukian: „Die Höllenfahrt des Menippos oder Das Totenorakel". In: Lukianus Samosatensis: *Sämtliche Werke*. Bd. 2, S. 236–254.

einem Besuch im Hades zurück, wo er ebenfalls einer Gerichtsverhandlung mit den Schatten als Zeugen der menschlichen Sünden beigewohnt hatte. Menipp durchwandert die Abteilungen der erst kürzlich verstorbenen Diebe und Tagelöhner, der ohne Unterschied gestraften Reichen und Bettler und findet in einer Halle, die alle Toten versammelt, verschiedene junge und alte Völker, unter denen sich besonders die Ägypter aufgrund ihrer Einbalsamierungskunst in vorzüglicher Dauerhaftigkeit erhalten. Andere wiederum sind bloße Gerippe, eines dem anderen gleich, und auch dem Mausolos hilft sein großes Grabmal nicht, vielmehr hat er unter der ungeheuren Last der Steine zu leiden. Er sieht Könige Schuhe flicken und den noch vom Schierlingsbecher geschwächten Sokrates.

Werner von Koppenfels zählt Lukians *Ikaromenippos* und *Höllenfahrt* zu den Grundtexten der menippeischen Phantastik. Die exzentrischen Standpunkte dienen der Einnahme eines kritischen Fremdblicks auf das Menschheitsgeschehen, wobei die Grenzen von Alltag und Mythos mit ironischer Selbstverständlichkeit überschritten werden. Während die Höllenfahrt die Toten der Vergangenheit als Zeugen aufruft und die Zukunft der Menschheit auslotet, relativiert der Blick aus der Höhe das vermeintlich Weltbewegende.[14] In der deutschsprachigen Literatur hat sich die Menippea, insbesondere mit Christopher Martin Wieland als Übersetzer Lukians, im Laufe des 18. Jahrhunderts durchgesetzt. Im 20. Jahrhundert gefriert das menippeische Lachen bei der Herabschau auf eine von Gott verlassene Welt. Gleichwohl lebt die Menippea, die den Blick auf ein Ganzes freigibt, fort, die exzentrische Selbstpositionierung aber wird den mehr und mehr in das Geschehen involvierten Erzählern zunehmend unmöglich.

Wirkliche Tragödie der Menschheit (Karl Kraus)

Unter dem Eindruck, dass der von Massenmedien prozedierte Erste Weltkrieg wesentlich ein Krieg der Worte ist, analysiert Karl Kraus' Tragödie *Die letzten Tage der Menschheit* (verfasst zwischen 1915–1919, erstpubliziert 1922) den Krieg in seinen sprachlichen Äußerungen und in Auseinandersetzung mit den Ansprüchen, die ein Autor angesichts der Katastrophe seinem Medium, dem literarischen Schreiben, zumuten und abverlangen kann.[15] Der erste dokumentarische Teil der Tragödie bringt den disharmonischen Chor der modernen, großstädtischen Bevölkerung als gigantische Zitatmontage zu Gehör, um im zweiten dramatischen

---

14 Vgl. Koppenfels: *Der Andere Blick*, S. 31–65 u. 67–99.
15 Vgl. Karl Kraus: „Apokalypse (Offener Brief an das Publikum)" [1908]. In: Ders.: *Untergang der Welt durch schwarze Magie*. Frankfurt/M. 1989, S. 9–20, hier S. 19; Karl Kraus: „Wie ist das alles nur möglich?" In: *Die Katastrophe der Phrasen. Glossen 1910–1918*. Frankfurt/M. 1994, S. 213; Werner Kraft: *Karl Kraus. Beiträge zum Verständnis seines Werkes*. Salzburg 1956, S. 137.

Teil ein Weltgericht über die Fähigkeit der Menschen zur selbstmörderischen und selbsthinrichtenden Dummheit eines Krieges zu halten.

Kraus' Vision des apokalyptischen Weltzustandes verzichtet auf exzentrische Himmels- oder Hadesfahrten, denn es genügt, der kriegerischen Rhetorik in den Unterhaltungen auf der Straße, im Caféhaus und in Presseberichten zuzuhören: „Die unwahrscheinlichsten Taten, die hier gemeldet werden", heißt es im Vorwort, „sind wirklich geschehen [...]. Die unwahrscheinlichsten Gespräche, die hier geführt werden, sind wörtlich gesprochen worden; die grellsten Erfindungen sind Zitate."[16] Die Sammlung und Montage der menschlichen Zeugnisse gerät allerdings derart umfangreich, dass Kraus die fünfaktige Tragödie mit mehr als 200 Szenen und über 500 Figuren für unaufführbar erklärt. Die dramatische Form, die nach Ernst Robert Curtius einzig in der Lage ist, „das Menschendasein in seinen Bezügen zum Weltganzen dar[zu]stellen",[17] behält er jedoch bei und gewinnt die für die menippeische Zuschauerposition notwendige Distanz durch die Projektion des irdischen Geschehens auf den fernen Schauplatz des nach dem römischen Kriegsgott benannten Planeten Mars.

Anstifter und Nutznießer der Weltkatastrophe ist nach Kraus die Presse, die das Blutbad als Mittler der scheinbaren Unabänderlichkeit des Krieges entscheidend rüstet und preist. Insbesondere das Feuilleton findet „im Krieg den Mut zur Plauderei", der unterhaltende Teil der Zeitung besetzt die der Phantasie freigehaltene Lücke durch stimmungsvolle Ornamentierung von Meldungen,[18] was die Leser in ihren Vorstellungen entfremdet. Kraus verlangt daher eine strikte Trennung von Politik und Ästhetik. Er will „entjournalisieren" und die Wiener Zeitungsleser „auf die Flucht aus der [journalistischen] Aktualität" mitnehmen.[19] Aufgabe eines „Dichter[s] der Menschheit" ist es demzufolge,[20] die vorgebliche Unumstößlichkeit der Kriegsordnung zu stören, der Phantasie eine Bresche zu schlagen und die geschlossene Decke der Phrase aufzureißen.[21]

---

16 Kraus: *Die letzten Tage*, S. 9. Weitere Nachweise mit Angabe der Seitenzahl direkt im Text.

17 Ernst Robert Curtius: *Europäische Literatur und lateinisches Mittelalter* [1949]. Tübingen u. a. [11]1993, S. 152.

18 Kraus: *Untergang*, S. 430 u. 434.

19 Kraus: „Apokalypse", S. 18 f.

20 Vgl. Edward Timms: *Karl Kraus. Satiriker der Apokalypse. Leben und Werk 1874–1918. Eine Biographie.* Frankfurt/M. 1999, S. 388; Kurt Flasch: *Die geistige Mobilmachung. Die deutschen Intellektuellen und der Erste Weltkrieg. Ein Versuch.* Berlin 2000.

21 Zu Kraus' richtendem Gestus gegenüber der journalistischen Phrase: Walter Benjamin: „Karl Kraus". In: Ders.: *Gesammelte Schriften.* Hg. v. Rolf Tiedemann/Hermann Schweppenhäuser. Frankfurt/M. 1991, Bd. II.1, S. 334–367, hier S. 337 u. 349. Vgl. Cornelia Vismann: „Karl Kraus: die Stimme des Gesetzes". In: *Deutsche Vierteljahrsschrift für Literaturwissenschaft und Geistesgeschichte* (2000) Heft 4, S. 710–724.

In mehrfachen Umarbeitungen des Wort-Rohstoffes aus mimisch entlarvenden (Benjamin), akustischen (Canetti) und strafenden (Adorno) Zitaten[22] spiegeln sich Kraus' Versuche einer literarischen Neuorientierung.[23] Nachdem die Menschheit sich mit der Ermordung des österreichischen Thronfolgers selbstmächtig an die Stelle des Souveräns gesetzt hat und Gott oder andere väterliche Ordnungsmächte der Tragödie nicht mehr greifen, transformiert Kraus das Stück in den „tragischen Karneval" eines zerklüfteten und heldenlosen Geschehens, in dem „Marionetten", „Masken" und „Operettenfiguren" die Tragödie der Menschheit spielen (9, 674). Tragisch wird ein Karneval durch unklare Sphären des Realen und Theatralen und durch eine unbefristet außer Kraft gesetzte Ordnung, so dass die Ereignisse aus dem Raum der Bühne in den bitteren Ernst einer tödlichen Realität umschlagen.

Nach fast 700 Seiten Dokumentartheater beginnt in der 54. Szene des 5. Aktes das lange angekündigte Weltgericht. Der Chor disparater Stimmen wechselt aus der Überschau des *Ikaromenippos* in eine Höllenfahrt – von der Belauschung der sich „gottähnlich" (353) wähnenden Menschheit zur Totenanrufung. Jetzt hält der Satiriker Gericht über die Verantwortlichen der Urkatastrophe des 20. Jahrhunderts mit fast acht Millionen Toten und noch mehr Verwundeten. Auf der Anklagebank sitzen Presse, Korruption, Kommerz, Militär und der technische Fortschritt, d. h. der „infernalische[] Geist Mitteleuropas" (196), der sich mit der Erfindung von Gasbomben zum Organisator und Verwalter des Maschinentods aufgeschwungen hat.[24] Es sitzen dort auch „professionelle[] Wortverbrecher" und Schriftgelehrte, die sich als „publizistische[] Zwischenträger und Nutznießer" zur Kriegsdichtung haben hinreißen lassen (5). Alle diese dürfen, so Kraus in der „Weltgericht" überschriebenen *Fackel*-Glosse von 1918, nun keinesfalls auf Gnade hoffen.

Anklagevertreter und „unerbittlicher Staatsanwalt" (509) ist der zur Gegenfigur des zeitungsgläubigen und patriotischen Bürgers stilisierte Nörgler, Schriftsteller, Außenseiter und großstädtische Narr, der bisher als episodischer Räsoneur den Zugang zum Werk eröffnet hatte. Jetzt, da die Welt ihr chaotisches, teuflisches und gespenstisches Gesicht zeigt und keine andere Instanz die sich gottgleich wähnende Menschheit in ihre Schranken weisen könnte – nicht die Kirche, die den Krieg als *ultima ratio* und Gottesgericht abgesegnet hat, nicht die staatliche Macht, die das Töten legitimiert hat, und auch kein einzelner Gott, auf den sich alle Kriegsparteien gleichermaßen berufen –, möchte der Nörgler mit seinem Stichwortgeber, dem Optimisten, den großen Schlussmonolog des Weltgerichts eröffnen und die

---

22 Vgl. Benjamin: „Karl Kraus", S. 347; Elias Canetti: „Karl Kraus, Schule des Widerstands". In: Ders.: *Werke*. München u. a. 1995, Bd. VI, S. 130–140, hier S. 133; Theodor W. Adorno: „Sittlichkeit und Kriminalität". In: Ders.: *Noten zur Literatur*. Frankfurt/M. 1981, S. 367–387, hier S. 380.
23 Zum Wechsel vom „loyalen" Satiriker zum radikalen Republikaner und zu den Schreibzeitpunkten der einzelnen Teile der Tragödie vgl. Timms: *Karl Kraus*, S. 505 ff.
24 Karl Kraus: „Weltgericht". In: *Die Fackel*, 20 (1918) Heft 499 f., S. 1–5, hier S. 3.

Verbrechen der Menschheit, ihre Dummheit, Mittelmäßigkeit, Phantasielosigkeit und ihren Entschluss Krieg zu führen, einem gerechten Urteil zuführen. Zuvor hat der Nörgler imaginiert, wie er „das Qualenantlitz der überlebenden Menschheit" gegen den alten Kaiser Franz Joseph zeugen lassen würde (diesen leibhaftigen habsburgischen Dämon, der mit einem einzigen Federstrich den Tod der Welt herbeigeführt hatte), wie der Galgen, das von der Armee massenhaft eingesetzte Mord-Instrument, ein wichtiges Requisit der szenischen Handlung wäre, und wie Photographien aus dem „Verbrecheralbum der Weltgeschichte" (499/410), auf denen Militärs über Leichen lächeln, bei der Agnostizierung der Kriegsurheber gute Dienste täten. Jetzt aber, im Moment des Weltgerichts und beim Transfer des zitierenden, indiziensammelnden, dokumentarischen Modus in die dramatische Schlussszene des Weltgerichts, bezweifelt der Nörgler die Macht seines Schreibens: „Warum ist mein Gegenruf nicht stärker als dieses blecherne Kommando, das Macht hatte über die Seelen eines Erdenrunds?" (671) Die Gewalt der neuen Kriegstechnik, das technische Morden und anonyme Töten, bringt die individuelle Stimme und mit ihr die alte Form der Tragödie zum Verschwinden. Ohne individuelle Schuld und ohne den tragischen Konflikt der Menschheit mit sich selbst hat das Opfer des Einzelnen keinen gemeinschaftsbildenden Effekt mehr: „Wie könnte da das Gegenkommando entstehen, das unsere Waffen zerbrechen hieße!" (672), fragt der Nörgler und kleidet die Frage, was nach der Unterbrechung des angeblich zwangsläufigen und linearen Geschichtsverlaufes wichtig und bleibend sein soll, in biblische Apokalyptik.

Das apokalyptische Sehen und die Frage, wie am Ende das, was sich schon längst als Prozess vollzieht, sichtbar und klar erkennbar wird,[25] bestimmt den fragmentarischen Schluss der Tragödie. Geschichtsphilosophisch markiert es eine Abkehr von der Fixierung auf ein Ende „morgen" und die Suche nach einem Verfahren, das die Geschichte weder geradlinig ins Nichts noch auf einen Punkt hinauslaufen lässt.[26] Bei Kraus tritt an die Stelle eines linearen Schreib- und Geschichtsverlaufs eine zu einem parodistischen „Liebesmahl"[27] gesteigerte Vielstimmigkeit, in der die Opfer der Tyrannei als Schatten wiederkehren, um gegen ihre Peiniger zu zeugen. Die Militärs – tragische Antitypen, die zum Zeitpunkt des Zusammenbruchs die Warnung vor der Niederlage verkennen – starren entgeistert auf den Bühnenhintergrund, wo Bilder der Toten und Tötungsszenen des Weltkriegs aufscheinen. Sobald diese *eidola* sprechen, erfüllt sich die Rolle des Nörglers: Sein im dramatischen Sinn tätiges Eingreifen ruft die Gewalten gegeneinander auf, führt das gigantische

---

25 Vgl. Klaus Berger: *Wie kommt das Ende der Welt?* Gütersloh 2002, S. 35.
26 Vgl. Jürgen Brokoff: *Die Apokalypse in der Weimarer Republik*. München 2001, S. 162.
27 Zum „Liebesmahl" vgl. Helmut Arntzen: „Satirische Gastmahle". In: Christine Schmitz *(Hg.)*: *Mythos im Alltag – Alltag im Mythos. Die Banalität des Alltags in unterschiedlichen literarischen Verwendungskontexten*. Paderborn 2010, S. 249–259.

Schuldenbuch und ermöglicht das Lesen der Zeichen einer zerstückelten Welt und zersplitterten Zeit.[28] Aufgerufen werden reanimierte Tote, altes Wissen um die Gewalt und um die nicht fassbare Weisheit der Bilder (Menetekel, *Belsazars Nachtmahl*), zitiert wird die „große Szene" aus der Bühnenwelt des 19. Jahrhunderts, die ihrerseits ihre szenischen Konfigurationen aus dem antiken und klassischen Besitzstand des Dramas türmt und baut.[29]

Neu ist die dokumentierende und archivierende Rolle, in der Kraus sein Medium aufgrund der Bedeutungszunahme von Visualität in der Presse sieht. Seine Montagen adaptieren den im Ersten Weltkrieg erstmals zum Einsatz gekommenen Filmbericht, in dem Ereignis und Bericht unmittelbar zusammenfallen: Man ist mittendrin und sieht jetzt auch die Kino-Operateure sterben, im Gegensatz zu den *embedded journalists*, die sich gestellten Szenarien des Kriegspresseamtes poetisierend überlassen.[30] Dass im Epilog *Die letzte Nacht* die Masse der Dokumente in einer für den apokalyptischen Text charakteristischen Sprachagonie implodiert, zeigt am Ende einen Satirenschreiber, dem durch das, was er „zu hören [vermag], derweil die anderen taub" sind, mittendrin selbst bange geworden ist.[31] In Kraus' Hölle auf Erden ist zwar das Erdgeschehen zur besseren Scharfsicht auf den fernen Kriegsschauplatz Mars projiziert, doch eine menippeisch-exzentrische Beobachterposition gegenüber der irdischen „Versuchsstation des Weltuntergangs" (495) ist dem Beobachter nicht mehr vergönnt.

Phantasie als Wahrnehmungsorgan des tatsächlich Enormen (Günther Anders)

Günther Anders treibt Kraus' zeitdiagnostische Beobachtungen weiter an den Punkt, an dem die menippeisch-phantastischen Ausbrüche umschlagen in das Exorbitante, Excessive und Unvordenkliche der Realität des 20. Jahrhunderts. Zwei seiner Bände mit Tagesnotizen aus den 1940er bis 1970er Jahren perspektivieren den Wandel in einer Weise, die sich bereits im Titel als menippeisch zu erkennen gibt. Der 1970 erschienene Band *Der Blick vom Mond* beobachtet den Transfer der bis dahin imaginierten Sehsituation vom Mond in technische Herstellbarkeit. Der *Besuch im Hades* (1979), erstmals 1967 als *Die Schrift an der Wand* erschienen, jetzt

---

28 Die zersplitterte Zeit treibt zur stärkeren Konzentrierung im Aphorismus und in der Glosse. Karl Kraus: „Nestroy und die Nachwelt. Zum 50. Todestage". In: *Die Fackel*, 14 (1912) Heft 349 f., S. 1–23, hier S. 6. Der Nörgler will alles klein sehen: Kraus: *Die letzten Tage*, S. 220, 249, 255 u. 504.
29 Vgl. Juliane Vogel: *Die Furie und das Gesetz. Zur Dramaturgie der „großen Szene" in der Tragödie des 19. Jahrhunderts*. Freiburg/Br. 2002.
30 Vgl. Burkhard Müller: *Karl Kraus. Mimesis und Kritik des Mediums*. Stuttgart 1995, S. 423 f.
31 Kraus: „Apokalypse", S. 14.

neu zusammengestellt und ergänzt, beinhaltet eine im Jahr 1966 unternommene Reise in Günther Anders' zerstörte Herkunftsstadt Breslau, in der es etwas real nicht mehr Existierendes sichtbar zu machen gilt. Sowohl *Der Blick vom Mond* als auch *Besuch im Hades* machen deutlich, dass die „nackte Wahrnehmung für die Wahrnehmung der heutigen Welt nicht mehr ausreicht."[32]

Der Blick vom Mond. Reflexionen über Weltraumfahrten setzt ein mit der ersten Weltraum-Begegnung der sowjetischen Kosmonauten Nikolajev und Popowitsch 1968/69 und endet mit den amerikanischen Mondumkreisungen im März 1970. Anders interessiert sich weniger für das Erreichen des fernen Mondes als für den im externen Blick verfremdeten irdischen Ausgangspunkt. Entscheidend ist für ihn die Chance, dass die Menschheit die Erde im externen Blick jetzt erstmals als etwas von sich Verschiedenes und Entferntes beobachten kann: „[O]bwohl noch an der Oberfläche der Erde klebend" hatte der vom Mond zurückgeworfene Blick die Menschen in die Lage versetzt, die Erde als etwas Verschiedenes und Entferntes wahrzunehmen.[33] Geschätzt eine halbe Milliarde Menschen hatte, „obwohl zuhause im Fauteuil sitzend, den Erdball, der diese Fauteuils trägt", mit eigenen Augen so sehen können, „als wenn sie selbst etwa vierhunderttausend Kilometer außerhalb dieses Erdballs geschwebt hätten." (89) Damit sind die Menschen Zeugen eines „geschichtliche[n] Ereignis[ses] völlig neuer Art" (90). Die zeitgenössischen „Wahrnehmer" der Welt erleben den Übergang von der Weltvorstellung des Heliozentrismus – einem Wissen, das in der Welt, aber nicht als Weltbild wahrnehmbar war – in eine epochal andere, per Fernseher vermittelte Seherfahrung, in der sich sinnliche Weltwahrnehmung und Wissen überlagern.[34] Ihre gewohnte Welt wird zum Gegenstand einer Selbstbegegnung: „*Gewußt* haben wir alle, daß unser Globus wie eine nirgendwo verankerte und im Ozean des Raums schiffbrüchig herumschwimmende Boje aussehen würde. Aber das Gewußte effektiv zu *sehen* und als Wahrheit *wahrzunehmen*, das war doch etwas anderes, etwas vollständig Neues." (59/97)

Der Blick vom Mond verbindet sich bei Anders mit der Hoffnung, die Menschen könnten – wie bei der radioaktiven Verseuchung der Atmosphäre durch den Atombombenabwurf – nun endgültig begreifen, dass ihre Welt jenseits der natio-

---

32 Anders: *Besuch im Hades*, S. 39. „Besuch im Hades" erschien zuerst als Kapitel VIII und zweiter Teil des Bandes: *Die Schrift an der Wand. Tagebücher 1941–1966*. München 1967, S. 269–426. Die hier zitierte Neuauflage Anders: *Besuch im Hades* von 1979 wurde um die Kapitel „Rückblendung 1944–1949" und „Nach ‚Holocaust' 1979" erweitert.
33 Anders: *Blick vom Mond*, S. 96. Weitere Nachweise mit Angabe der Seitenzahl direkt im Text.
34 Vgl. Stephan Günzel: „Raumrevolution und Planetariumsdispositiv". In: Ulrike Bergermann/Isabell Otto/Gabriele Schabacher (Hg.): *Das Planetarische. Kultur – Technik – Medien im postglobalen Zeitalter*. München 2010, S. 311 f.

nalen Denk- und Gefühlsschemata des Kalten Krieges „wirklich *eine* ist" (41/73).[35] Die erhoffte One-World-Erkenntnis ist jedoch zutiefst instabil, denn sie macht die Menschen, Anders zufolge, zu Augenzeugen einer Kränkung: Diese müssen ihre Erde „als etwas kosmisch Belangloses" – als eine Erde unter anderen – erkennen, und diese Erkenntnis ist mit dem Makel des Versagens gegenüber den eigenen, zunehmend mächtiger werdenden Produkten behaftet (89). Auch die zu Halbgöttern und Heroen stilisierten astronautischen *supermen* sind in Wahrheit depersonalisierte Gerätebediener und müssen sich, ebenso wie die vereinzelt vor ihren Fernsehapparaten sitzenden Erdbewohner, als winzige, mitfunktionierende Teile einer Maschine sehen (23/28). Dieser „deutlich gewordenen Irrelevanz und Winzigkeit des Menschen ins Auge zu blicken" und „von seiner eigenen Nichtigkeit *nicht* Notiz zu nehmen, das ist niemandem mehr vergönnt." (63 f.)

Raumflug und Bildübertragung annulieren allerdings nicht nur die räumlichen Relationen, sondern auch die Maßstäbe des Phantastischen. Der neue kosmisch-universale Standpunkt, der keine Veränderung der wirklichen Position des Menschen erfordert, macht aus dem Blick vom Mond, dem Sehnsuchtsziel aller kosmischen Phantasien, nicht länger ein „Gebilde unserer Phantasie", sondern das Resultat unserer Technik (61). Daraus entsteht nach Anders ein „totales" „Durcheinander von Wirklichkeit und Bild" (113), so als seien die Bilder vom Mond hyperreale Simulationen ohne vorgängige Realitätserfahrung.[36] Ein Gang in den Garten, von wo die oben kreisenden Astronauten zwar denk-, aber nicht sichtbar sind, veranschaulicht diese Konfusion: Das „wirkliche Draußen gibt's nur noch drinnen. Entweder phantomisiert auf dem Schirm deines Hausaltars oder nirgendwo." (21) Schon in *Die Antiquiertheit des Menschen* (1956) war Anders davon ausgegangen, dass dort, wo das bloße Auge versagt, die schriftliche Darstellung auf überpointierende Mikro- oder Teleskopie zu „Entstellungen in Richtung Wahrheit" zurückgreifen müsse, da die Erscheinungen ohne Überpointierung und Vergrößerung unsichtbar würden.[37] Mikro- oder Teleskop sind ihm naheliegende Beispiele, mit denen sich „mittels übertreibender Verbildlichung Wahrheit […] gewinnen" ließe.[38] Jetzt, da der Blick vom Mond phantastische Realität geworden ist, gibt ein „teleskopisches Gefälle" den Menschen zwar, den antiken Göttern gleich, den Blick auf die Erde frei; dieser Blick lässt die Erdbewohner aber um jenes Maß schrumpfen, um das er sich durch

---

35 Vgl. Günther Anders: *Die Antiquiertheit des Menschen. Über die Seele im Zeitalter der zweiten industriellen Revolution* [1956], München ²2002, Bd. 1, S. 7.
36 Vgl.: „*Im Anfang war das Photo, und dann erschien die Welt.*" Anders referiert hier auf Karl Kraus: „Im Anfang war die Presse / und dann erschien die Welt". Ders.: „Couplet des Schwarz-Drucker". In: Ders.: *Schriften. Gedichte*. Hg. v. Christian Wagenknecht. Frankfurt/M. 1989, Bd. 9, S. 412 f.
37 Anders: *Antiquiertheit I*, S. 86.
38 Ebd., S. 15.

dieses erweitert hat (vgl. 62–65).[39] Anders greift hier einen Gedanken Hannah Arendts zum „Erdschrumpfungsprozess" auf, wonach die mit Galileis Erfindung des Teleskops gewonnene Erkenntnis, dass der menschliche Verstand sich die Erde durch die Reduktion auf Zahlen, Symbole und Modelle untertan macht, nun auch die Bewohner des Planeten selbst erfasst.[40]

Das Gegenstück zu *Der Blick vom Mond* bilden Anders' Tagesnotizen aus dem Zeitraum 1966–1979 in dem Band *Besuch im Hades*. Hier werden die Zeitereignisse in exzentrischer Nahsicht ins Auge gefasst. Günther Anders und seine im Text „Ch." genannte dritte Ehefrau, die amerikanische Konzertpianistin Charlotte Zelka, unternehmen im Juli 1966 eine Reise nach Auschwitz und in Anders' Herkunftsstadt Breslau. Der Text beginnt mit der „*Ausfahrt aus Auschwitz, im Wagen, 5. Juli*" (7–9). Die Reisenden reden im Fond des Wagens über das Nichtdasein der Toten in den Bergen noch verwendbarer Dinge, die im Gegensatz zu den Menschen begnadigt werden (8). Ein unterwegs passierter Friedhof, in dem „Tote Einbettzimmer bewohnen dürfen" (8), kontrastiert den Tod in Auschwitz ohne individuelle Spur. Am Abend in Katowice/Kattowitz kommt in einem Gespräch mit Freunden über die Infamie in Zeiten, in denen „uns *zu viel* Revoltierendes *gleichzeitig* zugemutet wird", die Frage auf, wie man sich in der entsetzlichen Reizüberflutung, „daß wir gleichzeitig auf Hiroshima, auf Auschwitz, auf Algier, auf Vietnam reagieren müssen" (12), emotional konzentrieren könne. Ein Jahr zuvor hatte Anders in dem Band *Philosophische Stenogramme* (1965) gefragt, in welcher Sprache etwas zu fassen sei, das im Moralischen zu groß ist, als dass es wahrgenommen werden könnte, und notiert, die einzige, die Monstrosität des Geschehens nicht entwürdigende Redeform über Auschwitz sei die „zynische" – der kalte Blick auf harte Fakten.[41] In der dem Band *Besuch im Hades* beigefügten „Rückblendung 1944–1949" heißt es im August 1944 wiederum, dass, wo „unsere nackte Wahrnehmung für die Auffassung der heutigen Welt nicht ausreicht", die Phantasie „*als eine Methode der Empirie zu funktionieren* [habe], *als Wahrnehmungsorgan für das tatsächlich Enorme.*" (39) In den ergänzten Überlegungen „Nach ‚Holocaust' 1979" (179–216) lautet die Lehre aus dem Film *Holocaust*: „*Nur durch fictio kann das factum, nur durch Einzelfälle das Unabzählbare deutlich und unvergessbar gemacht werden.*" (181)

Anders' Überlegungen zu Wahrnehmung, Darstellung und Imagination angesichts einer monströs gewordenen Wirklichkeit bereiten die Ankunft am Ziel der Reise vor – in der zum Kriegsende 1945 in einen Trümmerhaufen verwandelten

---

39 Vgl. auch Anders: *Besuch im Hades*, S. 39.
40 Hannah Arendt: *Vita activa oder Vom tätigen Leben* [1958]. München u. a. [11]1999, S. 320 f. Vgl. Ulrike Bergermann: „Das Planetarische. Vom Denken und Abbilden des ganzen Globus". In: Dies./Otto/Schabacher (Hg.): *Das Planetarische*, S. 17–42, hier S. 28.
41 Günther Anders: „Auschwitz". In: Ders.: *Philosophische Stenogramme*. München 1965, S. 53.

Stadt Breslau/Wrocław.⁴² Erst an der Stadtgrenze, nicht etwa in Auschwitz, spricht Anders davon, „die Grenze zum Orkus" zu überschreiten: Ab jetzt geht es „[h]inab ins Gewesene", einer offen zutage liegenden irdischen „Unterwelt" entgegen (36). In der Ruinenstadt erschweren Straßen ohne Häuser, rekonstruierte Sehenswürdigkeiten und ungewohnt freie Blickachsen die Orientierung. Die „Brandenburgerstraße 54" – der früheste Ort, der sich ihm eingeprägt hat und Erinnerungen an den Vater aufruft – findet Anders erst nach mehreren „Exkursion[en] nach Hause" (75/109 f./116 ff./126 ff./60 ff.). An anderer Stelle zeigt der Erzähler in den Himmel: „Irgendwo dort oben im nichtexistierenden vierten Stock des nichtexistierenden Hauses Nummer 101 […] der nichtexistierenden Höfchenstraße" hatte die Mutter einst mit grünem Sonnenschirm auf ein Fenster gezeigt, hinter dem Anders zur Welt gekommen sei (91). Wo die Einbildung die Seherfahrung ersetzen muss, erschließt sich den beiden Reisenden die Topographie der zerstörten Stadt vor je anderen historischen und biographischen Hintergründen. Während es für Anders „nun also zurück in diese Zeit" geht und der Besuch „in der Unterwelt"⁴³ Totengespräche mit einst nahestehenden Personen ermöglicht, kann die zerstörte Stadt seiner jungen amerikanischen Frau „nichts davon melden" (33). Anders reflektiert das Sehen einer phantastischen bzw. phantasmatischen Realität „mit eigenen Augen" wie einen menippeisch-visionären Krisentraum, der noch einmal „die Möglichkeit eines völlig anderen menschlichen Lebens auf der Erde" erblickt.⁴⁴ Schon sein literarisches Hauptwerk *Die molussische Katakombe*, eine Auseinandersetzung mit der „Mechanik des Faschismus", die Anders „Swift-artig im Jahre 1932 erfand", in der Pariser und New Yorker Emigrationszeit bis 1936 weiter bearbeitete,⁴⁵ und deren verfremdete und phantastische Elemente der kritischen Auseinandersetzung mit den Lebensbedingungen in totalitären Systemen dienen, hatte dieser durch die Kennzeichnung als „Swiftiade" in die Tradition der Menippea gestellt.⁴⁶

---

42 Zum jüdischen Breslau vgl. Annelies Augustyns: „Stadtwahrnehmung, Wettergeschehen und Lebensperspektive in Breslau während des Holocaust. Eine Lektüre der Tagebücher von Willy Cohn". In: Katja Harbrecht/Karen Struve/Elena Tüting u. a. (Hg.): *Die un-sichtbare Stadt. Urbane Perspektiven, alternative Räume und Randfiguren in Literatur und Film.* Bielefeld 2020, S. 323–344.

43 „In der Unterwelt" befindet sich Anders auch beim Lesen der Korrespondenzen seiner Großeltern, deren Nachlass ihn 1948 im amerikanischen Exil erreicht. Günther Anders: *Tagesnotizen. Aufzeichnungen 1941–1979.* Auswahl und Nachwort Volker Hage. Frankfurt/M. 2006, S. 148.

44 Bachtin: *Probleme der Poetik,* S. 172.

45 Günther Anders in Briefen vom 27.11.1971 und 16.12.1971 an Henri Paucker. Vgl. Henri Paucker: „Günther Anders". In: John M. Spalek/Joseph Strelka (Hg.): *Deutsche Exilliteratur seit 1933.* München u. a. 1976, S. 223–233.

46 Anders bediente sich „je nach Anlass der verschiedenen literarischen Genres". Elke Schubert (Hg.): *Günther Anders antwortet,* Berlin 1987, S. 28, zit. n. Walter Delabar: „Fabula docet. Zu den erzählenden Texten von Günther Anders und zum Roman ‚Die molussische Katakombe'". In: *Zeitschrift für*

Totalitarismus und simulierte Welt im Informationszeitalter (Galouye/Fassbinder)

Der Science Fiction-Klassiker *Simulacron-3* (1964) des US-amerikanischen Journalisten, Fliegers und Autors Daniel Francis Galouye (1920–1976) überführt das bei Günther Anders beobachtete technisch bedingte Durcheinander von Realität und Bild zeitgleich in ein Szenario totalitärer Herrschaft.[47] In dem Roman liefert ein von Scheinwesen bevölkertes „elektromathematische[s] Modell eines durchschnittlichen Gemeinwesens"[48] Daten für präzise Analysen und Wahrscheinlichkeitsvorhersagen menschlichen Verhaltens. „Durch das Studium von Analog-Wesen in einem simulierten System" sind seine Betreiber in der Lage, „das gesamte Spektrum menschlicher Beziehungen zu erforschen" und „unerwünschte[], antisoziale[] Tendenzen" (96) zu überwachen. Wie die Götter des Olymp haben die Anwender immersiven Zugang zu ihren elektronischen Replikanten, die in der Regel nichts von ihrer Schattenexistenz wissen. „Guckloch-Raum", Liege, Modulatorschalttafel und „Transferhelm" (57/78) erlauben Gesamtbeobachtungen im pseudo-körperlichen Sinn oder Empathieverbindungen mit einzelnen Sinnen und Gedanken ihrer ID-Einheiten. Wie bei Lukians Hadesfahrt dient hier die Beobachtung der simulierten Welt der Zukunftsantizipation und Entscheidungsfindung. Und während Menipp seine Rückkehr mit Hut, Leier und Löwenhaut absichert, richtet sich hier die Aufmerksamkeit auf die Gefahren der „reziproken Transferierung" (57), denn das kontaktierte Double könnte in die nächst höhere Ebene durchzubrechen versuchen.

Der Protagonist und Programmierer Douglas Hall hat die Nachfolge des plötzlich verschwundenen Simulator-Erfinders Hannon J. Fuller angetreten und versucht die Umwandlung der Gesellschaft in einen Einparteienstaat qua Meinungsmanipulation zu verhindern. Sein Antagonist Horace P. Siskin, der Inhaber des Digitalkonzerns, ist im Begriff, seine Macht über den Supercomputer für persönliche, politische und ökonomische Zwecke zu missbrauchen. Hall zweifelt an seinem Produkt, das klüger und mächtiger zu werden droht als die Menschen, die es herstellen, und fürchtet, dass sich der Simulator zu einem „elektronischen Ungeheuer" (81) mit grenzenloser Macht entwickelt. Unergründliche Lücken, spurlos verschwundene

---

Germanistik, 2 (1992) Heft 2, S. 300–319, hier S. 307. Zu Swift vgl. Koppenfels: *Der Andere Blick*, S. 18 und passim.

47 Die hier zitierte Ausgabe: Daniel Francis Galouye: *Simulacron-drei. Science Fiction Roman*, erschien 1983 als Lizenzausgabe, übers. v. Tony Westermayr. Ersterscheinungen: *Simulacron-3*. New York 1964; *Counterfeit World*. London 1964; *Welt am Draht. Ein utopisch-technischer Roman*. Übers. v. Tony Westermayr, München 1965. Weitere Ausgaben: *The Thirteenth Floor* [dt.]. Übers. v. Tony Westermayr. Köln 1999.

48 Galouye: *Simulacron-drei*, S. 11 u. 96. Weitere Nachweise mit Angabe der Seitenzahl direkt im Text.

Personen und andere Irritationen deuten darauf hin, dass „irgendeine brutale, geheimnisvolle Kraft" (68) entschlossen ist, das Aufdecken der wahren Hintergründe dieser Erscheinungen zu verhindern. Auch eine Skizze mit dem Bilderrätsel des Zenon-Paradoxons und dem Hinweis, dass alle Bewegung Illusion ist, verschwindet, als hätte es sie nie gegeben. Hall erleidet Bewusstseinsstörungen, weiß nicht, ob sie Einbildung oder Realität sind, und ahnt nicht, dass er das elektronische Double eines unsichtbaren „simulektronischen Steuermanns" (120) ist, der ihn sadistisch quält. Die Deutung des Psychologen, Hall leide an Pseudo-Paranoia und sei durch das Regieren seiner Miniaturwelt überfordert, beruhigt ihn zunächst, bis ihn eine seiner kontaktierten ID-Einheiten, die um ihre Nicht-Existenz weiß, damit konfrontiert, dass auch seine Welt „nicht mehr als eine Spiegelung eines simulektronischen Prozesses auf höherer Ebene!" (114) ist. Seither erscheinen alle menschlichen Ambitionen, Hoffnungen, Intrigen wie auch wissenschaftliche Theorien und Erkenntnisse als lächerlicher Irrtum (vgl. 124/198).

Der von Rainer Werner Fassbinder nach Galouyes Roman 1973 gedrehte Fernseh-Zweiteiler *Welt am Draht* setzt den Dynamismus der Uneindeutigkeiten durch die Inszenierung von Doppelungen in Gang.[49] Zu Anfang hält der Entwickler des Supercomputers seinem Staatssekretär einen Spiegel[50] vor das Gesicht und stellt damit die Frage nach der Differenz von Sehen und Wissen. Das Problem besteht darin, dass das Sehen nicht zwischen einem Trugbild und einem Urbild unterscheiden kann. Beide neuronal hervorgebrachten Wahrnehmungen erzeugen eine zunächst ununterscheidbare Wirklichkeit als Simulakrum,[51] die auch in der Literaturverfilmung Kopfschmerzen und Schwindel verursacht. Der Programmierer Douglas Hall, im Film Fred Stiller, durchschaut aber die technische Gemachtheit seiner Welt. Dass es ihm am Ende gelingt, die höhere Ebene der „realen Welt" zu erreichen, hält das *Lexikon des Science Fiction Films* (2000) für einen „gravierenden Fehler".[52]

---

49 Rainer Werner Fassbinder: *Welt am Draht*, BRD 1973. Weitere Verfilmungen: Joseph Rusnak: *The Thirteenth Floor – Bist du was du denkst?* D/USA 1999; Wachowski Geschwister: *The Matrix*. USA 1999–2021.

50 Zum Spiegel, Fassbinders Lieblingssymbol, vgl. Christian Braad Thomsen: „Der doppelte Mensch". In: Heinz Ludwig Arnold (Hg.): *Rainer Werner Fassbinder. Text + Kritik* (1989) Heft 103, S. 3–9, hier S. 7.

51 Vgl. Bernd Stiegler: „Simulakrum". In: Alexander Roesler/Bernd Stiegler (Hg.): *Grundbegriffe der Medientheorie*. Paderborn 2005, S. 222–228.

52 Ronald M. Hahn/Volker Jansen (Hg.): *Lexikon des Science Fiction Films. 2000 Filme von 1902 bis heute*. München 1997, Bd. 2, Sp. 1007. Die Rusnak-Verfilmung nimmt Vorstellungen auf, die seit den 1990er Jahren intensiv diskutiert werden. Vgl. Rainer Guldin: „Simulakrum und Technobild. Modelle der Gleichzeitigkeit bei Jean Baudrillard und Vilém Flusser". In: Philipp Hubmann/Till Julian Huss (Hg.): *Simultaneität. Modelle der Gleichzeitigkeit in den Wissenschaften und Künsten*. Bielefeld 2013, S. 335–352.

Tatsächlich lassen der Roman und der Film Stiller/Hall am Ende zwar „wirklich aus der Illusion in die Realität empor[steigen]", um dort als bessere Kopie das sadistische Original zu ersetzen.[53] Davon ist zumindest der Protagonist „überzeugt" – sicher ist jedoch nicht, dass in Galouyes *Simulacron-3* nur zwei der drei Ebenen Simulationen sind. Der Roman erscheint 20 Jahre vor Jean Baudrillards Begriff der Simulation als „Kopie ohne Original" und vor dem durch Jason Lanier in Umlauf gebrachten Neologismus der „Virtual Reality".[54] Die Spannung entsteht aus dem Nebeneinander einer Virtualität, die für nichts anderes als für sich selber gehalten wird, und einer realitätsnah simulierenden Modellierung, die so tut, als sei sie etwas anderes, nämlich die modellierte Welt der jeweils oberen Ebene.[55] Dementsprechend konkurrieren bei Galouye Konzepte textbasierter und computergenerierter gesellschaftlicher Realitäten und führen zu Arbeitskämpfen der mit papierenen Fragebögen arbeitenden Meinungsforscher, die durch den Computer ihre Arbeit verlieren.

Im Kern geht es um die Auseinandersetzung einer Gesellschaft mit etwas, das diese, wie in Kraus' Hölle auf Erden, nicht mehr als etwas Externes wahrnehmen kann, und in der auch die Beobachter sich ihrer exzentrischen Warte nicht mehr sicher sein können. Denn sie müssen damit rechnen, dass die Beobachtung immer auch auf sie angewendet wird, dass sie also jeweils dabei beobachtet werden, wie sie ihre programmierten Realitäten beobachten. Fassbinder transferiert dieses reflexive Spiel auf einer ersten, zweiten und dritten Ebene in den vertikalen Bühnenraum des barocken Welttheaters – mit moderner Glasarchitektur am Ort des anscheinend realen, gegenwärtigen Erdenschauspiels, mit einer gründerzeitlich eingerichteten simulierten Kunstwelt unten und einem neutralen, fensterlosen Hotelzimmer auf der obersten Ebene. Wie in der trügerischen Welt des barocken Welttheaters, in der Sein und Schein, Realität und Spiel ineinander verschwimmen, agieren Fassbinders lethargisch-manierierte Kunstfiguren wie Marionetten in verschiedenen Rollen des sozialen Lebens.[56] Die Illusion ist bei Fassbinder jedoch kein unbefangen genossenes Spiel auf einer entfernten Bühne, dem man sich ohne Furcht überlässt.[57] Die Figuren meinen lediglich, Träger eines freien Willens und Handelns zu sein, denen so etwas wie Wirklichkeit über Reflexion und Bewusstsein zugänglich ist. Sobald sie sich wie Stiller/Hall der externen Steuerung/Programmierung entziehen und ergründen wollen, wo die Realität endet und wo die Täuschung beginnt – wird deutlich, dass das Spiel unendlich ist und alles und jeden erfasst.

---

53 Galouye: *Simulacron-drei*, S. 223.
54 Stefan Münker: „Virtualität". In: Roesler/Stiegler: *Grundbegriffe*, S. 244–250.
55 Ebd., S. 247.
56 Dazu Richard Alewyn: *Das große Welttheater. Die Epoche der höfischen Feste*. München 1989.
57 Ebd., S. 88.

Planetarische Perspektiven

„[J]e ambitionierter das Projekt, desto größer muss die Entfernung sein"[58] – der Satz Franco Morettis über das literaturgeschichtliche Verfahren des *distant reading* kann auf das Weiterleben der Menippea in diesen Tragödien, Romanen und Filmen des 20. Jahrhunderts übertragen werden – allerdings unter der Bedingung, dass der Verlust des exzentrischen Standpunkts zum Gegenstand der Darstellung wird. Denn die Frage: „Bin ich vom Universum getrennt, (das heißt, ich sehe wie durch ein Guckloch auf das vor mir sich entfaltende Universum) oder Bin ich Teil des Universums? (das heißt, wenn immer ich vom Universum spreche, spreche ich auch von mir)",[59] stellt für Kraus, Anders und Galouye/Fassbinder keine Wahl mehr dar. Allen drei Texten und dem Film ist gemeinsam, dass sie den menippeischen Fremdblick in radikale Involviertheit transferieren. So zieht Karl Kraus im Ersten Weltkrieg den exzentrischen Standpunkt auf die gottverlassene Hölle auf Erden zusammen und transferiert die Guckloch-Perspektive und die vom Olymp zu vernehmenden menschlichen Choristen in vielstimmige Montagen. Weil aber die Darstellung eines komplexen Ganzen nicht auf den kritisch distanzierten Fremdblick verzichten kann, projiziert er das Geschehen auf einen fernen Marsschauplatz. Günther Anders' Reflexionen hingegen konstatieren eine „Raum-Annulierung" (130–133) durch das technische „Kontakt-Halten-Können" über riesige Entfernungen hinweg und setzen dem die Notwendigkeit entgegen, die Räume der Phantasie für die Realitätswahrnehmung offen zu halten. Daniel Francis Galouyes menippeisch grundierter Science Fiction-Roman *Simulacron-3* und Rainer Werner Fassbinders welttheatral strukturierte Literaturverfilmung *Welt am Draht* präsentieren schließlich eine digitalisierte Welt, in der die Verwirrung von Realität und Simulation ebenso total ist wie in dem antiken Fiktionsmodell der Menippea, mit dem Unterschied, dass das Wissen um die Realität selbst irritiert ist.

Im Entstehungszeitraum der hier besprochenen Texte hat sich für die zeitdiagnostisch-sorgenvolle Perspektivierung der Welt die Bezeichnung ‚planetarisch' durchgesetzt, in deren Namen die Notwendigkeit eines Bewusstseinswandels ebenso postuliert wird wie die Bereitschaft der Menschen, sich angesichts der planetarischen Einheit zu dezentrieren.[60] Zudem gelte es, eine dem Planetarischen angemessene Multiperspektivität in unsere perspektivischen Konventionen von

---

58 Franco Moretti: *Distant Reading*. Übers. v. Christine Pries. Konstanz u. a. 2016, S. 49.
59 Heinz von Foerster: „Wahrnehmen wahrnehmen". In: Karlheinz Barck/Peter Gente/Heidi Paris u. a. (Hg.): *Aisthesis. Wahrnehmung heute oder Perspektiven einer anderen Ästhetik*. Leipzig 1990, S. 434–443, hier S. 436.
60 Vgl. Christina Pauls/Martin Oppelt/Nicki K. Weber: „Das Planetarische politisch denken". In: *Politische Vierteljahresschrift* (2022) Heft 63, S. 703–728, hier S. 706.

Ich und Welt einzutragen.[61] All dieses erfordere ein „Herauszoomen" aus einer menschheits- und erdgebundenen Perspektive und eine „Distanzierung vom Anthropozentrismus und Soziozentrismus, die […] alle nicht-menschlichen Kräfte in ihrer Eigenständigkeit ignorieren".[62] Menippeische Topoi wie das Kleinwerden der Erde und der entfernte Blick auf eine ins Lächerlich-Nichtige verkleinerte Menschenwelt werden in Bezug auf den Kapitalismus, auf Ungerechtigkeit und Ungleichheit aktualisiert. Der Versuch, „gegen den menschlichen Exzeptionalismus anzuarbeiten" und „den ‚Menschen' nicht länger als einzig relevante*n Akteur*in für den Erhalt der langfristigen Bewohnbarkeit des Planeten" zu verstehen, das heißt eine dem Anthropozän angemessene kritische Perspektive auf das Politische zu formulieren,[63] erinnert an den zeitdiagnostischen Blick der Menippea. Die Gegenwart treibt das Ganze indes an einen Punkt, an dem jene Ausnahmesituation, die die Menippea einst herstellte, um eine Idee, ein Wort, eine Wahrheit zu prüfen und um ihren Witz gegen herrschende Denkgewohnheiten zu richten, umschlägt in den bitteren Ernst einer phantastischen Realität.

---

61 Vgl. Bergermann: „Das Planetarische", S. 41.
62 Pauls et al.: „Das Planetarische politisch denken", S. 705.
63 Ebd., S. 704.

Magdalena Daroch

Hornbrille und Nashorn

Von vertrauten Dingen (Rilke) zu toten Sachen im
Konzentrationslager (Różewicz)

Den zweiten Teil seiner Monographie über den Bildhauer Auguste Rodin, den sog. *Rodin-Vortrag* aus dem Jahre 1907, beginnt Rainer Maria Rilke mit Überlegungen zu Dingen aus der nächsten Umgebung der Menschen. Rilke will nämlich sein Publikum auf die Begegnung mit Kunst-Dingen vorbereiten und äußert sich in dem Wissen, dass alltäglichen Dingen kein besonderer Wert zugeschrieben wird: „Das Wort: Dinge geht an Ihnen vorüber, es bedeutet Ihnen nichts: zu vieles und zu gleichgültiges."[1] Um diese längst vergessene Beziehung von Mensch und Ding herbeizurufen, wendet sich Rilke an seine Leser mit der Bitte, sie mögen sich an den zutraulichen Umgang mit Dingen in ihrer Kindheit erinnern:

> Wenn es Ihnen möglich ist, kehren Sie mit einem Teile Ihres entwöhnten und erwachsenen Gefühls zu irgend einem Ihrer Kinder-Dinge zurück, mit dem Sie viel umgingen. Gedenken Sie, ob es irgendetwas gab, was Ihnen näher, vertrauter und nötiger war, als so ein Ding. Ob nicht alles – außer ihm – imstande war, Ihnen weh oder Unrecht zu tun, Sie mit einem Schmerz zu erschrecken oder mit einer Ungewissheit zu verwirren? Wenn Güte unter Ihren ersten Erfahrungen war und Zutraun und Nichtalleinsein – verdanken Sie es nicht ihm? War es nicht ein Ding, mit dem Sie zuerst Ihr kleines Herz geteilt haben wie ein Stück Brot, das reichen musste für zwei?[2]

In seinem Essay *Puppen* (1914) kommt Rilke nochmals auf Dinge zurück, die Menschen das ganze Leben lang begleiten, und spricht ihnen beinahe menschliche Gefühle zu. Besonders wertvoll erscheinen ihm auch hier die mit den Kindern verbundenen Spielsachen. In seinen Augen sind sie beseelt. Rilke spricht zum Beispiel von der „[g]roße[n], mutige[n] Seele des Schaukelpferds", von der „einfältig

---

1 Rainer Maria Rilke: „Auguste Rodin". In: Ders.: *Sämtliche Werke in zwölf Bänden*. Hg. v. Rilke-Archiv in Verbindung mit Ruth Sieber-Rilke, besorgt durch Ernst Zinn. Frankfurt/M. 1955, Bd. 9, S. 135–246, hier S. 208.
2 Ebd., S. 208 f.

gefällige[n] Seele des Balls", von der „Seele im Geruch der Dominosteine" und der „unerschöpfliche[n] Seele des Bilderbuchs".[3]

Rilke anthropomorphisiert die Dinge und verweist auf die innere Verwandtschaft zwischen ihnen und ihren Besitzern: Er macht sich Gedanken, „wie dankbar Dinge sonst für Zärtlichkeiten sind, wie sie unter ihnen sich erholen, ja wie ihnen (wenn man sie nur liebt) selbst die härteste Abnutzung noch als eine zehrende Liebkosung anschlägt." (1065) Er schreibt sogar, dass diese Dinge im gewissen Sinne sterblich werden und imstande sind, Wehmut mit uns zu teilen (ebd.). Es geht ihm dabei nicht um wertvolle Gegenstände, wie Rüstungen, Dolche, Helme und Schwerter, die in Museen zu sehen sind; er denkt auch nicht an Perlen oder kostbare Steine, sondern ruft ganz einfache, nützliche Dinge aus der Umgebung der Menschen auf, die „ins menschliche Leben ausführlich und innig einbegriffen waren": einen Nähstock, ein Spinnrad, einen häuslichen Webstuhl, einen Brauthandschuh, eine Tasse, einen Hammer, eine Geige und eine Hornbrille (ebd.).

Diese bescheidenen und unauffälligen, zugleich aber mit gewissen Gefühlen und Erinnerungen aufgeladenen Dinge aus der nächsten Umgebung der Menschen unterscheiden sich von den in Museen zur Schau gestellten Objekten dadurch, dass sie immer noch benutzt werden, dass es Menschen gibt, die sie brauchen und gebrauchen. Auf diesen Unterschied macht Krzysztof Pomian in seiner Studie *Der Ursprung des Museums. Vom Sammeln* aufmerksam:

> Lokomotiven und Eisenbahnwagen, die in einem Eisenbahnmuseum stehen, transportieren keine Reisenden und Güter mehr. Die in einem Armeemuseum deponierten Schwerter, Kanonen und Gewehre dienen nicht mehr zum Töten. […] Und so verhält es sich mit jedem einzelnen Ding, das in dieser fremden Welt gestrandet ist, aus der alle Nützlichkeit auf immer verbannt zu sein scheint.[4]

Ungefähr dreißig Jahre nach Erscheinen von Rilkes *Puppen*-Essay wurden Millionen von Kindern und Erwachsenen gezwungen, sich von ihren Dingen zu trennen. Mit der massenhaften Vernichtung wurde die von Rilke so poetisch beschriebene Symbiose in Schutt und, *nomen est omen*, Asche gelegt. Um das Ausmaß der Entwürdigung und Erniedrigung der Menschen in Konzentrationslagern zu veranschaulichen, wendet sich Primo Levi als Shoah-Überlebender aus Auschwitz an seine Leser mit der Bitte, sie mögen sich das Leben ohne ihnen vertraute Gegenstände vorzustellen: „[ü]berlege ein jeder, was für einen Wert, was für eine

---

[3] Rainer Maria Rilke: „Puppen. Zu den Wachs-Puppen von Lotte Pritzel". In: *Sämtliche Werke*. Bd. 6, S. 1063–1074, hier S. 1070 f. Weitere Nachweise mit Angabe der Seitenzahl direkt im Text.
[4] Krzysztof Pomian: *Der Ursprung des Museums. Vom Sammeln*. Übers. v. Gustav Roßler. Berlin 1988, S. 13 f.

Bedeutung selbst die geringsten unserer täglichen Gewohnheiten in sich bergen, unsere Hundert kleinen Dinge, die auch der armseligste Bettler sein eigen nennt: ein Taschentuch, ein alter Brief, die Fotografie eines lieben Menschen."[5] Levi fügt hinzu: „Diese Dinge sind Teile von uns selbst, sind fast wie Glieder unseres Körpers; es ist auch in unserer Welt nicht denkbar, dass sie einem genommen werden, denn gleich würden wir andere dafür finden, andere Dinge, die uns gehören, weil sie unsere Erinnerungen erhalten und wecken."[6] Damit knüpft Levi an ein Dingverständnis an, wie Rilke es emphatisch formuliert hat. In der Welt der Lager wurden die Dinge jedoch unter Verwertungsgesichtspunkten gesehen. In „eine[r] weißgetünchte[n] Scheune"[7], wie Tadeusz Borowski die Gaskammer beschreibt, wurden Menschen vergast, und er fügt hinzu: „Ohne Zauberei, ohne Gift, ohne Hypnose."[8] Den Häftlingen gehörte buchstäblich nichts. Nackt gingen sie in den Tod. Ihre Sachen konnten aber noch ihr Leben fristen, weil sie, im Gegensatz zu Menschen, den Henkern brauchbar und nützlich waren. Diejenigen Habseligkeiten, die man später in den befreiten Konzentrations- und Todeslagern fand, wurden gesammelt und gesichert, dann in Vitrinen zur Schau gestellt. Denn die ehemaligen KZs wurden nach der Befreiung in Museen verwandelt (das bekannteste unter ihnen ist das Staatliche Museum Auschwitz-Birkenau, im Juli 1947 gegründet), obwohl sie sich von anderen Institutionen solcher Art wesentlich unterscheiden.

Alltägliche, einst so eng mit ihren Besitzern verbundene Dinge, wie Koffer, Töpfe, Brillengestelle, Zahnbürsten, Beinprothesen, Puppen, Kinderwagen, Schuhe (darunter Kinderschuhe), wurden auf einmal menschenlos. Es gab niemanden, der sie persönlich brauchen konnte. Dafür avancierten sie zu wertvollen, unter Schutz gestellten Exponaten, die, wie Bożena Shallcross in ihrem Buch *The Holocaust Object in Polish and Polish-Jewish Culture* hervorhebt, die historische Evidenz ermöglichen, dass die Shoah wirklich stattgefunden hat: „Some of these leftovers, stored in barracks across Hitler's Europe, were looted after the war and, later, in diminished yet still terrifying immensity, have served as material evidence that the Holocaust was not a figment of some collective imagination."[9]

Im Gegensatz zu anderen Exponaten, die sich z. B. in archäologischen, kunsthistorischen, ethnographischen Museen befinden – wie Statuen, Uhren, Geschirr,

---

5 Primo Levi: *Ist das ein Mensch? Ein autobiographischer Bericht* [1948/1958]. Übers. v. Heinz Riedt. München 2010, S. 25.
6 Ebd.
7 Tadeusz Borowski: „Bei uns in Auschwitz". In: Ders.: *Bei uns in Auschwitz. Erzählungen* [1946]. Übers. v. Friedrich Griese. Frankfurt/M. 2006, S. 13–72, hier S. 32.
8 Ebd.
9 Bożena Shallcross: *The Holocaust Object in Polish and Polish – Jewish Culture*. Bloomington u. a. 2011, S. 2.

sakrale Gegenstände, Altäre, Edelsteine, Bücher – und, so Pomian, als Museumsstücke „in die Nähe der Kunstwerke, die jeder nützlichen Zweckbestimmung entbehren",[10] rücken, sind die Sachen der Ermordeten in künstlerischer Hinsicht wertlos: „Amid the chaos of suitcases, kitchen pots, footwear, one will not find canvasses painted by old masters or other precious collectibles."[11] Sie werden betrachtet, aber können nicht bewundert werden: „Anyone who contemplates the material legacy of Auschwitz-Birkenau is struck first of all by both its shabby everydayness and the simple utility of the objects on display – a utility determined by the demands of survival."[12]

Der Wert der Dinge liegt also darin, dass sie die Erinnerung an die Menschen tragen, die sie einst benutzten und die es nicht mehr gibt. Das rückt sie in die Nähe der Pomianschen *Semiophoren* – jener Kategorie angesammelter Gegenstände, die des den Dingen üblicherweise zugeschriebenen Nutzungspotenzials beraubt wurden und die jetzt als „Vermittler zwischen den Betrachtern und dem Unsichtbaren"[13] auf das anders nicht zu Veranschaulichende verweisen:

> [D]as Sichtbare spaltet sich auf. Auf der einen Seite befinden sich die *Dinge, nützliche Gegenstände* […]. Mit all diesen Gegenständen hantiert man, durch sie alle werden physische, sichtbare Veränderungen vorgenommen oder sie erleiden sie auch: sie nutzen sich ab. Auf der anderen Seite befinden sich die *Semiophoren, Gegenstände ohne Nützlichkeit* im eben präzisierten Sinn, sondern Gegenstände, die das Unsichtbare repräsentieren, das heißt die mit einer *Bedeutung* versehen sind.[14]

Die Bedeutung der in Museumsschränken ausgestellten Dinge der Ermordeten ergibt sich aus der Tatsache, dass sie die Betrachter dazu zwingen, sich die Abwesenheit der Menschen, denen sie einst gehörten und die spurlos verschwunden sind, zu vergegenwärtigen.

Weil die Dinge nicht das Leben, sondern den Tod bezeugen, muss Shallcross schließlich auch ihre am Anfang des Buches aufgestellte These („the surviving shreds produced narratives about human lives and how these lives ended"[15]) revidieren.

---

10 Pomian: *Ursprung*, S. 14.
11 Shallcross: *Holocaust Object*, S. 2.
12 Ebd.
13 Pomian: *Ursprung*, S. 42. Unter dem Begriff des Unsichtbaren versteht Pomian u. a. das, „was sehr weit im Raum entfernt ist […], was sehr weit in der Zeit entfernt ist: in der Vergangenheit oder in der Zukunft". Er betont aber: „Doch dies alles sind gleichsam leere Rahmen, in die die unterschiedlichsten Wesen und Gegebenheiten hineinpassen: Götter, Tote, andere Menschen als wir, Ereignisse, Umstände." (43 f.)
14 Ebd., S. 49 f.
15 Shallcross: *Holocaust Object*, S. 2.

Es stellt sich nämlich heraus, dass diese in Museen aufbewahrten Überbleibsel nur teilweise imstande sind, die Geschichte ihrer ermordeten Besitzer zu erzählen: „Performed within a museum space, these narratives – conditioned by an institutional framing presence, curatorial strategies, and survivor's advice – carry out seemingly limited messages concerning the objects' victimized owners."[16] Mit Bezug auf die amerikanische Literaturwissenschaftlerin und Kuratorin Liliane Weissberg, die sich skeptisch zu solchen visuellen Darstellungen der Vernichtung äußert, argumentiert Shallcross, dass die zur Schau gestellten Habseligkeiten der Opfer wenig bis gar nichts zu deren Leben sagen: „For Liliane Weissberg, who studies the visual aspects of genocide, these artifacts, besides narrating their present uniformization, have very little – or nothing – to say about the lives of their original owners."[17]

Tatsächlich sind die Dinge der Ermordeten stumme Zeugen des massenhaften Verbrechens. Einst so eng mit ihren Besitzern verbunden, sind sie nicht mehr imstande, auf die jeweiligen Leben zu verweisen. Denn bis auf ein paar Ausnahmen weiß man nicht mehr, wem diese ineinander verhakten Brillengestelle gehörten, wer die Schuhe trug, wer mit dem verrosteten Löffel aß und mit den Puppen spielte. Man weiß nur, dass ihre Besitzer ermordet wurden. In dem Sinne repräsentieren sie deren „Nichtdasein", wie Günther Anders in seinem Bericht aus Auschwitz unter dem Titel *Besuch im Hades* im Jahr 1966 formulierte: „Aber was wir gesehen haben, ist bloß ihr Nichtdasein. Freilich in der Form von Dingen, die noch da sind. In Form ihrer Koffer, ihrer Berge von Koffern, ihrer Brillen, ihrer Berge von Brillen, ihrer Haare, ihrer Berge von Haaren, ihrer Schuhe, ihrer Berge von Schuhen."[18] Günther Anders war zutiefst erschüttert von dem Anblick der angehäuften Dinge, die ihre Besitzer überlebten: „Gesehen haben wir also, dass unsere Dinge, wenn sie noch verwendet werden können, begnadigt werden, wir dagegen nicht. Und das gesehen zu haben, ist sehr viel schlimmer, als wenn du Leichname gesehen hättest."[19]

Ganz andere Eindrücke aus Auschwitz haben die Besucher, die Tadeusz Różewicz in seiner Erzählung *Ausflug ins Museum* aus dem Jahre 1959 betrachtet. Der polnische Autor beschreibt das Lager aus der Sicht gewöhnlicher Touristen (unter ihnen ganze Familien: Männer und Frauen mit kleinen und größeren Kindern), die an einem schönen Herbsttag massenhaft nach Auschwitz kommen:

> Vom Bahnhof kam eine Gruppe von Leuten. Männer im Kammgarnmänteln, Mädchen in bunten Pullis und prall sitzenden Hosen, Frauen mit kleinen Kindern. Sie führten

---

16 Ebd., S. 133.
17 Ebd.
18 Günther Anders: *Besuch im Hades*. München 1979, S. 7 f.
19 Ebd., S. 8.

Körbchen mit Proviant, gelbe, schweinslederne Aktentaschen und Fotoapparate mit sich. Die Männer hatten schicke, weißgesteppte Halbschuhe mit dicken Sohlen an den Füßen. Der Oktoberhimmel war heiter; trockenes, rostrotes Laub strich über den Boden.[20]

Das außerhalb der Stadt gelegene Lager scheint für sie ein adäquater Ort für die Fahrt ins Grüne zu sein, zumal seine Umgebung recht angenehm ist: „In den Sandkästen spielten Kinder, fuhren auch auf kleinen Fahrrädern, andere schaukelten, rannten umher. In der Nähe hatte man ein paar Obststände aufgebaut."[21]

Für diese Gruppe von Leuten ist Auschwitz (der Name taucht in der Erzählung nicht auf) kein Ort des Terrors, kein „schwarzes Loch auf der Erde"[22], wie es Iris Hanika in ihrem Bericht *Reise an den Ort in Polen* aus dem Jahre 1998 beschreibt, sondern in erster Linie ein Museum wie jedes andere, mit Pomian also: „jede Zusammenstellung natürlicher oder künstlicher Gegenstände, die zeitweise oder endgültig aus dem Kreislauf ökonomischer Aktivitäten herausgehalten werden, und zwar an einem abgeschlossenen, eigens zu diesem Zweck eingerichteten Ort, an dem die Gegenstände ausgestellt werden und angesehen werden können."[23]

Różewicz beschreibt Besucher, die sich nicht bewusst sind, dass ehemalige Konzentrationslager keine üblichen Museen mit ausgestellten, außergewöhnlichen und interessanten Exponaten sind, die es nirgendwo sonst zu sehen gibt, sondern vor allem Tat- und Erinnerungsorte, also Gedenkstätten, die „von der ‚Magie des Ortes', von dem ‚hier ist es geschehen'" leben, wie Manuel Köppen hervorhebt.[24] Das ist der Vorteil, der sie bis heute von jenen modernen, digitalisierten Museen mit technischen Möglichkeiten und interaktiven Darstellungselementen unterscheidet,

---

20 Tadeusz Różewicz: „Ausflug ins Museum". In: Ders.: *In der schönsten Stadt der Welt* [1959]. Übers. v. Roswitha Buschmann. Berlin 1971, S. 102–113, hier S. 102. Stanisław Burkot liest *Ausflug ins Museum* als Pendant zu Tadeusz Borowskis Erzählung *Menschen, die gingen*. In dieser Erzählung wird nämlich der Menschenzug, der in Richtung der Gaskammer geht, aus der Sicht eines Häftlings beschrieben: „Gerade war ein Zug eingefahren. Aus den Güterwaggons stiegen Menschen und gingen in Richtung des Wäldchens. Aus der Ferne waren nur die bunten Kleckse der Frauenkleider zu erkennen. [...] Die Männer hatten ihre Jacken ausgezogen, die weißen Hemden leuchteten. Die Menge kam langsam voran, aus den Waggons kamen ständig neue Leute hinzu." Tadeusz Borowski: „Menschen, die gingen". In: Ders.: *Bei uns in Auschwitz. Erzählungen.* Übers. v. Friedrich Griese. Frankfurt/M. 2006, S. 73–92, hier S. 74. In beiden Texten strömen nach Auschwitz bunte Menschenmengen, bloß bei Borowski gehen sie in den Tod, bei Różewicz machen sie einen Ausflug. Vgl. Stanisław Burkot: *Tadeusz Różewicz*. Warszawa 1987, S. 143.
21 Różewicz: *Ausflug*, S. 102. Weitere Nachweise mit Angabe der Seitenzahl direkt im Text.
22 Iris Hanika: „Reise an den Ort in Polen". In: *Freibeuter. Vierteljahreszeitschrift für Kultur und Politik*, 77 (1998), S. 27–48, hier S. 33.
23 Pomian: *Ursprung*, S. 16. Pomian verwendet die Begriffe ‚Museum' und ‚Sammlung' abwechselnd, da die Sammlung für ihn Ursprung jedes Museums ist.
24 Manuel Köppen: „Von Effekten des Authentischen – *Schindlers Liste*: Film und Holocaust". In: Ders./ Klaus R. Scherpe (Hg.): *Bilder des Holocaust*. Köln 1997, S. 145–171, hier S. 155.

die eben nicht auf authentischem Boden stehen und nicht von der authentischen Landschaft umgeben sind. Solche Institutionen können die Authentizität nur durch Rekonstruktion nachahmen, wie zum Beispiel durch die Kopie des berühmten Tors mit der Inschrift ‚Arbeit macht frei', die sich im *United States Holocaust Memorial Museum* in Washington befindet.

Für die Menschen aus Różewicz' Erzählung scheint die Authentizität des Ortes keine Rolle zu spielen. Sie benehmen sich, als wären sie in einem üblichen Museum, in dem die Geschichte aus uralten Zeiten veranschaulicht wird: Sie amüsieren sich, essen, plaudern und scherzen, worüber sich ein Fremdenführer beklagt: „Ich muss schon sagen, die Besucher führen sich oft dermaßen auf, dass man sie regelrecht ermahnen muss." (104) Sie laufen ziemlich chaotisch durch das Gelände (man hat den Eindruck, dass sie es mit den Füßen zertrampeln) und suchen nach etwas, was ihren Blick auf sich ziehen könnte. Besonders sehenswert scheinen für sie die in den Vitrinen gesammelten Haare zu sein, die sie unbedingt sehen wollen: „Wo sind denn die Haare? Die haben doch gesagt, dass hier Haare sind, ich seh aber keine." (104) Manche von ihnen (vor allem Kinder) langweilen sich: „Mutti, hier gibt's ja gar nicht zu sehen. Das soll 'n Museum sein? Ich will hier weg, wann fahren wir endlich?" (104), fragt ein Junge. Auch Erwachsene rümpfen die Nase und drücken ungehemmt ihre Enttäuschung aus: „In Birkenau gibt's überhaupt nichts zu sehen, reineweg nichts. Ich weiß nicht, ob sich's lohnt, hinzugehen." (107) Sogar der Raum, wo Experimente an Frauen gemacht wurden, ist für sie nicht sehenswert: „Dort gibt's nichts zu sehen. Leere Säle." (108), stellt jemand fest. Damit haben sie einerseits recht: Da ist ‚nichts'. Andererseits scheint das Konzept von Museen als Orten, an denen ‚etwas' zu sehen ist, so wirkmächtig, dass die Besucher bei Różewicz nicht begreifen, dass an solchen Orten wie Auschwitz-Birkenau der Begriff Museum sich nicht nur auf die angesammelten Gegenstände, sondern auf das ganze Gelände bezieht, dass hier alles von Bedeutung ist und das Museum insgesamt ausmacht: die leeren Räumlichkeiten oder sogar ihre Ruinen, die ganze Topographie des Lagers und seine Umgebung, die Luft, die sie einatmen (worauf Hanika in ihrem Reisebericht aufmerksam macht[25]), und der Boden, den sie betreten. Vergebens versucht der Fremdenführer ihnen das zu erklären: „Ich kann mir vorstellen, wie viel Blut hier in den Erdboden gesickert ist. Wir schreiten über das Blut der Märtyrer." (111) Da das Blut aber nicht mehr zu sehen ist, gehen seine Worte ins Leere.

---

25 „Obwohl Oświęcim [Hanika benutzt den polnischen Namen des Ortes] in der nächsten Nachbarschaft der Berge liegt, nimmt es ein seltsam flaches, ja fast einer Niederung gleichendes Gebiet ohne irgendwelche Abflüsse ein. Deshalb ist die Umgebung von Oświęcim feucht und sumpfig. Das nirgends abfließende Wasser wird durch die Ausspülung der organischen Abfälle verunreinigt – und durch Verdampfen verunreinigt es seinerseits die Luft. Die Nazibehörden nützten mit Absicht die klimatischen Verhältnisse von Oświęcim für ihre verbrecherische Pläne aus." Hanika: *Reise*, S. 32.

Schließlich erblicken die Touristen die Sachen der Ermordeten in einem Raum hinter einer Glasscheibe. Sie sehen aber nur gewöhnliche Dinge, die sie sehr gut kennen, weil sie sie auch in den Schränken und Schubladen zu Hause haben: „Was ist denn das hier?", wundert sich eine Frau: „Lauter Schüsseln und Töpfe. Sogar Nachttöpfe, gucken Sie sich das an, meine Dame." (110) Dazu sind die Sachen alt, abgenutzt und kaputt, was sie in Augen mancher Betrachter als Museumsstücke disqualifiziert: „Wozu liegen hier bloß so viele alte Zahnbürsten rum? Anstatt ein paar anständige hinzulegen. Nein, lauter ausgefranste und abgebrochene." (109 f.) Solche Äußerungen geben Anlass, über die Prozesse der Bedeutungsgebung und Wertzuschreibung in diesem Museum nachzudenken. So stellt Pomian fest: „Einem Gegenstand wird dann Wert zugeschrieben, wenn er geschützt, aufbewahrt oder reproduziert wird", und stellt dann eine wichtige Frage: „Welche Bedingungen muß nun ein Gegenstand erfüllen, damit das geschieht?" Die Antwort könnte das Verhalten der Besucher erklären: „[D]amit einem Gegenstand von einer Gruppe oder einem Individuum Wert zugeschrieben werden kann, ist es erforderlich und hinreichend, daß dieser Gegenstand nützlich ist oder aber daß er mit Bedeutung versehen ist. Gegenstände, die weder die erste noch die zweite Bedingung erfüllen, sind ohne Wert. Sie sind faktisch keine Gegenstände mehr, sondern Abfall."[26] Für die Besucher, die Różewicz in seiner Erzählung beobachtet, sind die Sachen der Ermordeten weder nützlich noch mit Bedeutung aufgeladen. Sie sehen sie nicht in der Verbindung mit dem tragischen Schicksal ihrer Besitzer, deshalb schreiben sie ihnen keinen Wert zu.

In anderen Museen werden üblicherweise intakte, d. h. weder beschädigte noch abgenutzte Objekte ausgestellt. „Sind die Gegenstände beschädigt, so stellt man – wenn möglich – ihren ursprünglichen Zustand wieder her",[27] bemerkt Pomian. Die Exponate in Auschwitz befinden sich indes in dem Zustand, in dem sie in ihrem früheren ‚Leben' benutzt wurden. Dies ist, nach Shallcross, gerade ein Grund dafür, warum die Konfrontation mit den Dingen der Ermordeten zu Unbehagen führen kann. Man glaubt nämlich gern, dass die Menschen ihre (im Laufe der Zeit immer mehr abgenutzten) Habseligkeiten überleben. Betrachter, die vor dem Schaukasten im ehemaligen Lager stehen, müssen sich mit der Umkehrung dieser Ordnung abfinden und die Tatsache akzeptieren, dass nicht Dinge, sondern Menschen so schrecklich sterblich und austauschbar sind – darauf weist Shallcross besonders hin:

> Usually, the biography of an object continues as long as it maintains its capacity to serve its owner. One disturbing effect of the objects on display in Holocaust museums is produced

---

26 Pomian: *Ursprung*, S. 50.
27 Ebd., S. 14.

by the reversal of this order: beholders confront lifeless items that were in usable condition at the moment of separation from their owners and, thus, encounter in these vestiges not only their owner's tragic end, but also stories of violated proximity and forced separation.[28]

Von solchen Überlegungen sind die Besucher aus Różewicz' Erzählung weit entfernt, für sie sind diese abgenutzten Sachen nur bedeutungsloser Abfall.[29] Selbst Schuhe, die doch besonders geeignet sind, die Einbildungskraft der Betrachter anzusprechen, weil sich in ihnen noch die Fußabdrücke ihrer Besitzer befinden[30], machen auf sie keinen Eindruck. Vielleicht, weil sie keine einzelnen Schuhe zu sehen bekommen, sondern einen riesengroßen Haufen von Schuhen, der an den Kadaver eines Tieres erinnert: „Ein Berg alter Schuhe. Ein Berg morschen Leders. Wie ein ausgegrabenes Nashorn, in grauer Vorzeit krepiert und jetzt ans Tageslicht gefördert." (109) Den Leuten drängt sich aber nicht der Gedanke auf, dass sie nicht mit Ausgrabungen, nicht mit einer uralten, abgeschlossenen Geschichte zu tun haben, sondern dass sie in Form der alltäglichen Gegenstände die vergegenwärtigte Abwesenheit der massenhaft Ermordeten erblicken. Es fällt ihnen schwer, hinter den Bergen von Schuhen, Zahnbürsten, Rasierpinseln, Prothesen, Brillen und anderen Habseligkeiten einzelne Menschen zu sehen. „Denn was sollen ein Haufen Schuhe oder Zähne einem sagen, wenn man nicht hinzufügt, wem sie gehörten und was mit den Besitzern geschah?", fragt Ruth Klüger in ihrem Essay *Von hoher und niedriger Literatur* (1996) und ergänzt ihren Gedanken: „Weiß man es nicht, so bedeuten sie nichts".[31] In ihrer Autobiographie *weiter leben. Eine Jugend* (1992)

---

28 Shallcross: *Holocaust Object*, S. 1 f.
29 Manche von ihnen ärgern sich, dass man ihnen alte, beschädigte Sachen zur Schau stellt: „Guck mal, da, wer wird schon so'ne Bürste nehmen und noch dazu ganz abgenutzt. Das ist ja 'ne Schande, dass so was hier rumliegt." Różewicz: *Ausflug*, S. 110.
30 „An ordinary item, such as a pair of shoes, introduces us to the world of the Holocaust. It should be surprising that shoes perform this function, but it is not; the shock they cause comes from their sheer quantity. Moreover, shoes achieved a stunning career through literary strategies of substitution. Though a pair of shoes is just a pair of shoes, their inside is a reversed image of the feet which they protect." Shallcross: *Holocaust Object*, S. 17.
31 Ruth Klüger: *Von hoher und niedriger Literatur*. Bonn 1996, S. 41. In Bezug auf die „berühmten Haufen von Kinderschuhen, die in KZ-Gedächtnisstätten ausgestellt werden" (42), verwendet Klüger den von Ludwig Giesz in seiner *Phänomenologie des Kitsches* [1960] geprägten Begriff „Vergangenheits-Fetisch" und bemerkt zu den zu Museumsobjekten gewordenen Gegenständen: „Gerade *diese* Überbleibsel sollen besonders eindrucksvoll für viele Besucher sein. Und immer bleibt mir das unbehagliche Gefühl, das sei eine sentimentale Reaktion, und zwar deshalb, weil sich Menschen nicht auf ihre Schuhe reduzieren lassen, die vergasten Kinder ebenso wenig wie die lebenden Kinder, die heute größere Schuhe tragen. Ihrer ursprünglichen Funktion enthoben, haben die Schuhe in beiden Fällen nur noch eine Funktion, betrachtet zu werden. Das heißt, die Schuhe werden ästhetisiert, sie werden zum Fetisch, zum Kunstwerk; jedoch, da der Teil dem Ganzen nicht entspricht, werden sie nur zum Kitschwerk." (Ebd.). Für Klüger werden die nicht mehr benutzten

meint Klüger, die als Kind Auschwitz überlebte, dass sich die Bedeutung und der Zeugnischarakter dieser Dinge erst aus dem Wissen ergeben, mit dem die Besucher sie betrachten, und gibt zu bedenken: „wer dort etwas zu finden meint, hat es wohl schon im Gepäck mitgebracht."[32] Wer unvorbereitet zu den Lagern kommt und eben nur einen „Ausflug ins Museum" macht, wird hinter den zur Schau gestellten Exponaten nichts erblicken. Vor solchen Touristen verschließen sich das Unsichtbare (Pomian) und das Nichtdasein der dort ermordeten Menschen (Anders), die diese Überbleibsel repräsentieren.

Aber man braucht vielleicht etwas mehr als bloßes Wissen, um hinter den Bergen von abgenutzten, alltäglichen Gegenständen nicht nur die Tragödie, sondern auch das Leben oder mindestens „tragische Zeugnisse des abgebrochenen Lebens"[33] ihrer Besitzer zu sehen. Man bedürfte wohl der Empfindlichkeit eines Dichters wie Rilke, der seine Leser zum Nachdenken über die Bedeutung solcher Dinge wie eine altmodische Hornbrille ermuntert. Seine Bemerkung, dass auch Gegenstände mit Menschen verwandt sind und auf ihre Liebe und Hingabe warten[34], klingt immer noch zutreffend und tragisch zugleich, besonders wenn man sie mit den nutz- und menschenlosen Sachen in den zu Museen verwandelten Lagern konfrontiert. „Welches ist ihre Geschichte?"[35] – diese Frage Rilkes bleibt jedoch in Bezug auf die

---

und gebrauchten Gegenstände (das gilt sowohl für ein Paar Babyschuhe, die die Eltern als Souvenir behalten, als auch für die Haufen von Kinderschuhen in den ehemaligen Lagern) nicht zu Kunst-, sondern nur zu Kitschwerken.

32 Ruth Klüger: *weiter leben. Eine Jugend*. München 2007, S. 75. Klüger hält es überhaupt für sinnlos, „die Lager räumlich so darstellen zu wollen, wie sie damals waren." (78) Sie ist der Meinung, dass solche Orte eigentlich nicht mehr existieren und die heutigen Gedenkstätten mit den ehemaligen Lagern nichts zu tun haben: „Absolut getrennt werden die Besucher von den Opfern, auch das womöglich eine Funktion der KZ-Museen, die damit das Gegenteil ihrer vordergründigen und angeblichen Aufgabe erreichen." (82) Deshalb benutzt Klüger lieber das Wort ‚Zeitschaft' als ‚Ortschaft' in Bezug auf die Lager, denn ein Lager ist ein „Ort in der Zeit, die es nicht mehr gibt" (79).

33 So beschrieb die Holocaust-Überlebende Halina Birenbaum ihre Eindrücke aus der Arbeit in ‚Kanada', dem Effektenlager in Auschwitz: „Die Reisetaschen, Bündel, Koffer und Pakete stapelten sich auf der Rampe, in den Baracken und Durchgängen von Kanada. Riesige, bis zum Rand vollgeladene Lastwagen brachten die Sachen von der Rampe und die persönlichen Kleidungs- und Schmuckstücke, die die Menschen unmittelbar vor dem Tod, vor dem Betreten des ‚Duschraums', abgelegt hatten, direkt vom Krematorium hierher. Reiche und Arme, Magere und Kräftige, Große und Kleine, alte Menschen und Kinder… Inmitten dieser schrecklichen Konfektion stecken Lebensmittel, sorgsam verpackt oder gerade angebrochen, zerbröselte, verschimmelte Überreste und daneben nicht minder tragische Zeugnisse des abgebrochenen Lebens: Schnuller, Puppen, Spielzeug und Kleinigkeiten, Fotos, Briefe, Dokumente." Halina Birenbaum: *Die Hoffnung stirbt zuletzt*. Übers. v. Esther Kinsky. Oświęcim 2011, S. 178.

34 „Sie erinnern sich dessen kaum mehr, und es wird Ihnen selten bewusst, dass Sie auch jetzt noch Dinge nötig haben, die, ähnlich wie jene Dinge aus der Kindheit, auf Ihr Vertrauen warten, auf Ihre Liebe, auf Ihre Hingabe." Rilke: *Auguste Rodin*, S. 209 f.

35 Ebd., S. 210.

in den Schaukästen gesammelten Dinge der Ermordeten unbeantwortet. Nur vom einzelnen Betrachter hängt es ab, ob man hinter den alten, beschädigten, abgenutzten, unvermeidlich verwesenden und in gewissem Sinne verwaisten Gegenständen das Leben ihrer Besitzer erblicken kann. Jede einzelne Brille war doch einst mit einem einzelnen Menschen verbunden und verwandt, in jedem einzelnen Schuh auf dem mürben Schuhhaufen, der „wie ein ausgegrabenes Nashorn" (Różewicz) aussieht, sind Fußabdrücke eines einzelnen Menschen enthalten. Sich dessen bewusst zu werden und den Weg von den toten Exponaten in den Todeslagern zu den vertrauten Dingen aus der nächsten Umgebung eines Menschen, auf die Rilke in seinem *Rodin-Vortrag* aufmerksam macht, zu rekonstruieren, fällt den Besuchern oft schwer. Dank der Literatur wird aber die Verbindung – nicht nur zwischen einem Nashorn und einer Hornbrille, sondern auch zwischen Mensch und Ding – sichtbar.

Roman Kabelik

Verschleppt, geschleust, bezahlt

Zur raumzeitlichen Darstellung des transnationalen Menschenhandels in der Gegenwartsliteratur

Menschenhandel: Aspekte eines gängigen Verbrechens

Am 30. Juli 2018, dem Welttag gegen Menschenhandel, erklärte der UNO-Generalsekretär António Guterres, dass viele weltweit praktizierte Verbrechen, wie sexuelle Ausbeutung, Zwangsarbeit und Kindesverkauf, rechtlich nicht geahndet und ihnen daher zu wenig Aufmerksamkeit geschenkt werde.[1] Wenngleich Menschenhandel kein ausschließlich transnationales Phänomen ist und sich das Geschlechterverhältnis bei Opfern und TäterInnen laut aktuellen Ermittlungsdaten in den letzten Jahren in einigen Weltregionen anzugleichen beginnt, legen internationale Menschenrechtsorganisationen ihr Hauptaugenmerk zum einen auf die Verflechtungen von Menschenhandel mit globalen Flucht- und Migrationsbewegungen, besonders im Kontext bewaffneter Konflikte und damit zusammenhängender Praktiken wie Menschenschmuggel, und zum anderen auf Frauen und Kinder, die als zentrale Gruppe mehr als zwei Drittel aller dokumentierten Opfer ausmachen.[2] Überlappungen mit anderen Formen menschlicher Bewegung und Arbeitsverhältnisse sowie national unterschiedliche Gesetzeslagen machen den Menschenhandel, der im Zusatzprotokoll des am 15. November 2000 angenommenen und am 29. September 2003 in Kraft getretenen *Übereinkommens gegen die grenzüberschreitende Kriminalität* der Vereinten Nationen definiert ist,[3] zu einem schwierig zu fassenden und zu sanktionierenden Verbrechen, das besonders durch Änderungen von Grenz- und Migrationsregimen betroffen ist. Darüber hinaus entspricht die rechtliche Feststellung von Unfreiwilligkeit bei Transportdienstleistungen und Arbeitsvereinbarungen, wie sie der Definition

---

[1] UNRIC: „UN-Generalsekretär António Guterres: Erklärung zum Welttag gegen Menschenhandel, 30. Juli 2018".

[2] Vgl. United Nations Office on Drugs and Crime (UNODC): *Global Report on Trafficking in Persons*. Wien 2016. www.unodc.org/documents/data-and-analysis/glotip/2016_Global_Report_on_Trafficking_in_Persons.pdf (letzter Zugriff: 28.02.2024). Die für Menschenhandel veranschlagten absoluten Zahlen basieren auf Ermittlungserfolgen, während zur Dunkelziffer keinerlei Schätzung abgegeben wird (S. 30).

[3] *Bundesgesetzblatt*, 21 (2005) Teil 2, S. 995–1006.

der UNO zugrunde gelegt wird,[4] in vielen Fällen nicht der Handlungsmacht und den sich kontextuell ändernden Wahrnehmungen von Betroffenen, so dass sogar von „freiwilligen Opfern"[5] gesprochen werden kann. Für adäquate sozialpolitische Analysen des Menschenhandels und seiner Ursachen, speziell der Zwangsprostitution als eklatantester Form, muss seine strukturelle Dimension als patriarchaler Herrschaftsmechanismus mit globaler Reichweite[6] erweitert werden: sowohl um die mit gegenwärtig mobilen Wohn- und Lebensformen einhergehende Ethnisierung und Rassifizierung als auch um den neoliberalen Abbau staatlicher Wohlfahrtsysteme, der die Viktimisierung von durch Armut betroffenen Mädchen und Frauen begünstigt.[7]

Dass die deutschsprachigen Länder im 21. Jahrhundert beliebte Ziel- und Transitländer für den Menschenhandel sind,[8] wurde kulturwissenschaftlich noch wenig erfasst, wenngleich Sklaverei und Prostitution in früheren historischen Epochen ausgiebig erforschte Themenfelder darstellen.[9] Besonders nach dem Zerfall der Sowjetunion und der zunehmenden wirtschaftlichen, politischen sowie territorialen Integration Europas darf die Problematik krimineller, gefährlicher und lebensbedrohlicher Bewegungen zum Zweck sexueller Ausbeutung und anderer Dienstleistungen neue Geltung beanspruchen. Im Zentrum der folgenden Überlegungen stehen drei gegenwärtige Romane, die sich dem Sujet des Kinder- und Frauenhandels im deutschsprachigen Kontext widmen. Nach einer einführenden Diskussion um die poetische Dynamik literarischer Texte, die Raumzeit ästhetisieren und darüber Beweglichkeit in ihren intersubjektiven Aspekten narrativ perspektivieren, folgen Lektüren der situativen Gestaltung von Menschenhandel in Paulus Hochgatterers *Das Matratzenhaus* (2010), Clemens Meyers *Im Stein* (2013) und Lana Lux' *Kukolka* (2017). Anders als Lektüren, die sich für literarische Verräumlichungstechniken von Gewalt interessieren, soll dieser Beitrag das Potenzial transitorischer Lesarten demonstrieren, die die Komplexität des Menschenhandels als raumzeitliche Prozesse inszenieren.

---

4 Vgl. UNODC: *Global Report*, S. 15.
5 Vgl. Ramona Vijevarasa: *Sex, Slavery and the Trafficked Woman. Myths and Misconceptions about Traffickings and its Victims.* Farnham 2015, S. 177.
6 Vgl. Sheila Jeffreys: *The Industrial Vagina. The Political Economy of the Global Sex Trade.* London u. a. 2009.
7 Vgl. Jackie Turner: „Root Causes, Transnational Mobility and Formations of Patriarchy in the Sex Trafficking of Women". In: Margaret Malloch/Paul Rigby (Hg.): *Human Trafficking. The Complexities of Exploitation.* Edinburgh 2016, S. 194–209, hier S. 198 f.
8 Vgl. UNODC: *Global Report*, S. 71–77.
9 Vgl. u. a. Simone Sauer-Kretschmer (Hg.): *Körper kaufen. Prostitution in Literatur und Medien.* Berlin 2016; Barbara Riesche: *Schöne Mohrinnen, edle Sklaven, schwarze Rächer. Schwarzendarstellung und Sklavereithematik im deutschen Unterhaltungstheater (1770–1814).* Hannover 2010; Esther Sabelus: *Die weiße Sklavin. Mediale Inszenierungen von Sexualität und Großstadt 1900.* Berlin 2009.

Zur Transitorik literarischer Raumzeiten

Dass literarische Texte an Raumentwürfen diskursiv arbeiten, stellen kulturwissenschaftliche Positionen nicht erst seit der – u. a. durch die Arbeiten von Henri Lefebvre und Edward Soja angestoßenen – Raumwende fest,[10] gehören doch Berichte von Reisen und Landschaften zum grundlegenden Repertoire fiktionaler wie faktualer Darstellungsverfahren.[11] Waren schon semiotische Ansätze darum bemüht, literarische Erzählungen als topologisch organisierte Modellierungssysteme zu begreifen,[12] so darf mittlerweile ein relationales Verständnis von Raum als sozial hergestelltes Gefüge mit dynamischer Positionsverteilung weitgehend Gültigkeit im konstruktivistischen Diskurs beanspruchen.[13] Mit zunehmender Verräumlichung von Wissensordnungen wurde auch vermehrt auf die Fallstricke eines raumfokussierten Forschens hingewiesen,[14] das Zeitlichkeit und Diversität zugunsten einer Darstellbarkeit vielschichtiger Lagebestimmungen unterschlägt. Nahm die Literaturwissenschaft bereits früh die Verflechtung von Raum und Zeit in den Blick,[15] so wurde die Pluralität unterschiedlicher Raum-Ontologien mit dem Konzept eines vielstimmigen Raums geltend gemacht, der als gelebter Dritt-Raum materielle, physische und sinnlich wahrnehmbare Formen von Räumlichkeit ebenso umfasst wie mentale, symbolisch repräsentierte und vorgestellte, ohne dabei einen Modus der Raumerfahrung erkenntnistheoretisch vorzuziehen.[16] In diesem

---

10 Vgl. Henri Lefebvre: *La production de l'espace* [1974]. Übers. v. Donald Nicholson-Smith als *The Production of Space*. Oxford 1991; Edward W. Soja: *Postmodern Geographies. The Reassertation of Space in Critical Social Theory*. London 1989; vgl. für einen Überblick der Folgen und Wirkungen der räumlichen Wende in den Kultur- und Literaturwissenschaften: Doris Bachmann-Medick: *Cultural Turns. Neuorientierungen in den Kulturwissenschaften*. Reinbek bei Hamburg 2006, S. 284–328; Jörg Döring: „Spatial Turn". In: Stephan Günzel (Hg.): *Raum. Ein interdisziplinäres Handbuch*. Stuttgart 2010, S. 90–99.
11 Vgl. Albrecht Koschorke: *Die Geschichte des Horizonts. Grenze und Grenzüberschreitung in literarischen Landschaftsbildern*. Frankfurt/M. 1990; Ottmar Ette: *Literatur in Bewegung. Raum und Dynamik grenzüberschreitenden Schreibens in Europa und Amerika*. Weilerswist 2001.
12 Vgl. Jurij M. Lotman: *Die Struktur literarischer Texte*. München 1972; Sylvia Sasse: „Poetischer Raum: Chronotopos und Geopoetik". In: Günzel (Hg.): *Raum*, S. 294–308.
13 Vgl. Martina Löw: *Raumsoziologie*. Frankfurt/M. 2001; Doreen Massey: *For Space*. London 2005.
14 Vgl. Roland Lippuner/Julia Lossau: „Kritik der Raumkehren". In: Günzel (Hg.): *Raum*, S. 110–119. Vgl. für eine komplette Ablehnung eines abstrakten Raumbegriffs, der von kulturellen Umgangs- und Lebensweisen absieht: Tim Ingold: „Against Space. Place, Movement, Knowledge". In: Peter Kirby (Hg.): *Boundless Worlds. An Anthropological Approach to Movement*. Oxford 2009, S. 29–43.
15 Vgl. Michail M. Bachtin: *Chronotopos*. Frankfurt/M. 2008; Michael C. Frank: „Chronotopoi". In: Jörg Dünne/Andreas Mahler (Hg.): *Handbuch Literatur & Raum*. Berlin 2015, S. 160–169.
16 Vgl. Edward W. Soja: „Die Trialektik der Räumlichkeit". In: Robert Stockhammer (Hg.): *TopoGraphien der Moderne. Medien zur Repräsentation und Konstruktion von Räumen*. München 2005, S. 93–123, hier S. 108 f.

Modell nimmt die Ästhetik literarischer Texte weder eine privilegierte noch eine derivative Position gegenüber der physikalischen Ausdehnung des Raums oder der landschaftlichen Topografie einer außerliterarischen Wirklichkeit ein.

Die Raumproduktion literarischer Texte erschöpft sich nicht in mimetischer Reflexion realer Topoi, sondern wirkt über dynamisierende und stabilisierende Situationsbildungen. Narrative bringen Dinge und Menschen in ein spezifisch artikuliertes Verhältnis und setzen sie dafür in Bewegung oder stellen sie zu einem lebensweltlich bedeutsamen Milieu zusammen.[17] Begreift man Raum und Zeit als kulturelle Hervorbringungen durch Handlungen,[18] verliert die ortsgebundene Epistemologie von Seinsformen gegenüber der transitorischen Qualität des Werdens an Stellenwert. Wo aber Raum nicht mehr Container ist, in dem Menschen leben,[19] sind räumliche Verortungen und damit einhergehende Identitätsbekundungen als historisch kontingente Praktiken mit heterogenen Zeitlichkeiten und ideologischen Implikationen zu benennen.[20] Aus praxeologischer Perspektive gerät die prinzipielle Transitorik kultureller Raumzeiten in den Blick, wie sie literarische Texte hervorbringen[21] und ästhetisch erfahrbar machen. Um der Raumfalle[22] zu entgehen, die mit der Dichotomie von Raum und Zeit ausgelegt wird,[23] bietet eine Orientierung an raumzeitlichen Bewegungsdynamiken[24] einen adäquateren Bezugsrahmen. Vor dem theoretischen Hintergrund literarischer Transitorik finden die folgenden Ausführungen zu gegenwärtigen Erzählweisen von Menschenhandel statt. Dabei geht es nicht um die präzise Kartierung literarischer Darstellungen von makro- und mikroskopischen Regionen und Räumlichkeiten oder um eine Systematik des räumlichen Erzählens[25] von Menschenhandel, sondern um eine bewegungssensible Lektüre, die jene formale Pluralität erschließt, mit der gewaltsame Verbrechen narrativ artikuliert und kulturell reflektiert werden.

---

17 Vgl. Jörg Dünne: „Dynamisierungen: Bewegung und Situationsbildung". In: Ders./Mahler (Hg.): *Literatur & Raum*, S. 41–54.

18 Vgl. Michel de Certeau: *Kunst des Handelns*. Berlin 1988; Pierre Bourdieu: „Ortseffekte". In: Albrecht Göschel (Hg.): *Kultur in der Stadt. Stadtsoziologische Analysen zur Kultur*. Opladen 1998, S. 17–25.

19 Vgl. Ingold: „Against Space", S. 30.

20 Vgl. Vittoria Borsò: „Transitorische Räume". In: Dünne/Mahler (Hg.): *Literatur & Raum*, S. 259–271.

21 Vgl. Ottmar Ette: *TransArea. Eine literarische Globalisierungsgeschichte*. Berlin 2012.

22 Vgl. Lippuner/Lossau: „Kritik der Raumkehren", S. 115 f.

23 Selbst poststrukturalistische Ansätze führen diese Binarität fort. Vgl. Doreen Massey: *For Space*, S. 45–48.

24 Vgl. Doris Bachmann-Medick: „Fort-Schritte, Gedanken-Gänge, Ab-Stürze: Bewegungshorizonte und Subjektverortung in literarischen Beispielen". In: Wolfgang Hallet/Birgit Neumann (Hg.): *Raum und Bewegung in der Literatur. Die Literaturwissenschaften und der Spatial Turn*. Bielefeld 2009, S. 257–279.

25 Vgl. Katrin Dennerlein: *Narratologie des Raumes*. Berlin 2009.

Rekonstruktion als Anteilnahme: Paulus Hochgatterers Roman *Das Matratzenhaus* (2010)

Kinderhandel, pädosexueller Missbrauch sowie Produktion und internationaler Vertrieb kinderpornografischen Materials sind die Handlungen im Zentrum des Romans *Das Matratzenhaus*, als dessen primärer Schauplatz die fiktive österreichische Kleinstadt Furth am See fungiert. Unterteilt ist der Text in dreiundzwanzig durchnummerierte Kapitel, die in regelmäßiger Abfolge aus vier unterschiedlichen Perspektiven erzählt werden. Diese Erzählstimmen gehören der Volksschullehrerin Stella, dem örtlichen Kinder- und Jugendpsychiater Raffael Horn, dem Kriminalkommissar Ludwig Kovacs sowie Fanni, einem adoptierten Teenager, dessen Perspektive als einzige autodiegetisch erzählt wird. Fannis Perspektive – wie Stellas im Präsens gehalten – berichtet von ihrer neu adoptieren Schwester Switi, die ursprünglich aus Indien stammt, und deren plötzlicher Absenz. Obwohl bildhafte Gewaltdarstellungen ausgespart bleiben, legt der Roman über konkrete Andeutungen nahe, dass Switi (von ihren Adoptiveltern und KlassenkameradInnen Susi genannt) für einen kommerziell vertriebenen Snuff-Film durch ihre neuen Eltern umgebracht wird. Die dadurch ausgelöste Rachephantasie von Fanni und die damit zusammenhängenden Vorfälle von geschlagenen Kindern im Ort setzen den Plot in Bewegung.

Vor dem ersten nummerierten Kapitel eröffnet der Text mit einer unklar bleibenden, keine Eigennamen nennenden Schilderung einer geschäftlichen Transaktion, die sich erst im weiteren Verlauf der Lektüre als Beschreibung eines Kinderhandels rekonstruieren lässt. Dieser etische Erzähleinstieg ist mit „Wie es gewesen sein muss" betitelt; diese als explizit subjektiv markierte Phrase wird im letzten Kapitel vom Polizisten Kovacs aufgegriffen, der nach langer Ermittlung eines international operierenden Kinderpornorings den vergangenen Kinderhandel interpretativ zu rekonstruieren versucht: „Am Ende merkst du, dass du von Anfang an nicht dabei warst. Dann baust du dir eine Geschichte, irgendeine, und versuchst dir vorzustellen, wie es gewesen sein muss."[26] Der rätselhafte Beginn des Romans entpuppt sich im Laufe der Lektüre als Schlussfolgerung, die sich aus zuvor ausgelegten Indizien und Bildern zusammensetzt, wie den schon am Anfang erwähnten „Pelikane[n]" (7), von denen sich die betroffenen Kinder zur gegenseitigen Stärkung erzählen (176). Chronologisch und kausal ursprünglich steht der Verkauf eines Mädchens durch eine Frau, deren Verhältnis nicht näher erläutert wird, in einer spekulativ ausgestalteten Raumzeit, die keinerlei Verortung zulässt:

---

26 Paulus Hochgatterer: *Das Matratzenhaus*. Wien 2010, S. 293. Weitere Nachweise mit Angabe der Seitenzahl direkt im Text.

> Der Diener, der das Tor öffnet, führt die beiden [die Frau und das Kind] durch eine spärlich möblierte Halle in einen Glasanbau mit breiten Türen zum Garten. Drei Menschen, zwei Männer in Anzügen und eine Frau mit rosafarbener Handtasche, stehen dort und unterhalten sich in einer fremden Sprache. Als sie die Frau und das Mädchen erblicken, verstummen sie. Der eine Mann – er ist klein und dick – geht auf sie zu und legt dem Mädchen die Hand auf den Kopf. Das Mädchen duckt sich. Der andere Mann zieht einen Briefumschlag aus der Innentasche seiner Jacke und reicht ihn der Frau. Sie lässt das Mädchen los, tritt an ein rundes Tischen mit Mosaikplatte […] und öffnet den Briefumschlag. Sie legt das Geld, das sich drin befindet, vor sich hin, zählt es, indem sie Schein auf Schein neu aufstapelt, steckt es zurück und nimmt den Umschlag an sich. Sie lässt den gelben Stoffsack von der Schulter gleiten, hält mit abgespreizten Armen einen Augenblick lang inne und verlässt, ohne sich noch einmal umzublicken, mit hastigen Schritten den Raum. (11)

Durch seine unterdeterminierte, hypothetische Rahmung figuriert die Eröffnungsszene den nüchtern erzählten Kinderhandel nicht nur als vorausgegangene Darstellung dessen, was der Roman analytisch und progressiv aufschlüsselt; vielmehr nimmt die Erzählung auch an den geheim stattfindenden Ereignissen teil, ohne sie zu werten oder situative Informationen preiszugeben. Fokalisiert durch die Frau, die die „fremde[] Sprache" wahrnimmt, aber ohne Darlegung ihrer Gedanken und ihres Hintergrundwissens, verführt die Lektüre zur stillschweigenden Ansicht einer fragwürdigen Situation, der man nur als MittäterIn beiwohnen kann. Durch jegliches Fehlen regionaler, topografischer oder territorialer Referenzen ist die vollzogene Handlung nicht eine fallspezifische, sondern eine typische, die in unterschiedlichen Kontexten mit anderen Personen in ähnlicher Konstellation ebenso passieren könnte. In seiner Einfachheit, in der der Menschenhandel motivisch nacherzählt wird, muss er nicht mehr erklärt werden.

Trotz kriminalistischer Anlagen ist der Roman paratextuell nicht als Krimi ausgewiesen, wenngleich einige Rezensionen ihn als solchen bezeichnen.[27] Auch poetologisch weicht der Text vor einer endgültigen Auflösung zurück und schließt mit dem Hinweis auf die prekäre Erzählbarkeit von Wissen um historische Geschehnisse und deren Tatsachengehalt. Die Unmöglichkeit einer totalen Durchleuchtung sämtlicher Umstände und Motive inszeniert der Roman ausgerechnet am gesellschaftlich brisanten Thema des Kinderhandels, bei dem globale Machtgefälle in mehrfacher

---

27 Vgl. Sigrid Löffler: „Es ist kalt wie Sau, und alle Further haben Hau". In: *Falter* (2010) Heft 6. Felicitas von Lovenberg hebt in ihrer Kritik hingegen die Unterschiede des Romans zu herkömmlichen Krimis hervor: „Die Normalität ist nur eine Behauptung". In: *FAZ* vom 12.02.2010. In der Ausgabe des Deutschen Taschenbuchverlags wird der Roman allerdings als Kriminalroman angeführt.

Hinsicht – von ökonomischen bis sprachlichen Dimensionen – wirksam werden.[28] Geografisch auf die Perspektive der Figuren in der österreichischen Kleinstadt und den dortigen Vorkommnissen gerichtet, bleibt die Geschichte des verkauften und aus Indien verschleppten Kindes nur vage umrissen. Die raumzeitliche Distanz zwischen den BewohnerInnen in Furth und dem indischen Mädchen, das sich unverhofft auf einem neuen Kontinent befindet und bis zu seinem gewaltsamen Tod unbeschreibliche Dinge erdulden muss, lässt sich empathisch wie epistemologisch nicht überbrücken. Zwischen TäterInnen, Opfern und den sie umgebenden, meist ignoranten ZeugInnen bleibt kommunikative Übereinkunft unmöglich. Den Verbrechen, die den Kinderhandel im erzählten Fall begleiten, und der verspäteten Intervention durch Schule, Polizei und Medizin gehen fehlgeschlagene Decodierungen voraus; dem Psychiater „versagt die Wahrnehmung" (289), und der Kommissar fragt sich schlussendlich, wann er damit begonnen habe, „Dinge zu übersehen" (293). Über die multiperspektivische Auffächerung inszeniert die Erzählung fehlgeleitete Deutungen, die in subjektiven Problemlagen verstrickt sind und dadurch Gefahrenlagen in unmittelbarer Umgebung nicht einschätzen können.

Anders die Perspektive von Fanni, die von den Machenschaften ihrer Adoptiveltern weiß und sich um ihre neue Schwester kümmert, indem sie ihr Überlebensstrategien vermittelt. Im Gegensatz zu den Perspektiven von Horn und Kovacs, die von heterodiegetischen Erzählinstanzen im Präteritum nacherzählt werden, inszeniert die Perspektive der Opfer eine gegenwartsbezogene Raumzeit, in der das Bewusstsein um ein mögliches Entkommen wachgehalten wird. Switi lernt von Fanni, sich über ausgemachte Wege zu orientieren, um den Wahrnehmungen der Erwachsenen zu entkommen: „Bevor unser Haus auftaucht, sage ich: ‚Fluchtweg Nummer eins. Ich zeig dir was.' Sie [Switi] kennt sich aus und biegt an der Blumenhandlung in die Sackgasse ab. […] Wir schieben die Räder ein Stück der Längsseite der Halle entlang und legen sie unter einem Holunderstrauch ab. Ab hier kann uns von der Straße her keiner mehr sehen" (177). Die aus dieser Sicht erzählten Raumzeiten sind wesentlich enger als die der erwachsenen Männer, da sie an kindliche Bewegungs- und Wissensradien gebunden sind. Dafür stellt diese Erzählform eine Inszenierung des Kinderhandels und seiner Wirkungs- und Erfahrungsweisen aus einer Perspektive dar, die Betroffene nicht ausschließlich von außen diagnostiziert und zu therapieren versucht, sondern sie mit eigenständigen Handlungsmöglichkeiten ausstattet. Neben den alternierend eingeflochtenen Untersuchungen durch Außenstehende, die mit Fannis und Switis Peinigern interagieren, sie aber nicht zeitgerecht entlarven können, gestaltet die Perspektive der

---

28 Vgl. UNODC *Global Report*, S. 11; Julia O'Connell Davidson: *Children in the Global Sex Trade*. Cambridge 2005.

Mädchen einen Lebensentwurf, der sich in den Umständen globaler Kriminalität behaupten muss.

Der Roman *Das Matratzenhaus* arbeitet nicht an einer Erläuterung des weltweit agierenden Kinderhandels und seiner wesentlichen Akteure, sondern verortet die Erzähl- und Wahrnehmungsfoki explizit in einem situativen Kontext eines Ziellandes, in das die Kinder geschleust und wo sie sexuell ausgebeutet werden. Nicht grausame Gewalt- und Verbrechensformen tragen das erzählerische Gewicht des Romans, wie bei populären Thrillern zwecks Empathie- und Spannungsaufbau üblich, sondern die Umstände des Er- und Verkennens von Gewalt an Kindern. Dafür nutzt die heterogene Form des Romans die Nebeneinandersetzung der unterschiedlichen Perspektiven. So stehen die Schwierigkeiten von Institutionen und ihrem Personal, die global tätigen und klandestinen Transporte und Missbräuche zu erfassen, neben der unmittelbar betroffenen Sicht von Fanni, die den Tod Switis eigenhändig rächt und sich, zumindest in Kovacs' Vorstellung, schließlich auf einem sicheren Flug nach Indien befindet (293). Als subjektive Rekonstruktion bleibt auch dieses relativ hoffnungsvolle Ende, wie die skizzenhaft-prototypische Situation zu Beginn, erzählerisch ungesichert.

Zwang als Prinzip: Clemens Meyers Roman *Im Stein* (2013)

Den zahlreichen Formen von Prostitution und urbanen Transformationen in den Bundesländern der ehemaligen DDR nach der Wende widmet sich Clemens Meyers zweiter Roman. Wie Hochgatterers Text ist auch *Im Stein* multiperspektivisch angelegt, wenngleich die Darstellungstechniken hier formal heterogener ausfallen. Besonders die anachronische Erzählweise, die die erzählte Handlung von den Jahren um 1989 bis in die unmittelbare Gegenwart erstreckt, sowie die räumlich weit umspannenden Schauplätze – neben der zentralen, namentlich nicht genannten Stadt[29] spielt ein kurzer Teil der Handlung in Tokio – und die sozial divers angelegten Redeweisen demonstrieren die vielfältigen Inszenierungen, mit denen von der Vermarktung sexueller Dienstleistungen und der Konkurrenzgesellschaft in ostdeutschen Städten erzählt wird. Zentrale Ereigniskomplexe des Romans sind um die Figuren Arnold Kraushaar und Hans Pieszeck gruppiert, zwei miteinander befreundete Bordellbetreiber, die in Erpressung, Mord und organisierte Kriminalität verwickelt werden.

Das Spektrum an Perspektiven, die der Roman aus dem Prostitutionsgewerbe mittels interner Fokalisation zur Sprache bringt, umfasst neben prostituierten

---

29 Vermutlich stand Halle/Saale als Modell Pate. Vgl. Simone Sauer-Kretschmer (Hg.): *Bordelle. Grenzräume in der deutschen und französischen Literatur*. Berlin 2015, S. 258.

Frauen und Mädchen auch Polizisten, Bordellbetreiber, Zuhälter, LobbyistInnen und Freier. An mehreren Stellen wird die Frage aufgeworfen, ob und welche Formen sexueller Dienstleistungen und damit zusammenhängender Abhängigkeiten unter Zwang verrichtet werden. In einem Interview der Radiosendung „Eckis Edelkirsch"[30] äußert sich ein Bordellbetreiber zu anonym vorgebrachten Beschuldigungen des mafiös strukturierten Menschenhandels und der Zwangsprostitution. Nachdem der angesprochene Arnold Kraushaar, der im Radio unter dem Pseudonym „Mister Orpheus" in Erscheinung tritt, die „ominöse Vermittlungsorganisation" mit Verweis auf seine „Geschäftsmaxime [...]: von frei zu frei" (195) zu exkulpieren versucht, führt er seine Ansichten zum konkreten Vorwurf gegenüber dem Radiomoderator weiter aus: „Natürlich gibt es den Menschenhandel, die Zwangsprostitution undsoweiter. Ein Auswuchs des Systems. Den wir hier in unserer Stadt nie haben wollen, von dem wir nicht profitieren wollten. Keine soziale Marktwirtschaft. Sklavenhalter. Und letztlich, lieber Ecki, sind wir alle irgendwo Sklaven des Systems" (197). Solche transnationalen Vermittlungsleistungen, von denen das „System" lebt, sind in den Sedcards, den virtuellen Visitenkarten der Prostituierten, vermerkt und dokumentieren ökonomische Asymmetrien mit den daraus abgeleiteten Migrationsbiografien, wie die von „Zofia G.," die *„über eine Agentur, vermutlich die des Zoltan M., nach Deutschland vermittelt"* wurde und ihrer *„Familie regelmäßig Geld"* (183) schickt.

Eine ähnliche Relativierung in Form vermeintlicher Systemkritik wird nicht nur Zuhältern, sondern auch prostituierten Frauen und ihren Vertretungen in den Mund gelegt. So hält am „Kongress der Huren" (243) eine sich als „selbstständige Sexarbeiterin" und „Dienstleisterin" (245) bezeichnende Prostituierte eine euphorische Rede über die Veränderungen des in Deutschland 2002 in Kraft getretenen Prostitutionsgesetzes. Gegen Ende werden die knapp und leise formulierten Zweifel am Allgemeingültigkeitsanspruch ihrer Anliegen mit der Forderung nach einem kollektiv aushandelnden Repräsentationsorgan verknüpft: „Ich weiß, dass der Zwang ein großes Thema ist [...]. Und ich weiß, und wir alle wissen, dass es so etwas gibt. Zwangsprostitution ist ein Verbrechen. Aber ich wünsche mir, dass man das nicht alles über einen Kamm schert. Ich wünsche mir eine Gewerkschaft. Ich wünsche mir, dass die *Hydra* weiterhin so unabhängig arbeitet" (246).

Obwohl der Text den professionalisierten Geschäftszweig der Prostitution[31] bewusst fragmentarisch und subjektiv zusammengesetzt entwirft, arbeiten die von Zuhältern, Konsumenten wie Anbieterinnen formulierten Standpunkte zu den beschriebenen Praktiken einem kohärenten Deutungshorizont zu, der Prostitution

---

30 Clemens Meyer: *Im Stein*. Frankfurt/M. 2013. Weitere Nachweise mit Angabe der Seitenzahl direkt im Text.
31 Vgl. für eine detailliertere Analyse der im Roman entworfenen Raumordnungen, insbesondere der Wohnungsprostitution: Sauer-Kretschmer: *Bordelle*, S. 257–279.

als primär marktkonform versteht. In ein raumzeitlich ansprechendes Bild fasst es ein Polizist, der als treuer Kunde im Rotlichtmilieu verkehrt, gerade von einem Sexgeschäft zu einem Tatort unterwegs ist und dabei (sub-)urbane Transformationsprozesse topografisch und kulturgeschichtlich nachvollzieht:

> Ein Sumpf, ein Geflecht aus mehreren kleinen Mooren. Nur ein Feldweg, der von der Landstraße dorthin führt. Zu diesem Ausläufer der Heidelandschaft, die sich weiter im Nordosten erstreckt, hier und da die Vororte berührt, der beiden fast eins gewordenen Städte, bin ich der Einzige, der das sieht?, dass sich die Märkte und Marktplätze mehr und mehr verbinden, Rathäuser aus Stahlbeton, die Fleischmärkte expandieren, der Stein wächst, im roten Kreis, wo alles miteinander verbunden ist, das Müllauto, die fette Frau, die Cola, die Viagras, die Blocker, Upper und Downer, verschwundene Katzen, das Recht auf sexuelle Selbstbestimmung, Erinnerungsstücke wie alte Dienstmarken, die Engel auf den Motorrädern, Torfmoore, Hochstraßen, sechsundsechzig städtische Bordelle im Jahr 1865, Chroniken des Handels, er wühlt in alten Akten, Immobilien an silbernen Drähten, die bis nach Italien führen (147).

Die Erinnerungen des Polizisten verknüpfen den eben absolvierten Besuch bei der „fette[n] Frau" und ihren „verschwundene[n] Katzen" mit Beobachtungen zu persönlichem Konsum und wirtschaftshistorischen Fakten über städtische Bordelle. Diese „Fleischmärkte" sind hier keine von gesellschaftlichen Handlungsräumen abgegrenzten, tabuisierten Heterotopien mit autonomem Regelwerk, sondern integraler Bestandteil einer pulsierenden Stadt – ein wachsender „Stein", der die zersplitterten Perspektiven und ihre Motivationen durch wiederholte Erzählungen über abstrakte Marktlogiken argumentativ verschmilzt. Menschenhandel und Zwangsprostitution blitzen dabei lediglich als unvermeidbarer Überschuss eines Exzesses auf, den die kapitalistische Verwertungslogik für Expansion benötigt.[32] So versiegt auch die in einem Kapitel angerissene Lebensgeschichte von zwangsprostituierten Mädchen, die „zu viert oder fünft" (330) in einer Wohnung ausharren müssen und von ihrem Zuhälter bei Widerspruch geschlagen werden, mit dem Hinweis auf die spätere Räumung der Wohnung und der polizeilichen Geheimhaltung von Kundschaft und inkriminierendem Material (344). Von diesen Mädchen, wie auch von den zahlreichen osteuropäischen Frauen, die in der oben erwähnten Radiosendung besprochen werden, fehlt im weiteren Romanverlauf jede Spur.

Der formal anspruchsvolle Text entwirft ein verschachteltes Panorama der zahlreichen Akteure und Nutznießer des Systems Prostitution, in dem Handlungsmöglichkeiten ungleich verteilt und motiviert sind. Über die konsequent hergestellte

---

32 Vgl. Bill Munro: „Human Trafficking: Capital Exploitation and the Accursed Share". In: Malloch/Rigby (Hg.): *Human Trafficking*, S. 224 f.

Nähe zwischen Erzählstimme und fokalisierten Figuren werden Umstände und Handlungen subjektiv perspektiviert und rationalisiert, was mitunter in Widersprüchen und Rechtfertigungen brutaler (Selbst-)Ausbeutungs- und Gewaltverhältnisse kulminiert.[33] Wo unter dem Topos der Selbstermächtigung vom „Opfer-Gerede" (10) die Rede ist, wird der Menschenhandel vordergründig nicht als Verbrechen artikuliert, sondern als ökonomisch überformte Transaktion, von der zumindest einige Personen profitieren dürfen.

Betroffenheit als Aufklärung: Lana Lux' Roman *Kukolka* (2017)

Anders als die beiden vorangegangenen Texte ist *Kukolka*, das Debüt von Lana Lux, ein monoperspektivisch und autodiegetisch angelegter Roman. Er erzählt von Samira, die in einem ukrainischen Waisenhaus aufwächst, sich für einige Jahre als Teil einer Bande von Bettlern und Taschendieben verdingt und schließlich unter Vorspiegelung falscher Tatsachen von ihrem Freund nach Berlin geschleust und dort in die Schuldknechtschaft und zur Prostitution gezwungen wird. Das Stationendrama folgt dem Mädchen, zu Beginn sieben, am Ende etwa achtzehn Jahre alt,[34] entlang ihrer Bewegungen vom Waisenhaus, wo sie vom Personal als „Zigeuner" (25) beschimpft und misshandelt wird, in das für sie weitgehend unbekannt bleibende Dnepropetrowsk, wo sie viel Zeit im Bandenquartier, am Bahnhof und später in der Wohnung ihres Freundes Dima zubringt, ehe sie mit falschen Papieren die Grenzen nach Polen und Deutschland passiert. Samiras Perspektive erzählt von ihren Erlebnissen zwar retrospektiv, aber intern fokalisiert und nicht aus dem Wissensstand der erfahreneren Erzählstimme. Die zwischen nüchterner Form und gewaltsamem Inhalt in Spannung gehaltene Darstellung wirkt kraft der vermittelten Naivität, mit der sich das Mädchen auf die Angebote und Zuwendungen älterer Männer einlässt.

Parallel zu den kindlichen Phantasien, Schlafanfällen und eingebildeten Dialogen, mit denen die Protagonistin die Anforderungen ihrer Umwelt und eigene Ängste verhandelt sowie Rückzugsorte mit eigener Raumzeit schafft, wird der Anspruch auf Samiras Körper über kontrollierte Transportmittel und Transitzonen hergestellt. Private Vehikel sorgen für eine uneinsehbare Bewegung des Kindes, das nach seiner Flucht aus dem Waisenhaus wegen Geldmangels nicht mit Bus (28) oder Bahn (33) fahren kann. Samira steigt deshalb in das Auto eines Mannes, der ihr unterschwellige Avancen macht, ehe sie am Bahnhofsgelände auf Rocky trifft, der sich als Anführer

---

33 Vgl. Ariel Levy: *Female Chauvinist Pigs. Women and the Rise of Raunch Culture*. London 2005.
34 Lana Lux: *Kukolka*. Berlin 2017, S. 9, 330. Weitere Nachweise mit Angabe der Seitenzahl direkt im Text.

einer kleinkriminellen Jugendbande entpuppt: „Ich war wie hypnotisiert von seiner rauen Stimme, von seinen lebendigen Augen, von seiner Freundlichkeit. Vorsichtig setzte ich mich ins Auto und zog die Tür zu. ‚Nein, Süße, richtig feste!' Er beugte sich über mich, so dass sein warmer, feuchter Bauch auf meinen Oberschenkeln lag" (39). Neben den erzählerisch nur angedeuteten Gesangseinlagen, die Samira später im Freundeskreis von Rocky darbieten muss, um seine Schulden zu begleichen, sind es vorwiegend die prekären Raumzeiten des automobilen Interieurs, die den sexuellen Missbrauch anbahnen und normalisieren: „Rocky stieg auch ins Auto, drehte den Zündschlüssel um und machte sich eine Zigarette an. ‚Ich freue mich, dass du dabei bist', sagte er und legte seine haarige Hand auf meinen Oberschenkel. Ich fühlte, wie die Stelle unter seiner Hand schlagartig zu Eis wurde" (164). Als Beifahrerin wird die Raumzeit des Autofahrens, dessen Richtung sie in letzter Konsequenz nie selbst bestimmt, zur unmittelbaren Gefahrensituation, der sich Samira durch Schlaf zu entziehen versucht.

Ihr ursprüngliches Bewegungsmotiv, ihre Freundin Marina zu besuchen, die von einem deutschen Paar adoptiert wurde, wird sukzessiv für andere Zwecke ausgebeutet; die Verwendungen reichen von angestifteter Bettelei und Taschendiebstahl über sexuellen Missbrauch und Prostitution bis zum Verkauf des Kindes an ein Berliner Bordell. Um sie als Kapitalgenerator einzusetzen, wird Samira mobilisiert und gleichzeitig festgehalten. Vom alkoholabhängigen und gewalttätigen Rocky flieht sie in die Arme Dimas, der ihr verspricht, sie nach Deutschland zu bringen, sie aber zunächst in seine Wohnung einsperrt, um sie verfügbar zu halten. Der Monotonie und Ungewissheit, denen Samira in der äußerst limitierten, gerafft erzählten Raumzeit der vier Wände ausgeliefert ist, folgen bald Zweifel und Todessehnsüchte (266). Bereits einen Tag nach Dimas überraschender Rückkehr muss sie die Reise von Kiew nach Berlin antreten, wo sie in einem der „Riesenbusse" (270), die nach Deutschland fahren, unter falschem Namen Platz nimmt. Während ihr Kiewer Sitznachbar von Heimatgefühlen spricht, für die Samira, die die Ukraine als unbekanntes Terrain verlässt (272 f.), keinerlei Verständnis aufbringen kann, bleibt die Fahrt ins Ungewisse eine absolut gegenwartsbezogene und solipsistisch verortete Raumzeit. Keine nostalgischen Erinnerungen oder Hoffnungen knüpfen sich an Samiras Bewegung quer durch Europa. Die Zollkontrolle an der ukrainisch-polnischen Grenze wird durch monetäre Aufwendung aller Passagiere nahezu ohne Probleme bewältigt (274 f.) und ermöglicht eine relativ friktionslose Übersetzung in einen neuen raumzeitlichen Kontext, dem sich die kindliche Passagierin einfügen muss.

War Schlaf noch eine Möglichkeit für Samira, sich den Bedrängnissen ihrer Umgebung temporär zu entziehen, so erlaubt die Berliner Raumzeit der postfordistisch organisierten und digital kommunizierenden Bordellprostitution, in der man „24 Stunden am Tag" (323) verfügbar zu sein hat, keine Differenzierung in Wach- und Ruhezeiten mehr. Zwischen Bordell und Freiern operiert abermals das

Auto als zweckmäßiges Mobilisierungsinstrument, das die Prostituierten zwischen den räumlich getrennten Sphären zu gewünschter Zeit vermittelt: „Die Tage hatten einen völlig neuen Rhythmus. Sie bestanden aus Schlafen, Drogen, Schminken, Auto, Ficken, Auto, Duschen, Essen, Schminken, Auto, Ficken, Duschen, Auto, Schlafen" (327). Die fließende Entgrenzung persönlich gewidmeter Raumzeit hin zu einer libertären Logik ständiger Selbstvermarktung artikuliert Dima in einem Gespräch mit Samira, die sich zunächst weigert, sich für ihn zu prostituieren: „Im Grunde verkauft man [...] bei jeder Arbeit seinen Körper. Wenn ich Autos über die Grenze fahre, verkaufe ich meinen Körper. Der Körper fährt Auto, und ich bekomme Kohle. Und das ist das Gleiche" (300). Ähnlich wie in Clemens Meyers Roman relativieren und homogenisieren die hier angeführten Wirtschaftsprinzipien kulturell unterschiedliche Verkehrsformen. Die Bewegungsdynamik folgt reiner Profitmaximierung, ohne dabei auf das Wohlergehen der Betroffenen Rücksicht zu nehmen. Dass der Weg aus dieser Zwangslage durch einen Wechsel des Bewegungsmodus gehen kann, verdeutlicht der Doppeldeckerbus als rettendes Vehikel (330 f.), in das Samira in einem unbeaufsichtigten Moment steigt, um sich dem Zugriff der Bordellwirtin und ihrer Mitarbeiter zu entziehen.

In *Kukolka* wird der Menschenhandel rigoros aus der Perspektive eines verletzlichen Opfers und seines Weges aus prekären Verhältnissen in weitere Zwangslagen erzählt, die zu Fehlinterpretationen und daraus abgeleiteten Entscheidungen führen, welche sich für die Protagonistin erst zu spät als fatal und gefährlich herausstellen. Durch die kindliche Sicht der Dinge entwirft der Roman eine schonungslose Ästhetik kultureller Praktiken in armutsgefährdeten Situationen und dem darin möglichen Handlungsspektrum. Asymmetrische Machtverhältnisse übersetzt die Erzählung in eine patriarchale Transitorik, die die Bewegungen armer junger Mädchen steuert. Den finalen Kontrapunkt setzt Olga, die Samira nach ihrer Flucht im Linienbus aufnimmt und zu verschiedenen Gelegenheiten chauffiert, ohne ihr etwas abpressen zu wollen: „Olga konnte sehr gut Auto fahren. Also im Grunde genauso wie alle anderen auch. Nur dass sie ein Mädchen war. Ich war es gewohnt, dass Männer am Steuer sitzen" (366).

Fazit

In Zeiten global zunehmender Bewegungen, ob in Form von Tourismus, Handel, Flucht oder Migration, entzündet sich am rechtlich kriminalisierten, aber nur selten sanktionierten Verbrechen des Menschenhandels eine nur schwer zu lösende Problemlage. Zu vielfältig sind Motive und Erfahrungen, die die betroffenen Akteure zur Mobilisierung von Personen und Ressourcen veranlassen, als dass politische Entscheidungen sämtliche Betroffene adäquat zufriedenstellen könnten. Täuschungen und Hoffnungen auf bessere Lebensumstände sind Motivation genug, um sich auf illegalisierte Grenzüberschreitungen und temporäre (Selbst-)Ausbeutungen einzulassen. In diese Gemengelage multipler Interessen schreiben sich gegenwärtige Erzählungen ein und machen die Vielschichtigkeit des Konfliktfeldes sichtbar.

Paulus Hochgatterers Roman parallelisiert die Perspektiven von mittelbar und direkt Betroffenen, wodurch er einerseits die Schutzbedürftigkeit missbrauchter Kinder sowie deren Verarbeitungs- und Widerstandsleistungen zur Sprache bringt, diese andererseits in Relation zu den Schwierigkeiten institutioneller Vertreter setzt, solche uneindeutig markierten Fälle zu deuten. In Clemens Meyers Text bleibt der Menschenhandel ein der allgemeinen Beschreibung von Prostitution als wirtschaftlicher und sozio-kultureller Faktor menschlichen Zusammenlebens untergeordneter Aspekt, der von denen wiederholt geleugnet wird, die von ihm profitieren. Der Roman von Lana Lux entwirft hingegen eine gegenteilige Perspektive: Indem einem russisch sprechenden Waisenkind aus der ukrainischen Peripherie auf dem Weg in die deutsche Bundeshauptstadt erzählerisch nachgegangen wird, artikuliert der Text eine subalterne Stimme, die im deutschsprachigen Feld literarischer Kommunikation wenig gehört wird. Diese Erzählungen von Menschenhandel ermöglichen einen ästhetischen Nachvollzug, ohne dabei die artikulierten Formen und Widersprüche kultureller Prozesse dialektisch aufzuheben. Vielmehr inszenieren sie, ohne Verantwortlichkeiten völlig zu nivellieren, eine differenzierte Sicht des Zusammenspiels unterschiedlicher Perspektiven und deren Veränderungen im Zuge raumzeitlicher Dynamiken

Fiktionale Erzählungen von Menschenhandel reflektieren moderne Zeit- und Raumerfahrungen, die von extremer Beschleunigung und mühelos scheinenden transnationalen Grenzüberschreitungen geprägt sind, aber auch Momente der Desorientierung und temporären Gefangenschaft einschließen. Sie führen beispielhaft Beweglichkeit und Instabilität als Grunderfahrung modernen Lebens vor und verweisen damit auf ein relationales und situatives Verständnis von Raum, Subjekt und Handeln.[35] Gleichzeitig leisten die besprochenen Romane einen Beitrag zur Ausleuchtung gegenwärtiger Grenz-, Handels- und Sicherheitsregime,[36] in denen einige Menschen wie Waren verschoben und konsumiert werden. Mit dem transnationalen Personenverkehr geht nicht eine bloße Beschleunigung oder Entgrenzung des politischen, wirtschaftlichen und sozialen Raumes einher,[37] sondern die erweiterten Bewegungsradien schaffen Passagen, Container und Schaltstellen mit eigenen zeitlichen Rhythmen.

---

35 Vgl. Borsò: „Transitorische Räume", S. 260–262.
36 Vgl. Nina Glick Schiller/Noel B. Salazar: „Regimes of Mobility Across the Globe". In: *Journal of Ethnic and Migration Studies*, 39 (2013) Heft 2, S. 183–200.
37 Vgl. die oben erwähnte Literatur, die sich gegen abstrakte Raumbegriffe richtet, v. a. Ingold: „Against Space"; Lippuner/Lossau: „Kritik der Raumkehren".

Die Texte von Hochgatterer, Meyer und Lux rücken gesellschaftliche ‚Grenzräume'[38] in den Mittelpunkt und perspektivieren sie durch subjektive Praktiken und Erfahrungen. Damit demonstrieren sie eine spezifische narrative Produktivität von Raum und Zeit, die räumliche Vorstellungen aus Handlungen situativ und relational konstruiert.[39] Die rechtlichen und technischen Bedingungen für Bewegungsweisen und die damit einhergehenden räumlichen Transformationen, besonders geopolitischer und sozioökonomischer Natur, haben sich in den letzten Jahrzehnten grundlegend verändert; Narrative erweitern die Implikationen dieser raumzeitlichen Veränderungen, seien sie integrativ im Sinne einer zunehmenden Globalisierung oder segregierend, indem sie die unterschiedlichen menschlichen Erfahrungen und Handlungsweisen innerhalb bestehender oder aufkommender Regime zur Sprache bringen. Die Erzählung vom Menschenhandel als aufwendiges Unternehmen benennt Positionen und Beweggründe des Verbrechens und seiner Nutznießer, aber auch Möglichkeiten zum aktiven oder stillen Widerstand.

---

38 Vgl. Sauer-Kretschmer (Hg.): *Bordelle*.
39 Vgl. Dünne: „Dynamisierungen", S. 43 f.

Kamilla Najdek

Räume und ihre Grenzen

Zur Wasserpoetik Yoko Tawadas

Wasser ist ein Sonderfall der Räumlichkeit. Anders als bei einem fest umrissenen Körper können die Grenzen nicht eindeutig wahrgenommen werden – besonders, wenn es darum geht, das Fließende sprachlich zu erfassen und auszuwerten. Zwei Texte, die das feste Umreißen abgegrenzter Körper einerseits und das Ineinandergehen von Räumen andererseits auf exemplarische Weise problematisieren, sollen hier befragt werden: Peter Sloterdijks Essay *Im Weltinnenraum des Kapitals. Für eine philosophische Theorie der Globalisierung* (2005) sowie Yoko Tawadas Roman *Das Bad* (1989).

Sloterdijk arbeitet mit den Kategorien des engen und weiten, konstanten, lokalen und punktuellen Weltinnenraums sowie der Zwischenräume, wie sie die Meere und Ozeane bilden. In seinem Essay – der hier der Einführung in die tradierte eurozentrische Weltvorstellung mit Fokus auf das Festland dienen soll – stellt er die Entwicklung westlicher Raummodelle seit der Antike dar und reflektiert kritisch eine alternative Auffassung von Räumlichkeit. Zudem fragt er nach dem Entstehen der Globalisierung:

> Die wirklichen Anfänge der Globalisierung liegen in der Rationalisierung der Weltstruktur durch die antiken Kosmologen, die zum ersten Mal mit begrifflichem, besser: mit morphologischem Ernst die Gesamtheit des Seienden in sphärischer Gestalt konstruierten und dieses erbauliche Ordnungsgebilde dem Intellekt zur Betrachtung anboten. Die klassische Ontologie war als Weltlehre wie als Gotteslehre eine Sphärologie – sie bot eine Theorie des absoluten Globus in beiderlei Gestalt.[1]

Diesem ersten Stadium der Rationalisierung einer sphärologischen Weltstruktur folgen zwei weitere: die „terrestrische Globalisierung (praktisch vollzogen durch die christlich-kapitalistische Seefahrt und politisch implantiert durch den Kolonialismus der alteuropäischen Nationalstaaten)" (21) und die gegenwärtige elektronische Globalisierung mit ihrer eigentümlichen Enträumlichung; Sloterdijk spricht diesbezüglich von der Ersetzung der gewölbten Weltkugel durch Schnittpunkte irgendwo im Netzwerk von beliebig weit auseinanderliegenden Rechnern (vgl. 27).

---

[1] Peter Sloterdijk: *Im Weltinnenraum des Kapitals*. Frankfurt/M. 2016, S. 20. Weitere Nachweise mit Angabe der Seitenzahl direkt im Text.

Im Weltinnenraum des Kapitals rekonstruiert sowohl die Geschichte des Denkens der Erde als auch die des Eroberns und Vermessens der Welt durch europäische Seefahrer, die das abstrakte Bild zu einer beschriebenen Kugel machen. In Bezug auf den Wasserraum sind Sloterdijks Skizzen zur terrestrischen Globalisierung von Interesse, erscheinen doch in ihnen die Ozeane als eine eigenartige Schicht auf dem Globus, die sich von dem sicheren Boden der Kontinente abhebt, als eine weite Fläche, die passiert werden muss, um ans Land zurück zu kommen, als eine beglückende oder bedrohliche Zwischenwelt, in der Rebellen und Misanthropen Befreiung von sozialen Zwängen ihrer Heimat suchen, und endlich als ein Gebiet, das vermessen und abgebildet werden muss. Die Zwischenwelt der Weltozeane, wie Sloterdijk sie zu erfassen sucht, definiert sich zunächst als Opposition zum Festland, um langsam, u. a. in Gestalt der zirkulierenden Schiffe, in die Symbolik der Kapitalwirtschaft einzugehen.

Im Gegensatz zu der von Sloterdijk immer wieder betonten Trennung von Wasser und Land bilden in Yoko Tawadas Werk die Meere, Ozeane und Kontinente eine sich ständig ändernde Ganzheit. Als ein wesentlicher Bestandteil der lebenden Körper bestimmt das in Tawadas Schriften omnipräsente Wasser auch das Bild der Menschen und verbindet diese mit der Außenwelt: Zugleich trennend und verbindend ist Wasser ein Modell für diverse ineinander gehende Strukturen. Tawadas Antwort auf das festland- und identitätsorientierte Denken ist radikal. Hier geht es um weit mehr als um das – mittlerweile zur Floskel gewordene – ‚Verwischen der Grenzen'. Am Beispiel des kurzen Romans *Das Bad* versuche ich zu zeigen, wie in Yoko Tawadas poetischer Prosa die moderne Punktualität der Raumzeitlichkeit, die auch Peter Sloterdijk als höchst problematisch bezeichnet, im eleganten Stil gesprengt wird. Diesem alternativen Modell der auf die Beweglichkeit des Wassers bezogenen Räumlichkeit ist der zweite Teil des Beitrags gewidmet.

Zwar ist die Fremdheit des Flüssigen, Unsteten und Veränderlichen im europäischen Denken keine absolute, aber sie erweist sich immerhin als so stark, dass sie in die Metaphorik philosophischer Texte eingeht. So spricht man noch im späten 19. und 20. Jahrhundert vom ‚Boden' im Sinne der Sicherheit. Sloterdijks etwas salopp formulierter Kommentar zu diesem Sachverhalt berührt etwas Wesentliches:

> Die kontinentalen Philosophien stellten sich zumeist vorauseilend in den Dienst einer terranen Gegenrevolution, die sich der neuen Weltlage instinktiv verweigerte. Man will im allgemeinen ja doch weiterhin vom sicheren Nationalterritorium aus das Ganze übergreifen und festen Grund vorschieben gegen die Zumutungen nautischer Beweglichkeit. Das gilt für die Landesfürsten wie die Landesdenker. (142)

Das Bewegliche, mit Schein oder gar Lüge verbunden, wird philosophisch vernachlässigt.[2] Auch Kant, heißt es weiter, brauchte für sein Denken einen festen Grund:

> Mit dem Beharren auf der Residenzpflicht des Cogito-Besitzers mußte Kant die Grundzüge einer Welt aus Fluktuationen verfehlen. Die bekannte quasi-lyrische Passage in der *Kritik der reinen Vernunft* von der Insel des reinen Verstandes, dem ‚Land der Wahrheit', das sich dem Ozean entgegenstemmt, ‚dem eigentlichen Sitze des Scheins', ‚wo manche Nebelbank … neue Länder lügt', verrät von den defensiven Motiven des neuzeitlichen Denkgeschäfts deutschen Stils wahrscheinlich mehr, als der Autor preiszugeben vorhatte. (143)

Diese Bemerkungen beziehen sich in *Im Weltinnenraum des Kapitals* vordergründig auf die ‚kontinentale' idealistische Weigerung, (metaphysische) Sicherheit durch (kapitalistische) Versicherung zu ersetzen, und bedeuten wohl weniger Kritik als vielmehr Feststellung der Unfähigkeit der Philosophie, dem Zeitgeist zu folgen und sich in das Unsichere hinauszuwagen. Dass ein solcher Schritt auch gegenwärtig kein einfacher ist, davon zeugt Sloterdijks eigene Interpretation der aktuellen Lage. Folgendes Zitat macht deutlich, wie stark die tradierten Begriffe in seinem philosophischen Diskurs verankert sind, auch wenn sie als Gegenentwurf gedacht werden. Dem abstrakten Raum, kaum noch körperlich erfahrbar, stellt Sloterdijk einen ‚kontextualisierten' (d.i. traditionsbezogenen, lokalen und real erlebten) gegenüber:

> Nachdem Distanzen nur noch dazu dazusein scheinen, um überwunden zu werden; nachdem die Landeskulturen nur noch bestehen, um sich mit anderen Traditionen zu vermischen; nachdem alle Erdoberflächen nur noch die immobilen Pendants zu ihren eleganten Zusammenfassungen in geographischen Karten und Luftaufnahmen darstellen; seit der Raum schlechthin nur noch das Nichts zwischen zwei elektronischen Arbeitsplätzen bedeutet – ist die Richtung vorhersehbar, die der Widerstand gegen diese Entwirklungen einschlagen wird: Die Präsenzkultur muß früher oder später ihre Rechte gegenüber der Vorstellungs- und Erinnerungskultur wieder verstärkt zur Geltung bringen. Das Erlebnis des Ausgedehnten wird sich gegen die Effekte der Kompressionen, Abkürzungen und Überfliegungen zur Wehr setzen. (198 f.)

Die entscheidende Funktion wird dem „Lokalen" zugeschrieben: „Die Betonung des Lokalen macht das Eigenrecht des In-sich-Ausgedehnten geltend, den Fort-

---

[2] Sloterdijk sieht den Perspektivwechsel und die Würdigung des Bewegten erst im von Schopenhauer inspirierten Vitalismus, meiner Ansicht nach zu Unrecht, denn sie sind schon im 18. Jahrhundert präsent, etwa in der Wassermetaphorik Johann Georg Hamanns.

schritten der Dekontextualisierung, der Kompression, der Kartierung und Neutralisierung des Raums zum Trotz. Mit dem Lokalismus, könnte man sagen, wird der Existentialismus raumanalytisch reformuliert." (401) Das Postulat der (Wieder)Entdeckung der Räumlichkeit erweist sich als ein Aufruf zur Rückbesinnung auf sinnlich erfahrene Räume und ihre Bedeutungen. Dieses reicht aber nicht aus, um dem Veränderlich-Unbestimmten gerecht zu werden.

Vermutlich sind poetische Bilder besser als der theoretische Diskurs geeignet, die Erfahrung des flüssigen Raumes und der wandelbaren Grenzen zu evozieren, schon deswegen, weil in ihnen die von festen Wendungen und vermeintlicher sprachlicher Stringenz nicht gebundene Einbildungskraft ihre Freiheit feiert. Werden sie darüber hinaus von jemandem entworfen, der sie nicht allein aus kompositorischen Gründen in den Text einbringt, wirken sie umso stärker. Die poetische Prosa Yoko Tawadas ist ein besonderes Beispiel für eine Aisthesis, die vor dem herkömmlichen Vokabular nicht Halt macht. Begriffe wie ‚Schönheit', ‚Welt', ‚Identität', ‚Körper' und der mit ihm verbundene ‚Raum' werden von der Schriftstellerin uminterpretiert bzw. verflüssigt und mit weiteren Bedeutungen versehen, so dass es beinahe unmöglich ist, sie getrennt zu betrachten: das heißt, das Wasser zusammen mit Ufern, Küsten und Boden als das Trennende und Verbindende zugleich zu denken, ebenso wie die Verbindung des menschlichen Körpers zum Wasser und, indirekt, zu anderen, auch toten Wesen.

In ihren *Hamburger Poetikvorlesungen* entwirft Yoko Tawada eine insulare Perspektive, die Perspektive Japans als eines von Holländern und Portugiesen ‚entdeckten' Landes, das allerdings nicht zu einer Kolonie geworden ist.[3] Tawada beschreibt Fremde, die aus weit entlegenen Ländern übers Meer auf ihren Schiffen kommen, und erzählt mehrere Geschichten über die Begegnung der Japaner mit neugierigen, wissensdurstigen und ökonomisch interessierten europäischen und amerikanischen Seefahrern, ohne dass diese ein Bild der Begegnung und Vernetzung definieren. In Tawadas *Hamburger Poetikvorlesungen* geht es um mannigfaltige Wechselbeziehungen, um Sprachen und ihre Grenzen. Europäische Seefahrer, die auf einer kleinen japanischen Insel Unterkunft finden, beobachten und werden beobachtet. Die Menschen versuchen einander zu verstehen, sie machen sich richtige, falsche, schädliche und komische Bilder von den Anderen und ihrer Kultur und – sie modifizieren das eigene Weltverständnis.

Im Grunde reflektiert Yoko Tawadas gesamtes Werk das Zusammenkommen unterschiedlicher Kulturen, wobei kein Zweifel besteht, dass in diesem Verständigungsprozess weit mehr als Vereinbarungen oder Korrekturen des kommunikativen Handelns im Habermas'schen Sinne ins Spiel kommen. Nicht das Herausarbeiten

---

3 Yoko Tawada: „Hamburger Poetikvorlesungen". In: Ortrud Gutjahr (Hg.): *Yoko Tawada. Fremde Wasser. Vorlesungen und wissenschaftliche Beiträge.* Tübingen 2012, S. 49–121.

des gemeinsamen Guts (einer Wahrheit) ist das Ziel, sondern die Verdichtung der individuellen Sprachfertigkeit. Was damit gemeint ist, verdeutlicht Tawadas Metapher vom Netz der Sprachen. Mit dem Erlernen neuer Sprachen gewinne man weder ein neues Weltbild noch eine neue Persönlichkeit, dafür aber denke man präziser, man werde zu einem Netz, heißt es in *Schreiben im Netz der Sprachen* (2016): „Ein Netz verdichtet seine Struktur, wenn neue Züge aufgenommen werden. Dadurch entsteht ein neues Muster. Es gibt immer mehr Knoten, Unregelmäßigkeiten der dichten und lockeren Stellen, unvollendete Ecken, Zipfel, Löcher oder Überlagerungen. Dieses Netz, mit dem man winziges Plankton fangen kann, bezeichne ich als mehrsprachiges Netz."[4] Mehrere, oft ironische Texte der Essaybände *akzentfrei*, *Talisman* und *Überseezungen* sind dem gegenseitigen Beleuchten der Sprachen gewidmet sowie dem daraus resultierenden Gewinn, das Selbstverständliche in ihnen aufzuheben. So wird in „,Eigentlich darf man es niemandem sagen, aber Europa gibt es nicht'" aus der Essaysammlung *Talisman* (1996) eine andere, für Tawadas anthropologischen Blick charakteristische Frage gestellt: Wie kann man in eine neue Kultur eintauchen und sich nicht durch ihre Sprache und Selbstdefinition bestimmen lassen? Die Lösung ist weder eine distanzierte Unbewegtheit noch das Festhalten an wissenschaftlichen Kategorien, sondern ein engagiertes kritisches Beobachten, welches das Erfahrene nicht zum Bild einer imaginären Welt erstarren lässt. Tawada schreibt: „Ich möchte aber Europa nicht mehr optisch, sondern mit meiner Zunge wahrnehmen. Wenn meine Zunge Europa schmeckt und *Europa spricht*, könnte ich vielleicht die Grenze zwischen Betrachter und Objekt überschreiten. Denn das Gegessene kommt in den Magen hinein und das Gesprochene gelangt durch das Gehirn ins Fleisch."[5]

Die *Hamburger Poetikvorlesungen* waren ursprünglich anders angelegt, doch unter dem Schock, den das große Erdbeben am 11. März 2011 in Japan verursachte, konzentrierte sich die Schriftstellerin nicht, wie geplant, auf Wasserwesen und deren Sprache, sondern auf Reaktionen auf das Fremde, Abstoßende, Neue, Interessante und Unverständliche, in Japan und Europa.[6] Dennoch bleibt das Wasser das leitende Thema. Auf die Frage der Literaturwissenschaftlerin Ortrud Gutjahr nach der geopolitischen und identitätsstiftenden Funktion des Wassers antwortet Tawada, indem sie die übliche Kontinentalperspektive bewusst umdreht: „das Wasser existiert ja nicht ganz ohne Küsten und ohne Grenzen, der Globus besteht

---

4 Yoko Tawada: „Schreiben im Netz der Sprachen". In: Dies.: *akzentfrei*. Tübingen 2016, S. 29–40, hier S. 30.
5 Yoko Tawada: „,Eigentlich darf man es niemandem sagen, aber Europa gibt es nicht'". In: Dies.: *Talisman*. Tübingen 1996, S. 45–51, hier S. 50 f.
6 Vgl. Ortrud Gutjahr: „Vorwort". In: Dies. (Hg.): *Tawada. Vorlesungen*, S. 9 f.

außerhalb Japans nicht nur aus Wasser, wie ich es mir als Kind vorgestellt hatte."[7] Das Wasser schafft nicht nur einen bestimmten Raum (den Zwischenraum), es verbindet auch Räume – geographische und symbolische:

> Oft sieht man am Wasser sogar zwei Ufer, wie zum Beispiel an der Elbe. Diese Ufer sind für mich wie die japanische und die deutsche Sprache. Das sind für mich provisorische Positionen, um das Wasser wahrzunehmen. Denn durch das Wasser entsteht ein Zwischenraum. Um den Raum wahrzunehmen, brauche ich schon die Ufer als Ansätze. Doch dies sind keine Grenzen, sie existieren nicht, um etwas zu überschreiten oder festzulegen. Das Wasser kann sehr unterschiedliche Bewegungen zeigen. Auf dem Meer, im Fluss, aus dem Wasserhahn. Es ist immer ein Spiel mit dem Formlosen, aber Formen möchte ich nicht ausgrenzen.[8]

In dem Roman *Das Bad* entwirft Tawada ein ähnlich einprägsames Bild dieses Spiels mit dem Formlosen in der Koexistenz von Land und Wasser:

> Der Weltball soll zu siebzig Prozent mit Wasser überzogen sein, es ist daher kaum verwunderlich, dass die Erdoberfläche jeden Tag ein anderes Muster zeigt. Das unterirdische Wasser bewegt die Erde von unten, die Wellen des Meeres nagen an der Küste, oben sprengen die Menschen Felsen und legen in den Tälern Felder an und graben das Meer um. So verändert sich die Gestalt der Erde.[9]

Während die Entdeckung der Ozeane, wie Peter Sloterdijk sie denkt, den Heimatboden zu einem kleinen Ort auf der riesigen Wasserfläche schrumpfen lässt, wird bei Yoko Tawada das weite, bewegte, sich ständig verändernde Wasser zur Heimat; der Boden (die beiden Uferseiten der Elbe) bestimmt nur „provisorische Positionen". Auch das, was man Realität nennt, die Natur und agierende Menschen auf dem Festland, ist, nach Tawada, ebenfalls fließend und nur schwer voneinander trennbar. Dieser Gedanke verbindet sich in den *Poetikvorlesungen* mit einer leisen Kritik an Roland Barthes' Japan-Buch *Das Reich der Zeichen* (1970):

> Im Laufe des Textes störten mich die Trennwände wie „wir", „westlich" oder „Japan", weil sie sich zu oft wiederholen. Gleichzeitig hatte ich das Gefühl, dass eine präzise Beob-

---

7 „‚In meinen Poetikvorlesungen werde ich viel über das Wasser sprechen, und der Tsunami kommt auch vor'. Yoko Tawada im Gespräch mit Ortrud Gutjahr". In: Gutjahr (Hg.): *Tawada. Vorlesungen*, S. 17–45, hier S. 44.
8 Ebd., S. 44 f.
9 Yoko Tawada: *Das Bad*. Zweite veränderte Auflage. Tübingen 2015, S. 145–147. Weitere Nachweise mit Angabe der Seitenzahl direkt im Text.

achtung einen engen Platz braucht. Man kann ihn deshalb mit Stellwänden provisorisch abgrenzen. [...] Roland Barthes spricht davon, dass er nicht von den „Realitäten" [d. h. von Osten und von Westen] spreche. Wenn ich von mehreren Realitäten, die nebeneinander existieren, sprechen würde, müsste ich davon ausgehen, dass jede Realität für sich steht. Die Pluralität setzt Zählbarkeit voraus. Was wäre aber, wenn sie alle aus Wasser bestehen würden?[10]

Es ist nicht nur das Wasser, das provisorisch bestimmt wird. Auch der menschliche Körper will keine festen Abgrenzungen und Identitäten. Tawada spielt immer wieder mit diesem Gedanken und übersetzt ihn in ihrer Prosa in überraschende poetische Bilder. So zeigt *Das Bad* in einer Reihe von blitzartigen Aufnahmen eine namenlose Icherzählerin,[11] die unter dem Druck fremder Erwartungen und Bestimmungen zuerst als eine Figur erscheint, die sich eine künstliche Haut aneignet, sich versteckt und am Ende ein ‚durchsichtiges Wesen' ist. Zwei Szenen in *Das Bad* geben der Erzählung einen Rahmen. Der ersten Szene des Sich-Schminkens und Badens geht folgende Einführung voran:

Der menschliche Körper soll zu achtzig Prozent aus Wasser bestehen, es ist daher auch kaum verwunderlich, dass sich jeden Morgen ein anderes Gesicht im Spiegel zeigt. Die Haut an Stirn und Wangen verändert sich von Augenblick zu Augenblick wie Schlamm in einem Sumpf, je nach der Bewegung des Wassers, das unter ihm fließt, und der Bewegung der Menschen, die auf ihm ihre Fußspuren hinterlassen. (7)

Der Körper ist in Tawadas Romanen und Erzählungen nicht stabil, die Abhängigkeit vom Fließen der Zeit und des Wassers verändert ihn ununterbrochen. Versucht man, ein bestimmtes Aussehen festzuhalten – es etwa durch Schminken zu fixieren –, tötet man das Lebendige und Echte. So sieht sich die Frau in der ersten Szene des Romans im Spiegel wie durch einen Sarg umrahmt, und in den folgenden Sätzen ist vom Tod die Rede:

Neben dem Spiegel hing in einem Rahmen eine Portraitaufnahme von mir. Mein Tag begann damit, dass ich beim Vergleich des Spiegelbilds mit der Fotografie Unterschiede entdeckte, die ich dann mit Schminke korrigierte. Im Vergleich zu dem frischen Teint auf dem Foto wirkte das Gesicht im Spiegel blutleer; wie das einer Toten. Wahrscheinlich erinnerte mich der Rahmen des Spiegels deshalb an den Rand eines Sargs (7).

---

10 Tawada: „Hamburger Poetikvorlesungen", S. 55.
11 *Das Bad* wird in der Kritik gern als ein ‚Metamorphosenroman' bezeichnet. Mir scheint diese Zuschreibung irreführend, denn man kann aus guten Gründen bezweifeln, ob es bei Tawada ein festes Ich gibt, das Wandlungen unterliegt.

Dieses Bild, so erzählt der Text weiter, hat in dieser Form nur deshalb entstehen können, weil der Fotograf die Frau schminkte. Ihr Gesicht war auf den ersten Aufnahmen völlig transparent, und es ist erst das europäisch stilisierte Bild, das sie sichtbar macht und die Vorstellung des Lebendigen prägt. Die Frau steht nun vor dem sargähnlichen Spiegel, formt sich nach den Erwartungen der europäischen Umwelt, erinnert sich an ihre ehemalige Unsichtbarkeit, und aus dem Tag wird plötzlich Nacht. „Im Licht einer Kerze bemerkte ich Schuppen, die, winziger als die Flügel kleiner Käfer, die Haut bedeckten. Ich konnte sie mit dem langen Nagel meines Daumens, den ich vorsichtig darunter schob, abbrechen. Sie rochen wie Makrelen."(7–9) Die Erzählung geht nahtlos in die Geschichte einer anderen Frau über, die einen Fisch gefunden und allein gegessen hatte, ohne ihn mit anderen zu teilen, und die später, nachdem sie ein Kind zur Welt brachte, zu einem Fisch wurde. Sie muss seitdem einsam in einem Fluss leben. Als das Kind größer wird, versucht es ihr die Menschengestalt wieder zu geben, und hat einen Einfall, wie sie ihre Schuppen los wird: Die Mutter soll mit ihrem starken Schuppenkörper helfen, Steine zu zerkleinern und neue Reisfelder zu bauen. Die Fischfrau hilft auf diese Weise den Dorfbewohnern und verliert dabei ihre Schuppen – anstatt aber wieder Mensch zu werden, verblutet sie.

Tawada arbeitet gern mit in die Geschichten eingebauten Parabeln – schon in ihre erste auf Deutsch geschriebene Erzählung, *Wo Europa anfängt* (1991), webt sie leitmotivisch ein Märchen vom Feuervogel ein, in dem die Frage nach der Fremdheit kritisch reflektiert wird. Die Parabeln gehören zu den Lebensgeschichten der literarischen Figuren und scheinen der für sie typischen abstrakten Zeit zu entweichen. Das angeführte Beispiel zeigt, wie in einem magischen Augenblick das In-den-Spiegel-Schauen, die Erinnerung an die Entstehung einer Fotografie und eine vergangene Geschichte ein Netz bilden, das die Bedeutung des erlebten Augenblicks konstituiert. Die Frau im Spiegel verwandelt sich in ein Schuppenwesen, das dem Fisch aus der Parabelwelt ähnelt. Sie weiß, die Schuppen werden fortan zu ihrem Wesen gehören, ohne sie muss sie sterben. Auf diese Art und Weise gewinnt die Welt der Ich-Erzählerin eine magische Dimension: Sie legt ihre Identitäten wie selbstverständlich ab. In der ersten Szene im Badezimmer erreicht sie ein Telefonat. Die Frau nimmt den Hörer ab und sagt nichts. „‚Bist du es?' fragte die Stimme eines Mannes, die ich noch nie gehört hatte. Ich dachte kurz nach und antwortete: ‚Nein.'" (13)

Ihre Körperpflege gewinnt von nun an eine neue Bedeutung, denn sie entdeckt außer dem Fleisch noch das Knochengerüst – im Text „noch ein Körper" genannt, eine, wie es scheint, notwendige Erweiterung des sichtbaren Körpers. Die Frau reinigt das Gesicht mit Sand:

Man sagt, dass dieser Sand von den Knochen eines Dinosauriers stamme, von Knochen, die die Wellen des Meeres lange gewaschen haben und die die Sonne getrocknet hat. Ich verteilte ihn auf meine Handflächen und legte diese auf mein Gesicht; sie fingen durch das Fleisch hindurch mit meinen Knochen ein Gespräch an. Ich konnte die Form meines Schädels in meinen Händen genau spüren. Außer der aus Licht gewordenen Haut und des aus Wasser gewordenen Fleisches gibt es noch einen Körper. Aber solange ich lebe, kann niemand diesen Körper umarmen. (17)

Außer der sichtbaren Hautfläche, die dem Licht zugeordnet wird, und dem Wasser des Fleisches gibt es noch ein Element, das den menschlichen Körper mit der Erde und der Erdgeschichte verbindet. Es sind die Knochen, die ebenfalls mit Wasser verbunden sind.

Die Geschichte registriert die körperlichen Verwandlungen der Ich-Figur, einer Dolmetscherin, mit erstaunlicher Gelassenheit. Ihr wird zunächst von einer toten Frau die Zunge abgebissen, so dass sie nicht mehr sprechen kann und untauglich für ihre Arbeit wird. Da ihre Schuppen ständig nachwachsen, stellt sie sich als Schuppenträgerin zur Schau, um endlich als Typistin die Stimmen der Geister in Buchstaben umzusetzen. Überfordert von immer mehr Stimmen, die verschriftlicht werden wollen, braucht sie einen Platz, wo sie sich ausruhen kann. Ihr Geliebter baut ihr eine sargähnliche Kiste, die sie dem Reich der Toten noch näherbringt, indem sie die beiden in eine Traumreise versetzt. Der Roman schließt mit einer weiteren Szene im Bad, in der sich die Frau für ihre neue Arbeit gründlich vorbereitet. Diesmal braucht sie keinen Spiegel, sie verlässt sich auf den Tastsinn. In dieser Szene ändert sich auch die Bedeutung ihrer Haut: Sie ist nicht mehr der Stoff, auf dem ein Bild gemalt wird, sondern eine halbdurchlässige Membran, die, wie es im Text heißt, mittels einer speziellen Schminke „durchsichtig gemacht" (161) wird. Diese eigenartige Körperpflege dient dazu, die Gestalt der toten Frau durchscheinen zu lassen:

> Jeden Abend besucht jene Frau, durch meine Haut hindurch, diese Welt. Ich kann sie nicht sehen, weil die Lampe defekt und das Zimmer dunkel ist. Ich kann sie auch nicht hören. Ich spüre nur, wie meine Knochen ein Zittern weiterleiten. Dann halte ich den Atem an und konzentriere mich auf das Vibrato der Knochen. Ein Ton, der nicht zu Musik werden kann, nein, eine Schwingung, die nicht zu einem Ton werden kann. (161–163)

Das Vergangene, das nicht zu Wort kommt, ist nicht allein – wie bei Paul Celan, auf den Tawada sich immer wieder bezieht – an den Grenzen der Sprache zu erahnen, es ist schon am eigenen Leibe spürbar.

Weil der menschliche Körper in Beziehung zur Erdkugel samt ihren toten und lebenden Organismen gebracht wird – als ein Ort, an dem das Vergangene und das

Werdende sich verflechten –, kann auch das intentionale Ich umgedacht werden. Es muss keine Brücken schlagen, um einen Zugang zur Welt zu bekommen. Von einem solchen Zugang spricht der Philosoph Lambert Wiesing in *Das Mich der Wahrnehmung* als einem „Weg, den man benutzt, um entweder selbst an einen bestimmten Ort zu gelangen oder um etwas anderes an einen Ort gelangen zu lassen; ein Zugang hat stets eine gewisse Länge und überbrückt immer eine räumliche Distanz".[12] In Tawadas Bild der durchsichtigen Haut hingegen wird die Distanz zwischen Ich und Welt, dem Eigenen und dem Fremden nicht überbrückt, sondern aufgehoben, so dass die Tote sie durchdringen und die Welt besuchen kann. Die Aufhebung oder, genauer gesagt, Verflüssigung der Distanz ist aber nur unter der Bedingung möglich, dass man die diskursive Vernunft und das Primat des Sprechens infrage stellt. Diese These wird, gleichsam beiläufig, im Essay *Erzähler ohne Seelen* (1996) formuliert: „Es ist schwer, die Sprache der Puppen zu verstehen. Sie sind für unsere Ohren meistens stumm. Auch die Sprache der Toten ist eigentlich nicht zu verstehen. Sie ist meistens nicht einmal hörbar. Nur in einem Zustand, in dem man nicht auf Verstehen fixiert ist, kann man sie hören."[13] Es geht nicht darum, das Verstehen durch mystische Erfahrung zu ersetzen, sondern darum, die *loci communes* zu hinterfragen. Im genannten Essay führt die Beobachtung eines tibetanischen Mönchs, dessen tiefe Stimme sich wie ein Teppich ausbreitet, „um jenen Erzählern Klangkörper anzubieten, die keine eigenen besitzen" (27), zu der Feststellung, dass der Akt des Erzählens (somit auch der des Denkens) allzu stark vom Ausformulieren her gedacht wird. Im Essay heißt es weiter:

> Damals versuchte ich, selbst einen Stimmenteppich herzustellen. Es gelang mir nicht ganz, aber ich hörte zum ersten Mal bewußt einige Nebenstimmen, die mitschwingen, wenn ich rede. Ich fing an, beim Sprechen auf die Nebenstimmen zu achten. Das Erzählen trat nicht mehr an die Stelle des Zuhörens, vielmehr entstand eine Erzählung durch das Zuhören. Vielleicht ist das Ohr das Organ der Erzählung und nicht der Mund. (26)

Die letzte Aufnahme in *Das Bad* zeigt eine Frau im Zustand nach dem Ablegen jeglicher früheren Identifizierungen. Sie wird von einer bescheidenen Frage aus einer anderen Welt (um das belastete Wort Wirklichkeit nicht zu gebrauchen) eingeleitet, nämlich von der Frage, woran sie denn arbeitet. Die Protagonistin reagiert mit Unbehagen. Ihr kommt es vor, als wollten sie die Menschen mit all diesen Fragen in bestimmte Raster einordnen und in ihrem Lebenslauf einen Platz für das Sterbedatum besetzen. Dem linearen Denken setzt sie ein alternatives

---

12 Lambert Wiesing: *Das Mich der Wahrnehmung. Eine Autopsie.* Frankfurt/M. 2015, S. 63.
13 Yoko Tawada: „Erzähler ohne Seelen". In: Dies.: *Talisman*. Tübingen 2015, S. 16–27, hier S. 25. Weitere Nachweise mit Angabe der Seitenzahl direkt im Text.

entgegen: „es sollte ein Curriculum Vitae geben, das mit dem Sterbedatum beginnt."
(163) Der Roman stellt die scharfe Trennung zwischen dem Lebendigen und dem
Toten mehrfach in Frage, und so ist es kein Paradox, wenn die letzten Sätze des
Textes lauten:

> Weil ich keine Zunge habe, kann ich nicht dolmetschen, kann ich, was jene [tote] Frau
> sagt, nicht ins Leichtverständliche übersetzen. Weil ich die Buchstaben vergessen habe, bin
> ich auch keine Typistin mehr. Die Buchstaben sehen alle gleich aus, wie rostige verbogene
> Nägel. Daher kann ich nicht einmal mehr die Gedichte anderer abschreiben. Erst recht bin
> ich kein Fotomodell, denn ich bin auf Fotos gar nicht zu sehen. Ich bin ein transparenter
> Sarg. (163–165)

Die Raffinesse dieser Selbstdarstellung beruht auf ihrer Verortung in der Entwicklungsgeschichte einer namenlosen weiblichen Figur, die zu sich kommt, indem sie ihre bisherigen Selbst- und Fremdbestimmungen von sich abstreift. Auch die Leser werden darauf verwiesen, die Selbstportraits der Ich-Erzählerin als provisorisch zu verstehen. Hinzu kommt als ein nur angedeuteter Hintergrund eine andere Geschichte und eine andere Zeit, die reale Sphäre – sagen wir – der Uneigentlichkeit. Diese Zeit schimmert durch in Sätzen wie: „Was arbeiten sie? Alle wollen zuerst wissen, was ich tue, wenn ich nicht schlafe". (163) Es ist anzunehmen, dass sich eine intradiegetische Erzählinstanz (wohl eine Schriftstellerin) mit diesen „Allen" unterhält, sie muss also eine Zunge haben und in einer nicht magischen Welt sich bewegen können. Das Ich der Ich-Erzählerin erweist sich so als ein zusammengesetztes, fließendes, flexibles. Ihr Körper, der sich ebenfalls aus mehreren Körpern zusammensetzt, kennt zwar Grenzen, aber sie sind durchsichtig wie Glas.

Die einprägsamen Bilder des Romans und das poetologische Konzept der Verflüssigung, dem sie entstammen, bieten eine alternative Möglichkeit der Wahrnehmung und Sinnkonstitution und stellen die vermeintliche Offensichtlichkeit herkömmlicher Unterscheidungen infrage. Eine saubere Trennung in Festes und Fließendes, das Tote und das Lebendige, das Eigene und das Fremde erweist sich als deskriptiv falsch und normativ gefährlich. Das Wasser steht dabei emblematisch für die Möglichkeit, Dinge und ihre Bedeutungen im Prozess der Verflüssigung zu begreifen.

Christian Wimplinger

Verschriftlichte Experimentalräume

Vom Kurbad zur Luftdruckkammer[1]

Unerklärliche Sinneseindrücke wie entferntes Klingeln oder optische Täuschungen hatten seit dem 18. Jahrhundert in Erzählungen von Reisen in große Höhen ihren festen Platz.[2] Vom schauerhaften Spuk der Romantik bis zu naturwissenschaftlichen Verweisen im Realismus[3] war die Literatur der zentrale Schauplatz ihrer Verhandlung. Doch die Naturwissenschaften wechselten im 19. Jahrhundert grundlegend ihre Perspektive und verstanden den Menschen nicht länger als autonome Einheit, sondern als eine Funktion seiner Umwelt. Seine Wahrnehmung galt als Produkt von biochemischen Prozessen. Eine Reise in große Höhen muss als eines der „wichtigsten Experimentierfelder der Moderne überhaupt eingeschätzt werden"[4] und gehört damit ins Zeitalter der Menschenversuche.[5] Claude Bernards Forderung (1865), die Biologie müsse experimentell am lebenden Körper verfahren, sowie Arthur G. Tansleys Rede vom Ökosystem, die den Menschen als Teil der Natur begreift, hatten epistemologische Weichen neu gestellt,[6] die zu den hier diskutierten Schreibversuchen und ihren ganz unterschiedlichen Raumordnungen führten. Der hier vorgelegte Aufsatz untersucht die Transformation von Experimentalräumen im Kontext des (literarischen) Schreibens und exemplifiziert dieses neue Verständnis des Raumes und seiner Beziehung zu seinen Insassen. Mit Experimentalräumen meine ich nicht nur das sich im 18. Jahrhundert etablierende Kurbad, für dessen wirtschaftlichen Erfolg aufgrund der aufkommenden Alpenbegeisterung mehr und mehr die Nähe zu großen Höhen entscheidend wird. Sondern hierzu zählt auch die technische Einrichtung der Kompressionskammer, die ebenfalls im Kontext des Kurbads breite Anwendung fand und schließlich im 20. Jahrhundert zum

---

[1] Der Aufsatz geht auf eine anregende Diskussion mit dem Historiker Paul Weindling zurück, die ich gemeinsam mit ihm 2018 im IFK Internationales Forschungszentrum für Kulturwissenschaften führen durfte und dem ich an dieser Stelle herzlich danke.
[2] Vgl. Martin Scharfe: *Berg-Sucht. Eine Kulturgeschichte des frühen Alpinismus 1750–1850*. Wien u. a. 2007.
[3] Vgl. Ursula Kluwick: „Die unheimliche Natur". In: Evi Zemanek (Hg.): *Ökologische Genres. Naturästhetik – Umweltethik – Wissenspoetik*. Göttingen 2017, S. 181–194, hier S. 85.
[4] Scharfe: *Berg-Sucht*, S. 77.
[5] Vgl. Birgit Griesecke: „Vorwort". In: Dies./Marcus Krause/Nicolas Pethes/Katja Sabisch (Hg.): *Kulturgeschichte des Menschenversuchs im 20. Jahrhundert*. Frankfurt/M. 2009, S. 7–15.
[6] Vgl. Benjamin Bühler: *Ecocriticism. Eine Einführung*. Stuttgart 2016, S. 12 f.

Schauplatz experimenteller Psychologie wurde. In allen diesen Kontexten spielt das Schreiben eine herausragende Rolle, die sich jedoch mit dem Wandel humoralpathologischer hin zur naturwissenschaftlichen Medizin radikal veränderte, ohne dass alle Spuren der Temperamentenlehre bis zur ersten Hälfte des 20. Jahrhunderts restlos verschwunden wären. Was Hans-Jörg Rheinberger für das 20. Jahrhundert als Experimentalsystem begreift und die Handschrift als zentrales Medium der Datengenerierung und -speicherung einsetzt, hat bereits in der Kurbadtradition seine – ebenfalls schriftbezogene – Vorgeschichte.

Versuchsanordnung Kurbad

Laut Robert Burton, dem bedeutenden Melancholietheoretiker des 17. Jahrhunderts, ist es vor allem die Luft, die das Gleichgewicht der vier Säfte ins Wanken bringt und Melancholie entstehen lässt, „da sie ständig durch Atmung in unsere Leiber und deren innerste Organe gelangt",[7] wie es 1651 in seiner *Anatomie der Melancholie* heißt. „Am allerschlimmsten ist dicke, wolkige, dunstige, neblige Luft".[8] Wenn das Phänomen ‚Melancholie' jene am ehesten systematisch fassen, die sich der „Erfahrung der Unordnung" aussetzen, um sie „vom Standpunkt der Ordnung aus"[9] zu beschreiben, wie Martina Wagner-Egelhaaf in ihrer Diskursgeschichte zur Melancholie feststellt, dann muss der Melancholiker den im 17. Jahrhundert weder einfachen noch üblichen Aufstieg in wolkige Regionen selber wagen. Der melancholische Gelehrte im Selbstversuch ist der prädestinierte Theoretiker der Melancholie.

Ein praktisches Fortwirken dieser zunächst theoretischen Verknüpfung, die Erfahrungen der Melancholie in luftigen Verhältnissen mit dem Schreiben darüber verbindet, ist auch anhand späterer literatur- und kulturgeschichtlicher Materialien zur Entstehung und Entwicklung der europäischen Kurbäder im 18. und 19. Jahrhundert nachprüfbar. Denn „die zunehmende Alpenbegeisterung des späten 18. Jahrhunderts" tritt gleichzeitig mit dem Florieren des Kurwesens ein und hat „fundamentale Auswirkungen auf [dessen] Raumideal".[10] Einen Beleg hierfür bietet etwa Johanna Schopenhauers das Jahr 1787 betreffende Klage, dass Kurorte

---

7 Robert Burton: *Die Anatomie der Melancholie. Ihr Wesen und Wirken, ihre Herkunft und Heilung philosophisch, medizinisch, historisch offengelegt und seziert* [1651]. Mainz 2001, S. 118.
8 Ebd., S. 120.
9 Martina Wagner-Egelhaaf: *Die Melancholie der Literatur. Diskursgeschichte und Textfiguration*. Stuttgart 1997, S. 118.
10 Ute Lotz-Heumann: „Kurorte vom 16. bis zum 19. Jahrhundert". In: Leibniz Institute of European History (Hg.): *EGO European History Online*. Mainz 2021. www.ieg-ego.eu/lotzheumannu-2021-de (letzter Zugriff: 01.03.2024).

„nur wenig" und in „sehr mangelhafter Einrichtung" vorhanden gewesen waren, wohingegen es nur kurze Zeit später kaum noch möglich schien, „mehr als zehn Meilen zurückzulegen, ohne auf eine größere oder kleinere, dem menschlichen Erfindungsgeist oder der Natur entsprungene Heilquelle zu stoßen."[11] Mit den aus dem Boden schießenden Badeanstalten leiden auch immer mehr Menschen an unerklärlichen Gemütszuständen, an der neuen „Modekrankheit", an „nervöse[n] Uebeln",[12] die den Kurorten vermehrt ihr Publikum zuführten. Sie selber begleitete ihren Mann zwei Jahre vor Ausbruch der Französischen Revolution nach Pyrmont, dem zu dieser Zeit beliebtesten und erfolgversprechendsten Kurort Deutschlands, wo sie auf Verbesserung eines Ohrenleidens ihres Gatten hoffte. Bei aller Skepsis gegenüber den Heilungschancen – zumindest schilderte sie diese in ihrer gut 30 Jahre später entstandenen Autobiographie[13] – bot wohl der Experimentalcharakter der sozialen Situation, nämlich der ständeübergreifende Zusammenschluss auf kleinem Raum und für kurze Zeit, für die republikanisch gesinnte Schriftstellerin einen besonderen Reiz. Zu den sich im Kurbad eröffnenden Spielräumen gehört nicht nur die Gelegenheit, mit dem höheren Adel Bekanntschaft zu machen, sondern auch aus „starre[m] reichsstädtischen Sinn"[14] dessen Angebot auszuschlagen, auf der Promenade den Rock der Herzogin von Braunschweig zu küssen. So schildert Johanna Schopenhauer die eigenen Kurbaderfahrungen in ihrer posthum erschienenen Autobiographie *Jugendleben und Wanderbilder*. Zusätzlich zur Wasserkur in der Trinkhalle unternahm sie mit Gleichgesinnten auch Gebirgswanderungen, nutzte den Aufenthalt aber vornehmlich zur Vernetzung mit anderen Schriftstellern, von denen sie mit dem nur wenig gelittenen Friedrich Nicolai und dem hoch verehrten Justus Möser bekannt wurde, was nur eine spärliche Auswahl an „literarische[n] Nobilitäten"[15] ausmachte, die sich im Kurbad aufgehalten habe.

Neben der bereits genannten Autobiographie bildete das Kurbad auch in Johanna Schopenhauers Erzählung „Die Brunnengäste" (ca. 1826) die Szenerie. In dem lustspielartigen Prosastück, das dialoglastig und moralisierend eine Liebes- und Heiratsangelegenheit des niederen Adels aushandelt, ist der Ort des Geschehens insofern von Bedeutung, als „die verschiedenen Räume im Kurraum verschiedene Formen von Öffentlichkeit und Privatheit zulassen und [für unterschiedliche Sozialschichten] wechselweise offen und verschlossen, bzw. halbdurchlässig gegen-

---

11 Johanna Schopenhauer: *Jugendleben und Wanderbilder* [1839]. Danzig 1884, S. 140.
12 Johanna Schopenhauer: „Die Brunnengäste". In: Dies.: *Sämmtliche Schriften*. Leipzig u. a. 1831, Bd. 19, S. 149–244, hier S. 158.
13 Vgl. Schopenhauer: *Jugendleben*, S. 140.
14 Ebd., S. 143.
15 Ebd.

einander sind."¹⁶ Im selben Ausmaß, in dem der Kurort als Medium, gleichsam als Freiluftbühne zur Versammlung unterschiedlicher Gesellschaftsfelder bedeutsam wird, verliert er aber im Text auch an wahrnehmbarer Präsenz. An der einzigen Textstelle, an der das Medium ‚Kurbadszenerie' thematisiert wird, geraten zunehmend seine sozial integrativen Möglichkeiten in den Hintergrund, und es wird hingegen als staatspolitische oder diplomatische Sphäre gedeutet, die sehr spezifischen Protokollen unterworfen ist:

> Wie in allen, von vielen durch Bildung und Verhältnisse sehr von einander unterschiedenen Fremden besuchten größeren Badeorten, pflegt auch in Wiesbaden die Gesellschaft in kleine Kotterien [Cliquen] sich zu vertheilen, von denen jede gleichsam einen Staat im Staate ausmacht, und dieses war besonders während des Sommers, von welchem hier die Rede ist, der Fall. In kleineren Bädern zwingt die geringere Anzahl der sie besuchenden diese im Ganzen mehr zusammenzuhalten, und wer nicht Lust hat für stolz oder für einen Sonderling zu gelten, der muß in solchen den Gedanken aufgeben, nach eigenem Gefallen zu leben, und oft an Vergnügungen Theil nehmen, zu denen er wenig inneren Beruf empfindet.¹⁷

Ein Staat im Staate – das ist die politische Situation von Johanna Schopenhauers Heimatstadt Danzig, die zwischen 1807 und 1814 nach der verlorenen Schlacht bei Jena und Auerstedt gegen Napoleon als autonome Republik unter dem Schutze Frankreichs, Preußens und Sachsen stand. Die Neuordnung Europas im Zuge des Wiener Kongress sowie die mit der Französischen Revolution geborene Idee der Veränderbarkeit sozialer Verhältnisse verschränken sich mit der Kurbadszenerie und eröffnen ein literarisches Experimentierfeld, auf dem staatspolitische Möglichkeiten literarisch durchgespielt werden können. Das wird in der Erzählung auch im Vorschlag deutlich, der Junggeselle Adelbert möge doch eine der Fräulein Allershain schon alleine aus einem territorialen Motiv heraus zur Gattin nehmen, nämlich da deren „Güter […] so schön an einander [grenzen]"¹⁸ würden, oder auch in der Weigerung Malwida von Wallhorns, sich den testamentarisch verfügten Heiratswünschen ihres Vaters zu beugen.

Johanna Schopenhauers Beschäftigung mit dem Kurbad steht erst ganz am Anfang der allmählich aufkommenden Alpenbegeisterung, dementsprechend spielt das Wandern ins Gebirge und die Luft in großen Höhen zu dieser Zeit noch eine Nebenrolle. Das sollte sich jedoch im Laufe des 19. Jahrhunderts grundlegend

---

16 Astrid Köhler: „Pyrmont von verschiedenen Seiten betretend. Zum literarischen Umgang mit der Heterotopie Badeort um 1800". In: *Publications of the English Goethe Society*, 84 (2015) Heft 1, S. 48–62, hier S. 59.
17 Schopenhauer: „Brunnengäste", S. 168.
18 Ebd., S. 151.

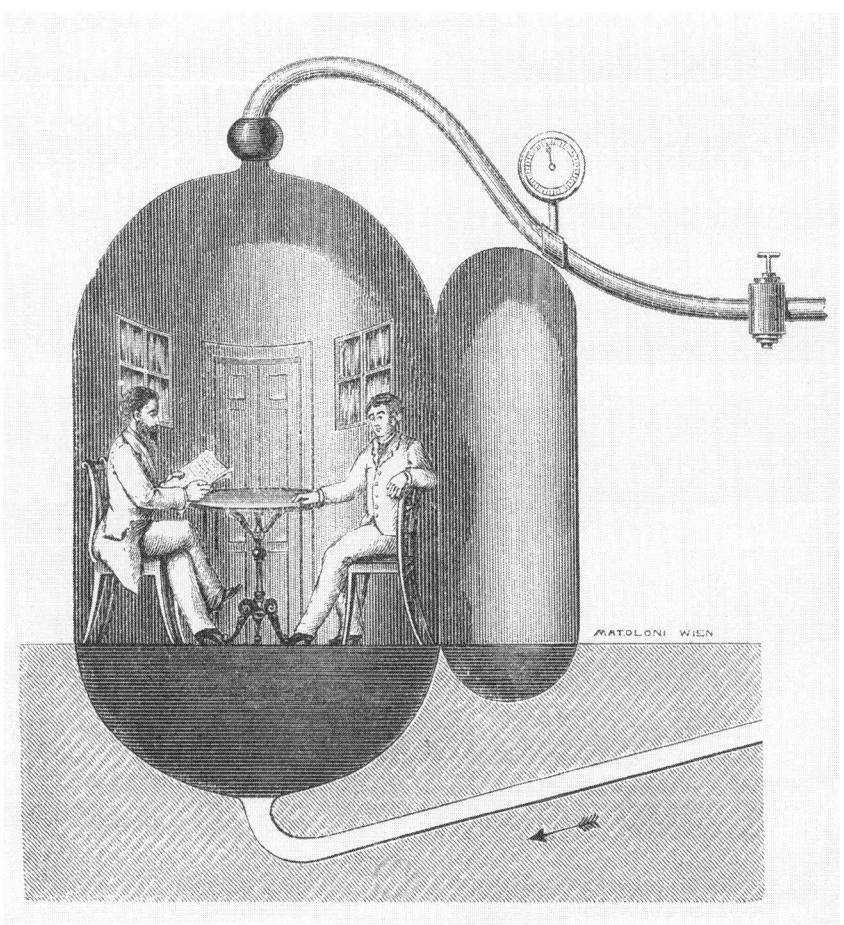

Abb. 1 Pneumatisches Kabinett nach Tabarié. Theodor Kanuthe: *Handbuch der pneumatischen Therapie*. Leipzig 1876, S. 16.

ändern, als die Luft zusätzlich zum Wasser auf den Kurplan trat. Sich im Freien bei frischer Luft aufzuhalten, war selbstverständlich auch davor schon ärztlich angeraten, die Natur und insbesondere die Bergluft wurden aber zunehmend systematisch in das Kurprogramm integriert. Diese Entwicklung war beispielsweise für den ökonomischen Aufstieg des nahe an den Alpen gelegenen Ortes Bad Reichenhall entscheidend.[19] Nicht zuletzt die um 1800 neu aufkommende Figur des

---

19 Vgl. Adam T. Rosenbaum: *Bavarian Tourism and The Modern World, 1800–1950*. New York 2016, S. 93 f.

Ingenieurs und ihr Anwendungswissen naturwissenschaftlicher Forschungsergebnisse machten es möglich, Sauerstoff in erhöhter Konzentration zu applizieren und hierdurch im Gehäuse eine Bergwanderung ohne beschwerliche Ortsveränderung zu simulieren. Dies geschah durch sogenannte pneumatische Kabinette, wie sie in Frankreich seit 1832 Emile Tabarié und wenig später in Deutschland G. Lange, Gustav von Liebig und die Gebrüder Mack in Reichenhall entwickelten.[20] In einer, wenn in seiner Wirkung auch unzulänglichen Vorform ist das pneumatische Kabinett bereits im 17. Jahrhundert unter dem Namen *Domicilium* nachzuweisen.[21] Diese Druckkammern wurden ab Mitte des 19. Jahrhunderts in Badeanstalten bekannter Kurorte wie z. B. Montpellier, Lyon, Nizza, London, Stockholm, Stuttgart, St. Petersburg, Bad Ems oder Bad Reichenhall errichtet,[22] meist zu dem Zweck, sich im konkurrenzdominierten Kurbadmarkt weiter zu diversifizieren.[23] Sie waren so gestaltet, dass sie auf die Patientinnen und Patienten den „Eindruck des Aufenthalts in einem gewöhnlichen Wohnraum wachrufen sollen."[24] Um den Patientinnen und Patienten den oft mehrstündigen Aufenthalt im Kabinett angenehm zu gestalten, war alles zum komfortablen Lesen und Schreiben zurechtgelegt.[25] Bereits das frühe Schaubild eines Kabinetts nach der Bauart Tabariés soll seine Nutzung in Verbindung mit Buch und Schrift veranschaulichen (vgl. Abb. 1). Pneumatische Kabinette waren meist innerhalb eines größeren Raumes untergebrachte Gehäuse, sodass den Kurgästen „bequemes Prominieren"[26] im Innenraum des Kabinen-Außenraumes gestattet war. Moderne Stahlkonstruktionen schützten, vergleichbar mit den Pariser Passagen, die Kurgäste vor den Unbilden des Wetters (vgl. Abb. 2).

Schreiben unter Druck

Das Lesen und Schreiben in der pneumatischen Kammer mag ganz den Bedürfnissen höherer Klassen während ihres Kuraufenthaltes angepasst gewesen sein. Aber auch zum wissenschaftlichen Nachweis ihrer Wirksamkeit wurden den Probanden in den Druckkammern Lektüren ‚verabreicht', „um nicht durch Aufmerksamkeit

---

20 Vgl. Theodor Knauthe: *Handbuch der pneumatischen Therapie. Für praktische Aerzte und Studirende der Medicin bearbeitet von Theodor Knauthe. Mit einem Anhang: Das Pneumatomater, der Stethograph, der Anapnograph, das Thorakometer etc. Mit 35 Abbildungen.* Leipzig 1876, S. 15–30.
21 Vgl. Tom S. Neuman/Stephen R. Thom: *Physiology and Medicine of Hyperbaric Oxygen Therapy.* Philadelphia 2008, S. 3 f.
22 Vgl. Knauthe: *Handbuch der pneumatischen Therapie*, S. 18.
23 Vgl. Rosenbaum: *Bavarian Tourism*, S. 98.
24 Georg Bonte: „Pneumatische Kabinette und deren maschinelle Einrichtung". In: *Gesundheits-Ingenieur. Zeitschrift für die gesamte Städtehygiene*, 23 (1903) Heft 29, S. 365–368, hier S. 365.
25 Vgl. ebd., S. 366.
26 Ebd.

Abb. 2 Postkarte mit den pneumatischen Kabinetten in Bad Reichenhall. Privatbesitz C.W.

auf sich selbst den natürlichen Gang des Athmens zu stören."[27] Die Buchlektüre sollte also von der Experimentalsituation ablenken und so die erhobenen Daten methodisch absichern. Hiermit ist bereits die kontrovers diskutierte Frage der biologisch-medizinischen Experimentalforschung berührt, ob wissenschaftliche Beobachtungen menschlicher Reaktionen *outdoor* oder innerhalb künstlicher „Laborlandschaften"[28] gesammelt werden sollen. Insbesondere in der Ursachenforschung für die sogenannte Höhenkrankheit stehen die Positionen der mit Druckkammern forschenden ‚Laboristen' und die der Alpinisten einander unversöhnlich gegenüber.[29]

Der Psychiater John W. Thompson hat in diesem Zusammenhang das radikale Beispiel einer Selbstverifikation geliefert: Mit vier weiteren Versuchspersonen setzt er sich 1937 in einer Luftdruckkammer 6 ½ Stunden den Luftverhältnissen

---

[27] Gustav von Liebig: „Ueber die Wirkung der Gebirgsluft auf den Organismus". In: *Ärztliches Intelligenzblatt. Organ für Bayerns staatl. und öffentl. Heilkunde*, 16 (1869), S. 161–164, hier S. 161.

[28] Vgl. Philipp Felsch: *Laborlandschaften. Physiologische Alpenreisen im 19. Jahrhundert*. Göttingen 2007.

[29] Die Alpinisten befürchten, dass durch die künstliche Simulation der Höhenluft-Atmosphäre in den Luftdruckkammern der „Sinn für den Ort" (ebd., S. 57) nicht hergestellt werden könne und daher fälschlicherweise der Sauerstoffgehalt des Blutes und nicht das Nervenzentrum als Ursache der Krankheit angesehen werde. In dieser Kontroverse behalten am Ende die ‚Laboristen' recht.

großer Höhen aus und protokolliert währenddessen handschriftlich die Veränderungen im Verhalten, in der Persönlichkeit und in den Emotionen bei sich und den weiteren Probanden, bis sein körperlicher Zusammenbruch zum Ende des Experiments führt. Laut dem Historiker Paul Weindling ist der Einfluss des Psychiaters, Schriftstellers und Air-Force-Offiziers John W. Thompson auf die Geschichte der Psychiatrie bislang weitestgehend unerzählt. Als Arzt und Therapeut der kanadischen Luftwaffe versorgte er über Wochen hinweg die Überlebenden des Konzentrationslagers Bergen-Belsen, was ihn selbst nachhaltig psychisch schwer belastete.[30] Aufgrund der in Bergen-Belsen gesammelten Leiderfahrungen votierte er für die Einführung der Kategorie des medizinischen Kriegsverbrechens, die schließlich in den Nürnberger Prozessen von 1947 tatsächlich Anwendung fand. Doch bereits vor Ende des Zweiten Weltkrieges sah der in Edinburgh, Cambridge und Harvard forschende Mediziner seine wissenschaftliche Tätigkeit im Zeichen des Kampfes gegen Nazi-Deutschland und dessen Folgen. Seine psychologischen Schreibexperimente, die er in den 1930er Jahren in der Luftdruckkammer durchführte, sollten später in die militärische Forschung an der Royal Canadian Air Force eingehen, wo Thompson selber Flugerfahrung sammelte und zur Verbesserung der Flugbedingungen für Kampfpiloten beitrug.[31]

Während des hier im Zentrum stehenden Selbstexperiments, das die Luftverhältnisse großer Höhen simulierte, schrieb Thompson am 21. Januar 1937 in sein Untersuchungsprotokoll: „Falling asleep suddenly jerked head over hand thinking my pencil in back of arm. [...] I am indulging in a good deal of fantasy."[32] Für die Publikation dieses Protokolls mit dem Titel „Experimental Anoxemia" merkte Thompson an, dass er sich nicht erinnern könne, was er mit diesen Sätzen eigentlich notieren wollte.[33] In diesem Selbstversuch der medizinischen Psychologie sollten die Auswirkungen von Anoxemia auf das Verhalten und die Persönlichkeit der Probanden untersucht werden.[34] Als Anoxemia bezeichnet man eine Sauerstoffuntersättigung des Blutes, wie sie charakteristisch für einen längeren Aufenthalt in großen Höhen ist. Dass sich der Leiter des Experiments, das die Luftverhältnisse von Höhen bis zu 17.100 Fuß simuliert, selbst als Versuchsperson mit in die Druckkammer begab, war für derartige Experimente – insbesondere für jene des Fatigue

---

30 Paul Weindling: *John W. Thompson. Psychiatrist in the Shadow of the Holocaust.* Rochester u. a. 2010, S. 5.
31 Ebd, S. 72 f.
32 John Thompson/William Corwin: „Experimental Anoxemia". In: *Archives of Neurology & Psychiatry*, 40 (1938) Heft 6, S. 1233–1240, hier S. 1234.
33 Vgl. ebd.
34 Vgl. die Schreibexperimente unter Drogeneinfluss bei Jeannie Moser: *Psychotropen. Eine LSD-Biographie.* Konstanz 2013, S. 50–57.

Laboratorium der Universität Cambridge[35] – nichts Ungewöhnliches. Auch der französische Physiologe Paul Bert, der Entdecker der Anoxemia, hatte 1874 mit sich selbst experimentiert.[36]

Die wissenschaftliche Fragestellung nach den physiologischen und psychischen Auswirkungen großer Höhen auf den Menschen resultierte jedoch aus den Erfahrungen des Ersten Weltkrieges, in dem die Piloten erstmals mit ihren Flugzeugen in großen Höhen ihre körperlichen und geistigen Grenzen erreicht hatten.[37] Unter dem Stichwort *staleness*, also ‚Schalheit' oder ‚Abgestandensein', was sowohl den Luft- als auch den Geisteszustand beschreibt, wurden neben physiologischen Beeinträchtigungen auch emotionale Auswirkungen und die Frage nach der Urteilsfähigkeit der Piloten untersucht.[38] Diese intensive Erforschung der Auswirkungen großer Höhen auf den menschlichen Körper in den 1920er und 1930er Jahren kann man als wissenschaftlichen Beitrag zur Vorbereitung auf den kommenden Luftkrieg bezeichnen.[39] Erkennbar ist das an den oft militärischen Forschungsträgern und an der konkreten Versuchsanordnung, die deutlich auf die praktischen Probleme von Piloten und nicht etwa auf jene von Bergsteigern, Minenarbeitern oder Ballonfahrern zugeschnitten war. Das war bereits in einer vorangegangenen Untersuchung von Ross McFarland aus dem Jahre 1932 so, an dessen Versuchsanordnung Thompson sich anlehnte. Hier wurden die Druckverhältnisse, denen die Probanden ausgesetzt waren, gemäß der Flugbahn eines einstündigen Fluges von 17.000 Fuß bis zu 28.000 Fuß gewählt, woraus stillschweigend, aber klar hervorgeht, dass diese Forschung den Interessen der militärischen Luftfahrt dienen sollte.[40]

McFarland war einer der ersten, der den Fokus auf die psychologischen Auswirkungen auf Emotion und Persönlichkeit und auf die Beeinträchtigung höherer men-

---

35 Vgl. G. Edgar Folk: „The Harvard Fatigue Laboratory. Contributions to World War II". In: *Advances in Physiology Education,* 34 (2010) Heft 3, S. 119–127, hier S. 119.
36 Vgl. Felsch: *Laborlandschaften,* S. 63 f.
37 Vgl. Ross Armstrong McFarland: „The Psychological Effects of Oxygen Deprivation (Anoxemia) on Human Behavior". In: *Archives of Psychology,* 145 (1932), S. 5–135, hier S. 49.
38 Vgl. ebd.
39 Vgl. Karl Albert Hasselbalch/Jens Lindhard: „Analyse des Höhenklimas in seinen Wirkungen auf die Respiration". In: *Skandinavisches Archiv Für Physiologie,* 25 (1911) Heft 2, S. 361–408; John Burdon Sanderson Haldane: *Respiration.* New Haven 1922; J. P. Lowson: „The Effects of Deprivation of Oxygen upon Mental Processes". In: *British Journal of Psychology. General Section; London,* 13 (1923) Heft 4, S. 417–434; Joseph Barcroft: *The Respiratory Function of the Blood.* Cambridge 1925; McFarland erwähnt außerdem: K. Tanaka: „Experimental study on the effects of low barometric pressures and oxygen deprivation upon the efficiency of mental and physical work". In: *Eep. Aero. Ees. Insti. Tokyo Imperial Univ.* (1928) 3, S. 128–230; „U.S. War Dept. Pt. 2, Ch. 7. Manual of the Medical Research Laboratory. VI. Psychology department VIII. The rebreathing machine". In: *Air Service Medical. Wash. Air Serv.* (1919), S. 293–330 und 343–359. Die beiden letztgenannten Texte sind mir leider nicht zugänglich und werden in der Zitierweise McFarlands wiedergegeben.
40 Vgl. McFarland: „The Psychological Effects", S. 74.

taler Prozesse (wie z. B. Rechnen) legte. Zu diesem Zweck intensivierte McFarland auch Testverfahren zur Datenerhebung. Dienten in den vorhergehenden Versuchen vornehmlich Reaktionstests, Rechenaufgaben, Memorier- und Kartensortier-Übungen als Indikatoren psychischer Beeinträchtigung, kamen bei McFarlands Druckexperiment auch handschriftliche Erlebnisberichte zum Einsatz. Die Testpersonen wurden gebeten, nach jeder Testeinheit schreibend Introspektion zu halten und per Hand zu notieren, wie sie sich fühlen und was sie beschäftigt.[41] Ziel dieses Testverfahrens war, auf das Temperament bezogene Grundlagen festzustellen, die auf neurotisches Leiden begünstigend wirken. „The writer's interest in this field grew out of a search for a more objective and basic attack on the problem of temperament than the techniques of questionnaires and rating scales",[42] so McFarland. Handschriftliche Proben zweier Testpersonen wurden in seiner Studie abgedruckt und deren Introspektion gerafft und zusammengefasst wiedergegeben.

Dieses Versuchsmodell McFarlands hatte John W. Thompson fünf Jahre später radikalisiert. Nicht nur begab er sich selbst in die Druckkammer und verfasste dort per Hand ein mehrseitiges Protokoll, das er, ohne orthografische und syntaktische Fehler zu glätten, in voller Länge später publizierte, auch die Versuchsdauer war beträchtlich länger. Während bei McFarland die Probanden nur bis zu einer Stunde den Luftverhältnissen großer Höhen ausgesetzt und die körperlichen Folgen erträglich gewesen waren, verlangte Thompsons Experiment ein hohes Maß an Leidensfähigkeit: „[F]eeling intensely sleepy & apathetic as anything. Forcing myself to write this notes",[43] hatte Thompson nach ca. sechs Stunden Druckkammer geschrieben, bevor er eine halbe Stunde später kollabierte und der Versuch beendet werden musste. Er könne sich niemanden vorstellen, gibt Thompson am Folgetage des Experiments, noch immer apathisch im Krankenbett liegend, zu Protokoll, „having similar headache and still living".[44] Ziel von Thompsons verschärftem zeitlichen und personellen Einsatz war es, psychotische Zustände bei sich und den vier weiteren Probanden auszulösen.[45] Nach etwas über einer Stunde Druckluftkammer notierte Thompson: „No one as yet suggess [suggests] Schizo".[46] Mit ihm in der Druckkammer sind der Arzt D.B. Dill, der Künstler Michele Gariepy sowie zwei Studenten namens Zussman und Harper, deren Empfindungen John Thompson ebenso abfragte und in seinem Protokoll notierte wie seine eigenen.[47]

---

41 Vgl. ebd., S. 113.
42 Ebd., S. 112.
43 Thompson/Corwin: „Experimental Anoxemia", S. 1235.
44 Ebd., S. 1238.
45 Vgl. Weindling: *John W. Thompson*, S. 47.
46 Thompson/Corwin: „Experimental Anoxemia", S. 1234.
47 Ebd., S. 1233.

Anders als bei McFarland, der zumindest in Auszügen Handschriften wiedergibt, ist Thompsons Protokoll nicht als Manuskript, sondern in einer diplomatischen Umschrift, dafür aber in voller Länge abgedruckt. Der Inhalt des ca. 1.000 Wörter umfassenden Protokolls lässt darauf schließen, dass Thompson mit einer Feder und schwarzer Tinte auf einem linierten Papier schrieb. Vor dem Hintergrund des technisch hochartifiziellen Versuchs wirkt das Schreibwerkzeug fast rückständig. Selbst das Transkript erlaubt jedoch erstaunliche Einblicke in Schreibvorgänge in großen Höhen. So zeigt es etwa, dass bereits ab 15.500 Fuß – das sind ca. 4.724 Meter – Thompsons Handschrift beginnt, unleserlich zu werden,[48] wohingegen sie sich mit steigender Höhe wieder zu normalisieren scheint. Nach zweimaliger Zugabe von Stickstoff (was zu einer Reduktion des Sauerstoffanteils in der Luft führt) annotierte Thompson: „[Writing again normal.]"[49] Etwas später – hier wird wieder die Höhe von 15.500 Fuß angegeben – wurde die Schrift des Öfteren unleserlich und die Hand zunehmend zittrig. Mit psychoanalytisch geschulter Aufmerksamkeit[50] schenkte Thompson scheinbaren Nebensächlichkeiten größte Bedeutung. Als er die abermalige Erhöhung des Stickstoffgehaltes in der Druckkammer protokollierte, setzte er, anders als zuvor und ohne erkennbaren Grund, eine runde Klammer um den Buchstaben *N* (für Nitrogen). Im nach dem Experiment hinzugefügten Kommentar vermerkte er diese abweichende Klammer, um die offensichtliche Grundlosigkeit seiner Handlung hervorzuheben. Ebenso fiel ihm die Eigenheit des Probanden Michele Gariepy auf, das Karomuster seiner Kleidung mit den Fingern nachzuzeichnen, was er aber sofort wieder unterließ, als er bemerkte, dass Thompson ihn dabei beobachtete.[51] Während die Probanden mit zunehmender Höhe mehr und mehr ins Schwatzen gerieten, wurde der Schreibvorgang immer anstrengender. Nachdem größere Teile des Manuskripts unleserlich wurden, endete Thompson, bevor er endgültig zusammenbrach, mit den Sätzen: „I am absolutely apathetic would rather sit. Extremly difficult to follow dil Dills account of ... [writing illegible] – may Can scarcerly [scarcely] read. 3:45 I feel terrible".[52]

Die literatur- und kulturwissenschaftliche Schreibforschung geht davon aus, dass bei einem gelingenden Schreibvorgang die höchst heterogenen Faktoren Instrumentalität, Körperlichkeit und Sprachlichkeit ein mehr oder weniger stabiles

---

48 Vgl. ebd.: „[Writing at this point becomes less legible]".
49 Ebd., S. 1234. Das Protokoll ist bezüglich der Höhenangaben nachlässig. Es verzeichnet sporadisch, welche Höhenverhältnisse gerade erzeugt werden; lediglich den Zeitpunkt, an dem Stickstoff zugesetzt wird, gibt das Protokoll mit ‚N' verlässlich an. Außerdem wird ca. um 13:30 Uhr ein Leck in der Druckkammer entdeckt und verschlossen, was selbst die angegebenen Höhenverhältnisse problematisch erscheinen lässt.
50 Weindling: *John W. Thompson*, S. 56.
51 Thompson und Corwin: „Experimental Anoxemia", S. 1233.
52 Ebd., S. 1235.

Ensemble bilden.⁵³ Treten hierin Störmomente auf – kleckst die Tinte, knackst das Handgelenk, stockt die Sprache –, können sie Reflexionen über den Schreibvorgang auslösen. Übertragen auf das Schreibexperiment in der Druckkammer müssen die genannten Faktoren der Instrumentalität, der Körperlichkeit und der Sprachlichkeit ungleich weiter gefasst werden, als es außerhalb der Laborsituation sinnvoll wäre. Zur Instrumentalität gehört nicht nur das Schreibzeug, sondern auch der technische Raum der Druckkammer, zum Körper der atmosphärische Luftdruck und zur Sprache ihr schizoider Bereich. Die Versuchsanordnung ist insgesamt darauf angelegt, dieses Ensemble der erweiterten Faktoren in dem Maße brüchig werden zu lassen, in dem der Druck in der Kammer steigt.

Der Handschrift kommt in diesem Experiment zusätzlich eine besondere Rolle zu. Technisch wäre es durchaus möglich gewesen, mit einem Phonographen zu arbeiten, der unbestechlich, ausdauernd und genau jedes akustische Äquivalent zur grundlos gesetzten Klammer, also jeden Räusperer oder Versprecher der Probanden sowie jedes weitere Detail aufgezeichnet hätte. Um die Vorrangigkeit der Handschrift in diesem Experiment zu verstehen, muss man sie von ihren Unzulänglichkeiten her deuten. Es sind gerade die vermeintlichen Defizite des Schreibens mit der Hand, das Unleserlich- und Sinnlos-Werden, das Ab- und Zusammenbrechen der Schrift, die für diesen Versuch gebraucht werden.⁵⁴ Die Handschrift ist in ihren diagrammatischen Aspekten aufschlussreicher als in ihrem symbolischen Gehalt. Sie bietet ein probates und, epistemologisch betrachtet, quasi alternativloses Mittel, den psychotischen Ordnungsverlust des sich auflösenden Subjekts zu dokumentieren. Man stelle sich das für die Zeit etwas unwahrscheinliche Szenario vor, Thompson hätte das Protokoll auf der Schreibmaschine getippt. Die körperliche Geste, von der sich das Experiment den größten Ausdrucksgehalt verspricht, würde vom mechanischen Schreibgerät verschluckt.

Der britisch-amerikanische Schriftsteller W. H. Auden wurde 1948 für das Langgedicht *The Age of Anxiety* mit dem Pulitzerpreis ausgezeichnet. Das Gedicht versammelt vier sehr unterschiedliche Figuren in einer Bar – der Trinkhalle der Moderne – auf begrenztem Raum und für kurze Zeit: einen verwitweten Angestellten eines Versandbüros, eine zu Wohlstand gekommene Einkäuferin für ein großes Kaufhaus auf der Suche nach Liebe, einen jungen Matrosen der Navy und einen Wissenschaftler, der bei der kanadischen Air-Force als Offizier dient. Einleitend skizziert Auden die letztgenannte Figur folgendermaßen:

---

53 Rüdiger Campe: „Die Schreibszene, Schreiben". In: Hans Ulrich Gumbrecht/K. Ludwig Pfeiffer (Hg.): *Paradoxien, Dissonanzen, Zusammenbrüche: Situationen offener Epistemologie*. Frankfurt/M. 1991, S. 759–772, hier S. 760.

54 Vgl. Peter Geimer: „Linien des hellen Wahnsinns. Das Zittern des Graphologen". In: Werner Busch/Oliver Jehle/Carolin Meister (Hg.): *Randgänge der Zeichnung*. München 2007, S. 55–71.

> Watching the bubbles rise in his glass, MALIN was glad to forget for his few days of leave the uniform of the Canadian Air Force he was wearing and the life it represented, at once disjointed and mechanical, alternately exhausting and idle, of a Medical Intelligence officer; trying to recapture the old atmosphere of laboratory and lecture hall, he returned with pleasure to his real interests.[55]

Nicht zuletzt aufgrund der Freundschaft zwischen Auden und John W. Thompson hat man in der Figur Malin den mit Luftdruckkammern experimentierenden Psychiater wiedererkannt.[56] Und nicht zuletzt aufgrund der Auseinandersetzung Audens mit der christlichen Transsubstantiationslehre hat man die im Glas aufsteigenden Bläschen als metonymisches Bild für den Sauerstoffgehalt im Blut gelesen.[57] Dass auch die vier Probanden in Thompsons Druckkammer-Experiment das Empfinden des steigenden Drucks mehrmals mit dem Konsum von Alkohol verglichen, fügt sich problemlos in diese literarische Überblendung der Bar mit dem Labor. Wie bereits bei Johanna Schopenhauers Beschäftigung mit dem Kurbad, setzt die literarische Reflexion zwar bei den konkreten Experimentalräumen und ihren Untersuchungsgegenständen an, weist aber gleichzeitig weit über das soziale oder hier psychologische Interesse hinaus auf eine politische Dimension, nämlich den zeitdiagnostischen Befund der Allgegenwärtigkeit von Angst. Wenn das Zeitalter der Menschenexperimente, wie eingangs ausgeführt, an dem Gedanken arbeitet, der Mensch sei nichts weiter als eine Funktion seiner Umwelt und immanenter Teil eines Ökosystems, dann entdeckt die Literatur in der Verschriftlichung dieser Experimentalräume gerade die nicht-biologistischen und nicht-deterministischen Momente des Politischen.

---

55 W. H. Auden: *The Age of Anxiety. A Baroque Eclogue*. New York 1947, S. 4 f.
56 Vgl. Alan Jacobs: „Introduction". In: W. H. Auden: *The Age of Anxiety. A Baroque Eclogue*. Princeton 2021, S. XI–XLIX, hier S. XXV.
57 Weindling: *John W. Thompson*, S. 81.

Transitorische Räume:
Reisen und Auswandern

Grażyna Kwiecińska

„Ums liebe Brot"

Die Ausgewanderten in der polnischen Literatur des 19. Jahrhunderts

„Litauen, du mein liebstes Vaterland! / Du bist wie die Gesundheit, die nur der / So recht zu schätzen weiß, der sie verloren. / Erst jetzt erkenn ich deine ganze Schönheit / In ihrem vollen Glanz und will sie hier / Besingen, denn ich sehne mich nach dir."[1] Nicht zufällig stehen hier die ersten Zeilen aus dem 1834 von Adam Mickiewicz verfassten Versepos *Pan Tadeusz* am Anfang. Diese Verse gelten seit fast 200 Jahren als ‚Gebet' der polnischen Ausgewanderten, unabhängig davon, aus welchen Gründen sie ihr Land verlassen haben. Mickiewicz hat die Verse selbst *Invokation* genannt, und der Literaturnobelpreisträger Henryk Sienkiewicz zitiert sie in seiner Novelle *Der Leuchtturmwächter* (1881). Doch das Epos wird für Sienkiewicz' Protagonisten zum Verhängnis: In die Lektüre vertieft versäumt er seine Pflichten, verliert seine Arbeit, muss wieder auf Wanderschaft gehen.

Historischer Hintergrund der Auswanderungen aus den polnischen Gebieten im 19. Jahrhundert

Ende des 18. Jahrhunderts verschwand Polen von der politischen Karte Europas, nachdem das Territorium infolge von drei Teilungen (1772, 1792 und 1794) unter die Verwaltung von Preußen, Russland und Österreich geraten war. In der polnischen Geschichtsschreibung hat sich der Begriff der „Großen Emigration"[2] eingebürgert. Er umfasst mehrere Emigrationswellen in dem Zeitraum von der Jahrhundertwende bis etwa zur Mitte der 1860er Jahre, die eine Folge von gescheiterten Aufständen (1830, 1848 und 1861) besonders gegen die harte russische Verwaltung und den politischen Druck Preußens waren. Es wanderten vor allem Intellektuelle

---

1 Adam Mickiewicz: *Pan Tadeusz oder der letzte Einritt in Litauen. Versepos in zwölf Büchern.* Nachdichtung von Walter Panitz. Hamburg 1956, S. 7. Adam Mickiewicz (1798–1855) studierte in Wilna, wo er sich freiheitlichen Geheimbünden anschloss. 1823 wurde er vor ein zaristisches Gericht gestellt und verbrachte fünf Jahre als Verbannter in Petersburg, Moskau und Odessa. Erst 1829 gelang es ihm, einen Pass zu bekommen und in die Emigration zu gehen. Er lebte 20 Jahre lang in Prag, Rom, Genf, Dresden, Paris.
2 Vgl. Jerzy Zdrada: *Wielka Emigracja po Powstaniu Listopadowym*. Warszawa 1987; Adam Marszałek (Hg.): *Sławomir Kalembka: Wielka Emigracja 1831–1863*. Toruń 2003.

und Adelige aus, also die geistige Führung der Erhebungen. Ihr Reiseziel war hauptsächlich Frankreich mit dem Zentrum Paris, ebenso London und die Schweiz, aber auch schon Amerika, wohin sich zum Beispiel noch vor der letzten Teilung Tadeusz Kościuszko und Kazimierz Pułaski begaben, um sich an dem Unabhängigkeitskampf der Amerikaner zu beteiligen. Die Auswanderungen sind auch eine Form des Widerstands gegen die fremde Verwaltung und die widerrechtliche Behandlung der einheimischen Bevölkerung vor allem in den von Russland und Preußen besetzten Gebieten. In Galizien und Schlesien ging es viel milder zu, hier war der Grund für die Auswanderung von Anfang an ökonomische Not, so dass viele verarmte Bauern auch in die russischen und preußischen Teile gingen. In der zweiten Hälfte des 19. Jahrhunderts nahm die ökonomisch motivierte Auswanderung immer mehr zu, zum Teil als Saisonarbeit durch die so genannten *Saksy*,[3] die Bergbauarbeiter gingen ins Ruhrgebiet und nach Frankreich. Nach 1862 nahm das Interesse für die Vereinigten Staaten zu, da in diesem Jahr der *Homestead Act*[4] erlassen wurde: ein Immigrations-Siedlergesetz, nach dem ein Einwanderer kostenlos ein Grundstück übernehmen durfte, unter der Bedingung, sich als Staatsbürger der USA zu erklären. Erst später wurde eine Selektion auf Grund der ‚race' sowie eine *Head-Tax* eingeführt.

Die ‚polnischen' Ausgewanderten lassen sich somit je nach Auswanderungsgrund in zwei Gruppen einteilen: die Ausgewanderten aus politischen Gründen (Adel, Intellektuelle, Bürgerliche, Teilnehmer der Aufstände) und die Ausgewanderten aus ökonomischen Gründen (vorwiegend Dorf- und Stadtarmut), also die ungebildete, sozial schwache Bevölkerung. In diese Gruppe reihten sich in der zweiten Hälfte des 19. Jahrhunderts auch Intellektuelle und Künstler ein, die alternative Lösungen sozialer Probleme in den Vereinigten Staaten suchten.

Henryk Sienkiewicz in Amerika

Henryk Sienkiewicz wurde 1846 in einem kleinen Ort bei Lublin geboren und verstarb 1916 in Vevey in der Schweiz. 1905 erhielt er den Nobelpreis für Literatur für, wie es hieß, das Gesamtwerk. Es ist jedoch anzunehmen, dass es hauptsächlich der Roman *Quo vadis* (1896) war, der ihn weltbekannt gemacht hatte, da er ein

---

3 Es ist ein umgangssprachlicher Begriff aus dem 19. Jahrhundert, der auf Deutschland, vor allem aber Sachsen hinwies.

4 Homestead Act of 1862, United States: www.britannica.com/topic/Homestead-Act (letzter Zugriff: 28.02.2024). Das *Homestead*-Gesetz wurde von Abraham Lincoln unterzeichnet und sollte weite Gebiete des Westens der USA erschließen. Nach diesem Gesetz konnte jeder Farmer in den Besitz von bis zu 160 Acres kommen, der 5 Jahre lang dieses Grundstück bewirtschaftete oder nach sechs Monaten eine Gebühr von 1.50 $ pro Acre zahlte.

übernationales Thema behandelte – die Verfolgung der Christen zu Zeiten von Nero. Die polnische Literaturforschung ordnet sein Werk dem so genannten Positivismus zu, welcher jedoch nichts mit dem philosophischen Positivismus zu tun hat.[5] Der literarische Positivismus (1863–1890) propagierte die Entwicklung von Wissenschaft, Technik, Industrie und Handel und die ‚organische' Arbeit an den ökonomischen Grundlagen, um eine moderne, aufgeklärte, wirtschaftlich stabile Gesellschaft aufzubauen und den Adel aus seiner ökonomischen Vormachtstellung zu verdrängen. Diese literarische Strömung weist keine dominierende Poetik auf und steht, in ästhetische Kategorien gefasst, eher dem Naturalismus als dem Realismus nahe.

Am 19. Februar 1876 brach Sienkiewicz, im Alter von 26 Jahren, unerwartet nach Amerika auf. Zu diesem Zeitpunkt war er bereits Verfasser eines Romans[6] und mehrerer Erzählungen sowie Feuilletonist der Warschauer „Gazeta Polska". Er schloss sich dem Freundeskreis um den Bühnenstar Helena Modrzejewska an, einer Gruppe von Intellektuellen, Malern, Publizisten, die, von der Provinzialität der Zustände im dreigeteilten Land enttäuscht, beschlossen, in der Neuen Welt ihr Glück zu versuchen. Sie wollten in Kalifornien Land kaufen und eine Künstlersiedlung auf der Basis einer landwirtschaftlichen Gemeinschaft gründen. Für Sienkiewicz war es ein ökonomisches Experiment, von dessen Erfolg er jedoch nicht abhängig war, denn er hatte den Auftrag übernommen, für die „Gazeta Polska" über die Weltausstellung in Philadelphia (1876) zu berichten. Diesen Bericht hat er nie geschrieben, dafür publizierte die Zeitung regelmäßig seine Briefe aus Amerika. Die Vereinigten Staaten erschienen Sienkiewicz als Musterbeispiel demokratischer Freiheit, als Inbegriff ökonomischen Aufschwungs und unbegrenzter Möglichkeiten. Die Perspektive des Reisenden war von den subjektiven gesellschaftlichen und politischen Erfahrungen in der eigenen Heimat mitbestimmt, jedenfalls ist in seinen Briefen der Gedanke an die verlassene Heimat ständig anwesend. Seine niedergeschriebenen Beobachtungen entstanden also aus der Konfrontation des Neuen mit dem Bekannten und regten ihn immer wieder zur Reflexion über die Missstände in der Alten Welt an.

Beim Einlaufen des Schiffes in den Hafen von New York schrieb er enthusiastisch: „Wir steuern den Hafen an. Das Wetter ist nach wie vor herrlich, ich möchte schwören, dass wir in ein Land des ewigen Frühlings geraten sind."[7] Doch schon die

---

5 Der polnische Positivismus war eine spezifische, hauptsächlich auf die Ökonomie gerichtete Gesellschaftsdoktrin, die in Anlehnung an die soziologischen Ideen von Auguste Comte entstand.
6 Dieser Roman hieß *Na marne* (‚Umsonst'). Er erschien 1872, aber die Kritiker schenkten ihm keine Aufmerksamkeit.
7 Henryk Sienkiewicz: *Listy z podróży do Ameryki* [1880]. Übers. v. Christa Schubert-Consbruch und Johannes Jankowiak als *Briefe aus Amerika*. Berlin 1980, S. 32. Weitere Nachweise mit Angabe der Seitenzahl direkt im Text.

ersten amerikanischen Beamten (es sind Zollbeamten) wollen nicht so recht in dieses Paradies hineinpassen und schon gar nicht die sozialen Kontraste zwischen den Emigranten- und Schwarzenvierteln und dem Broadway. Die bestürzende Begegnung mit der amerikanischen Großstadtrealität widersprach seinen Vorstellungen von einem gedeihenden Land. Sienkiewicz klagte über den Mangel an gesitteten Umgangsformen, natürlich gemessen an den in Europa üblichen, und bedauerte die Unterordnung aller Kultur und menschlicher Aktivitäten unter die Gesetze des Geschäfts. Der Schmutz in den Arbeiter- und Hafenvierteln, der Anblick von Tabakkauenden und auch in den vornehmen Vierteln ungeniert spuckenden New Yorker Bürgern beleidigten sein ästhetisches Gefühl. Übrigens spielten ästhetische Aspekte bei seinen Wertungen oft eine dominierende Rolle. Sienkiewicz brauchte Zeit, um sich in der Neuen Welt zurechtzufinden und sie mit aufgeschlossenem, vorurteilslosem Blick zu betrachten. Noch im Herbst desselben Jahres schrieb er: „Mit Amerika ist es so: Anfangs stieß mich alles ab, nichts wollte mir gefallen – jetzt kann ich mich der Sympathie nicht erwehren, dies um so mehr, als ich weiß, es ist kein vorgefaßtes Gefühl, sondern eines, das trotz aller Vorurteile mein Herz und meinen Verstand im Sturm ergreift." (340)

Bereits im ersten Bericht aus New York beschäftigte ihn das Schicksal der polnischen Immigranten. In der Novelle *Ums liebe Brot* (1880) thematisierte er die Landarmut und das Scheitern im Land der unbegrenzten Möglichkeiten. Zudem beschrieb er das Schicksal der politischen Emigranten, die auch in Amerika eifrig die Idee der staatlichen Unabhängigkeit pflegten und, über Jahrzehnte in sprachlicher Isolation lebend, die Sitten und Gebräuche aus vergangenen Epochen bewahrten, so dass die Begegnung mit ihnen für Sienkiewicz zu einer Begegnung mit polnischer Geschichte wurde.

Über die sprachliche Isolation der Polen schrieb Sienkiewicz auf den ersten Seiten seiner *Briefe aus Amerika* bereits während der Überfahrt. Das deutsche Schiff „Germanicus", das von Hamburg aus über eine Zwischenstation an der irischen Küste Kurs auf New York nahm, hatte hauptsächlich Deutsch und Englisch sprechende Passagiere an Bord. Sienkiewicz' Sprachkenntnisse – er hatte wie die meisten polnischen Intellektuellen dieser Zeit Französisch gelernt und kam aus dem von Russland besetzten Gebiet – erwiesen sich hier als absolut unbrauchbar. Darüber hinaus klang die polnische Sprache mit ihren Zischlauten für die Deutschen, Iren und Engländer an Bord belustigend. Die Kränkung erreichte ihren Höhepunkt, als sich sogar der Zollbeamte in New York über die polnischen Namen amüsierte, wobei sich herausstellte, dass dieser selbst einen kaum aussprechbaren Namen trug: Thrysley (33). Solche Erfahrungen lehrten den Autor, dass er ohne Kenntnis der Landessprache immer benachteiligt sein und als minderwertig behandelt werden würde. Diese Episode, die wir in seinen Amerikageschichten immer wieder finden, steht auch in der Novelle *Ums liebe Brot* ganz zentral für den Kommunikationsverlust aufgrund von sprachlicher Unkenntnis. Den Schriftsteller und Journalisten

Sienkiewicz muss die Nonchalance, mit der seiner Muttersprache begegnet wurde, tief getroffen haben, dafür wiederum legt die Erzählung *Der Leuchtturmwächter* (1881) Zeugnis ab. Sienkiewicz hat in Amerika nicht Fuß gefasst. Er kehrte mit einem Koffer voller Inspirationen heim, die zunächst in einer Reihe zwischen 1880 und 1889 entstandener Novellen ihren Niederschlag fanden. Nur zwei davon erzählen von polnischen Auswanderern: *Ums liebe Brot* erzählt von dem Bauern Lorenz und seiner Tochter, *Der Leuchtturmwächter* von einem Freiheitskämpfer und rastlos umhergetriebenen Wanderer, dem als Leuchtturmwächter sein Glück versuchenden Skawinski. Die übrigen Amerika-Novellen berichten von tapferen Einwohnern des weiten Landes, von Goldminen in Sacramento, von ‚Indianern' und verschiedenen Kuriositäten.

Der Leuchtturmwächter[8]

Die Geschichte des lesefreudigen Leuchtturmwächters hatte bereits ein anderer Amerikareisender, der Journalist Julian Horain,[9] in derselben Zeitung veröffentlicht, für die auch Sienkiewicz seine *Briefe aus Amerika* schrieb. Horain selbst soll den jungen Autor auf seine Geschichte aufmerksam gemacht haben, in der sich der Leuchtturmwächter allerdings nicht in Adam Mickiewicz' Versepos vertieft, sondern in den heute vollkommen vergessenen historischen Unterhaltungsroman *Murdelio* (1853) von Zygmunt Kaczorowski[10]. Sienkiewicz drückte seinem Protagonisten dagegen jenes Versepos *Pan Tadeusz* in die Hand, das bis heute seinen Ehrenplatz im polnischen Literaturkanon hat und von einem Ausgewanderten in der Hoffnung geschrieben wurde, in der Sprache all das einfangen zu können, was das Wesen der verlorenen Heimat ausmacht.

Die eigentliche Handlung von Sienkiewicz' Novelle ist recht bescheiden. Im umfassendsten ersten Teil des Textes ist der Erzähler damit beschäftigt, seinen Protagonisten namens Skawinski vorzustellen beziehungsweise als eine Persönlichkeit zu konstruieren, mit der sich viele seinesgleichen identifizieren können – tapfere Freiheitskämpfer, die ihr Land verlassen müssen und dennoch an allen Fronten

---

[8] Henryk Sienkiewicz: „Der Leuchtturmwächter". In: Ders.: *Ums liebe Brot und zehn andere Novellen*. Übers. v. Theo Kroczek. Graz 1904, S. 171. Erstdruck 1881 in der Zeitschrift *Niwa* – einem Kulturmagazin, das in Warschau in den Jahren 1872–1905 erschien. Weitere Nachweise mit Angabe der Seitenzahl direkt im Text.

[9] Julian Horain (1821–1883), Journalist und Schriftsteller, musste nach dem Januaraufstand das Land verlassen, lebte einige Zeit in Paris, dann etwa zehn Jahre in den USA. Dort entwarf er mit Piotr Wereszyński das Projekt „Unabhängiges Polen in Neuguinea".

[10] Zygmunt Józef Erazm Kaczorowski (1825–1896), polnischer Dichter und Schriftsteller.

für die Freiheit kämpfen.[11] Statt Reverenzen hat Skawinski Orden an seiner Brust vorzuweisen, er selbst ist zu bescheiden, um von seinen Verdiensten zu sprechen. Seit 49 Jahren unterwegs, erhebt er sich nach jedem Schicksalsschlag wie Phönix aus der Asche und beginnt wie Sisyphos von Neuem.

Im polnischen Text taucht immer wieder das Wort *tulacz* auf, das eindeutige Assoziationen hervorruft. Unverkennbar zieht Sienkiewicz auf der sprachlichen Ebene eine Parallele zu Ahasver, dem Ewigen Juden, dem es wie Skawinski trotz aller Hoffnung nicht vergönnt ist, eine Heimat zu finden. Zunächst aber findet der Protagonist unweit von Panama eine Anstellung als Leuchtturmwächter auf einer kleinen Felseninsel bei Aspinwall und genießt die Abgeschiedenheit und Ruhe dieses Ortes. Sienkiewicz gibt die Lage des Leuchtturms genau an, gestaltet diesen Raum jedoch als einen zwischen den Elementen Wasser, Erde, Himmel schwebenden, aus der geographischen Realität enthobenen Ort, an den der Protagonist vom Spiel der Elemente geworfen wurde:

> Endlich kam für ihn die Zeit der Ruhe heran. Ein Gefühl der Sicherheit erfüllte seine Seele. Denn hier auf diesem Felsen konnte er geradezu seinem früheren Missgeschick und Ungemach Hohn sprechen. Er glich in Wahrheit einem Schiff, das der Sturm verwüstet, das er aus Wolkenhöhe bis auf Meeresgrund geschleudert, das von den Wellen bestürmt, von Meeresschaum angespien wurde – und das dennoch den Hafen erreichte. (171)

Sienkiewicz ‚erlaubt' seinem Protagonisten in der Natur aufzugehen, gibt ihm das Gefühl, Hirte unter seinen Schafen (vgl. 178[12]) zu sein, sich eins mit den Elementen zu fühlen – jenen Elementen, die ihm bis dahin trotzten: Seine Schmiede brannte ab, Walfangschiffe, auf denen er diente, gingen unter, die Dürre vernichtete seine Ernte. Auf der Felseninsel nun scheint alles Böse überwunden. Aber Skawinski spürt auch, dass jene gewonnene innere Ruhe, jene Unendlichkeit ihn dem Tode näher rückt – der Leuchtturm wird zum Grab, der Halbschlaf, in dem er agiert, zum Halbtod:

> In fortwährender Einsamkeit und angesichts einer schlichten und großartigen Umgebung, fing des Greises Gefühl der Abgeschiedenheit an sich zu verflüchten, er hörte förmlich

---

11 Über die polnischen Emigranten in Paris ist schon Heinrich Heine in seinen satirischen Schriften gnadenlos hergezogen, besonders über ihre Bereitschaft, an allen Fronten für das Vaterland zu sterben. Es sei hier nur auf ein besonders gehässiges Gedicht „Zwei Ritter" hingewiesen: „Crapülinski und Waschlapski, / Polen aus der Polackei, / Fochten für die Freiheit, gegen / Moskowiter-Tyrannei. / Fochten tapfer und entkamen / Endlich glücklich nach Paris – / Leben bleiben, wie das Sterben / Für das Vaterland ist süß." (Heinrich Heine: *Sämtliche Werke*. Hg. v. Manfred Windfuhr. Hamburg 1992, Bd. 3.I, S. 38 f.)

12 Gemeint sind die Möwen, welche dem Wächter Gesellschaft leisten und von ihm gefüttert werden.

auf, als Person zu existieren und verwuchs immer mehr mit dem, was ihn umgab. Ohne hierüber zu philosophieren, lag dies nur unbewusst in seiner Empfindung, endlich aber kam es ihm vor, es seien der Himmel, das Wasser, sein Felsen, der Turm, die goldenen Sandbänke, dann die geschwellten Segel und Möven, die Ebbe und Flut irgend eine große Einheit und eine unermessliche Seele, und dass er selbst in dies Geheimnis versenkt, jene Seele mitempfinde, welche lebt und sich besänftigt. Er wiegte sich ein, vergaß seiner selbst und fand in dieser Beschränkung des abgeschiedenen Daseins, in diesem halben Wachen, halben Träumen eine solche mächtige Ruhe, dass sie fast dem Scheintod ähnlich war. (183)

So sehr die Lebensweise des alten Mannes auf ein mystisches Erlebnis zusteuert, wird der Sinn dieser Lebenshaltung in Frage gestellt, indem der Autor sie als Resignation demaskiert: „Die Veranlassung dessen war nicht Heimweh, sondern Resignation, die sich des Alten bemächtigt hatte." (181) Der Einbruch verdrängter Erinnerungen an die Heimat zerstört die Illusion und entreißt den Protagonisten dem inneren Tod. Eine Buchsendung als Dank für seine, von ihm selbst längst vergessene, Spende an die polnische Gesellschaft zu New York reißt ihn, man möchte fast sagen gewaltsam, aus der Abgeschiedenheit des Leuchtturms – dem Vakuum des zwischen Himmel und Erde schwebenden imaginären Raumes.

Skawinski liest laut die *Invokation* aus Mickiewicz' *Pan Tadeusz*, von der in der Novelle weder Autor noch Titel genannt werden. Das ist aber auch nicht notwendig, da der Text wie auch der Autor – eine Symbolfigur für das Schicksal polnischer emigrierter Intellektueller – allgemein bekannt sind.[13] Natürlich verliert jede Übersetzung dieser Novelle an Aussagekraft, denn die Assoziationen und die mit dem Text verbundene emotionale Aufladung bleiben bei fremdsprachigen Lesern aus.[14] Vielleicht kommt das aber der Novelle sogar zugute, denn der patriotische Ton der Geschichte wird damit gemildert – es geht nicht mehr um diesen einen Dichter und sein Versepos, sondern um die Dichtung schlechthin und um die identitätsstiftende Funktion von Sprache. Vertieft in die Lektüre, welche ihn zurück in seine Heimat trägt, versäumt Skawinski seine Pflichten als Leuchtturmwächter. Er verliert den Posten, muss weiter wandern, aber nun hat er seinen Nordstern wieder gefunden. Abschließend heißt es: „Auf der neuen Wanderung trug er sein Buch immerfort auf der Brust und drückte es von Zeit zu Zeit an sich, als fürchtete er, daß auch dieses ihm entrissen werden könnte." (188) Die Novelle verrät den Glauben des jungen Autors an die besondere Mission der Literatur – sie kann Räume für individuelle

---

13 Mickiewicz starb 1855 während des Krimkrieges in Konstantinopel, wo er versuchte, eine ‚polnische Legion' für den Kampf gegen das zaristische Russland zu organisieren.
14 In der hier genutzten deutschsprachigen Fassung erklärt der Übersetzer in einer Anmerkung die Herkunft der Zitate. In der im *Projekt Gutenberg* gespeicherten Version fehlen die Zitate überhaupt.

Projektionen schaffen und dem Menschen in der Diaspora Überlebenskraft spenden. Es ist auch des Autors dichterisches Programm, er schreibt *ku pokrzepieniu serc*[15] (‚zur Erbauung des Herzens').

Ums liebe Brot

Die Handlung der Novelle *Ums liebe Brot* (1880)[16] ist schnell erzählt und steht für unzählige Schicksale von Auswanderern, die dem Mythos, Amerika sei das gelobte oder gar geschenkte Land, verfielen und den Siedlergesellschaften, die sich oft an Ort und Stelle als reine Reisegesellschaften entpuppten, auf den Leim gingen. Der Bauer Lorenz verliert infolge eines billigen Streits mit seinem Nachbarn alles, da er sich, statt nachzugeben, in einen kostspieligen Prozess verwickelt. Was übrig bleibt, investiert er in die Überfahrt mit seiner Tochter Marie nach Amerika. Noch an Bord eines deutschen Schiffes träumt er von dem besseren Leben, obwohl er sich schon hier unwohl fühlt, weil er sich mit niemandem verständigen kann. Im Hafen von New York wartet er vergeblich auf den Kommissar, der ihm das versprochene Land zuteilen sollte: „Ach! Der Kommissar ist nicht gekommen, er existiert ja nicht. Der Agent hatte sie betrogen; er bekam seine Prozente für die Stückzahl der Auswanderer, was kümmerte ihn schließlich ihr Fortkommen und ihr Verbleib." (28 f.)

Nun müssen sie sich in der Stadt durchschlagen, beide ohne Ahnung vom Stadtleben. Er zu alt für die schwere Hafenarbeit, sie zu ungeschickt – beide ohne Kommunikation mit der Umwelt, Fremde in einer fremden Welt. In letzter Minute besinnt sich der Vater und begeht den Mord an seiner Tochter nicht, mit dem er ihre Qualen beenden wollte. Als sie glauben, alles sei verloren, werden sie von einem älteren Mann – wie sich herausstellt, einem Polen – aufgelesen, verpflegt und beschenkt und mit einer Siedlergruppe in den Süden geschickt, wo, so hoffen die Protagonisten, sich alles zum Besseren wenden wird. Sie durchqueren das Land mit seinen grünen Weiden, riesigen Viehherden, weiten Feldern – alles, was das Herz eines Bauern erfreut und begehrt. Sie bekommen auch ihr Stück Land, allerdings muss es erst gewonnen werden. Der herrliche uralte Wald ist für die Siedler kein leichtes Unterfangen und schon gar nicht für den alten kraftlosen Mann. Dieser Lage wäre leicht abzuhelfen, denn unter den Siedlern gibt es viele

---

15 Dieser Ausdruck hat sich in der polnischen Literaturforschung eingebürgert als Bezeichnung der historischen Romane, geschrieben, um ‚die Moral des im dreigeteilten Polen unterdrückten Volkes aufrecht zu erhalten'.
16 Henryk Sienkiewicz: „Ums liebe Brot". In: Ders.: *Ums liebe Brot und zehn andere Novellen.* Übers. v. Theo Kroczek. Graz 1902. Erstdruck 1880 in der Zeitung *Gazeta Polska*. Weitere Nachweise mit Angabe der Seitenzahl direkt im Text.

junge Polen, welche sich um die Hand der Tochter bemühen, aber diese träumt von dem daheim gebliebenen Geliebten. Sienkiewicz zeigt, wie die deutschen Siedler in gemeinsamer Arbeit schnell ein Grundstück roden und gemeinschaftlich die einzelnen Familienhäuser errichten, wie also in der gemeinsamen Tat das Wohl des Einzelnen seinen Anfang nimmt. Die Polen dagegen arbeiten jeweils für sich und haben, während die Deutschen schon in ihren Häusern sitzen, kaum eine Wand errichtet. Das Tragische an der Geschichte ist aber, dass Fleiß und Gemeinschaftssinn den Deutschen letztlich nicht viel helfen, denn in einer Naturkatastrophe werden beide Siedlergruppen vom wild steigenden Mississippi mitgerissen. Die einzige Hauswand, die Lorenz zusammenbasteln konnte, trägt sie davon, zusammen mit einem jungen Polen, der sich in den Kopf gesetzt hat, Maries Liebe durch schwere Arbeit zu verdienen. Gerettet wird nur Marie: Lorenz stirbt auf dem Floß, und der junge Mann opfert sein Leben für Marie. Als sie nach New York zurückkehrt, in der Hoffnung auf Hilfe durch ihren früheren Wohltäter, muss sie erfahren, dass er tot ist, seine Familie fortgezogen. So bleibt sie verwaist, mutterseelenallein in der Stadt genau da, wo sie vor Monaten angekommen war; ihr Schicksal erfüllt sich in einer Weise, wie es sich hätte erfüllen können, bevor sie ihren Wohltäter traf – sie stirbt als Obdachlose im Hafen von New York.

Sienkiewicz gliedert die Geschichte in drei Abschnitte, die jeweils Etappen des Auswandererschicksals thematisieren: „Die Fahrt nach der Neuen Welt", „New York" und „Kolonisten". Schon das Verhalten des Bauern während der Überfahrt signalisiert, welche Probleme er in Amerika haben wird. Sienkiewicz führt uns einen typischen polnischen Bauern aus der Mitte des 19. Jahrhunderts vor Augen: Beschränkt, unbiegsam, widerspenstig, eigensinnig, überheblich, streitsüchtig und stur verschließt er sich gegen alles Neue und vertraut auf Gott – eigentlich im Falle der polnischen Bauern eher auf die Jungfrau Maria. Der Verlust des Bauernhofs wäre zu vermeiden gewesen, hätte er nachgegeben und die kleine Summe, welche der Nachbar als Wiedergutmachung des Schadens gefordert hatte, gezahlt. Er ist besessen von der Idee, in Amerika sozial aufzusteigen und allen zu Hause zu zeigen, was er wert ist, vergisst dabei aber, dass er dafür nicht die Voraussetzungen hat, denn er ist zu alt, ungebildet und ohne Anlagekapital. Zudem spricht er nur Polnisch[17] und unternimmt nichts, um die Landessprache zu erlernen. Was dem Bauern neben den Kommunikationsfähigkeiten fehlt, ist Flexibilität: die Fähigkeit, sich den neuen Umständen anzupassen. Das deutet schon eine Episode während der Überfahrt an, in der sich ein Matrose, den der Bauer auf Polnisch anspricht, angesichts des seltsamen Vater-Tochter-Paars besorgt zeigt:

---

17 Obwohl dies gerade in der Novelle wenig glaubwürdig klingt, da Lorenz aus der Nähe von Posen kommt, also aus dem von Preußen besetzten Gebiet, wo eigentlich auch die Bauern Deutsch sprachen. Vermutlich brauchte Sienkiewicz diese Herkunft, um die Vorurteile gegenüber den Deutschen in seiner Novelle thematisieren zu können.

> Und o Wunder, der Matrose erhob kein schallendes Gelächter, sondern blieb stehen und horchte. Auf dem wettergebräunten Gesicht entwickelte sich ein lebhaftes Mienenspiel. Es sah aus, als versuchte er, sich auf etwas zu besinnen. […] „Wir kommen aus der Provinz Posen, mein Herr!" Der Matrose blickte gedankenvoll auf die Messingklammern, die den Schiffsbord zusammenhielten, dann ließ er seine Blicke über den flachsblonden Kopf des Mädchens gleiten und etwas wie Rührung fuhr durch seine wetterharten Züge. Dann sprach er bedächtig: *„Ich war in Danzig… verstehe Polnisch… Ich bin ein Kaschube… bin euer Landsmann, aber das ist lange her. Jetzt bin ich ein Deutscher."* (20 f., Hvh. G. K.)

Im Kapitel „New York" greift Sienkiewicz auf seine persönlichen Beobachtungen in den Immigranten- und Hafenvierteln zurück, wie er sie bereits in den *Briefen aus Amerika* geschildert hatte. Vater und Tochter zeigen sich dem Leben in der Metropole nicht gewachsen – er zu alt, sie zu ungeschickt. Am Ende ihrer New Yorker Tage sind sie davon überzeugt, Amerika sei ein unwirtliches Land. Objektiv gesehen zeigt dieses Kapitel, dass beiden alle Voraussetzungen für eine gelungene Integration in die Verhältnisse der ‚Neuen Welt' fehlen. Mit Staunen muss sich Lorenz die harten Worte des altansässigen Polen anhören:

> Lorenz sah ihn mit großen Augen an. Dieser kluge, edle Mann nannte Amerika ein gutes Land. „Ja, ja, so ist's, Alter", wiederholte er, als er den verblüfften Gesichtsausdruck des Bauern bemerkte, „ein gutes Land! Als ich vor Jahren hierher kam, besaß ich nichts; jetzt bin ich ein wohlhabender Mann. Ihr Bauern aber solltet nicht auswandern, ihr sollt daheim euren Acker bebauen, anstatt euch in der Welt herumzutreiben. Wenn Ihr fortgeht, wer soll dann dort bleiben? Das Herüberkommen ist nicht schwer, zurück aber könnt ihr nicht mehr, die meisten von euch gehen hier zu Grunde." (56 f.)

Der Übersetzer hat das Wort *ciemięga* einfach mit dem Wort „Alter" übersetzt, das keine Wertung impliziert. Es müsste „Nichtsnutz" heißen, denn im Original geht es tatsächlich darum, dass der Bauer hier, in Amerika, nichts zu suchen hat, er besitze keinerlei Kompetenzen, sich hier nützlich zu machen. Nach den Worten des Alteingesessenen wäre es seine patriotische Pflicht, zu Hause zu bleiben und sich um das eigene Land zu kümmern.[18] Die Worte müssen zunächst überraschen, da sie von einem seit vier Jahrzehnten in New York lebenden Polen ausgesprochen werden, der es immerhin selbst zu Wohlstand gebracht hat. In diesen Worten meldet sich das positivistische Programm, dem auch Sienkiewicz mit dieser Novelle treu folgt. Die Mission der Bauern ist es, das Land nicht für fremde Ansiedlung freizugeben. Sie haben eine Platzhalter-Funktion im besetzten Land, daher rührt der kritische Ton in der gesamten Novelle. Wenn der Erzähler und einige Figuren

---

18 Im Hintergrund steht der Gedanke, den Boden nicht für eine deutsche Kolonisierung freizugeben.

Mitleid zeigen, dann höchstens mit der Tochter, hat doch der Vater sie in ein fremdes Land verschleppt, dessen Sprache sie weder versteht noch spricht, und ihr so die Hoffnung auf ein glückliches Leben mit dem Geliebten genommen. Gerade sie, die unfreiwillig mitgegangen ist, wird überall wohlwollend aufgenommen. Sienkiewicz hatte in seinen *Briefen aus Amerika* den Frauen einige Aufmerksamkeit gewidmet, auch für dieses Wohlwollen ist da eine Antwort zu finden:

> Die Achtung, mit der man hier die Frau umgibt, läßt sich ohne weiteres damit erklären, daß hier – um es kommerziell auszudrücken – die Nachfrage nach dem schönen Geschlecht wesentlich größer ist als das Angebot. Überhaupt gibt es in Amerika zu wenig Frauen, in den neu besiedelten Gebieten entfällt höchstens eine Frau auf zwanzig bis dreißig Männer. Das ist der Grund, weshalb selbst die ungehobeltsten und flegelhaftesten Männer die Frauen wie ein rohes Ei behandeln. (70)

Sienkiewicz entwickelt in den *Briefen aus Amerika* ein kurioses Bild der „amerikanischen Frau" und der Familienverhältnisse. Der Mann arbeitet, „schafft wie vier Pferde, während die Frau sich den ganzen Tag im Schaukelstuhl wiegt", sie „herrscht und genießt die Gaben Gottes, wie es ihr gefällt". Und wenn es ihr nicht gefällt, lässt sie ihre Launen an ihm aus. Übrigens seien die amerikanischen Frauen nicht schön, und „das macht ihren Despotismus noch unerträglicher." (68 ff.) Immerhin nimmt er wahr, dass die Bildungsmöglichkeiten der Frauen sich nicht von denen der Männer unterscheiden, in den Schulen sitzen sie in denselben Klassen nebeneinander. Und wenn sie kein Bildungsbedürfnis zeigen, dann liegt es an dem geringen Anteil der Frauen in der amerikanischen Gesellschaft: „[Die] Frau hierzulande weiß, dass sie auch ohne zu arbeiten nicht Hungers stirbt, sondern genug haben wird, um ein in vieler Hinsicht sogar angenehmes Leben zu führen. Dieser Umstand erklärt alles." (70) Marie hingegen verhungert im Hafen von New York, weil ihr dieses pragmatische Denken fremd ist; besessen von dem Gedanken an ihren daheim gebliebenen Geliebten wird sie zum Relikt der Alten Welt und der romantischen Liebe.

Im dritten Teil „Kolonisten" wirft Sienkiewicz seinen kritischen Blick auf die so großzügig erscheinenden Landschenkungen der US-Regierung, denn schließlich muss das Land erst gewonnen werden. So kommt Lorenz zwar in den ‚Genuss' des Siedlerlebens, doch er entlarvt die ganze Landschenkung – hier ist es sogar ein billiger Ankauf – als faulen Trick. Das Land liegt fern von aller Zivilisation und muss erst in harter Holzfällerarbeit gerodet werden. Wenn schließlich alle, ob faul oder fleißig, vom Mississippi davon geschwemmt werden, bleibt dem Leser das Urteil überlassen, ob wir es mit der Gleichgültigkeit der Natur, einer Ironie des Schicksals, mit dem Zynismus der Verwaltung oder einer Schwindelgesellschaft zu tun haben.

Bei der Lektüre dieser Novelle kann man sich des Gedankens nicht erwehren, dass der Autor, gegen die Auswanderung nach Amerika gerichtet, alle möglichen Gefahren ausmalt, die auf einen Neuankömmling lauern. Dabei geht es zugleich um eine Kritik an seinen Landsleuten, die immer noch in spätfeudalen Verhältnissen stecken und sich gegen alles Neue verschließen. Es ist eine an die Landbevölkerung gerichtete Warnung: Der als Einzelgänger agierende polnische Bauer ist zum Scheitern verurteilt, da ihm Unternehmungslust, Gemeinschaftssinn, Flexibilität sowie die Bereitschaft zu Kommunikation und Kooperation fehlen, welche die anderen in der Novelle auftauchenden nationalen Gruppen durchaus auszeichnen: die Deutschen, Holländer und Iren. Und nicht zuletzt ist es eine an die Bauern gerichtete Mahnung, statt in fremden Ländern zu verkommen, das Land daheim zu hüten.[19]

Die beiden Novellen von Henryk Sienkiewicz zeigen zwei Seiten der polnischen Auswanderung. *Der Leuchtturmwächter* repräsentiert die politische Emigration. Diese erzwungene Auswanderung ist durchaus gerechtfertigt, aber ihre Repräsentanten werden nie glücklich, weil sie vom Heimweh geplagt werden und von dem Bedürfnis getrieben sind, noch in der Fremde der Heimat zu dienen – der Leuchtturmwächter spendet sein erstes Gehalt einer gerade neu gegründeten polnischen Gesellschaft in New York. Der ökonomisch motivierten Auswanderung auf der anderen Seite steht Sienkiewicz kritisch gegenüber, da sie das Land wirtschaftlich schwächt. Den Intellektuellen, so auch dem Positivisten Sienkiewicz, liegt viel daran, das Leben im Lande zu verbessern, dazu bedarf es einer aufgeklärten Volksschicht. Die Novelle *Ums liebe Brot* sollte diese Aufklärungsarbeit leisten.

---

19 Es gibt in der polnischen Literatur einen Roman, der gerade diese Haltung als ein für die Bauern im geteilten Land verpflichtendes Verhaltensmuster vorführt: der Roman *Vorposten* [1885] des etwa gleichaltrigen Boleslaw Prus (1847–1912), der darin die Geschichte eines Bauern erzählt, der vom Charakter her Lorenz gleicht, aber um keinen Preis sein Land aufgeben will.

Marco Lorenz

„In der Betschul' hängt ja auch ein Vorhang"

Das Theater als Bildungsanstoß und Dritter Raum in Karl Emil Franzos' *Der Pojaz* (1905)

Das Werk des österreichischen Schriftstellers Karl Emil Franzos scheint schon allein aufgrund seiner Reisebeschreibungen Osteuropas, die 1876 unter dem Titel *Aus Halb-Asien*[1] erschienen sind, prädestiniert für eine raumtheoretische Analyse. Auch wenn der Autor, der 1848 in Galizien und damit am Rand der Habsburger Doppelmonarchie geboren wurde, oftmals als Grenzgänger beschrieben wird, steht eine ausführliche Beschäftigung mit den räumlichen Vorstellungen in seinem Erzählwerk noch aus. In diesem Beitrag soll daher der posthum erschienene Roman *Der Pojaz* (1905)[2] auf seine spatialen Aspekte untersucht werden. Der als Bildungsroman verstandene Text erzählt vom Lebensweg des in Barnow[3] geborenen Sender Glatteis, der sich nach einer Begegnung mit einer Theatergruppe von seiner traditionellen jüdischen Schtetl-Herkunft zu lösen versucht. Im Folgenden soll der Versuch unternommen werden, die Beschreibungen des Theaters in Rückgriff auf postkoloniale Raumtheorien als einen Dritten Raum zu lesen, in welchem ein scheinbar rückständiger Osten und der vermeintlich aufgeklärte Westen in Kontakt treten. Die These lautet, dass im Theater nicht etwa beide Kulturkreise aufeinandertreffen, sondern in der Überschneidung etwas dezidiert Neues entsteht und Aushandlungsprozesse dargestellt werden können. Damit soll ein Beitrag geleistet werden zur Einordnung eines facettenreichen Schriftstellers, der zwar im Westen den (einzigen) Ort sieht, „wo Bildung und Duldung wohnen"[4], dessen Diktum „Ich wünsche den Osten weder germanisirt noch gallisirt"[5] jedoch häufig zu wenig Beachtung findet.

---

1 Karl Emil Franzos: *Aus Halb-Asien. Culturbilder aus Galizien, der Bukowina, Südrußland und Rumänien.* Leipzig 1876.
2 Karl Emil Franzos: *Der Pojaz. Eine Geschichte aus dem Osten.* Stuttgart u. a. ²1905. Weitere Nachweise mit Angabe der Seitenzahl direkt im Text.
3 Barnow steht im Werk des Autors als fiktiver Ort für die chassidisch geprägten Kleinstädte und Dörfer Galiziens. Am Beispiel des *Moschko von Parma* vgl. Paula Wojcik: „Ein ödes schmutziges Nest in einem gottverlassenen Winkel der Erde. Konstruktion und Dekonstruktion des Schtetl-Raumes bei Eliza Orszeszkowa und Karl Emil Franzos". In: Alfred Bodenheimer/Vivian Liska (Hg.): *Jahrbuch für europäisch-jüdische Literaturstudien*, 2 (2015) Heft 1, S. 195–213, hier S. 207 f.
4 Karl Emil Franzos: *Die Juden von Barnow.* Stuttgart u. a. ⁷1905, S. 229.
5 Franzos: *Aus Halb-Asien*, S. VIII.

Topische Räume

In seinen Überlegungen zum Orientalismus greift Edward Said auf eine Prämisse aus *Das Wilde Denken*[6] von Claude Lévi-Strauss zurück, nach der der Mensch in seinem Wunsch, die ihn umgebende Welt zu ordnen, immer die Vorstellung einer eigenen vertrauten Gesellschaft entwickelt, die einer anderen, fremden gegenübersteht:

> A group of people living on a few acres of land will set up boundaries between their land and its immediate surroundings and the territory beyond, which they call „the land of the barbarians." In other words, this universal practise of designating in one's mind a familiar space which is „ours" and an unfamiliar space beyond „ours" which is „theirs" is a way of making geographical distinctions that can be entirely arbitrary. I use the word „arbitrary" here because imaginative geography of the „our land-barbarian land" variety does not require that the barbarians acknowledge the distinction.[7]

Damit sind zwei wichtige Grundlagen für die nachfolgenden Überlegungen gelegt; zum einen, dass der Bezugspunkt für die Einteilung der Welt immer der eigene Lebensmittelpunkt ist, und zum anderen, dass die Dichotomie zwischen ‚unserem' und dem ‚barbarischen' Land absolut willkürlich geschehen kann, da eine solche Kategorisierung nicht auf das Einverständnis der ‚Barbaren' oder gar auf objektive Kriterien angewiesen ist. Darüber hinaus stellt Said fest, dass eine Definition der eigenen Kultur durch ihre Positionierung als Nullpunkt der Überlegungen als obsolet angesehen werden kann, das Fremde allerdings von diesem Referenzpunkt aus immer durch den Unterschied zum Vertrauten beschrieben wird. Dem Orient, der damit in der westlichen Kulturgeschichte als das große ‚Andere', als Gegenpol der westlichen Zivilisation charakterisiert wird, kommt damit in diesem Denkmuster die Funktion eines zu beherrschenden Objekts zu, dessen Eroberung allein dem Zweck der Ausweitung der eigenen Macht dient. Zugleich zeigt dieser Anspruch auch das Gefühl der Überlegenheit, welches sich darin äußert, dass positive Attribute dem Westen zugesprochen werden, deren Absenz jedoch dem Osten: „On the one hand there are Westerners, and on the other there are Arab-Orientals; the former are (in no particular order) rational, peaceful, liberal, logical, capable of holding real values, without natural suspicion; the latter are none of these things."[8] Diese Charakterisierung verbindet Said mit den poetologischen Überlegungen

---

6 Claude Lévi-Strauss: *Das wilde Denken*. Frankfurt/M. 1968.
7 Edward W. Said: *Orientalism*. New York 1994, S. 54.
8 Ebd., S. 49.

Gaston Bachelards zur menschlichen Wahrnehmung des Raumes,[9] nach denen die objektive Beschreibung häufig hinter jenen Aspekten zurücktritt, mit denen der Beobachter den Raum poetisch ausstattet, ihn damit sinnlich erfahrbar macht und mit Bedeutung versieht.[10] Daraus ergibt sich das Paradigma der *imaginative geographies*, nach denen sich die Vorstellung des Orients ex negativo aus dem Selbstverständnis des Westens herleitet. An diese Denkweise anknüpfend widmet sich Larry Wolff dem Bereich, der zwischen den beiden Polen des durch Said dekonstruierten binären Oppositionspaares liegt. Während Said jedoch historisch fast aus der gesamten abendländischen Vorstellungswelt schöpft, verknüpft Wolff die Entstehung der Vorstellung einer räumlichen Einheit namens ‚Osteuropa' mit der Geisteshaltung der Aufklärung:

> It was Western Europe that invented Eastern Europe as its complementary other half in the eighteenth century, the age of Enlightenment. It was also the Enlightenment, with its intellectual centers in Western Europe, that cultivated and appropriated to itself the new notion of „civilization", an eighteenth-century neologism, and civilization discovered its complement, within the same continent, in shadowed lands of backwardness, even barbarism. Such was the invention of Eastern Europe.[11]

Sowohl Edward Said als auch Larry Wolff attestieren den Räumen, die sie untersuchen, eine Dichotomie, die zwischen dem Eigenen und dem Fremden oszilliert. In der Aufdeckung der diesem Dualismus zugrunde liegenden Strukturen werden Räume dekonstruiert, und es bleibt die Frage, was die entstehende Leerstelle ausfüllt. In Bezug auf die Sprache hat Walter Benjamin in seinem Aufsatz *Die Aufgabe des Übersetzers* (1923), den er einigen ins Deutsche übertragenen Baudelaire-Gedichten voranstellt, bereits die Auffassung formuliert, dass sich die „Zweipoligkeit von Original und Übersetzung auf eine dritte Sphäre hin öffnet".[12] Diese Perspektive auf das Verhältnis von Zentrum und Peripherie ist nicht nur für das Verhältnis von Sprachen, sondern auch für den Kontakt von Kulturen von der postkolonialen Theorie übernommen und erweitert worden. In den Fokus rückt damit nach Homi K. Bhabha der Begriff der Hybridität:

---

9 Gaston Bachelard: *Poetik des Raumes*. München 1975.
10 Said: *Orientalism*, S. 55.
11 Vgl. Larry Wolff: *Inventing Eastern Europe. The Map of Civilization on the Mind of the Enlightenment.* Stanford 1994, S. 4.
12 Walter Benjamin: „Die Aufgabe des Übersetzers" [1923], zit. n. Doris Bachmann-Medick: „Dritter Raum. Annäherungen an ein Medium kultureller Übersetzung und Kartierung". In: Tobias Döring/ Claudia Breger (Hg.): *Figuren der/des Dritten. Erkundungen kultureller Zwischenräume.* Amsterdam u. a. 1998, S. 19–36, hier S. 19.

> [F]or me the importance of hybridity is not to be able to trace two original moments from which the third emerges, rather hybridity to me is the ‚third space' which enables other positions to emerge. This third space displaces the histories that constitute it, and sets up new structures of authority, new political initiatives, which are inadequately understood through received wisdom.[13]

Der Kulturbegriff, der dieser Definition zugrunde liegt, bleibt variabel. Nicht nur ist die Möglichkeit eines Synkretismus angelegt, auch geht Bhabha davon aus, dass in einem hybriden „dritten Raum" die einzelnen Bestandteile der ursprünglichen Kulturen sich nicht mehr identifizieren lassen. So werden im Zustand der Hybridität vollkommen neue Verhältnisse von Macht und politischer Teilhabe ausgehandelt – es entsteht eine neue kulturelle Entität.

Auf der Ebene der kulturwissenschaftlichen Konzeptualisierung und Theoriebildung entspricht dieser postkolonialen Lebenserfahrung der Versuch, ein verändertes offeneres Verständnis von Kultur zu entwickeln. Ziel ist, aus dem Gefängnis der binären Dichotomien in der Kulturtheorie herauszugelangen und die damit verbundenen Macht- und Herrschaftsbeziehungen im Kräftefeld des Kolonialismus analytisch aufzubrechen.[14]

Für die Literaturwissenschaft bedeutet dieser Zugriff auf das kulturelle Raumverständnis, dass sich auch in der Analyse literarischer Texte neue kulturelle Verortungen herausarbeiten lassen. Eine Stärke dieses Ansatzes ist, dass sich eine kulturelle Neukartierung auch historisch betreiben lässt, solange sich ein hybrider Raum findet, in dem sich ein Machtgefälle ausmachen lässt und verschiedene Kulturen aufeinandertreffen.[15] Im Folgenden soll daher eine Lesart entwickelt werden, die am Beispiel des Theaters die von Franzos erzählten Räume als Dritte Räume versteht, in denen am Rande des Vielvölkerstaates die aufeinandertreffenden Kulturen, Sprachen, Religionen und nationalstaatlichen Bestrebungen in einen Aushandlungsprozess treten.

---

13 Homi K. Bhabha: „The Third Space. Interview with Homi Bhabha". In: Jonathan Rutherford (Hg.): *Identity, Community, Culture, Difference*. London 1990, S. 207–221, hier S. 211.
14 Bachmann-Medick: „Dritter Raum", S. 21.
15 Vgl. Karen Struve: *Zur Aktualität von Homi K. Bhabha. Einleitung in sein Werk*. Wiesbaden 2013, S. 41.

Das Theater als Bildungsanstoß

Der Pojaz lässt sich wohl als einziger Text von Karl Emil Franzos als originärer Bildungsroman beschreiben.[16] Die neuere Forschung zum Bildungsroman wählt für diese Gattung auch solche Zugänge, die sich auf die Fremdheitserfahrungen der Hauptfiguren beziehen lassen. Johannes Lehmann etwa unterscheidet zwischen dem Bildungs- und dem Erziehungsroman und konstatiert für Ersteren, „[d]ass der Held des Bildungsromans sich selbst finden muss"[17]. Die Herausforderung dieser Aufgabe rühre daher, dass „das zu findende ‚Selbst' und die eigenen Talente und Kräfte per definitionem nicht in der Linie der Kontinuität der eigenen Herkunftssphäre, sondern nur ab- und jenseits davon gefunden werden können."[18] Dieser Bildungsbegriff, der in diesem Kontext auch auf Mobilität beruht, ist bereits im Titel des Romans angelegt: „Es ist ein ‚Pojaz', wie ich noch keinen gesehen habe. Er hat's von seinem Vater, aber er trifft's schon jetzt besser als der Kowner! Denkt an mich: in drei Jahren läuft er davon und läßt nie wieder von sich hören. Eines ‚Schnorrers' Sohn ist er und ein ‚Schnorrer' wird er werden!" (53 f.) Mit dem Begriff des Pojaz wird dabei eine Reminiszenz an das italienische Theater und die komische Figur des „Bajazzo" (16) aufgerufen. Das Theater soll dann auch für den Pojaz zum Schlüsselerlebnis werden. Im Zuge einer Reise zum „Wunderrabbi von Sadagóra",[19] welchen er mit Hilfe seines Talents Stimmen zu imitieren als Betrüger entlarvt, hört er zum ersten Mal von den Einwohnern vom Theater:

> „Was ist ein Theater?" frag' ich weiter. „Man sollt's nicht glauben", ruft er erstaunt, „wie sehr die Polnischen zurück sind! Also höre! Da tut sich eine Gesellschaft zusammen, Männer und Weiber, und sie mieten einen Saal und beschmieren sich die Gesichter und ziehen sich komische Kleider an, und stellen zusammen eine Geschichte vor, wie du sie uns allein vorgemacht hat – alles erlogen, keine Silbe wahr, aber solang' man ihnen zuhört, glaubt man, daß es wahr ist, und lacht oder weint." (76)

---

16 Vgl. Philipp Theisohn: „Eruv. Herkunft und Spiel an den Grenzen der Aufklärung. Karl Emil Franzos' *Der Pojaz*". In: Barbara Thums/Volker Mergenthaler/Nicola Kaminski u. a. (Hg.): *Herkünfte. Historisch – Ästhetisch – Kulturell.* Heidelberg 2004, S. 171–190.

17 Johannes F. Lehmann: „Kontinuität und Diskontinuität. Zum Paradox von ‚Bildung' und ‚Bildungsroman'". In: *Internationales Archiv für Sozialgeschichte der deutschen Literatur*, 41 (2016) Heft 2, S. 251–270, hier S. 257.

18 Ebd.

19 Vgl. *Der Pojaz*, S. 74. Mit dem Wunderrabbi von Sadagóra, heute Sadhora, ein Stadtteil von Czernowitz, könnte Rabbi Israel Friedmann gemeint sein, der zwischen 1842 und 1850 in Sadagóra tätig war und die Stadt zu einem Zentrum des chassidischen Judentums machte. Vgl. Andrei Corbea-Hoişie: „Israel Friedman (Israel der Ryzhiner)". In: Joachim Bahlke/Stefan Rohdewald/Thomas Wünsch (Hg.): *Religiöse Erinnerungsorte in Ostmitteleuropa. Konstitution und Konkurrenz im nationen- und epochenübergreifenden Zugriff.* Berlin 2013, S. 749–756.

Bereits der Umstand, dass Sender Glatteis das Konzept eines Theaters gänzlich unbekannt ist, gibt einen Hinweis darauf, warum der Pojaz häufig als Entwicklungs- oder gar Bildungsroman gelesen wird. Der Protagonist erscheint zu Beginn noch jung, etwas naiv und ungebildet, wird aber, wie in diesem Genre durchaus gängig, durch das Theater angeregt sich der eigenen Bildung zu widmen.[20] Allerdings hindert den jungen Pojaz nicht nur seine fehlende Bildung an der Erfüllung seines Wunsches, Schauspieler zu werden, vor allem die kulturelle Kluft trennt ihn. Denn die für das Schtetl übliche Schulbildung im Cheder[21] hat er bereits erhalten. Wie sich Bildung und Differenzerfahrungen zueinander verhalten, hat Rainer Kokemohr[22] in einem prozessualen Bildungsbegriff zu fassen versucht: Bildung ist nicht die bloße Entfaltung immer schon vorhandener ‚innerer' Kräfte, die der Außenwelt allenfalls im Sinne eines Übungsfeldes bedürfen. Bildung ist vielmehr ein ‚responsives' Geschehen, bei dem das Subjekt auf einen Anspruch antwortet, der von einem anderen Ort aus ergeht und dem es sich nicht oder nur um den Preis einer Verhärtung seines Welt- und Selbstverständnisses entziehen kann.[23]

Die Verhärtung seines Welt- und Selbstverständnisses käme in diesem Beispiel dem Vorwurf nahe, der im Roman den in ihren Traditionen verhafteten chassi-

---

[20] Zur Rolle des Theaters vgl. Katharina Krčal: „Das ist ein Stück für Galizien. Karl Emil Franzos' Roman *Der Pojaz* im Spannungsfeld zeitgenössischer Theaterkulturen". In: *Chilufim. Zeitschrift für jüdische Kulturgeschichte*, 13 (2012), S. 31–50, und: „Karl Emil Franzos und das Drama der Assimilation – Der Roman ‚Der Pojaz'". In: Dies.: *Nachahmen und Täuschen. Die ‚jüdische Mimikry' und der antisemitische Diskurs im 19. und 20. Jahrhundert*. München u. a. 2021, S. 303–362. Zur Rolle des Theaters in Goethes *Wilhelm Meisters Lehrjahre* vgl. Katrin Dennerlein: „Wielands Geschichte des *Agathon* oder *Wilhelm Meisters Lehrjahre*. Die Frage der Gattungsgenese des Bildungsromans aus Sicht der Bourdieu'schen Feldtheorie". In: Elisabeth Böhm/Dies. (Hg.): *Der Bildungsroman im literarischen Feld. Neue Perspektiven auf eine Gattung*. Berlin u. a. 2016, S. 13–54, hier S. 31 ff.

[21] Petra Ernst sieht den ersten Bruch des Pojaz mit dem Schtetl darin, dass er sich weigert, im Cheder zu lernen. Allerdings wurde dabei übersehen, dass Sender zwar den Cheder in Barnow aufgrund des allzu brutalen Lehrers nach zwei Monaten wieder verlässt (vgl. 56 f.), danach aber die Ausbildung im nahen Buczacz für drei Jahre weiterführt (vgl. 60). Petra Ernst: *Schtetl, Stadt, Staat. Raum und Identität in deutschsprachig-jüdischer Erzählliteratur des 19. und frühen 20. Jahrhunderts*. Wien u. a. 2017, S. 146 f. Zum Zusammenhang zwischen „Ghetto", Cheder und der jüdischen Emanzipationsbewegung im 19. Jahrhundert vgl. Jürgen Heyse: „Making Sense of ‚the Ghetto'. Conceptualizing a Jewish Space from Early Modern Times to the Present". In: Alina Gromova/Felix Heinert/Sebastian Voigt (Hg.): *Jewish and Non-Jewish Spaces in the Urban Context*. Berlin 2015, S. 37–62, hier S. 49 f.

[22] Vgl. Rainer Kokemohr: „Bildung als Welt- und Selbstentwurf im Anspruch des Fremden. Eine theoretisch-empirische Annäherung an eine Bildungsprozesstheorie". In: Hans-Christoph Koller/Winfried Marotzki/Olaf Sanders (Hg.): *Bildungsprozesse und Fremdheitserfahrung. Beiträge zu einer Theorie transformatorischer Bildungsprozesse*. Bielefeld 2007, S. 13–68.

[23] Als Reaktion auf Kokemohrs Entwurf vgl. Hans-Christoph Koller: „Probleme einer Theorie transformatorischer Bildungsprozesse". In: Ders./Winfried Marotzki/Olaf Sanders (Hg.): *Bildungsprozesse und Fremdheitserfahrung. Beiträge zu einer Theorie transformatorischer Bildungsprozesse*. Bielefeld 2007, S. 69–81, hier S. 71.

dischen Juden in Barnow gemacht wird. *Der Pojaz* hingegen nimmt den Impuls, der durch den Ortswechsel ausgelöst wird, auf und setzt ihn in einen Bildungsprozess um. Dass dieser moderne Bildungsbegriff einer Vorstellung widerspricht, in der Bildung als „die bloße Entfaltung immer schon vorhandener ‚innerer' Kräfte" verstanden wird, steht dabei im Kontrast zur Vorstellung, dass Sender Glatteis seine Veranlagung zum Pojaz oder Schnorrer von seinem Vater geerbt habe. Dass sich die Bildungsfortschritte des Pojaz jedoch als Prozesse beschreiben lassen, die immer wieder durch neue Reize ausgelöst werden, soll im Folgenden beschrieben werden. Im Fokus stehen dabei die beiden Theatervorstellungen, die Sender Glatteis besucht, und die Frage, wie die dafür genutzten Räume verschiedene kulturelle Konventionen zusammenbringen.

Ein ‚aufgeschriebenes Spiel'

In Sadagóra erhält Sender Glatteis den Hinweis, dass er ein Theater im nahen Czernowitz[24] finden könne, und eilt voller Euphorie dorthin. Die Vorstellungen finden im Hotel Moldavie[25] statt. Noch vor Beginn der Aufführung trifft der Pojaz den Direktor der Theatergruppe: „Der ‚Deutsch' schaut mich an, er hat ein Gesicht gehabt zum Erschrecken, blaß, furchtbar mager, ganz glatt rasiert, so daß er halb gelb, halb blau war – eine ungeheure Nase und funkelnde, stechende Augen – und noch dazu hat es fortwährend in dem Gesichte gezuckt." (78) Schon hier zeigt sich der unterschiedliche kulturelle Hintergrund der beiden Figuren. Sender war noch Augenblicke zuvor vom jüdischen Kellner des Hotels, der selbst einen Frack zu tragen scheint,[26] für seine traditionellen Schläfenlocken belächelt worden. Der Direktor hingegen trägt weder Locken noch einen Bart, kleidet sich nach der westlichen

---

[24] Czernowitz gilt als Stadt mit einem starken kulturellen Bezug zum Westen und lange Zeit als deutschsprachige Enklave. Vgl. Heinrich Stiehler: „Czernowitz. Zur kulturgeschichtlichen Physiognomie einer Stadt". In: Dietmar Goltschnigg/Anton Schwob (Hg.): *Die Bukowina. Studien zu einer versunkenen Literaturlandschaft*. Tübingen 1990, S. 15–26, hier S. 18 f. In der Rückschau verklären einige gebürtige Czernowitzer ihre Heimatstadt gar als „Klein-Wien", vgl. Joseph W. Moser: „Czernowitz. Die westliche Kulturmetropole im Osten der Donaumonarchie". In: Dagmar Lorenz/Ingrid Spörk (Hg.): *Konzept Osteuropa. Der „Osten" als Konstrukt der Fremd- und Eigenbestimmung in deutschsprachigen Texten des 19. und 20. Jahrhunderts*. Würzburg 2011, S. 13–26, hier S. 17.

[25] Hier zeigt sich einmal mehr, dass Franzos seine Ortskenntnisse einbringt. Bevor in Czernowitz 1878 das „Alte Theater" errichtet wurde, sind in der Tat Aufführungen in verschiedenen Hotelräumen, unter anderem auch denen des „Hotel Moldavie", belegt. Vgl. Georg Drozdowski: „Zur Geschichte des Theaters in der Bukowina". In: Franz Lang (Hg.): *Buchenland. Hundertfünfzig Jahre Deutschtum in der Bukowina*. München 1961, S. 451–472, hier S. 454 f.

[26] Vgl.: „sehr komisch gekleidet – eine kurze schwarze Tuchjacke hat er getragen und hinten waren zwei Schwänze dran." Franzos: *Der Pojaz*, S. 78.

Mode und wird daher mit dem Attribut ‚Deutsch' versehen. Dabei gibt er sich nach der Vorstellung ebenfalls als Jude zu erkennen: „Freilich aus einem anderen Land, aus Preußen." (88) Sender äußert dem Direktor Adolf Nadler[27] gegenüber seinen Wunsch Schauspieler zu werden. Nachdem er ihm seine „Stücklein" vorgeführt hat, erhält er eine Freikarte fürs Theater.

> Eben hat man die Lichter angezündet, ich habe mir angesehen, wie der Saal eingerichtet war. Aber das hat mich nicht sehr überrascht. Es war ja beinahe so, wie in unserer Betschul': unten Bänke für die Männer, oben zwei Galerien für die Weiber, und vor mir ein großer Vorhang, wie er ‚in Schul" vor der Thoralade hängt. Nur daß dort nicht das Wort ‚Osten' eingestickt war, sondern es waren darauf nackte Kinder hingemalt, die so übereinandergepurzelt sind. (80)

Im Vergleich mit der Synagoge bekommt das Theater eine fast sakrale Bedeutung für den Pojaz. Das Publikum nimmt die Rolle der sich versammelnden Gläubigen ein, die Bühne wird mit dem Schrein, dem Aufbewahrungsraum für die Thorarollen gleichgesetzt, die vor Blicken durch einen Vorhang geschützt werden müssen, da sie den Gottesnamen enthalten. Der Schrein wird in europäischen Synagogen traditionell nach Osten, also nach Jerusalem ausgerichtet. Auch wenn die Schauspieler noch nicht anwesend sind, würde ihnen in dieser Allegorie die Rolle des Rabbiners oder Vorbeters zukommen. Allein die „nackte[n] Kinder" auf dem Vorhang kann Sender nicht einordnen; sie stehen in starkem Kontrast zum sakralen Charakter einer Synagoge.

Gezeigt wird Shakespeares Stück *Der Kaufmann von Venedig*, in dem mit Shylock eine jüdische Figur im Mittelpunkt steht. Shylocks Fokussierung auf die Geldgeschäfte und seine vermeintliche Rachsucht thematisieren gängige Ressentiments gegenüber Juden. Somit bieten sich für den Pojaz, der das Stück offenbar nicht kennt, einige Anhaltspunkte, seine eigene Weltsicht mit der der Inszenierung abzugleichen. Den Namen Shylock erkennt er, durchaus korrekt, als nicht jüdisch und ersetzt ihn durch eine im Schtetl gängige Variante des Namens ‚Jesaja'[28]: „alles kann ich nicht verstehen, denn auch Schaje spricht nicht wie ein ehrlicher Jud', sondern Hochdeutsch, nur daß er durch die Nase singt und mit dem Kopf wackelt." (81 f.) Eine besondere Ebene erhält Senders Kritik an der Darstellung der Figur des

---

27 Die Namensverwandtschaft zu Gustav Adolf Nadler, einem 1834 in Czernowitz geborenen Schauspieler und Schriftsteller, ist sicherlich kein Zufall. Franzos pflegte mit Nadler einen Briefwechsel, von dem sechs Briefe in der Wienbibliothek im Rathaus erhalten sind (IN 121.679–121.684).

28 Es wurde diskutiert, ob der Name Shylock von alttestamentarischen Namen aus der Genesis abgeleitet wurde, unzweifelhaft scheint jedoch zu sein, dass Shakespeare kaum fundierte Kenntnisse über das Judentum hatte. Vgl. Herbert Bronstein: „Shakespeare, the Jews, and The Merchant of Venice". In: *Shakespeare Quarterly*, 20 (1969) Heft 1, S. 3–10, hier S. 5.

Shylock dadurch, dass diese durch den Direktor und damit selbst von einem Juden verkörpert wird.[29] Hierdurch wird nicht nur die Kluft zwischen Juden und Christen deutlich; auch zwischen Sender Glatteis, der in einer chassidischen Gemeinde im Osten aufgewachsen ist, und Adolf Nadler, dem als „Deutsch" bezeichneten Juden aus Preußen, wird ein deutlicher Unterschied gemacht. Senders Urteil über das Stück fällt gemischt aus: Auf der einen Seite überrascht es ihn kaum, dass der zentrale Streitpunkt ein Kredit eines Juden an einen Christen ist, auf der anderen Seite hält er es für fragwürdig, dass Shylock den dreifachen Betrag ablehnt und auf seinem Pfund Fleisch besteht. Die Darstellung bewegt Sender jedoch dazu zu vermuten, dass die Schauspieler „Judenfeind[e]" (87) seien, und er zeigt sich überrascht, als Nadler sich als Jude zu erkennen gibt und ihn aufklärt, dass das Stück nicht improvisiert sei. Beeindruckt von der Kritik des Pojaz willigt Nadler ein ihn in sein Ensemble aufzunehmen, sobald er seine Wissenslücken geschlossen hat.

Bald nach seiner Rückkehr nach Barnow beginnt Sender Glatteis daher sein Leben auf das neue Ziel auszurichten. Da er in seinem bisherigen Beruf als Fuhrmann nicht ausreichend Zeit aufbringen kann, um sich seinem Studium zu widmen, nimmt er eine Lehrstelle als Uhrmacher an, eine Ausbildung, die er zuvor schon einmal aufgegeben hatte.[30] Von einem Soldaten namens Wild, dessen Militärdienst ihn an einer Karriere an der Universität hindert, lernt er die Grundkenntnisse des Deutschen und benötigt nun Zugang zu Büchern. Um Einlass in die Bibliothek des Klosters zu erhalten, besticht Sender den Mönch Fedko mit einer Flasche Slibowitz pro Woche, sodass er täglich zwei Stunden lesen kann. Im Selbststudium eignet er sich so die erforderlichen Kenntnisse über die „aufgeschriebene[n] Spiel[e]" (127) an und reist schließlich nach Westen um sich Nadlers Theatergruppe anzuschließen. Auf dem Weg hört er von einer weiteren Theatervorstellung in Zaleszczyki und erlebt folglich sein zweites Stück.

Eine Inszenierung für beide Seiten

Dass sich der Pojaz, neben seiner autodidaktischen Bildung, auch äußerlich verändert hat, wird bei dieser Gelegenheit deutlich. Schon beim Kauf der Eintrittskarte zeigt sich, dass Sender Glatteis nun anders wahrgenommen wird. Als er sich nach einem preiswerten Platz erkundigt, zeigt sich der Kellner erstaunt über diese Frage von „ein[em] ‚Deutsch', der keine Löckchen mehr trägt und einen kurzen Rock" (390).

---

29 Als Sender den Direktor in seiner Verkleidung erkennt, ruft er in seiner Überraschung und zur Belustigung des Publikums seine Entdeckung durch den Saal. Vgl. Franzos: Der Pojaz, S. 81.
30 In Buczacz geht er bei einem Uhrmacher in die Lehre, wird jedoch aufgrund seiner Streiche aus der Stadt gejagt. Vgl. Franzos: Der Pojaz, S. 63 ff.

Von ebenjenem Kellner erhält er auch das Programmblatt der Vorstellung, das zu seiner Verwunderung in zwei Hälften unterteilt ist: „Es war ein Riesenblatt, aus mehreren Bogen roten Papiers zusammengeklebt und mit einem Pinsel bemalt. Ein dicker Strich schied ihn in zwei Hälften. Die linke wies hebräische, die rechte lateinische Lettern. Beide Texte waren hochdeutsch und besagten ungefähr dasselbe, aber nur eben ungefähr." (390) Es zielt vor allem darauf ab, den jeweiligen religiösen Gemeinschaften der Stadt eine moralische Überlegenheit im Schauspiel in Aussicht zu stellen. Dabei handelt das Stück *Deborah* von Salomon Hermann Mosenthal gerade von der Überwindung der religiösen Trennung, durch die darin geschilderte Liebesbeziehung zwischen der jüdischen Deborah und dem christlichen Joseph.[31] Obwohl beide Seiten des Programms auf Deutsch verfasst sind, kann aufgrund der Trennung in hebräische und lateinische Lettern davon ausgegangen werden, dass nur wenige Betrachter diese Unterschiede erkennen können. Sender Glatteis hat es an diesem Punkt der Erzählung, aufgrund seiner besonderen Fähigkeit beide Schriften zu beherrschen, zum Sekretär einer Anwaltskanzlei in Barnow gebracht und nimmt den Unterschied mit Groll wahr (vgl. 394).

Im Gegensatz zum ersten Theaterbesuch merkt man Sender nun eine differenzierte Erwartungshaltung deutlich an, wie sich bereits bei der Betrachtung von Saal und Publikum zeigt:

> Aber daran war nicht viel zu sehen. Es war ein Saal, wie ihn jeder erste Gasthof einer galizischen Kleinstadt aufzuweisen hat, mittelgroß, mit niedriger Decke, die Wände grell bemalt, hier mit Palmen und Zitronenbäumen, unter denen nackte, seltsam gestaltete Wesen, vielleicht Menschen, vielleicht Affen, wandelten und nach den kürbisgroßen Früchten langten. Doch sah man vor lauter Schmutz wenig von all der Herrlichkeit. In halber Höhe war eine Holzgalerie angebracht, zu der wacklige Treppen emporführten. Der Raum diente für alle Lustbarkeiten der Stadt, in den hohen jüdischen Festtagen, wo die Synagoge die Scharen nicht zu fassen vermochte, auch als Betraum. Dann wurde die Galerie den Frauen eingeräumt, heute diente sie als billigster Platz, als „Eintritt". (412 f.)

Die Räumlichkeiten wirken bei diesem zweiten Theaterbesuch noch improvisierter als zuvor, die Gemeinsamkeiten fallen dennoch ins Auge. Zum einen gibt es wiederum Verzierungen, die Sender nicht vollständig zu deuten weiß, zum anderen wird der Raum an Feiertagen auch als Synagoge genutzt und verfügt daher über eine Galerie, um die Geschlechtertrennung beim Gottesdienst zu ermöglichen.

---

31 Dass die Liebesheirat ein bei jüdischen Autoren beliebtes Thema war, um sich von traditionellen Strukturen zu distanzieren, hebt Francisca Salomon hervor: Vgl. Francisca Salomon: *Blicke auf das galizische Judentum. Haskala, Assimilation und Zionismus bei Nathan Samuely, Karl Emil Franzos und Saul Raphael Landau*. Wien 2011, S. 168 ff.

Damit wird abermals der Raum als sakral gekennzeichnet. Die Vielfalt der Besucher zeugt von der Offenheit des Theaters, wenn auch die verschiedenen Ränge die Einteilung in die Gesellschaftsschichten von Zaleszczyki abbilden. Das Publikum trifft nacheinander gemäß dem gesellschaftlichen Stand ein: Die Zuschauerränge der dritten und günstigsten Kategorie füllen sich als erste, vor allem „mit Bauern, Kleinbürgern und ihren Weibern, und Soldaten" (413). Diese scheinen teilweise im Stück als Statisten mitzuwirken und bekommen daher freien Eintritt. Als nächstes füllt sich auch der zweite Rang „mit Unteroffizieren, christlichen Bürgern in langen Kaputröcken und ihren Frauen in großgeblümten Umschlagtüchern, Juden mit ihren Frauen in Seidenkleidern, auf dem Haupt die perlenbesetzte Stirnbinde."[32] Sender Glatteis, der sich nun Alexander Kurländer nennt, sitzt im ersten Rang, dessen Plätze kurz vor Beginn der Vorstellung „mit Offizieren, Beamten und polnischen Herren" (414) besetzt werden. Es fällt auf, dass Sender nur im zweiten Rang jüdische Zuschauer zu erkennen glaubt. Als er allerdings mit seinem Sitznachbarn ins Gespräch kommt, gibt sich dieser ebenfalls als Jude zu erkennen (vgl. 417). Der Text lässt dabei offen, warum Sender seinen Nebenmann, der sich als „Advokat Doktor Tittinger" (419) vorstellt, nicht als Jude ausmachen kann. Möglich wäre, dass dem Pojaz die gesellschaftlichen Konventionen in Zaleszczyki noch nicht ausreichend bekannt sind, aber auch, dass der „Herr Doktor" als Mitglied der Oberschicht sich nicht durch Kleidung oder Verhalten als jüdisch identifizieren lässt. In beiden Fällen spiegelt jedoch schon die Möglichkeit, der eindeutigen Zuordnung in christlich oder jüdisch zu entgehen, den äußerlichen Wandel Senders, seine Bildungsbemühungen und den damit verbundenen Wunsch, die eigene Identität abseits von Vorurteilen gestalten zu können.

Dass das Theater ein verbindender Raum in der Gesellschaft der Stadt ist, wird deutlich, wenn sich direkt nach der Vorstellung die verschiedenen Gruppen auf unterschiedliche Tische im Wirtshaus aufteilen:

> Da zögerte Sender wieder und sah sich um. Aber hier saß offenbar jeder Stand gesondert, an dem einen Tische die christlichen Honoratioren, an dem anderen Tittinger und seine Freunde in deutscher Tracht, an einem dritten die Beamten, einem vierten die jüdischen, einem fünften die christlichen Kleinbürger, sogar die Offiziere hielten sich je nach der Waffe getrennt, an einem Tisch die Infanteristen und Pioniere, am anderen die Ulanen. (422)

---

32 Franzos: *Der Pojaz*, 413. Der Kopfschmuck mit Perlen findet sich auch im Reisebericht, verfasst von der Schriftstellerin und Frauenrechtlerin Bertha Pappenheim sowie der Volkswirtin Dr. Sara Rabinowitsch: „Einige der Frauen machen mit dem eigentümlichen Kopfputz, der die Haare bedeckt und die Stirne mit einem Perlendiadem krönt, einen sehr vornehmen Eindruck." Bertha Pappenheim/Sara Rabinowitsch: *Zur Lage der jüdischen Bevölkerung in Galizien. Reise-Eindrücke und Vorschläge zur Besserung der Verhältnisse.* Frankfurt/M. 1904, S. 42.

Während des Theaterstücks saß man zwar in die verschiedenen sozialen Schichten aufgeteilt, allerdings nicht getrennt nach den verschiedenen religiösen Gemeinschaften. Zu den unterschiedlichen Szenen des Stücks kommen aus dem Publikum aber immer wieder Kommentare zur Darstellung der jüdischen Charaktere, die die christlichen und jüdischen Zuschauer zu kontroversen Zwischenrufen herausfordern. Zum Ende des Stücks versöhnt sich das Publikum mit der Darbietung der Theatergruppe, da diese es schafft, ihre ambivalenten Ankündigungen für beide Seiten einzulösen:

> Die Schlußszene befriedigte wieder alle Parteien, Christen und Juden. […]; die Christen waren befriedigt, daß sich der Titel „Der Juden Fluch ist der Christen Segen" insoweit bewahrheitet, als Joseph und Hanna miteinander glücklich waren und blieben, die Juden aber, daß „die Feinde schließlich die Israeliten segnen müssen" – sogar mit Rosenkränzen in den Händen. (420)

Auch wenn in diesem Fall das Theater keine Utopie entwickeln kann, die den Graben zwischen der christlichen und der jüdischen Gemeinde überwinden hilft, zeigt die Episode doch, dass zumindest der Raum alle Parteien zusammenbringt und dass auf der Bühne verschiedene Szenarien diskutiert werden können.

Fazit

Die hier verfolgte Lesart versucht anhand der Raumvorstellungen des Theaters den Charakter des *Pojaz* als Bildungsroman zu erfassen. Diesem Fokus kommt auch deshalb eine zentrale Bedeutung zu, da Franzos im Vorwort zum Pojaz einen eigenen Bildungsauftrag formuliert: „Freilich, ein Gesamtbild läßt sich dem Leser ungleich schwerer verständlich machen als ein Ausschnitt. Aber ich habe mich gemüht, meinen Roman so zu schreiben, daß er von jedem Leser, gleichviel welchen Bekenntnisses, auch wenn er nie einen Juden des Ostens selbst gesehen hat, verstanden werden kann." (13 f.) Franzos unterstreicht damit seinen Anspruch, den Osten und in diesem Falle vor allem das osteuropäische Judentum einem westlichen Publikum darzulegen und zu erläutern. Wie gezeigt, wird das Gefälle zwischen Peripherie und Zentrum, dessen sich Franzos sehr wohl bewusst ist, durch Dritte Räume wie den des Theaters zeitweise überwunden. Hier trifft Sender Glatteis, der dem Osten und dem orthodoxen Judentum zugeordnet wird, auf Figuren, die westlich konnotiert sind. Diese Fremdheitserfahrung löst nicht nur Senders Wunsch aus, sich weiterzubilden um sich der Theatergruppe anschließen zu können, sondern kehrt darüber hinaus die Blickrichtung um. Denn im Gegensatz zum klassischen Bildungsroman sucht hier nicht bloß der noch ‚unkultivierte' Protagonist seinen Platz in der Gesellschaft – Sender bewegt sich zusätzlich auf der gedachten Grenzziehung zwischen Ost und West, wie sie von Larry Wolff für Galizien ausgelotet wurde.[33] Damit erlebt der Leser die Verwunderung Senders über die Darstellung jüdischer Figuren aus der Sicht eines Vertreters des Ostens. Insbesondere in der zweiten Theater-Episode kann aber gezeigt werden, dass sich Sender durch seine Weiterbildung bereits in beiden Sphären zurechtfindet. Er wird nun als ein „Deutsch" wahrgenommen, kann beide Versionen des Ankündigungstextes lesen und ist damit nicht mehr eindeutig einer Seite zuzuordnen. Diese Ambivalenz zeigt sich auch deutlich in der Beschreibung des Publikums, welches die gesellschaftlichen Verhältnisse der Stadt abbildet. Dass der Pojaz dennoch überrascht ist, im ersten Rang des Theaters auf einen jüdischen Rechtsanwalt zu treffen, belegt, dass er mit den regionalen gesellschaftlichen Konventionen immer noch nicht erschöpfend vertraut ist.

Es bleibt zu konstatieren, dass das Theater immer nur eine temporäre Überschneidung ermöglicht. Davon zeugt das Theaterpublikum in Zaleszczyki, welches sich nach der Vorstellung wieder in die verschiedenen Stände aufspaltet, aber auch die Tatsache, dass Senders persönliches Ziel Schauspieler zu werden unerfüllt bleiben muss. Doch auch wenn der Protagonist vordergründig scheitert und sich damit für den Leser ein Appell zur Reflexion über die geschilderten Verhältnisse ergeben soll, wertet der Text schon die bescheidenen Erfolge des Pojaz durchaus positiv. Anstatt die Hauptfigur am Ende der Erzählung an ihrem Leben verzweifeln zu lassen, sind die letzten Stunden Senders geprägt von heiter-fiebrigen Phantasien über niemals stattfindende Bühnenauftritte:

> Nur einmal noch öffnete er die Augen, und diesmal schien es Jütte, die seinem Bette zunächst stand, als glimme ein Strahl des Bewußtseins in ihnen. Aber das Lächeln schwand deshalb nicht von seinen Lippen.
> „Mein Leben", hauchte er. „So schön… so schön…"
> Das waren seine letzten Worte. (141)

---

33 Vgl. Larry Wolff: *The Idea of Galicia. History and Fantasy in Habsburg Political Culture*. Stanford 2010.

Kerstin Roose

Koffer, Felleisen, Mantelsack

Literarisierungen des Reisegepäcks im 19. Jahrhundert

Gepäckstücke sind Symbole des Ortswechsels. Ihre Literarisierungen bilden integrale Bestandteile einer Kulturgeschichte des Reisens. Wenn literarische Texte von Reiseutensilien erzählen, speichern und tradieren sie nicht nur realgeschichtliche Entwicklungslinien einer seit dem 19. Jahrhundert zunehmend polymorph werdenden Objektkategorie. Sie haben auch an der kulturellen Bildproduktion von Gepäckstücken sowie an ihren kulturhistorischen Semantisierungen entscheidenden Anteil. Vor allem aber reflektieren sie, dass Gepäckstücke meist mehr sind, als nur funktionelle Reiseutensilien. Weil topografische Ordnungen und Ortswechsel in besonderem Maße Fragen nach der nationalen und persönlichen Identität aufwerfen, gilt das, was Hartmut Böhme grundlegend für Dinge in der Moderne herausgestellt hat, in besondere Weise für Gepäckstücke. Koffer, Felleisen, Mantelsäcke usf. sind Dinge, „die nicht nur hilfreich, sondern notwendig sind, um […] Identität und Selbst zu verdichten und zu verstetigen."[1] Ein solches identitätsbildendes Potenzial von Gepäckstücken im Spiegel literarischer Texte wird im Folgenden anhand von Friedrich Gerstäckers Prosaskizze *Mein alter Koffer* (1866)[2] sowie an Passagen aus Gottfried Kellers Roman *Der grüne Heinrich* (1854/55)[3] entfaltet.

Friedrich Gerstäcker: *Mein alter Koffer* (1866)

Friedrich Gerstäckers knapper Text *Mein alter Koffer* erschien 1866 in der Zeitschrift *Die Gartenlaube* unter der Rubrik *Blätter und Blüthen*. Trotz seiner Kürze reflektiert er die komplexe Entwicklung von Gepäckstücken in mindestens dreifacher Hinsicht. Er berührt erstens Aspekte ihrer realgeschichtlichen Produkt- und Produktionsgeschichte, zweitens Aspekte ihrer medialen, also werblichen und

---

[1] Hartmut Böhme: *Fetischismus und Kultur. Eine andere Theorie der Moderne*. Reinbek 2006, S. 95.
[2] Friedrich Gerstäcker: „Mein alter Koffer". In: *Die Gartenlaube. Illustrirtes Familienblatt* (1866) Heft 22, S. 352. Alle weiteren Nachweise beziehen sich auf diese eine Seite.
[3] Gottfried Keller: „Der grüne Heinrich" [1854/55]. Erster und zweiter Band. / Ders.: „Der grüne Heinrich". [1854/55]. Dritter und vierter Band. In: Ders.: *Sämtliche Werke. Historisch-kritische Ausgabe*. Hg. v. Walter Morgenthaler u. a. im Auftrag der Stiftung Historisch-Kritische Gottfried Keller-Ausgabe. Basel u. a. 1996 ff., Bd. 11 u. Bd. 12. Weitere Nachweise mit Angabe des Bandes und der Seitenzahl direkt im Text.

literarischen Inszenierung und drittens Momente ihres poetischen Potenzials. „Ich bin eben wieder", so die einleitenden Worte, „von einer kleinen Tour nach Hause zurückgekehrt und mein alter Koffer steht noch neben mir in der Stube, kaum geräumt, aber jeden Augenblick bereit, auf's Neue seine Ladung einzunehmen und mich auf einer frischen Reise zu begleiten."

Gerstäckers Rede von der ‚kleinen Tour' lässt sich zunächst mit einem Phänomen in Verbindung bringen, das noch zu Beginn des 19. Jahrhunderts einen realgeschichtlichen Prototyp des Reisens bildete. Seit dem 16. Jahrhundert war die *Grand Tour* zu einem Synonym für das systematische Bereisen des europäischen Kontinents geworden und galt als eine obligatorische Form der Selbstbildung in mehrfachem Sinne.[4] Sie führte vornehmlich junge Adlige und in ihrer Blütezeit, dem 18. Jahrhundert, auch das gehobene Bürgertum vor allem nach Italien, Griechenland und Frankreich. Die *Grand Tour* ermöglichte nicht nur die Besichtigung antiker Orte, Bau- und Kunstwerke. Sie förderte auch den Erwerb fremder Sprachen, gab Einblicke in fremde Lebensgewohnheiten und beförderte zudem Selbstständigkeit und Selbstbehauptung der reisenden Jugend. Mit dem Rückgang der gesellschaftlichen Bedeutung des Adels und der generellen Erweiterung der Reisemöglichkeiten verlor sie jedoch im Verlauf des 19. Jahrhunderts zunehmend an Exklusivität und Popularität. Wenn bei Gerstäcker aus der ursprünglich großen Tour ganz buchstäblich eine kleine Tour geworden ist, spiegelt sich darin auch, wie klein Europa im Kontext des weltreisenden 19. Jahrhunderts bereits erscheint. So klein, dass der Text selbst sich nicht mal mehr die Mühe macht, die innereuropäischen Reiseziele namentlich noch zu benennen. „Von 1849–52", erfährt man dort über eben jenen Koffer, „begleitete er mich um die ganze Erde, dann lange Jahre auf allen Zwischenreisen, 1860 und 61 wieder nach Süd-Amerika, 1862 nach Afrika, und immer und immer hielt er treu aus." Im Gegensatz zu den eigentlichen, nämlich den transatlantischen Reisezielen werden Reisen innerhalb des Kontinents hier nur noch pauschal als ‚Zwischenreisen' deklariert.

Umso mehr fällt auf, dass die Marke des Koffers selbst wiederum ausdrücklich benannt wird. Er habe ihn, so der Erzähler, „im Jahre 1849 von Moritz Mädler am Markt in Leipzig für elf Thaler gekauft". Der Erzähler stilisiert sich also nicht nur als Weltreisender. Er macht sich parallel dazu als Konsument und damit als eine Figuration lesbar, die im 19. Jahrhundert steigende kulturhistorische Relevanz erlangt. Mit dieser doppelten Ausrichtung gehen Ferne und Heimat im Text eine eigenwillige Verbindung ein. Während die Aufmerksamkeit des Weltreisenden fremden Kontinenten gilt, gilt die des Konsumenten dem Inland und vor allem

---

4 Vgl. zur Geschichte und Bedeutung der Grand Tour u. a. Attilio Brilli: *Quando viaggiare era un'arte: il romanzo del Grand Tour* [1995]. Übers. v. Annette Kopetzki als *Als Reisen eine Kunst war. Vom Beginn des modernen Tourismus: Die ‚Grand Tour'*. Berlin 1997.

der inländischen Produktion von Reiseartikeln. Denn als deren Fürsprecher tritt Gerstäcker mit seinem Text dezidiert auf den Plan: „Ich traf neulich einen Amerikaner, der mir seinen Koffer rühmte und behauptete, ein solches Fabrikat könne nur in Amerika geliefert werden; ich bewies ihm, daß unsere deutschen Arbeiter das Nämliche und Besseres leisten, wenn sie wollen."

An der für diese Beweisführung benannten Taschen- und Koffermanufaktur *Moritz Mädler* lässt sich exemplarisch darstellen, wie gravierend sich die Produktion von Gepäckstücken im Zuge der Industrialisierung veränderte. Wurden Koffer noch zu Beginn des 19. Jahrhunderts ausschließlich manuell von Sattlern, Riemern oder Täschnern gefertigt, waren sie an dessen Ende zu maschinell vielfach produzierten Objekten geworden. Das noch heute bestehende und mittlerweile in Zürich angesiedelte Unternehmen wurde in der Mitte des 19. Jahrhunderts vom Riemer Carl Moritz Mädler gegründet. Als Familienunternehmen verband es seit seiner Gründung Produktion und Verkauf. Mit dem Marktplatz der Messestadt Leipzig, wo ja auch der Erzähler seinen Koffer erworben hat, war der erste Standort strategisch gut gewählt. Denn Mädler richtete seine Produktpalette an den vielzähligen Geschäftsreisenden und Kaufleuten aus. Nach der Eröffnung weiterer Filialen in Berlin und Hamburg folgte ab der Jahrhundertwende der Versandverkauf. Die Firmengeschichte belegt zudem, wie auch die Technik verstärkt in die Kofferfabrikation Einzug hielt. 1866 eröffnete das Unternehmen am Rande Leipzigs eine Fabrik, die auf die Produktion mit Dampfbetrieb umgestellt hatte.[5] Nicht zuletzt aber machte sich die Firma um die Entwicklung der Objektkategorie ‚Koffer' im Allgemeinen verdient. Sie entwickelte ein Rohrplattengewebe, welches sie 1894 patentieren ließ und durch das es möglich wurde, leichtere und damit transportablere Koffer zu produzieren.[6]

Beide Entwicklungslinien des Unternehmens – die gewerbliche Expansion und die dingliche Innovation – dürften dazu geführt haben, dass sich die Marke *Mädler* langfristig am Markt etablieren konnte und bald auch zu einem Synonym für Tradition wurde. Als ein solches greift sie Walter Benjamin in seiner *Berliner Chronik* (1932)[7] auf. Wenn die Mutter „mit mir und den Geschwistern ‚in die Stadt ging'", so erinnert er sich darin, „stand [es] ebenso fest, daß bei solchen Gelegenheiten unsere Kinderanzüge bei Arnold Müller, Schuhe bei Stiller und Koffer bei Mädler gekauft wie daß am Ende aller dieser Veranstaltungen die Schokolade mit Sahne

---

5 Vgl. Andrea Mihm: *Packend… Eine Kulturgeschichte des Reisekoffers*. Marburg 2001, S. 41.

6 „Die Rohrgewebsplatte bestand aus Rohrstäben, welche in Flachssegeltuch mit Hilfe eines Webstuhls eingewebt waren. Durch dieses Verfahren konnte die Firma vor allem leichte wasserdichte Koffer, Schrankkoffer und Hutkoffer anbieten." www.deutsche-biographie.de/sfz126734.html (letzter Zugriff: 28.02.2024).

7 Walter Benjamin: „Berliner Chronik". In: Ders.: *Gesammelte Schriften*. Hg. v. Rolf Tiedemann/ Hermann Schweppenhäuser. Frankfurt/M. 1972 ff., Bd. VI, S. 465–519.

bei Hillbrich bestellt wurde. Diese Einkaufsstätten waren aufs Strengste von der Tradition vorgezeichnet."[8] Bei Gerstäcker kann die seinerzeit sehr junge Marke *Mädler* zwar noch nicht als Ausdruck eines solchen Traditionsbewusstseins gelten, allerdings erscheint sein Text im Zusammenhang mit Benjamins Ausführungen als wichtiger medialer Teil einer solchen Traditionsbildung.

So sehr die Marke *Mädler* bei Gerstäcker als Zeugnis für die Qualität deutscher Fabrikate zitiert wird, so wenig erschöpft sich ihre Benennung darin. Denn in kulturhistorischer Perspektive reflektiert Gerstäckers Text damit auch, dass Koffer bzw. Gepäckstücke zu Objekten geworden sind, mit denen sich das reisende Subjekt wesentlich selbst definiert und repräsentiert. Entsprechend lässt sich der Rekurs auf den Namen *Mädler* als Indiz eines frühen Markenbewusstseins werten sowie als bewusst generiertes Distinktionsmerkmal in einer Zeit, in der das Reisen zunehmend zu einem Massenphänomen wird. Schließlich sind mit der Umstellung von handwerklicher auf maschinelle Produktion fortan auch Koffer dem modernen Dilemma einer jeden massenhaften Dingproduktion ausgesetzt. Weil sie vielfach produziert immer Exemplare einer Serie sind, braucht es Gegenbewegungen, die ihnen trotzdem den Status des Einmaligen verleihen. Als eine solche Gegenbewegung kann das hier eingeflochtene Konzept der Marke gelesen werden. „Das Konzept der Marke stattet seriell gefertigte Güter mit dem Nimbus des Besonderen aus und begleitet die anonymisierte Produktion und Zirkulation von Waren mit einem Kommunikationsmodell, das animistischen bzw. magischen Verfahren korrespondiert".[9] Über Markenkonzepte können Waren also mit Imaginationen verbunden und mit Wirkmächten ausgestattet werden, die ihnen als reinen Gebrauchsgegenständen fehlen würden.

Während Marken dazu dienen, die Dinge einer Objektklasse am Markt – in diesem Fall also verschiedene Koffermarken – voneinander zu unterscheiden, braucht es offenbar noch ein weiteres Konzept der Individualisierung. Es braucht eine Strategie, die auch die Koffer derselben Marke voneinander zu differenzieren vermag. Gerstäcker löst dieses Dilemma poetisch. Parallel zur Emphase, die der beschworenen Einzigartigkeit der Marke *Mädler* Rechnung trägt, etabliert er einen poetischen Kunstgriff, der aus einem seriell produzierten *Mädler*-Koffer einen individuellen und für seinen Besitzer nicht mehr auszutauschenden Koffer macht. Bereits das Possessivpronomen wie auch die Attribuierung ‚alt' deuten im Titel ja darauf hin, dass der Koffer hier weder nur reiner Gebrauchsgegenstand noch nur repräsentativer Markenartikel ist. Er wird zudem als ein individualisiertes und biographisch wie affektiv aufgeladenes Objekt inszeniert. Gerstäcker modelliert diese individuelle

---

8 Ebd., S. 496.
9 Thomas Wegmann: *Dichtung und Warenzeichen. Reklame im literarischen Feld 1850–2000*. Göttingen 2011, S. 21.

Objekt-Bindung vornehmlich anhand zweier Koordinaten, einerseits durch das Anthropomorphisieren des Koffers und andererseits durch das damit verknüpfte Synchronisieren von Subjekt- und Objekt-Biographie.

Das Anthropomorphisieren verwandelt den passiv-nützlichen Koffer in einen aktiv-erlebenden Reisebegleiter. Diese narrative Transformation beginnt damit, dass dem Koffer eine menschenähnliche Körperlichkeit eingeschrieben wird. So heißt es über ihn, er habe eine schwarze ‚Haut', er sei trotz ‚Narben' und ‚Runzeln' ‚jugendfrisch' geblieben oder er habe den mitunter widrigen Reiseumständen trotzig seine ‚Stirn' geboten. Des Weiteren wird er durch seine sprachliche Animierung als ein beseeltes, aktiv handelndes Objekt vorgeführt, das noch dazu mit einem zuweilen problematischen Eigensinn ausgestattet ist:

> In Valparaiso lief er mir freilich einmal davon und ich mußte eine weite Strecke hinter ihm dreinfahren – er war damals noch jung. In Californien ließ er sich einmal plündern, wie es auch schon manchem mit Vernunft begabten Menschen geschehen ist, aber nichts konnte uns trennen. […] In Java ist er dabei von Termiten angefallen, in Abyssinien von Scorpionen besucht worden, hat bald in Hotels, bald unter einem Baume logirt, kennt die unteren Schiffsräume von zahllosen Fahrzeugen und darf sich rühmen, unausgesetzt den wahrhaft grausamen Mißhandlungen getrotzt zu haben, mit denen Koffer und sonstiges Passagiergut in ordentlich durchdachter Weise von deutschen Eisenbahn-Bediensteten behandelt werden.

Humoristisch überträgt der Text die realen Bedrohungen, denen Gepäckstücke ausgesetzt sein können, auf ihr imaginiertes Handeln und Erleben. Wie am Koffer ausgeführt, können Gepäckstücke etwa verloren gehen, sie können gestohlen werden oder rüde Behandlungen erfahren. Vor allem aber setzt der Text mit dem Eigenleben des Koffers dem realhistorischen Warencharakter des Koffers etwas entgegen. Dieses narrative Changieren zwischen Warenform und beseeltem Objekt macht Gerstäckers Text auch zu einem Zeugnis der sich grundlegend verändernden Dingbeziehungen in der anbrechenden Moderne.[10] Denn die Inszenierung des Koffers als Konsum- und Markenartikel, als lebendiger Reisebegleiter und nicht zuletzt als ein Memorialobjekt[11] annonciert zweierlei. Einerseits ist damit die industrielle Wucherung der Dingwelt in den Text eingelassen, die eine etwa von Georg Simmel

---

10 Aus diesen bezieht nicht nur Gerstäckers Koffer seinen narrativen Wert. Denn jenseits einer Kulturgeschichte des Gepäcks spiegelt die narrative Aufwertung des Koffers auch eine für die Literatur typische Hinwendung zu den Dingen, die zeitgleich für Texte des Poetischen Realismus charakteristisch ist.
11 Als Memorialobjekt tritt der Koffer insofern in Erscheinung, da er hier auch als Erinnerungsspeicher der Reisebiographie seines Verfassers fungiert. Die Erinnerungsfunktion von Dingen, die auch in vielen realistischen Texten thematisch ist, wird an Gepäckstücken besonders sinnfällig, weil

konstatierte moderne Gleichgültigkeit gegenüber den Dingen provozierte.[12] Andererseits arbeitet der Text mit der narrativen Aufwertung des Koffers genau dieser Gleichgültigkeit dezidiert entgegen. Indem er am Koffer das erinnerungs- und identitätsbildende Potenzial von Dingen akzentuiert, eruiert er an Gepäckstücken einen virulenten Zusammenhang zwischen moderner Selbstbildung und Dingwelt.

Gottfried Keller: *Der grüne Heinrich* (1854/55)

Auch in Gottfried Kellers Roman *Der grüne Heinrich* spielen Gepäckstücke eine wesentliche Rolle für die Identitätskonstitution des Protagonisten. Als Heinrich zu Beginn des Romans in die Welt zieht, trägt er nur „wenige Thaler in der Tasche, aber ein Herz voll Hoffnung und blühenden Weltmuthes in der Brust." (11: 33) Heinrich wird mit einem „vollgepfropften Koffer" (11: 25) ausgestattet, dem eine leitmotivische Funktion attestiert werden kann. Denn dieser Koffer wird an neuralgischen Punkten in Heinrichs Biographie immer wieder auftauchen. Dieser ist zunächst, reich gepackt, das trügerische Hoffnungssymbol einer gelingenden Zukunft am Tag von Heinrichs Abreise. Bei seiner Ankunft in Deutschland wird er für den Protagonisten zum tröstenden Hort konservierter Vergangenheit. Als dieser im Laufe der Jahre mit dem Koffer immer ärmlichere Mietzimmer bezieht, wird er schließlich – gänzlich entleert – zum letzten, misslichen Zeichen seiner vom Erzähler konstatierten „Nichthabe" (12: 318). Entsprechend handelt es sich bei diesem Koffer weniger um ein fiktives Reiseutensil als vielmehr um ein ästhetisch geformtes Sinnbild von Heinrichs Lebensreise.

Zumindest eine der hier benannten Koffer-Dimensionen, die Funktion als persönliches Archiv dinglicher Vergangenheit, möchte ich näher beleuchten. Heinrich ist gerade in Deutschland angekommen und damit beschäftigt, den Koffer auszupacken, um sich häuslich einzurichten:

> Am andern Tag handtierte Heinrich Lee bereits in einem gemietheten Zimmer umher und war bemüht, seine Siebensachen in den verschiedenen Hausgeräthen unterzubringen. Sein gewaltiger altväterlicher Holzkoffer stand mitten auf dem Boden und schien sich nicht erschöpfen zu wollen; denn außer dem reichlichen Vielerlei, womit ihn die Mutter

---

ihre praktische Funktion – das Aufbewahren von Dingen – mit ihrer medialen Funktion – dem Bewahren von Erinnerungen – so deutlich korrespondiert.

12 „Das Peinliche ist, daß die vielfachen, umdrängenden Dinge uns im Grunde eben gleichgültig sind, und zwar aus den spezifisch geldwirtschaftlichen Gründen der unpersönlichen Genesis und der leichten Ersetzbarkeit." Georg Simmel: „Philosophie des Geldes". In: Ders.: *Gesamtausgabe*. Hg. v. Otthein Rammstedt. Frankfurt/M. 1989 ff., Bd. 6, hg. v. David P. Frisby/Klaus Christian Köhnke, S. 638.

Abb. 1 Werbe-Anzeige der Koffer- und Lederwarenfabrik Mädler, undatiert. Quelle: https://stiga-leipzig.de/industrie/maedler/ (letzter Zugriff 26.4.2024)

> für des Leibes Bedürfniß versorgt hatte, führte er auch einen ziemlichen Vorrath an sonstigen Dingen mit, von denen er sich nicht hatte trennen können, obschon ein guter Theil keinen andern Werth hatte, als daß Heinrich bisher die Sachen täglich vor Augen und in Händen sah. Er kannte den Zustand noch nicht, wo man jedes entbehrliche Buch, jedes Kästchen oder Schächtelchen aus alter Zeit, Briefschaften, sogar musikalische Instrumente, die Einem fast an die Hand gewachsen sind, über Bord wirft und […] mit dem zusammengepreßten Gepäcke eines Couriers Jahre lang dahin lebt, in Wohnungen, die eben so knapp eingerichtet sind (11: 61).

Indem der Koffer hier zunächst als ein ‚altväterlicher' beschrieben wird, reflektiert auch Kellers Passage die realgeschichtlichen Entwicklungslinien von Gepäckstücken. Denn das Attribut ‚altväterlich' verweist in seiner Konnotation des ‚Altmodischen', ‚Antiquierten' zumindest *ex negativo* auf die bereits angesprochenen zeitgleichen Innovationen dieser Gepäckkategorie, mit denen Heinrichs ‚gewaltiger Holzkoffer' schon nicht mehr Schritt halten kann.

Zudem integriert Kellers Beschreibung kurz darauf einen Topos, den man durchaus als den größten Koffer der biblischen Menschheitsgeschichte bezeichnen könnte. Der Erzähler benennt den Koffer als eine „endlich geleerte Arche Noä" (11: 62), auf der sich Heinrich niederlässt, in das Lesen seiner Jugendgeschichte vertieft. Als narrative Strategie dient diese Metapher einem ähnlichen Zweck wie das Anthropomorphisieren des Koffers bei Gerstäcker. Durch sie wird auch Heinrichs Koffer aus dem Dunstkreis des Gewöhnlichen und bloß Funktionellen gelöst und symbolisch besetzt. Dass der Koffer metaphorisch überhaupt zu einer Arche werden kann, liegt zunächst an der semantischen Schnittmenge zwischen beiden Objekten. Diese besteht in der beidseitigen Funktion der Aufbewahrung. Denn der Begriff ‚Arche' (lat. *arca*) bezeichnete zunächst lediglich einen ‚Kasten' oder ein ‚Behältnis', bevor sich dann die spezifische Verwendung der Arche Noah durchsetzte. Wesentlich für den symbolischen Gehalt dieser Szene ist indes eine andere Bedeutungsschicht, die dem Koffer mit diesem Rekurs eingeschrieben wird. Die biblische Arche hatte bekanntlich v. a. die Funktion, Lebewesen darin zu versammeln und vor der Sintflut rettend zu bewahren. Indem beide Funktionen, das Sammeln und das Retten, durch die Metapher auf Heinrichs Koffer übertragen werden, ist mit dem Bild des Koffers als einer höchst individuellen Arche zweierlei angezeigt. Einerseits wird deutlich, dass diese Situation für Heinrich ein zweifaches Übergangsstadium darstellt. Der Ortswechsel von der Schweizer Heimatstadt nach München bildet nicht allein den Übergang zwischen zwei geographischen Räumen. Er ist vor allem als ein Übergang

„zwischen zwei biographischen Räumen"[13] gestaltet, nämlich von der Kindheit in eine noch ungewisse Zukunft. Andererseits wird mit dieser Perspektive die besondere Relevanz des Koffers sichtbar, der hier das wesentliche, identitätsstabilisierende Bindeglied zwischen beidem darstellt. Auf der Grenze zwischen Vergangenheit und Zukunft wird der Koffer zu einem Ort, an dem Heinrich sich selbst sammelt und bewahrt. Deshalb ist es auch unerheblich, dass viele der ‚Siebensachen', wie der Erzähler extra betont, kaum praktischen Wert haben. Als Dinge, die Heinrich bisher ‚täglich vor Augen und in Händen sah', sind sie Repräsentanten einer vertrauten Alltäglichkeit. Der Koffer, in dem diese Dinge versammelt, bewahrt und transportiert werden, garantiert mithin Kontinuität in einer Lebensphase, die primär durch Diskontinuität gekennzeichnet ist.[14]

Mit den Felleisen integriert der Roman eine Gepäckkategorie, die Heinrichs Koffer ganz gezielt kontrastierend gegenübergestellt wird. Noch am Tag seiner Abreise trifft Heinrich in einem Gasthaus auf einen Nachbarsjungen, der zeitgleich mit ihm in die Fremde zieht. Die beruflichen Ziele und die Reisebedingungen der beiden jungen Männer könnten allerdings kaum unterschiedlicher sein. Während Heinrich mit seinem Koffer in einer Postkutsche „wie ein wahrer König in die helle Welt hinaus[fährt]" (11: 32 f.), um Landschaftsmaler zu werden, hat dieser Geselle „das Handwerk eines Malers und Lackirers erlernt" (11: 38) und tritt seine Reise deutlich bescheidener an. Er reist zu Fuß und mit einem schweren Felleisen. Damit wird er nicht allein als ein Gegenbild zu Heinrich entworfen. Zugleich korrespondiert die Ausgestaltung seiner Reisebedingungen auffällig mit denen von Heinrichs Vater. Dieser nämlich war ebenfalls „als ein vierzehnjähriger Knabe, arm und bloß [...] mit einem dürftigen Felleisen und wenig Geld in die Fremde" (11: 71) gezogen.

Auch mit den Felleisen archiviert der Roman zunächst einen Teil der Kulturgeschichte des Gepäcks. Denn heute sind ‚Felleisen' zwar nicht dinglich, aber doch begrifflich nahezu verschwunden. Im Duden findet sich diese Bezeichnung immerhin noch in ihrer Verwendung für „Rucksack" und „Tornister"[15], allerdings wird der Begriff dort zugleich als ‚veraltet' charakterisiert. Das Wort selbst wiederum verweist nicht, wie man leicht annehmen könnte, auf die Materialität seines Gegenstandes. „Viele haben geglaubt", notiert Krünitz' *Ökonomische Enzyklopädie* im Artikel „Fell=Eisen",

---

13 Rudolf Helmstetter: „Verlorene Dinge, die Poesie der Siebensachen und der Realismus der Requisiten (Gottfried Keller, Aron Bernstein, Theodor Fontane)". In: Christiane Holm/Günter Oesterle (Hg.): *Schläft ein Lied in allen Dingen? Romantische Dingpoetik*. Würzburg 2011, S. 213–239, hier S. 222.
14 Vgl. ebd., S. 223.
15 www.duden.de/rechtschreibung/Felleisen (letzter Zugriff: 28.04.2024).

daß dieses Wort aus Fell und Eisen zusammen gesetzt sey, weil diese Art des Sackes jetzt nicht nur aus Fellen bereitet, sondern auch wirklich mit Eisen verwahret wird. Da aber dieses Wort im Ital. Valigia, im Franz. Valise und im Altfranz. Fouillouse […] lautet, so haben es Andere mit mehrerm Rechte daher geleitet, ungeachtet die Abstammung auch dieser Wörter noch dunkel ist.[16]

Entsprechend sind Felleisen nicht nur dinglich, sondern wahrscheinlich auch etymologisch mit Koffern eng verwandt. Was sie hingegen maßgeblich von Koffern unterscheidet, ist ihre sozialhistorische Codierung. Denn Felleisen können auch als das Attribut eines spezifischen Berufsweges gelesen werden, insofern man unter ihnen einen „Ranzen oder Bündel reisender Handwerker"[17] fasst. Der Roman wiederum nutzt genau diese sozialhistorische Spezifik der Felleisen, um die Hoffnungssymbolik des Koffers zu entkräften. Denn anders als der ehemals reich gepackte Koffer Heinrichs werden gerade die dürftigen Felleisen rückblickend als Symbole des beruflichen und sozialen Aufstiegs lesbar. Im Unterschied zu Heinrich kehren sowohl der Malergeselle als auch der Vater nach ihren Wanderjahren als gemachte Männer zurück in die Schweizer Heimat. Der soziale Aufstieg, der auch gesellschaftliche Integration und bürgerliche Identitätsfindung verheißt, wird in der Sphäre des Handwerks ermöglicht, während er Heinrich im Bereich der Kunst bekanntermaßen versagt bleibt. Insofern reflektieren also noch die Gepäckkategorien des Romans einige seiner relevanten zeitgenössischen Fragestellungen, so wie hier jene nach dem Verhältnis von Kunst und Handwerk sowie von Arbeit und Identität.

Anders als bei dem Koffer und den Felleisen handelt es sich bei dem Mantelsack im Roman um ein geträumtes Gepäckstück. Er ist Teil der Heimkehrträume, die den völlig verarmten Heinrich unmittelbar vor seiner Rückkehr in die Schweiz ereilen. Kellers Roman, das ist zu seiner Zeit durchaus noch nicht selbstverständlich, verschafft dabei dem Traum als einem psychologischen Phänomen Geltung.[18] Mit ihm, so hat es Wolfgang Rohe pointiert formuliert, „ist im Roman ein Ort für eine Rede (von) der Seele aufgenommen, dessen Relevanz die Psychologie damals erst noch wahrnehmen musste."[19] Vor diesem Hintergrund nimmt Kel-

---

16 Artikel „Fell=Eisen". In: Johann Georg Krünitz: *Oeconomische Encyclopädie oder allgemeines System der Land-, Haus- und Staats-Wirthschaft: in alphabetischer Ordnung*. Berlin 1773–1858, Bd. 12, S. 544. www.kruenitz1.uni-trier.de/ (letzter Zugriff: 28.02.2024).
17 Artikel „Felleisen". In: *Südhessisches Wörterbuch*. Begründet v. Friedrich Maurer. Marburg 1965 ff., Bd. 2, Sp. 426. www.lagis-hessen.de/de/subjects/rsrec/sn/shwb/entry/Fell-eisen (letzter Zugriff: 20.02.2024).
18 Vgl. Wolfgang Rohe: *Roman aus Diskursen. Gottfried Keller „Der grüne Heinrich"* [Erste Fassung; 1854/55]. München 1993, S. 215.
19 Ebd., S. 221.

lers Traumsequenz literarisch auch etwas vorweg, das etwa Sigmund Freud dann theoretisch ausformulieren wird, dass nämlich Gepäckstücke u. a. im Rahmen der Psychoanalyse aussagekräftige Traumsymbole sein können.[20]

Im ersten Teil seines Traumes erreicht Heinrich zu Pferde das Heimatdorf seiner Mutter und ist auf diesem Pferd plötzlich unversehens und ohne sein Zutun mit einem „schweren Mantelsack" (12: 330) bestückt. Aus diesem

> rollten die schönsten Kleider hervor und ein feines weißes Hemd mit gestickter Brust. Wie er dieses auseinanderfaltete, wurden zwei daraus, aus den zweien vier, aus den vieren acht, kurz eine Menge der feinsten Leibwäsche breitete sich aus, welche wieder in den Mantelsack zu packen Heinrich sich abmühte, aber vergeblich; immer wurden es mehr Hemden und bedeckten den Boden umher und Heinrich empfand die größte Angst, über diesem sonderbaren Geschäft von seinen Verwandten überrascht zu werden (12: 330 f.).

Trotz der Traumdimension des Mantelsacks birgt auch diese Szene zunächst mindestens eine realgeschichtliche Komponente. Denn selbst Heinrichs Traumlogik trägt noch dem Umstand Rechnung, dass die Wahl von Gepäckstücken in Entsprechung zu den genutzten Verkehrsmitteln erfolgt. Schon weil sich ein sperriger Holzkoffer zu Pferd kaum transportieren lässt, reist Heinrichs Traum-Ich mit einem praktikablen Mantelsack. Die Folge davon ist allerdings auch eine viel größere Nähe zwischen Subjekt und Objekt. Während Koffer häufig getrennt von ihren Besitzern transportiert werden, werden Mantelsack und Felleisen entweder direkt am Körper getragen oder zumindest in dessen Nähe befestigt, wie ein Mantelsack am Sattel des Pferdes. Diesen Aspekt der räumlich-körperlichen Nähe zwischen Subjekt und Objekt wendet der Traum ins Sinnbildliche, als der träumende Heinrich in einer tiefen Felsschlucht seine Mutter sieht:

> Sie war uralt und gebeugt, und Heinrich konnte ungeachtet der fernen Tiefe jeden ihrer Züge genau erkennen. Sie hütete mit einer grünenden Ruthe eine kleine Heerde großer Silberfasanen […]. Am Bächlein aber stand ihr Spinnrad, das mit Schaufeln versehen und eigentlich ein kleines Mühlrad war und sich blitzschnell drehte; sie spann nur mit der einen Hand den leuchtenden Faden, der sich nicht auf die Spule wickelte, sondern kreuz und quer an dem Abhange herumzog und sich da sogleich zu großen Flächen blendender

---

20 So etabliert Freud u. a. Koffer und Taschen als „Weibsymbole" sowie konkreter als Symbole der weiblichen Geschlechtsteile: „Das weibliche Genitale wird symbolisch dargestellt durch alle jene Objekte, die seine Eigenschaft teilen, einen Hohlraum einzuschließen, der etwas in sich aufnehmen kann. Also durch Schachte, Gruben und Höhlen, durch Gefäße und Flaschen, durch Schachteln, Dosen, Koffer, Büchsen, Kisten, Taschen usw." Sigmund Freud: „Vorlesungen zur Einführung in die Psychoanalyse". In: Ders.: *Gesammelte Werke*. Unter Mitwirkung von Marie Bonaparte, Prinzessin Georg von Griechenland, hg. v. Anna Freud u. a. Frankfurt/M. 1960 ff., Bd. XI, S. 199 u. 157.

Leinwand bildete. Diese stieg höher und höher hinan, und plötzlich fühlte Heinrich ein schweres Gewicht auf seiner Schulter und entdeckte, daß er den vergessenen Mantelsack trug, der von den feinen Hemden ganz geschwollen war. Indem er sich mühselig damit schleppte, sah er wie die Fasanen plötzlich schöne Bettstücke waren, die seine Mutter sonnte und eifrig ausklopfte (12: 335).

Kellers Traumpassus setzt mit der körperlichen Nähe zwischen Träger und Mantelsack die prekäre Dyade von Mutter und Sohn in Szene. Denn was den Träumenden hier beschwert, ist natürlich nicht das materielle Gewicht des Mantelsacks. Die Traumsequenz führt einerseits unmittelbar zum Anfang des Romans zurück, zur Szene des Kofferpackens und zu jenen Hemden aus selbstgesponnen Leinen, die die Mutter einst überfürsorglich eingepackt hatte.[21] Andererseits wird dieser Bildkomplex deutlich durch jene Erzählungen über seine Mutter provoziert, die ihm kurz zuvor von einem Landmann zugetragen werden – übrigens von genau jenem jungen Mann, der als Geselle mit seinem Felleisen am selben Tag wie Heinrich in die Welt gezogen war:

‚Ich will es Ihnen nicht verhehlen, Herr Lee, daß Ihre Mutter sehr Ihrer Rückkunft bedarf […]; denn während die brave Frau den tiefsten Kummer und die Sehnsucht nach Ihnen zu verbergen sucht, sehen wir wohl, wie sie sich darin aufzehrt und Tag und Nacht nichts Anderes denkt. […] Sie sitzt den ganzen Tag am Fenster und spinnt, sie spinnt Jahr aus und ein, als ob sie zwölf Töchter auszusteuern hätte, und zwar, wie sie sagt, damit doch mittlerweile etwas angesammelt würde, und da sie nichts Anderes ansammeln könne, wenigstens ihr Sohn für sein Leben lang und für sein ganzes Haus genug Leinwand finde. Wie es scheint, glaubt sie durch diesen Vorrath weißen Tuches, das sie jedes Jahr weben läßt, Ihr Glück herbeizulocken, gleichsam wie in ein aufgespanntes Netz' (12: 323 f.).

Heinrichs Traum überführt diese Narration von der einsam wartenden, obsessiv spinnenden Mutter ins Symbolische. Im geträumten Bildfeld des Textilen, das konsequent vom leuchtenden Faden, zur blendenden Leinwand am Abhang, bis hin zum schweren, mit Hemden gefüllten Mantelsack auf Heinrichs Schultern durchgehalten wird, materialisiert sich die für den Roman grundlegende Problematik

---

21 „Auch hier erwies es sich, daß die Mutter eigentlich die schweren Gegenstände zu unterst gepackt hatte, um die zwölf schönen neuen Hemden zu schonen, welche sie jetzt hinein legte. ‚Trage doch recht Sorge für Deine Hemden,' sagte sie, ‚ich habe das Tuch selbst gesponnen; siehst Du, diese sechs sind fein und schön, sie stammen aus meinen jüngeren Jahren, diese sechs hingegen sind schon gröber, meine Augen sind eben nicht mehr so scharf. Alle aber sind schneeweiß […]." (11: 23).

der Mutterbindung.[22] Darüber hinaus stilisiert der Traum diese Bindung deutlich als Sinnbild schuldhafter Verstrickungen, wenn er den Träumenden so mühselig an dem von der Mutter unablässig produzierten Leinen im Mantelsack schleppen lässt. Mit dieser bis hierhin skizzierten Dimension des Mantelsacks als einem Traumelement antizipiert Kellers Roman also nicht nur das Wissen um den potenziell psychologischen Symbolgehalt von Gepäckstücken. Er steht als Artefakt auch selbst dafür ein, dass literarische Texte an dessen kultureller Genese und Tradierung maßgeblich beteiligt sind.

Literarische Texte, so lässt sich zusammenfassen, können in Korrespondenz zu ihren zeitgenössischen Kontexten auch als historischer Index von Gepäckstücken fungieren. Sie treten einerseits als Speichermedien der realgeschichtlichen Wandlung dieser Objektkategorie sowie andererseits als Reflexionsmedien ihrer kulturhistorischen Dimensionen in Erscheinung. Noch dort, wo Texte nur beiläufig von Reiseutensilien erzählen, verweisen sie darauf, dass Gepäckstücke jenseits ihrer Funktionalität vielfach in Fragen der Identitätskonstitution und -stabilisierung des reisenden Subjekts eingebunden sind. Denn Koffer und andere Formen des Reisegepäcks bergen, wie gezeigt, nicht nur jene nützlichen und/oder ideell bedeutsamen Dinge, mit denen sich das reisende Ich organisiert und stilisiert. Sie selbst zeitigen im 19. Jahrhundert zunehmend Präsenzeffekte. Aufgeladen mit sozialem Sinn werden Reiseutensilien zu „Medien der Selbstdarstellung".[23] Weil sie neben den praktischen auch ich-expressive Funktionen übernehmen, dienen sie einem *„self fashioning"*[24] der reisenden Person. Ob jemand also mit einem repräsentativen *Mädler*-Koffer reisen kann, ‚nur' ein Felleisen zur Verfügung hat oder sich mit einem physisch wie psychisch belastenden Mantelsack plagt, verrät nicht bloß viel über die verkehrstechnischen Reisebedingungen und ihre historischen Wandlungen oder über die sozialen Parameter, Ziele und ökonomischen Möglichkeiten der Reisenden. Literarische Ausgestaltungen des Reisegepäcks geben zudem wesentlich Aufschluss über die Problematik von Selbst- und Fremdbildern, die kulturgeschichtlich mit dem Topos des Reisens verbunden sind.

---

22 „Wovon die Träume vor allem reden, […] ist die Mutterbindung Heinrich Lees. Der Hinweis darauf fehlt in keiner der einschlägigen Untersuchungen zum Traumproblem bei Keller." Rohe: *Roman aus Diskursen,* S. 219.
23 Böhme: *Fetischismus und Kultur,* S. 109.
24 Ebd.

Ulrike Vedder

Franz Kafkas *Der Verschollene* als (letzter?) Auswandererroman

„Auswandern kann ich nicht"
Franz Kafka: Das Schloß

Im Jahr 1912 erscheint in Friedrich Fontanes Verlag ein sog. Auswandererkatechismus samt ‚Ratschlägen und Erlebnissen': *Mit 100 Mark nach Amerika. Ratschläge und Erlebnisse; mit einem Katechismus für Auswanderer* von Kurt Aram. Dieses Buch schließt zum einen an die im 19. Jahrhundert so populäre Amerika-Reiseliteratur an, zum anderen an die verbreiteten Ratgeber für Auswanderer, die dank ihrer Wissensvermittlung qua Frage-Antwort-Format häufig als Katechismen bezeichnet wurden,[1] so auch bei Kurt Aram. Der Anlass, so schildert Aram es im Vorwort, war ein Auftrag der Redaktion der Zeitschrift *Die Gartenlaube*: Ausgestattet mit einer Schiffspassage und 100 Mark sollte er in einem Experiment herausfinden, „wie es wohl heute einem Deutschen ohne Mittel in Amerika ergehen würde".[2]

Im gleichen Jahr 1912 beginnt Franz Kafka einen Roman zu schreiben, in dem der Protagonist Karl Roßmann, ebenfalls ausgestattet mit einer Schiffspassage und etwas Geld, in Amerika zurechtkommen muss. Für diesen – unvollendet bleibenden – Roman, an dem Kafka mit Unterbrechungen bis Oktober 1914 arbeitet, sieht er den Titel *Der Verschollene* vor, wie er im November 1912 an Felice Bauer schreibt: „Die Geschichte, die ich schreibe, und die allerdings ins Endlose angelegt ist, heißt, um Ihnen einen vorläufigen Begriff zu geben ‚Der Verschollene' und handelt ausschließlich in den Vereinigten Staaten von Nordamerika."[3]

Zwar ist es ungewiss, ob Kafka Kurt Arams populären Text im *Gartenlaube*-Jahrgang 1912 (oder in Buchform) zur Kenntnis genommen hat, auch wenn er im

---

1 Vgl. die Serie *Weber's Illustrirte Katechismen, Belehrungen aus dem Gebiete der Wissenschaften und Künste* (1851 – nach 1900) sowie beispielsweise Karl Wanders populären *Auswanderungs-Katechismus. Ein Ratgeber für Auswanderer, besonders für Diejenigen, welche nach Nordamerika auswandern wollen* (1852).
2 https://www.projekt-gutenberg.org/aram/100mark/chap001.html.
3 Franz Kafka: *Briefe an Felice*. Hg. v. Erich Heller/Jürgen Born. Frankfurt/M. 1976, S. 86 (Brief vom 11.11.1912). Diesen Romantitel verwendet Kafka noch einmal zwei Jahre später im Tagebuch (31.12.1914): „An Fertigem nur: In der Strafkolonie und ein Kapitel des Verschollenen".

Januar 1913 an Felice Bauer schreibt, er habe „eine schöne Stunde"[4] mit dem Durchblättern eines – allerdings 50 Jahre alten – Jahrgangs der *Gartenlaube* verbracht. Doch lässt sich Kafkas *Amerika*-Roman[5] im Lichte der zitierten Experimentalanordnung, „wie es wohl heute einem Deutschen ohne Mittel in Amerika ergehen würde", als ein dezidierter Gegenwarts- und Auswandererroman auffassen. Als ein Gegenwartsroman ist er mehrfach gelesen worden, beispielsweise mit Blick auf die militärische Mobilmachung im Sommer 1914, die als Hintergrund für das Kapitel zum ‚Teater von Oklahoma' gedeutet werden kann.[6] Zugleich – und das soll im Folgenden besonders interessieren – steht Kafkas Roman vor dem Hintergrund des Massenphänomens der Auswanderung im 19. Jahrhundert, weist er doch eine hohe Dichte von Auswanderungstopoi auf. Dazu zählen spezifische Orte wie Auswanderer- und Ankunftshäfen, Schiffe mit ihren auswanderertypischen Zwischendecks, amerikanische Gasthäuser und Einwanderungsregistraturen, New Yorker Wolkenkratzer und neuenglische Landhäuser. Hinzu kommen Medien und Dinge wie Auswandererbroschüren oder -koffer, aber auch das Thema und der Sprechakt des Ratgebens, wie es in den Auswandererkatechismen praktiziert wird. Neben den in der Auswandererliteratur des 19. Jahrhunderts zu beobachtenden literarischen Erzählmustern des Liminalen und des Aufschubs,[7] die auch für Kafkas Roman entscheidend sind, geht es zudem um den Topos der Heimkehr, der zur Auswandererthematik gehört und hier in die Verschollenheit kippt.

---

4 Ebd., S. 253 (Brief vom 17./18.01.1913): „Ich habe jetzt, Liebste, nach langer Zeit wieder einmal eine schöne Stunde mit Lesen verbracht. Niemals würdest Du erraten, was ich gelesen habe und was mir solche Freude gemacht hat. Es war ein alter Jahrgang der Gartenlaube aus dem Jahre 1863. Ich habe nichts Bestimmtes gelesen, sondern 200 Seiten langsam durchgeblättert […] und nur hie und da etwas besonders Interessantes gelesen."

5 Bekanntlich veröffentlicht Max Brod den Roman unter dem Titel *Amerika* (1927, drei Jahre nach Kafkas Tod). Zu Kafkas Amerika-Bild und dessen Quellen (ausgewanderte Familienmitglieder, Lektüren und Vorträge wie z. B. Arthur Holitschers *Amerika Heute und Morgen* oder František Soukups *Amerika. Eine Reihe von Bildern aus dem amerikanischen Leben*) vgl. Dieter Heimböckel: „‚Amerika im Kopf'. Franz Kafkas Roman *Der Verschollene* und der Amerika-Diskurs seiner Zeit". In: *Deutsche Vierteljahrsschrift für Literaturwissenschaft und Geistesgeschichte*, 77 (2003) Heft 1, S. 130–147; Mark Harman: „Wie Kafka sich Amerika vorstellte". In: *Sinn und Form*, 6 (2008), S. 794–804.

6 Vgl. Thomas Anz: „Kafka, der Krieg und das größte Theater der Welt". In: *Neue Rundschau*, 107 (1996) Heft 2, S. 131–142.

7 Zu diesen Mustern und Topoi vgl. Ulrike Vedder: „Auswandern / Heimkehren: Liminales Erzählen und die Kunst des Handelns in der Auswandererliteratur des 19. Jahrhunderts". In: Michael Pilz/Peter Pohl (Hg.): *(Ver-)Fahren. Dimensionen literarischer Mobilität*. Berlin/Boston 2024, S. 299–322.

Raum, Transit, Bewegung

Bekanntlich setzt Kafkas Roman nicht in Europa ein, sondern im New Yorker Ankunftshafen mit seiner ikonischen „Statue der Freiheitsgöttin"[8]. Rückblickend aber werden vorherige Stationen der Auswanderung aufgerufen. So wird der Hamburger Auswandererhafen genannt, von wo aus Karl Roßmann mit dem Dampfschiff nach Amerika reist.[9] Mit dieser Nennung rekurriert der Roman auf die zeitgenössische Wirklichkeit, sind doch in den Jahren 1896 bis 1913 vom Hamburger Hafen aus über 1,7 Millionen Auswanderer nach Amerika aufgebrochen, viele aus Mittel- und Osteuropa. Allein im Jahr 1913 – in dem Kafkas Erzählung *Der Heizer* erscheint, die zugleich das erste Kapitel des Romans *Der Verschollene* darstellt – sind es fast 200.000 Menschen.[10] Karl Roßmann wird von seinen Eltern nach Hamburg begleitet, was zwar nicht geschildert wird, aber im Rückblick erkennbar ist: „Er dachte ob es nicht vielleicht doch gut wäre, den Eltern zu schreiben, wie sie es ja tatsächlich beide und der Vater zuletzt sehr streng in Hamburg von ihm verlangt hatten." (135) Die Reise nach Hamburg erfolgt vermutlich per Zug, denn um 1900 effektiviert „eine elaborierte verkehrstechnische Infrastruktur" incl. Eisenbahn die innereuropäischen Transits zu den Auswandererhäfen und führt somit zu „einer ‚Raumverkleinerung' und gleichzeitigen ‚Raumerweiterung'".[11] Die Fahrt von Böhmen nach Hamburg wird allerdings in Kafkas Roman nicht erzählt: Der Text schildert zwar Karls Raumbewegungen und Transits in Amerika auf akribische Weise und setzt die Gleichzeitigkeit von Raumerweiterung und -verkleinerung als irritierende Erzählstrategie ein, lässt jedoch die europäischen Wege außen vor.

Dass der Roman „ausschließlich in den Vereinigten Staaten von Nordamerika" (Kafka an Felice Bauer) angesiedelt ist, hat mit der elterlichen, vor allem der väterli-

---

8 Franz Kafka: *Der Verschollene*. Hg. v. Jost Schillemeit (= Kritische Ausgabe). Frankfurt/M. 2002, S. 7 (künftig zitiert mit Seitenzahl im Text). Dass die Freiheitsstatue hier ein (Fiktionssignale setzendes) „Schwert" statt der Fackel trägt, sorgt für eine Überblendung der Figuren der Libertas, der Justitia und des Cherub sowie von Gerechtigkeit und Gewalt, verheißungsvoller Neuer Welt und verschlossenem Paradies.

9 Vgl. die Äußerung des Heizers in Kap. 1: „Auf dem Schiff wechseln mit den Hafenplätzen auch die Sitten, in Hamburg hätte Ihr Butterbaum den Koffer vielleicht bewacht, hier ist höchstwahrscheinlich schon von beiden keine Spur mehr." (10)

10 „1856 beförderte die Hapag-Reederei nur 3.043 Auswanderer von Hamburg nach New York. Die Anzahl stieg in Wellen auf 66.862 im Jahr 1890. Ab 1903 wanderten jährlich kontinuierlich mehr als 100.000 Menschen über die Hansestadt aus. 1913 erreichte die Welle mit 192.733 Auswanderern ihren Höhepunkt." (Janine Kühl: „Von Hamburg in die weite Welt" [2021], https://www.ndr.de/geschichte/chronologie/Auswanderer-um-1900-Von-Hamburg-nach-Amerika,auswanderunghamburg101.html; letzter Zugriff: 21.06.2024)

11 Christiane Reinecke: *Grenzen der Freizügigkeit. Migrationskontrolle in Großbritannien und Deutschland, 1880–1930*. München 2010, S. 27 u. 32.

chen Besetzung des ‚alten Europa' zu tun, die für den Sohn keinen Bewegungsraum lässt. Denn auch wenn Karl Roßmann „von seinen armen Eltern nach Amerika geschickt worden war, weil ihn ein Dienstmädchen verführt und ein Kind von ihm bekommen hatte" (9), und seine ‚Verbannung' also als Folge seiner problematischen Vaterschaft benannt wird, ist er doch zugleich ein gehorsamer Sohn. Es geht bei seiner Auswanderung mithin um ein zweifaches Entkommen: vor seiner eigenen Vaterschaft und vor seinem Vater. Ein solches Entkommen wird Kafka einige Jahre später in seinem *Brief an den Vater* (1919) als dezidierte Frage der Raumordnung formulieren: „Manchmal stelle ich mir die Erdkarte ausgespannt und Dich quer über sie hin ausgestreckt vor. Und es ist mir dann, als kämen für mein Leben nur die Gegenden in Betracht, die Du entweder nicht bedeckst oder die nicht in Deiner Reichweite liegen."[12]

Auch im Roman *Der Verschollene* besteht für Karl der „einzige Trost" darin, nicht in väterlicher Reichweite zu sein: „Der einzige Trost war noch, daß der Vater von seiner jetzigen Lage nicht das allergeringste erfahren konnte, selbst wenn er nachforschen sollte. Nur daß er bis Newyork gekommen war, konnte die Schiffsgesellschaft gerade noch sagen." (14 f.) An der Grenze zur Neuen Welt (und an der Textgrenze des Romananfangs) ist die Schiffsgesellschaft noch auskunftsfähig, kommt Karl doch im ersten Satz des Romans in New York an, was zugleich heißt: Das Schiff ist nicht untergegangen. Ein solches Schicksal wäre keineswegs unwahrscheinlich. So betont der Heizer: „wir sind doch auf einem deutschen Schiff, es gehört der Hamburg Amerika Linie" (13), mithin der *Hamburg-Amerikanischen Packetfahrt-Actien-Gesellschaft* (Hapag). Deren bekanntes Dampfschiff „Austria" ging 1858 unter – mit ca. 450 Toten und entsprechend erinnerungsträchtigem Nachleben in Massenblättern, Illustrationen, Gemälden und Liedern.[13] Auch andere Hapag-Passagierschiffe wie die „Pommerania" (1872) oder die „Cimbria" (1883) verunglückten auf See oder gelten – wie z. B. die „Lotharingia" (1882) – als verschollen. Neben eine solche historische Perspektive tritt eine juristische, beweist doch die vollzogene Ankunft Karl Roßmanns in New York, dass der in den zeitgenössischen Verschollenheitsgesetzen ausgewiesene Gefahrenfall eines Schiffsuntergangs nicht eingetreten ist – obwohl doch der Roman *Der Verschollene* heißt.

An dessen Beginn ist das Auswandererschiff also bereits im sicheren Hafen angekommen, so dass ein wichtiger krisenbehafteter Topos der Auswandererliteratur,

---

12 Franz Kafka: „Brief an den Vater". In: Ders.: *Nachgelassene Schriften und Fragmente II*. Hg. v. Jost Schillemeit (= Kritische Ausgabe). Frankfurt/M. 2002, S. 143–217, hier S. 210.
13 Vgl. etwa die ausführlichen Schilderungen samt Augenzeugenberichten in: „Der Untergang des Hamburgischen eisernen Schraubendampfschiffes ‚Austria'". In: *Die Gartenlaube*, 44–45 (1858), S. 631–636 u. 644–648; dazu die Gemälde von Josef Carl Berthold Püttner (*Untergang des Auswandererschiffes „Austria" am 13. September 1858*, 1858) oder Eugène Isabey (*L'incendie du steamer Austria*, 1858) sowie die populäre Moritat *Stolz zog durch die Meeresfluten*.

nämlich das Meer, in Kafkas Roman keine Rolle spielt. Während das Meer häufig als eine Zone der Unbestimmtheit und Unbeherrschbarkeit gezeichnet wird, als desorientierende Undifferenziertheit und bedrohliche Schwellensituation, ist es hier der Schiffsbauch, der auf diese Weise inszeniert wird. Im Schiffsbauch hält Karl sich während der Überfahrt auf, und dorthin kehrt er nach der Ankunft des Schiffes umgehend zurück, um seinen vergessenen Regenschirm zu suchen, dabei auf den Heizer zu stoßen und darüber wiederum seinem Onkel zu begegnen.

Anstelle einer exterritorialen, unmarkierten Meeresoberfläche[14] hat Karl es also mit einem drangvoll engen, unbeherrschbar labyrinthischen, vielfach markierten und geradezu schicksalhaften Innenraum zu tun. Hier, unter Deck – genauer „im Zwischendeck" (15), einem weiteren topischen Auswandererort –, hat Karl während der Fahrt seinen Platz, ist aber unbehaust und schlaflos, weil er den Diebstahl seines Koffers fürchtet. Dass er im Zwischendeck reist und außer Koffer und Schirm nichts bei sich hat, zeigt zum einen, dass seine Eltern für ihn eben keine Kajüte, sondern bloß die billigste Schiffspassage gebucht haben (obwohl sie nicht arm sind, schließlich verfügen sie über ein ‚Dienstmädchen'), und zum anderen, dass Karl die im Zwischendeck üblicherweise selbst mitzubringende Matratze mit Bettzeug nicht besitzt. Zudem herrscht dort – ebenso wie später im Hotelschlafsaal der Liftboys[15] – eine unausgesetzte „Unruhe", „denn immer hatte hie und da jemand mit der Unruhe des Auswanderers ein Lichtchen angezündet, trotzdem dies nach der Schiffsordnung verboten war, und versuchte unverständliche Prospekte der Auswanderungsagenturen zu entziffern." (16)

Die stete „Unruhe des Auswanderers", der an Bord zur Passivität verdammt ist und zum x-ten Mal seine Papiere durchblättert, bestimmt die Schiffspassage. Dass die „Prospekte der Auswanderungsagenturen" zudem unverständlich sind, jedenfalls für diejenigen im Zwischendeck, verweist zum einen auf die prekäre Frage von Werbung und Ratgeben, darauf ist zurückzukommen. Und zum anderen zeigen sich hier jene „Klassenverhältnisse"[16] des Zwischendecks, die auch der Schiffskapitän benennt, nachdem sein Gast, der verehrte Senator Edward Jakob, sich als der reiche Onkel von Karl Roßmann herausgestellt hat:

> Es ist eine besondere Ehre für mein Schiff, daß es den Ort eines solchen Zusammentreffens [zwischen Onkel und Karl] abgeben konnte. Aber die Fahrt im Zwischendeck war wohl

---

14 Zwar ist auch das Meer markiert – ein mit zahlreichen kulturellen Bildern und Sinnstiftungen belegter sowie nautisch, juristisch oder geographisch geordneter Raum –, doch gilt es zugleich als ein bodenloses Nichts.
15 Vgl.: „Ein ruhiges Schlafzimmer war dieser Schlafsaal allerdings nicht. Denn da jeder einzelne die freie Zeit von zwölf Stunden verschiedenartig auf Essen, Schlaf, Vergnügen und Nebenverdienst verteilte, war im Schlafsaal immerfort die größte Bewegung." (190 f.)
16 Diesen Titel trägt die Romanverfilmung von Jean-Marie Straub und Danièle Huillet (1984).

sehr arg, ja wer kann das wissen wer da mit geführt wird. […] Nun wir tun alles mögliche, den Leuten im Zwischendeck die Fahrt möglichst zu erleichtern, viel mehr z. B. als die amerikanischen Linien, aber eine solche Fahrt zu einem Vergnügen zu machen, ist uns allerdings noch immer nicht gelungen. (44)

Dass die Kapitänskajüte der Ort einer unverhofften Familienzusammenführung ist, durch die Karl Roßmann – ein weiterer Topos der Auswanderung nach Amerika – einem sozialen Aufstieg entgegensieht, mithin soziale Orientierung gewinnt, ändert nichts an der labyrinthisch-desorientierenden Struktur des Schiffes. Denn angesichts der späteren unübersichtlichen Gänge und Treppenhäuser im Landhaus, im Hotel Occidental oder in Bruneldas Wohnhaus – die wie ein Abbild der labyrinthischen Schiffsgänge und -treppen erscheinen – liegt der Verdacht nahe, Karl Roßmann könnte das Schiff nie verlassen haben.[17]

In jedem Falle findet eine eigentliche Ankunft nie statt, denn Karl Roßmann ist fast unausgesetzt unterwegs, der gigantische Verkehr reißt nie ab („morgen wie abend und in den Träumen der Nacht vollzog sich auf dieser Straße ein immer drängender Verkehr", 55), verschiedene Kommunikationsmedien sind unaufhörlich im Einsatz. Zwar wird Karl zunächst von seinem Onkel aufgenommen und lebt bei ihm in New York – eine erste Station, deren Unwahrscheinlichkeit Karl sehr wohl zur Kenntnis nimmt:

Wo hätte er wohl wohnen müssen, wenn er als armer kleiner Einwanderer ans Land gestiegen wäre? Ja vielleicht hätte man ihn, was der Onkel nach seiner Kenntnis der Einwanderungsgesetze sogar für sehr wahrscheinlich hielt, gar nicht in die Vereinigten Staaten eingelassen sondern ihn nach Hause geschickt, ohne sich weiter darum zu kümmern, daß er keine Heimat mehr hatte. (54)

Doch als der Onkel ihn überraschend verstößt, setzt sich das Stationendrama des Auswanderers Karl fort, das eine auffällige Reihe von Transitorten und Schwellenräumen umfasst. Dazu gehören etwa Landstraße, Wirtshaus, Hotel, Rennbahn, Eisenbahn, die horizontal oder vertikal strukturiert sind und in mal akzelerierender, mal retardierender Geschwindigkeit durchlaufen werden – sowie unter bedenklichen geographischen Irrtümern. So ist die Rede von einer „Brücke, die New York mit Boston verbindet" (144); Karls Zielorte Butterford und Ramses gibt

---

17 Vgl. Astrid Lange-Kirchheim: „L'enfant perdu, non trouvé. Überlegungen zu Franz Kafkas Amerika-Roman ‚Der Verschollene' im Kontext von Marthe Roberts Schrift ‚Roman des origines et origines du roman'". In: Henk Hillenaar/Walter Schönau (Hg.): *Fathers and Mothers in Literature*. Amsterdam/Atlanta 1994, S. 259–280, hier S. 261.

es in Amerika nicht;¹⁸ Oklahoma heißt hier „Oklahoma"; und ein Bekannter des Onkels sagt zu Karl: „Hier gebe ich Ihnen noch eine Karte Dritter nach San Francisko. Ich habe diese Reise für Sie beschlossen, weil […] die Erwerbsmöglichkeiten im Osten für Sie viel bessere sind" (124).

Diese geradezu systematisch anmutenden ‚Irrtümer' verstärken die gezielte Desorientierung im erzählten Raum. Darüber hinaus erhöhen sie die Unwahrscheinlichkeit einer Ankunft oder eines Bleibens, betreffen sie doch stets Orte und Wege, die der Protagonist zwar anstrebt, aber verfehlt. Zudem stellen sie – wie das Schwert der Freiheitsstatue am Romanbeginn – deutliche Fiktionssignale dar: „Aus der seitenverkehrten Anlage der amerikanischen Welt Franz Kafkas erklärt sich, warum das zweite ‚o' in Oklahoma sich unter seiner Feder in ein ‚a' verwandelte. Oklahoma nämlich fügt sich ebenso wie Butterford und Ramses, die weiteren Stationen der amerikanischen Odyssee Karl Roßmanns, in eine Landschaft ein, die es nicht gibt."¹⁹ Und nicht zuletzt lesen sich diese ‚Irrtümer' wie ein Echo eines weiteren Auswanderungstopos: die Unwissenheit, ja Unbelehrbarkeit der Auswanderer, die in so vielen Ratgebern beklagt wird. So publiziert Friedrich Gerstäcker in der Zeitschrift *Die Gartenlaube* 1863 – also gerade in jenem Jahrgang, den Franz Kafka 50 Jahre später mit so viel „Freude"²⁰ durchblättert hat – einen Text mit dem Titel *Eine neue Warnung für Auswanderer*, worin es heißt:

> Wir haben es aber da wieder mit dem ewigen Jammer in Deutschland zu thun, daß der Ungebildete *nichts* liest, als was ihm in die Hand gestopft wird, und wie damals *sämmtliche* nach Peru angeworbene Emigranten fortzogen und nicht *einen* Artikel von all den hunderten gelesen hatten, in denen sie vor einer derartigen Uebersiedelung gewarnt waren, so ist mir neulich erst wieder ein ganz ähnlicher und noch mehr schlagender Beweis vor Augen gekommen, wie vollkommen willen- und rathlos der Bauer und Arbeiter auf dem Lande den Verlockungen zur Auswanderung gegenüber steht, trotz Allem, was dagegen gesagt und geschrieben ist.²¹

---

18 Vgl.: „Karl schlägt denn auch, bei so widersprüchlichen Richtungsangaben, ‚eine beliebige Richtung' ein […], um in einem Hotel mit dem Namen ‚Westen' [Hotel Occidental] zu landen, das jedoch an der Peripherie der Stadt [Ramses] liegt, deren Name auf ägyptische Könige und so nach Osten weist." (Bernd Greiner: „Im Umkreis von Ramses. Kafkas *Verschollener* als jüdischer Bildungsroman". In: *Deutsche Vierteljahrsschrift für Literaturwissenschaft und Geistesgeschichte*, 77 (2003), S. 637–658, hier S. 638.)
19 Heimböckel: „Amerika im Kopf", S. 139.
20 Kafka: *Briefe an Felice*, S. 253.
21 Friedrich Gerstäcker: „Eine neue Warnung für Auswanderer". In: *Die Gartenlaube*, 23 (1863), S. 361–364, hier S. 361.

Es ist sehr wahrscheinlich, dass Kafka diese *Warnung für Auswanderer* – zumal von dem damals so populären Schriftsteller Gerstäcker – tatsächlich entdeckt hat, als er den *Gartenlauben*-Jahrgang während seiner eigenen Arbeit am *Verschollenen*-Roman zur Hand nahm und „hie und da etwas besonders Interessantes"[22] las. Denn zum einen passt sie in die Sammlung von Auswanderer-Topoi im Roman; zum anderen ist das Thema der Unbelehrbarkeit bzw. Vergeblichkeit in vielen Texten Kafkas virulent; zum dritten spielt der dilemmatische Sprechakt ‚Ratgeben' in *Der Verschollene* eine gewisse Rolle, dazu gleich mehr.

Das Stationendrama der Auswanderung strukturiert also den Roman mit seinen zwischen Aufstiegsversprechen und sozialen Realitäten angesiedelten Transiträumen und Schwellensituationen. Diese lösen einander ab, ohne je eine Ankunft zu gewährleisten, so dass sowohl die Bewegung im Raum als auch der Erzählverlauf dem Modus des Aufschubs folgen.

Figuren, Dinge, Medien des Auswanderns

Neben den vielen Europäern, die Karl auf dem Schiff und in Amerika trifft – mit der ganzen Fallhöhe ihrer Auswandererschicksale von den ‚Landstreichern' Robinson und Delamarche über die offenbar elternlosen Liftboys im Hotel Occidental hin zu bescheidenen oder großmäuligen Aufsteigern –, findet sich weiteres auswanderungstypisches Figurenpersonal. So gibt es die Herrscher der Überfahrt (Kapitän, Offiziere, Schiffsmeister) ebenso wie eine Reihe von Agenten, Ausbeutern, Betrügern. Sogar der reiche Onkel in Amerika tritt auf, der für Auswanderer- und Heimkehrergeschichten so typisch ist,[23] dass es kaum verwundert, dass Karl Roßmann noch auf dem Schiff mit seinem bis dato unbekannten Onkel in einer Anagnorisis-Szene zusammentrifft.

Dieser Onkel ist der Inbegriff des erfolgreichen Auswanderers, der in der ‚Neuen Welt' sich neu erfunden, mit seiner Herkunftsfamilie gebrochen und den *american dream* realisiert hat. Im Kontext der Auswanderung spricht der Onkel sowohl von Trennung – „seit allen den langen Jahren lebe ich also von meinen europäischen Verwandten vollständig abgetrennt" (38) – als auch von Geburt: „Die ersten Tage eines Europäers in Amerika seien ja einer Geburt vergleichbar" (56). Seine neue

---

22 Kafka: *Briefe an Felice*, S. 253.
23 Zum Onkel aus Amerika als populäre Bühnenfigur im 19. Jahrhundert vgl. Rolf Parr: „Der ‚Onkel aus Amerika'. Import von Amerikawissen oder Re-Import alter Stereotype?" In: Christof Hamann/Ute Gerhard/Walter Grünzweig (Hg.): *Amerika und die deutschsprachige Literatur nach 1848. Migration – kultureller Austausch – frühe Globalisierung*. Bielefeld 2009, S. 21–38.

Identität im amerikanischen Kapitalismus ist die des *self made man*[24]: „Ich hatte damals im Hafenviertel ein kleines Geschäft und wenn dort im Tag fünf Kisten abgeladen waren, so war es viel und ich gieng aufgeblasen nachhause. Heute habe ich die drittgrößten Lagerhäuser im Hafen und jener Laden ist das Eßzimmer und die Gerätkammer der fünfundsechzigsten Gruppe meiner Packträger." (67 f.)

Andere Auswandererfiguren leben in gegenteiligen ökonomischen Verhältnissen, und es sind Armut und Ausbeutung, die im Roman als ein Charakteristikum der Auswanderer geschildert werden. Neben weiteren im Hotel Occidental auftretenden Figuren, die ebenfalls aus Europa eingewandert sind – so stammt etwa die Oberköchin Grete aus Wien, der Oberkellner aus Ungarn –, gewinnt vor allem die Schreibkraft Therese Kontur. Ihre Kindheitsgeschichte in prekären sozialen Verhältnissen wird ausführlich erzählt und erscheint wie eine Warnung aus einem Auswandererkatechismus:

> Sie war ein uneheliches Kind, ihr Vater war Baupolier und hatte die Mutter und das Kind aus Pommern sich nachkommen lassen, aber als hätte er damit seine Pflicht erfüllt oder als hätte er andere Menschen erwartet, als die abgearbeitete Frau und das schwache Kind, die er an der Landungsstelle in Empfang nahm, war er bald nach ihrer Ankunft ohne viel Erklärungen nach Kanada ausgewandert, und die Zurückgebliebenen hatten weder einen Brief noch eine sonstige Nachricht von ihm erhalten, was zum Teil auch nicht zu verwundern war, denn sie waren in den Massenquartieren des New Yorker Ostens unauffindbar verloren. (196)

Auch die anschließende detailreiche Schilderung einer verzweifelt durchwachten Winternacht, nach der Thereses Mutter als verarmte Tagelöhnerin auf einer Baustelle sich vom Gerüst stürzt, rückt den sozialen Abstieg als Realität der Auswanderer in den Fokus. Darüber hinaus widmen sich diese Romanpassagen der Perspektive ausgewanderter Kinder, vor allem mit Blick auf Therese, aber auch auf die vielen Liftboys des Hotel Occidental, die offensichtlich elternlos in einem Schlafsaal hausen, in der autoritären Hotelhierarchie die unterste Stufe einnehmen und sich mit Nebenjobs und Gelegenheitsprostitution durchschlagen, bis sie das Hotel – „ältere als zwanzigjährige Liftjungen wurden nicht geduldet" (203) – verlassen müssen.

Der intensive Blick für die Kinder fällt auch in einem Brief auf, den Franz Kafka einige Jahre nach dem Roman an Milena Jesenská schreibt. Darin wird eine Auswandererszene noch auf europäischem Boden – in Prag – beschrieben. In sie

---

24 Als ein solcher galt auch Franz Kafkas Vetter Otto, der in die USA auswanderte und es dort zum Direktor in der Eisenindustrie brachte: ein „klassischer Selfmademan" (Peter-André Alt: *Franz Kafka. Der ewige Sohn. Eine Biographie.* München 2005, S. 355).

hinein imaginiert Kafka sich als „ein kleiner ostjüdischer Junge" auf dem Weg nach Amerika:

> Wenn man mir gestern abend (als ich um 8 Uhr von der Gasse aus in den Festsaal des Jüdischen Rathauses hineinsah, wo weit über 100 russisch-jüdische Auswanderer – sie warten hier auf das amerikanische Visum – untergebracht sind, der Saal ist gedrängt voll wie bei einer Volksversammlung und dann um ½ 1 in der Nacht sah ich sie alle dort schlafen, einen neben dem andern, auch auf Sesseln schliefen sie ausgestreckt, hie und da hustete jemand oder drehte sich auf die andere Seite um oder ging vorsichtig zwischen den Reihen durch, das elektrische Licht brennt die ganze Nacht) wenn man mir freigestellt hätte, ich könnte sein was ich will, dann hätte ich ein kleiner ostjüdischer Junge sein wollen, im Winkel des Saales, ohne eine Spur von Sorgen, der Vater diskutiert in der Mitte mit den Männern, die Mutter dick eingepackt wühlt in den Reise-fetzen, die Schwester schwätzt mit den Mädchen und kratzt sich in ihrem schönen Haar – und in paar Wochen wird man in Amerika sein. So einfach ist es allerdings nicht, Ruhrfälle sind dort schon vorgekommen, auf der Gasse stehn Leute und schimpfen durch die Fenster herein, selbst unter den Juden ist Streit, zwei sind schon mit Messern auf einander losgegangen. Aber wenn man klein ist, schnell alles überblickt und beurteilt, was kann einem dann geschehn?[25]

Die zunächst realistisch erzählte Szene erinnert an die nächtliche „Unruhe des Auswanderers" (16) im Zwischendeck, von der *Der Verschollene* berichtet, denn auch hier ist die Nachtruhe gestört, der Raum überfüllt, die Auswanderermenge zum Warten gezwungen. Auch das Ende der Passage berichtet von Konflikt, Ausgrenzung, Anfeindung der Auswanderer. In der Mitte der Szene aber – „wenn man mir freigestellt hätte, ich könnte sein was ich will" – tritt der imaginierte kleine Junge auf. Ihm ist eine Zuversicht zugeschrieben, die über die Situation hinaus in eine andere Zukunft weist: „ohne eine Spur von Sorgen […] – und in paar Wochen wird man in Amerika sein". Diese bemerkenswerte Zuversicht verbindet den Jungen mit jenem Mädchen, auf das Heinrich Heine trifft (in der Vorrede zum ersten Band seines *Salon*, 1833) und das zu einer Gruppe armer deutscher Auswanderer gehört, die von der Normandie aus übers Meer wollen:

> Es war schon gegen Abend, und ein kleines deutsches Mädchen, welches ich vorher schon unter den Auswanderern bemerkt, stand allein am Strande, wie versunken in Gedanken, und schaute hinaus ins weite Meer. Die Kleine […] hatte ein bleichkränkelndes

---

25 Franz Kafka: *Briefe an Milena*. Hg. v. Jürgen Born/Michael Müller. Frankfurt/M. 1992, S. 257 f. (Brief vom 7.9.1920).

Gesichtchen, groß ernsthafte Augen, und mit weichbesorgter, jedoch zugleich neugieriger Stimme frug sie mich: ob das das Weltmeer sei?[26]

Neugier und Zuversicht sind in Heines Text wie in Kafkas Brief kindliche Qualitäten, die sie für die Auswanderung zu ertüchtigen scheinen – auch wenn beide Texte über den künftigen Werdegang der Kinder nichts wissen können. Anders in Kafkas Roman: Zwar zeichnet sich auch Karl Roßmann durch diese kindlichen Charakteristika aus, die ihn durch seine Stationen und Transfers hindurch begleiten, doch sein Werdegang durch Verluste und Gefahren hindurch läuft auf die Verschollenheit zu.

Dabei versucht er doch, die – wenig hilfreichen – Warnungen der Ratgeber umzusetzen: „Karl wußte nicht mehr genau, in was für einem Buch er einmal zuhause gelesen hatte, daß man sich in Amerika vor den Irländern hüten solle." (133) Auch die ‚Irländer' gehören zum auswanderungstypischen Figurenpersonal, insofern sie Warnfiguren sind – hat doch Karl „viel von den Gefahren gehört […], welche besonders von Irländern den Neuankömmlingen in Amerika drohen." (9) Prompt trifft er auf den Irländer Robinson und den Franzosen Delamarche, die ihn immer wieder von seinen Plänen abbringen, ihrerseits voller aussichtsloser auswanderungstypischer Pläne sind („vielleicht nach Kalifornien in die Goldwäschereien", 146) und die er nicht mehr los wird.

Ein weiteres Element im Figurentableau der Auswanderung ist der Heimkehrer, auch er ist in Kafkas Roman mitgedacht. So will Karl an der Option der Heimkehr festhalten, auch wenn er sich gerade von New York ins Landesinnere hinein entfernt: „In New-York war das Meer und zu jeder Zeit die Möglichkeit der Rückkehr in die Heimat." (143) Dass dies im Roman keinen Ausweg aus den Raumtransfers darstellt, zeigt sich in Karls ‚Verschellen',[27] das eben die Heimkehr ausschließt.

Darin spielen auch die Dinge und Medien des Auswanderns eine zentrale Rolle. So stellt das Reisegepäck – Karls Koffer – mit seinem aus der ‚alten Heimat' mitgeschleppten Inhalt den ganzen Roman hindurch ein nicht einzulösendes Versprechen auf die Zukunft dar. Ähnliches gilt für die noch in der Alten Welt ausgestellten Legitimationspapiere, derer Karl sich schließlich im „Teater von Oklahoma" (389) entledigt, womit das Auswandern ins Verschellen überführt wird. Beides sind dezidiert europäische Objekte, durch die Karl in Amerika als europäischer Einwanderer markiert ist. So wird er gefragt: „Was ist das eigentlich für ein merkwürdiger Koffer?" Und er erklärt: „Es ist ein Koffer, mit dem die Soldaten in meiner Heimat

---

26 Heinrich Heine: „Vorrede zu Salon I". In: Ders.: *Sämtliche Schriften*. Hg. von Klaus Briegleb. München 1997, Bd. 3, S. 7–17, hier S. 16 f.
27 Auch wenn es eigentlich kein aktives ‚Verschellen' gibt, weil Verschollenheit nur als Passivkonstruktion formuliert werden kann (s. u.), soll der Begriff hier den Prozess von Karls ‚Verschellen', den die Erzählinstanz eng begleitet, hervorheben.

zum Militär einrücken [...] es ist der alte Militärkoffer meines Vaters." (124) Im Koffer transportiert er das, was seine Eltern ihm mitgegeben haben, wovon eine Fotografie der Eltern ein naheliegendes Erinnerungsstück ist, eine „Veroneser Salami" (131) jedoch eine absurde Gabe darstellt, die Karl nicht ernährt, sondern mit ihrem Geruch all seine Sachen kontaminiert, bevor sie von Robinson und Delamarche verspeist wird. Auch Uhr und Geld sind im Koffer enthalten, dort aber trotz aller Bemühungen („die bewährte Geheimtasche", 131) auf Dauer nicht sicher aufzubewahren.

Während der Koffer immer wieder durch andere Auswanderer gefährdet ist, werden Karls Legitimationspapiere von ihm selbst aufgegeben, als er am Romanende,[28] durch ein Plakat darauf aufmerksam geworden, im „Teater von Oklahoma" anheuert. Dieses Plakat erinnert an die Werbeplakate für die Auswanderung, wie sie im 19. Jahrhundert omnipräsent waren. Hier heißt es:

> Das große Teater von Oklahoma ruft Euch! Es ruft nur heute, nur einmal! Wer jetzt die Gelegenheit versäumt, versäumt sie für immer! Wer an seine Zukunft denkt, gehört zu uns! Jeder ist willkommen! [...] Wir sind das Teater, das jeden brauchen kann, jeden an seinem Ort! Wer sich für uns entschieden hat, den beglückwünschen wir gleich hier! Aber beeilt Euch, damit Ihr bis Mitternacht vorgelassen werdet! (387)

Neben dem durch die Ausrufezeichen so aufdringlichen ‚Rufen' (das geradezu an ein göttliches Rufen gemahnt) fällt die Formulierung „Wir sind das Teater, das jeden brauchen kann, jeden an seinem Ort!" ins Auge. Denn offensichtlich geht es um ein imaginäres, kein reales Theater, wenn eine Beteiligung von jedem jeweiligen Ort aus möglich ist. Diese Konstellation erinnert an Kafkas Bild seiner selbst als kleiner ostjüdischer Junge, der in Prag, also „an seinem Ort", imaginär auf dem Weg nach Amerika ist.

Die Plakatformulierungen ähneln zudem jenen kommerziellen Plakaten und Broschüren (wie sie am Romananfang im Zwischendeck gelesen werden) der Auswanderungsagenturen, Landverkäufer oder Reedereien, die beispielsweise in Karl Wanders populärem *Auswanderungs-Katechismus* (1852) kritisiert werden:

> [Diese] Schriften verdanken ihre Entstehung den Agenten, welche entweder im Dienste der Landspekulanten, oder der Passage-Büreau's, der Gastwirthe, Schiffsrheder etc. stehen und die Aufgabe haben, die Auswanderung stäts frisch zu erhalten oder nach einem bestimmten Punkte hinzulenken. Denn auf dem ganzen Wege, den die Emigranten zu nehmen haben, lauern diese Leute, um sie so viel als möglich auszubeuten. Die Reise der

---

[28] Es handelt sich um das Fragment „Karl sah an einer Straßenecke…", das in den Romanausgaben ans Ende gesetzt wird, gefolgt nurmehr von einem kurzen Fragment „Sie fuhren zwei Tage…".

Auswanderer hat viel mit dem Spießrutenlaufen gemein; sie wandeln zwischen Blutegeln, Schröpfköpfen und Aderlässen, sobald sie die Schwelle ihrer alten Hütten überschritten haben, den weiten Weg, bis sie in das rohe Blockhaus in der neuen Welt oder in ein kühleres Grab einziehen.[29]

Auch das „Teater von Oklahoma" arbeitet mit einer Werbe- und Inszenierungsmaschinerie sowie einer riesigen Registratur, um so viele Menschen wie möglich anzuziehen und zu verpflichten: „Daß hier mit Lockungen und Drohungen, Engeln und Teufeln, Pseudoästhetik und Scheinbürokratie für ein gigantisches Betrugsunternehmen geworben wird, das alle brauchen kann, doch vielleicht alle mißbrauchen wird, legt der Text als Möglichkeit durchaus nahe."[30] Wie eine Spiegelinstitution der Einwanderungsregistratur auf Ellis Island zur Erfassung, Prüfung und Kanalisierung großer Menschenmengen ist auch hier die Registratur als gigantische Bürokratie veranschaulicht. Sie greift auf Karl zu, und dieser nutzt sie, um seine europäische Identität endgültig loszuwerden, indem er einen falschen Namen – ausgerechnet „Negro" – angibt. Damit verschwindet „Karl Roßmann" aus den allmächtigen Registraturen, und erst so kann jene Bedingung eintreten, die aus einem Abwesenden einen Verschollenen macht, der dann für tot erklärbar sein wird: die Bedingung, dass jede Nachricht vom Abwesenden fehlt.[31]

Unberaten – ausgewandert – verschollen

Neben den Erzählweisen der Stationen, der Bewegung und des Aufschubs arbeitet *Der Verschollene* auch mit Topoi des Ratgebens und der Unberatenheit. Das ist auf der einen Seite dem unwissenden Auswanderer Karl in seiner „Ratlosigkeit" (8) geschuldet, sowie jenen Protagonisten, die ihn mit Ratschlägen manipulieren[32]

---

29 Karl Wander: *Auswanderungs-Katechismus. Ein Ratgeber für Auswanderer, besonders für Diejenigen, welche nach Nordamerika auswandern wollen* [1852]. Hg. v. Wolfgang Mieder. Berlin u. a. 1988, S. IV.
30 Anz: „Kafka, der Krieg und das größte Theater der Welt", S. 140. Anz bezieht das „Teater von Oklahoma" auf die militärische Rekrutierung vor dem Ersten Weltkrieg.
31 Vgl.: „Dem Gesetz, das aus der Inexistenz einer Botschaft auf die Inexistenz der Person schließt, wird die ausbleibende Information über die verschollene Person zum Indiz für den vermeintlich toten Körper selbst." (Jörg Wolfradt: *Der Roman bin ich. Schreiben und Schrift in Kafkas „Der Verschollene"*. Würzburg 1996, S. 135.)
32 Z. B. der Heizer: „Ich also rate Ihnen entschieden ab" (12), oder der Onkel, der von der Nutzung des neuen Schreibtisches abrät: „Immerhin unterließ der Onkel nicht, Karl zu raten, den Regulator möglichst gar nicht zu verwenden; um die Wirkung des Rates zu verstärken, behauptete der Onkel, die Maschinerie sei sehr empfindlich, leicht zu verderben und die Wiederherstellung sehr kostspielig. Es war nicht schwer einzusehen, daß solche Bemerkungen nur Ausflüchte waren" (58 f.), oder Herr

oder aber Karls gut gemeinte Ratschläge ihrerseits zurückweisen.[33] Hier zeigt sich das grundlegende Dilemma, das jeden Ratschlag und jede Ratgeberliteratur prägt: die Folgenlosigkeit eines guten Rates, wenn er nicht angenommen wird – so wie auch Friedrich Gerstäcker in seiner *Warnung für Auswanderer* beklagt, „wie vollkommen willen- und rathlos"[34] die Auswanderer seien und blieben, was wiederum die Auswanderungsratgeber zu weiteren Auflagen anregt. Auf der anderen Seite stellt die Unberatenheit ein Kennzeichen und Prinzip des modernen Romans dar, wie Walter Benjamin – hier ohne Bezug zu Kafka – betont:

> Die Geburtskammer des Romans ist das Individuum in seiner Einsamkeit, das sich über seine wichtigsten Anliegen nicht mehr exemplarisch auszusprechen vermag, selbst unberaten ist und keinen Rat geben kann. Einen Roman schreiben heißt, in der Darstellung des menschlichen Lebens das Inkommensurable auf die Spitze treiben. Mitten in der Fülle des Lebens und durch die Darstellung dieser Fülle bekundet der Roman die tiefe Ratlosigkeit des Lebenden.[35]

Eine solche Unberatenheit exerziert Kafka in *Der Verschollene* nicht zufällig als Auswandererroman auf der Kippe zum Verschollenheitsroman, in dem Aufschub und Liminalität als Aporie kenntlich sind. Denn Kafkas Darstellung der Auswanderung – eben nicht unter dem Titel *Der Auswanderer*, sondern *Der Verschollene* – nimmt erzählerisch eine intrikate Perspektive ein, und zwar in zweifacher Hinsicht: Zum einen markiert in grammatischer und rechtlicher Hinsicht das Partizip ‚verschollen' einen abgeschlossenen Vorgang, der von außen betrachtet wird, so dass es sprachlogisch und juristisch kein aktives ‚Verschellen' geben kann und der Roman auch nicht *Der Verschellende* heißen könnte.[36] Und zum anderen zeichnen sich Verschollene ja dadurch aus, dass sie abwesend sind und dass es keinerlei Nachricht von ihnen gibt, während hier jedoch der Erzähler dicht bei Karl bleibt und ihn nie aus den Augen verliert. Der Text erzählt also von Karl Roßmann im

---

Green, der „in einem Ton zwischen Rat und Befehl" (111) Karl am Aufbruch hindert, was die Verstoßung durch den Onkel zur Folge hat.

33 So wirft der Heizer Karl vor: „Sie hören nicht zu, was ich sage, und geben mir Ratschläge." Darauf heißt es: „‚Einen bessern Rat kann ich ihm nicht geben', sagte sich Karl. Und er fand überhaupt, daß er lieber seinen Koffer hätte holen sollen, statt hier Ratschläge zu geben die ja nur für dumm gehalten wurden." (14)

34 Gerstäcker: „Eine neue Warnung für Auswanderer", S. 361.

35 Walter Benjamin: „Der Erzähler. Betrachtungen zum Werk Nicolai Lesskows". In: Ders.: *Gesammelte Schriften*. Hg. v. Rolf Tiedemann/Hermann Schweppenhäuser. Frankfurt/M. 1991. Bd. II.2, S. 438–465, hier S. 443.

36 Vgl. zur Rechtsgeschichte der Verschollenheit Ulrike Vedder: „Die Figur des Verschollenen in der Literatur des 20. Jahrhunderts (Kafka, Burger, Treichel)". In: *Zeitschrift für Germanistik*, 21 (2011) Heft 3, S. 548–562.

Modus der beständigen Anwesenheit, während er ihn doch zugleich als verschollen bezeichnet und damit als abwesend setzt, wodurch eine paradoxe „Beziehung der Abwesenheit"[37] entsteht.

Die Erzähl-Topoi, -Strategien und -Aporien, wie sie die Auswandererliteratur kennzeichnen, werden in Kafkas Romanfragment also gezielt verschärft. Folglich lässt sich *Der Verschollene* als der letzte Auswandererroman des langen 19. Jahrhunderts lesen – auf der Schwelle zu anderen Auswanderungs- und Heimkehr-Erzählungen, die wenige Jahre später Verschollenheit, Exil und Migration als Massenerfahrung großer Kriege einbeziehen müssen.

---

37 Detlef Kremer: „Verschollen. Gegenwärtig. Franz Kafkas Roman ‚Der Verschollene'". In: Hans-Ludwig Arnold (Hg.): *Franz Kafka* (= Text und Kritik Sonderband). München 1994, S. 238–253, hier S. 239.

Birgit Dahlke

Moskau und ‚Moskau'

Umbau des Ost-West-Paradigmas in den Reiseprotokollen Christa Wolfs

„Moskau! […] Der Flugplatz, die Begrüßung […], die Fahrt: Große neue Bauten am Rande der Stadt. Und plötzlich überholt uns ein ‚Pobeda', in ihm sah ich das Profil eines ganz jungen, vielleicht 14–15jährigen Mädchens: blonde Haare, zum Kranz gesteckt, grüner Pullover, klares, sinnendes Gesicht. Das rührte mich an."[1] Was ist an einer blonden Fünfzehnjährigen so erwähnenswert, dass es „anrührt"? Am 3. Juni 1957, als Christa Wolf zum ersten Mal in ihrem Leben die Großstadt Moskau betritt, ist das imaginäre ‚Moskau' ihr längst vorausgereist. Die 28jährige Nachkriegsdeutsche – damals noch nicht Schriftstellerin von Weltrang, sondern Funktionärin des DDR-Schriftstellerverbandes – betritt die Hauptstadt der sowjetischen Befreier, für sie Symbol des Antifaschismus, der Zugehörigkeit zu einer übernationalen Gemeinschaft sozialistischer Gesellschaften und Resonanzraum für das Bedürfnis nach einem radikalen Bruch mit eigenen nationalsozialistischen Kindheitsmustern. Die junge Frau erscheint als Verkörperung des ‚neuen Menschen', der sich nicht-egoistisch einbringt für das Wohl der Gemeinschaft. Dass diese Figur jung ist und weiblich, entspricht dieser Vision.

Die zitierten Sätze hat Christa Wolf allerdings nicht zur Veröffentlichung vorgesehen, es sind kurze, mitunter stichwortartige, nicht nachträglich bearbeitete Notizen ihrer Reisen in die Sowjetunion. Gerhard Wolf stellte eine Auswahl von Texten aus dem Nachlass Christa Wolfs zusammen, und der Suhrkamp Verlag lag 2014 damit richtig, dass ein Titel wie *Moskauer Tagebücher* für Aufmerksamkeit sorgen würde. Würde man hier nun endlich auf Wolfs Auseinandersetzung mit dem Stalinismus treffen? Auch in dieser Titelgebung wirkt also die Topografie des ‚Ostens' als Resonanzraum, als Chiffre, ja möglicherweise gar als Chronotopos. Der Titel ist jedoch irreführend. Der Band enthält keine bislang unzugänglichen Tagebücher der Autorin. Was posthum unter dem Titel *Moskauer Tagebücher* der Öffentlichkeit zugänglich gemacht wurde, ist eine Sammlung heterogener Quellen, die mehr oder weniger Bezug zur Sowjetunion haben. Den Reisenotizen und Briefwechseln mit sowjetischen Autor_innen sind Auszüge aus Aufsätzen, Reden und

---

1 Christa Wolf: „Erste Reise 1957". In: Gerhard Wolf/Tanja Walenski (Hg.): *Moskauer Tagebücher. Wer wir sind und wer wir waren. Reisetagebücher, Texte, Briefe, Dokumente 1957–1989.* Frankfurt/M. 2014, S. 13.

Prosatexten Christa Wolfs an die Seite gestellt, ihren kurzen Tagebuchauszügen wurden solche Brigitte Reimanns und Max Frischs beigegeben, und jede der zehn Reisen wird durch Gerhard Wolf kommentiert. Hinzu kommen Dokumente aus dem Lew Kopelew-Archiv, eine ‚Auskunft' des KGB zu Wolfs Aufenthalt in Komarowo 1970 sowie Briefe Lew Kopelews und Efim Etkinds an Gerhard Wolf. Von den 270 Seiten des Buchs stammen ca. 160 von Christa Wolf, davon beruhen knapp 100 auf vorwiegend handschriftlichen Originalaufzeichnungen zu ihren Reisen. Nur für diese 100 Seiten kann die Charakteristik ‚Reisetagebücher' gelten, allerdings beziehen sie sich nicht, wie der Buchtitel suggeriert, sämtlich auf Reisen nach Moskau. Bereits anderswo publizierte Vorworte, Aufsätze, Erinnerungen, Gespräche und Reden mit und über Juri Kasakow, Vera Inber, Max Frisch, Efim Etkind, Konstantin Simonow, Juri Trifonow und Lew Kopelew kommen hinzu. Die Reise von 1987 wird durch Auszüge aus einem Gespräch der Übersetzer_innen Nina Fjodorowa und Albert Karelski mit der mit den Wolfs befreundeten Literaturwissenschaftlerin Jewgenija Kazewa eingeordnet, das im Juni 1988 in Moskau stattfand. Trotz dieser eher unübersichtlichen Textbasis ist die Publikation zu begrüßen, stellt sie doch bislang einzeln oder nicht nachlesbare Texte in einen übergreifenden Zusammenhang: Das Verhältnis zur Sowjetunion ist für das Autorschaftsverständnis Christa Wolfs zentral. Obwohl sie das Privileg besaß, schon ab 1960 auch in die Bundesrepublik Deutschland, nach Finnland, Frankreich und Schweden, später nach Österreich, Großbritannien und ab 1983 auch in die USA reisen zu können, bleibt das bis zum Ende ihres Lebens, als die Sowjetunion als politisches System schon nicht mehr existierte, so. Literarische Spuren der Reisen machen erkennbar, dass die Überschreitung geographischer Grenzen – nach Osten wie Westen – von ihr vor allem geopolitisch wahrgenommen wird.

Zehn Reisen führten die Autorin zwischen 1957 und 1989 außer nach Moskau auch nach Armenien, in die Ukraine, nach Abchasien, nach Litauen, an die Wolga, nach Leningrad und ins lettische Riga. 1989 brechen die Reisen ab. Liest man Wolfs Briefwechsel mit Efim Etkind und Lew Kopelew aus den 1980er Jahren als Intertext zu den literarisch verdichteten Stalinismus-Passagen in den Romanen *Kindheitsmuster* (1976) und *Stadt der Engel* (2010), wird unübersehbar: Die Autorin findet keine ästhetische Form für die Auseinandersetzung mit den Abgründen des (sowjetischen und deutschen) Stalinismus, ihrem neben dem Nationalsozialismus zweiten großen Lebensthema. Die ostwärts gerichteten Reisen lassen sich als hermeneutische Bewegung auffassen: Zwischen dem sowjetischen und dem eigenen deutschen Osten pendelnd nimmt Wolf eine stetige Binnendifferenzierung vor. Dies führt zur Wahrnehmung der DDR als ‚westlicher' als aus der Perspektive der eigenen Identität bislang gedacht. Hinzu kommt eine weitere Ebene des Wolf'schen

Autorschaftsverständnisses: Gegenüber den osteuropäischen Opfern des Zweiten Weltkriegs agiert die Autorin gleichsam stellvertretend für die Westdeutschen mit.[2]

Das zeigt sich gleich in den Notizen über ihre erste Moskau-Reise von 1957: „Das ist überhaupt etwas Auffallendes. Es gibt hier keinen Snobismus. […] Ein großer Ernst […] herrscht überall. […] Das Volk ist hier wirklich ‚Volk': Arbeiter und Bauern, arbeitende Menschen beherrschen das Straßenbild."[3] Die deiktische Geste „hier"[4] lädt das Ost-West-Paradigma mit einem sozialen, in diesem Falle dezidiert antibürgerlichen Element auf. Der Standpunkt dieses „Hier" der arbeitenden Sowjetmenschen referiert auf ein ‚Dort', in dem diese Werktätigen nicht das Bild bestimmen, den (kapitalistischen) Westen. In den Vordergrund der Beschreibung werden junge Menschen gerückt, die (typisch für die DDR-‚Ankunftsliteratur' der frühen 1960er[5]) mit der Modernität der Neubauten und breiten Straßen verschmolzen werden. Damit narrativ verknüpfte Namen wie Majakowski, Tolstoi und Puschkin verleihen den Alltagseindrücken eine kulturelle und historische Tiefendimension. Zudem endet der Reisebericht mit dem Verweis auf „Goethe: aufsteigende und verfallende Epochen".[6] Die Reihung jung – groß – neu – aufsteigend transformiert die topografische Perspektive in eine topologische. Das Eigene in Abgrenzung zum Fremden/Anderen zu bestimmen, ist ein Grundzug identitären Denkens. In der Ära des Kalten Kriegs wird diese Struktur der binären Abgrenzung zur dominierenden: Das Ost-West-Paradigma dient in den 1960er Jahren allen Seiten als qualitatives Koordinatensystem. Die geographischen Größen Ost und West werden im öffentlichen Diskurs des geteilten Deutschland als qualitative verwendet, sie dienen wechselseitiger Kontrastierung und Bedeutungszuschreibung. Die sinnliche Erfahrung während der ersten Reise, mit der Sowjetunion und weiteren sozialistischen Staaten Osteuropas einer übernationalen Gemeinschaft im

---

2 Vgl. Jörg Magenau: *Christa Wolf. Eine Biographie.* Überarbeitete und erweiterte Neuausgabe. Reinbek 2013, S. 119.
3 Wolf: *Moskauer Tagebuch,* S. 14 u. 16.
4 Vgl. das Stichwort „Deixis" in: David Herman/Manfred Jahn/Marie-Laure Ryan (Hg.): *Routledge Encyclopedia of Narrative Theory.* London u. a. 2008, S. 99 f.
5 Als ‚Ankunftsliteratur' werden in der Literaturgeschichtsschreibung über die Literatur der DDR Prosatexte der frühen 1960er Jahre bezeichnet. Ihre Gemeinsamkeit besteht in der Konzentration auf den Alltag der neuen ‚jungen' sozialistischen Gesellschaft, die dem – auch durch Literatur – zu erziehenden ‚neuen Menschen' Bedingungen bietet, unter denen subjektive und kollektive Interessen in Übereinstimmung gebracht werden können. Dazu zählt als namengebendes Beispiel Brigitte Reimanns Roman *Ankunft im Alltag* [1961].
6 Wolf: *Moskauer Tagebuch,* S. 19. Damit wird Goethes Bemerkung mit einem zentralen Paradigma marxistischen Geschichtsdenkens verbunden. Die Entwicklung der Menschheitsgeschichte wird in ihrer Gesamtheit als aufsteigende Linie gesellschaftlichen Fortschritts konzeptualisiert. Der Aufbau des Sozialismus in der UdSSR wird innerhalb dieses Denkmusters als Ausdruck einer aufsteigenden Epoche gedacht, die des Kapitalismus als absteigende.

gesellschaftlichen Aufbruch anzugehören, wird zum letzten Anreiz, Schriftstellerin zu werden. Der Motivationsschub kulminiert in dem Vorsatz, Russisch zu lernen.[7] Dieser Vorsatz wird nur bedingt von Erfolg gekrönt sein.

Von Anfang an begleiten knappe Referenzen auf stalinistische Verfolgungen die Wahrnehmung der Moskauer Gegenwart. Wenn in der Notiz zur zweiten Moskau-Reise 1959 vom Herumschlendern mit Willi Bredel, dem kommunistischen Exilanten[8] und Autor der als antifaschistische Gründungserzählung der DDR kanonisierten Romantrilogie *Verwandte und Bekannte* (1941, 1949 und 1953 erschienen),[9] die Rede ist, heißt es kommentarlos: „Er zeigte mir die Lubjanka".[10] Zwar wird mit dem Signalwort Lubjanka, dem Namen des zentralen Moskauer Gefängnisses, in dem bedeutende deutsche Kommunist_innen unschuldig inhaftiert waren, für Eingeweihte eine Assoziationskette eröffnet, die direkt zu den stalinistischen Verfolgungen und Schauprozessen führt.[11] Zugleich lässt es Christa Wolf beim Aufrufen des Schlüsselworts bewenden, ohne näher darauf einzugehen oder den Zusammenhang zwischen dem anekdotischen Erlebnis mit dem alten Kommunisten und

---

7 Ebd., S. 18.
8 Bredel, 1901 in Hamburg geboren und schon früh Mitglied der Spartakusjugend, hatte 1923 in der Haft zu schreiben begonnen, als Dreher und Schlosser verfasste er Korrespondenzen für die kommunistische Hamburger Volkszeitung. Seine politische Tätigkeit als Arbeiterkorrespondent und Mitglied des Bundes Proletarisch-revolutionärer Schriftsteller hatte ihm 1930 erneut eine zweijährige Festungshaft wegen „Vorbereitung zum literarischen Hoch- und Landesverrat" eingebracht. 1934 gelang ihm die Flucht in die Sowjetunion, wo er zusammen mit Brecht und Feuchtwanger die Exilzeitschrift *Das Wort* herausgab. 1937–1939 kämpfte er im spanischen Bürgerkrieg als Kriegskommissar im Thälmann-Bataillon der XI. Internationalen Brigade. Während des Zweiten Weltkriegs war er publizistisch auf Seiten der Roten Armee aktiv und gehörte 1941 zu den Gründern des „Nationalkomitees Freies Deutschland". Im Mai 1945 kehrte er als Instrukteur der KPD nach Deutschland zurück. In der Folgezeit leitete er den Kulturbund in Mecklenburg, war Redakteur einer Zeitung und von 1953 bis 1957 Chefredakteur der Literaturzeitschrift *Neue deutsche Literatur* (NDL), 1954 Mitglied des ZK der SED und ab 1962 bis zu seinem Tod 1964 Präsident der Akademie der Künste. Vgl. u. a. Simone Barck/Silvia Schlenstedt/Tanja Bürger u. a.: *Lexikon sozialistischer Literatur. Ihre Geschichte in Deutschland bis 1945*. Stuttgart u. a. 1994.
9 Zur Rolle von Autor_innen wie Willi Bredel, Anna Seghers, Otto Gotsche oder Hans Marchwitza für die Etablierung einer Gründungserzählung, welche die deutschen ‚Verliererväter' durch kommunistische ‚Adoptivväter' ersetzte, vgl. Julia Hell: *Post-Fascist Fantasies: Psychoanalysis, History and the Literature of East Germany*. Durham u. a. 1997.
10 Wolf: *Moskauer Tagebuch*, S. 31.
11 Lubjanka ist der inoffizielle Name für das 1897 erbaute zentrale Gefängnis auf dem gleichnamigen Platz in Moskau, in dem seit 1920 der sowjetische Geheimdienst seinen Hauptsitz hatte. In den ausgedehnten Kellerräumen wurde jahrzehntelang verhört und gefoltert. Zu den dort Inhaftierten gehörten u. a. Ossip Mandelstam (1934), Isaak Babel (1939), Carola Neher (1936), Karl Radek (1937), Alexander Solschenizyn (1945), Leopold Trepper (1945), Raoul Wallenberg (1945), Margarete Buber-Neumann (1938) und Georg Lukács (1941). Vgl. u. a. Karl Schlögel: *Terror und Traum. Moskau 1937*. München 2008.

Autorenkollegen und dem Besuch des berüchtigten Gefängnisses auszuführen. In ihrem letzten großen Roman *Stadt der Engel* (2010) wird die Autorin auf Bredel zurückkommen und dem Bezug auf das Hotel Lux und die Lubjanka mehr Raum geben:

> Bei der nächsten Gelegenheit […] führte er dich durch das Moskau seiner Emigrantenzeit: das hier ist das Hotel Lux, da haben wir alle gewohnt, in der schlimmen Zeit der Säuberungen haben wir uns abends gegenseitig angerufen, um zu hören, ob der andere noch da ist, und wenn er sich meldete, schweigend aufgelegt. Und mancher der Genossen war eben nicht mehr ‚da'. – Und hier war die Lubjanka, die Zentrale des NKWD mit ihren vergitterten Fenstern, von hier aus wurden sie ins Lager verschickt, und von manchem hat man nie wieder etwas gehört.[12]

Ab der dritten Reise 1963, der ersten als Schriftstellerin, weicht die idealisierende Semantisierung Moskaus kritisch-naturalisierenden Metaphern.[13] Wolf notiert die Idee zu einer Geschichte: „‚Die grasüberwachsene Stadt'. Ein Mensch, der in einer von innen her zuwuchernden Stadt lebt, wehrt sich verzweifelt dagegen, auch selbst zu versteppen."[14] Sie skizziert parabelhaft eine Stadt, die vom eigenen Kern her, nicht von außen, nach und nach die kulturellen Errungenschaften der Zivilisation aufgibt und an die Natur zurückfällt. Die Autorin verbindet das eigenwillige Bild mit der drohenden Metapher, auch ihre Bewohner könnten von innen her „versteppen" (42), mithin verrohen und die Fähigkeit zu Sensibilität und Initiative verlieren.

Die sinnlich-konkrete Alteritätserfahrung während ihrer Aufenthalte in der Sowjetunion schärft schon früh Christa Wolfs Wahrnehmung des Eigenen. Von Osten her gesehen dringen die nach 1945 mit deutscher Nationalität verbundenen Kriegsverbrechen beinahe zwangsläufig in ihre Texte ein. Die detaillierte Beschreibung des Wohnhauses Lew Tolstois etwa kulminiert 1966 in dem Satz: „Man kann sich nicht vorstellen, sage ich, daß aus solchen Häusern die SS-Leute von Auschwitz hätten hervorgehen können." (61) Dass die Besichtigung eines alten russischen Holzhäuschens einen solchen assoziativen Bogen hin zu den SS-Mördern von Auschwitz auslöst – in dem bauliche Spezifika mit nationalen Mentalitäten kurzgeschlossen

---

12 Christa Wolf: *Stadt der Engel oder The Overcoat of Dr. Freud*. Berlin 2010, S. 87. Vgl. auch die frühere Variante in der Erzählung „Begegnungen Third Street" in Christa Wolf: *Hierzulande Andernorts. Erzählungen und andere Texte 1994–1998*. München 1999, S. 24.
13 Die Herausgeber_innen versehen die einzelnen Reisen mit inhaltsbezogenen Untertiteln wie z. B. „In Moskau mit Brigitte Reimann, 7. bis 16. Oktober 1963", im Manuskript tragen sie keine Titel.
14 Wolf: *Moskauer Tagebuch*, S. 46. Weitere Nachweise mit Angabe der Seitenzahl direkt im Text. Das Fragment des nicht ausgeführten Texts befindet sich als Teil des Nachlasses im Christa-Wolf-Archiv der Akademie der Künste Berlin unter der vorläufigen Signatur CWA N 204/2.

werden –, zeigt an, in welchem Maße die junge Autorin historische Schuld als individuell-persönliche an- und übernimmt.

Wie bei Wolf das Topographische topologisch wird, zeigt sich im sich ständig verändernden Verständnis von ‚Osten'. Einmal wird damit die DDR, ein anderes Mal eine östlich gelegene Sowjetrepublik, später Sibirien bezeichnet. Die Reiseberichte sind von jeweils einer Blickrichtung bestimmt: Zuerst vom eigenen Osten aus in den östlicheren Osten, dann vom politisch immer westlicher verstandenen DDR-Osten aus in den außereuropäischen Osten und jeweils zurück aufs Eigene. Die zehn Reisen verschieben den eigenen, den ‚inneren Osten' symbolisch nach Osten und etablieren damit nach und nach ein verändertes Koordinatensystem. Das könnte auch eine Reaktion auf einen Normalisierungsdiskurs sein, der die deutsche Geschichte (verstärkt nach 1989) als „langen Weg nach Westen"[15] konfiguriert.

Einen interessanten Blickwechsel zeigt ein scheinbar nebensächlicher Satz im Reiseprotokoll der vierten Reise 1966 an, der auf eine überaus scharfe Verzeichnung von Erscheinungen der Verrohung und sozialen Härte im sowjetischen Alltag folgt: Die Menschen wollten „nichts mehr vom Krieg und Kampf sehen", sie seien müde. „Man will jetzt hier endlich selbst leben, hat die Entbehrungen um irgendwelcher Ideen willen gründlich satt. […] Ist nicht vielleicht dieser innere Kampf um die Erhaltung der Persönlichkeit eine typisch westliche Erscheinung, ein Ideal, auf wenige europäische Länder beschränkt? Und sonst überall geht es einfach um das nackte Leben?" (82) Impliziert ist damit eine interessante Selbstidentifizierung als Westeuropäerin. Wolf arbeitet zu diesem Zeitpunkt an *Nachdenken über Christa T.*, einem Prosatext, der sozialistischen Anpassungszwängen das Beharren auf eben diesem Erhalt der Persönlichkeit entgegensetzt.[16] Wenn das ‚westlich' ist, von wo aus wird dann gesprochen? Die Autorin muss das Ost-West-Paradigma offensichtlich durch das Paradigma Europa versus Nichteuropa erweitern, um die eigene Position in diesen Fragen als sozialistische sichern zu können. In den Notizen zur achten und zehnten Reise 1981 und 1989 ist aus der vorsichtigen Frage dann eine Feststellung geworden: „der Haupteindruck: der einzelne ist nicht viel wert." (189) Und: „Das Gefühl, die Person verschwinde *je weiter gen Osten* [Hvh. B. D.] desto mehr hinter und in der Masse." (213)

Topologische Muster strukturieren auch die Wahrnehmung persönlicher Begegnungen. Als die Wolfs 1968 während ihrer Wolga-Schiffsreise auf den Schweizer Max Frisch treffen, wird das Schiff zur Semiosphäre der Ost-West-Begegnung.[17]

---

15 Heinrich August Winkler: *Der lange Weg nach Westen. Deutsche Geschichte.* München ⁵2002, Bd. II.
16 Vgl. Christa Wolf: *Nachdenken über Christa T.* Halle 1968.
17 Die Wolga-Reise führt nach Gorki über Moskau nach Leningrad und Vilnius. Vgl. Wolf: *Moskauer Tagebuch*, S. 137.

Obwohl Michel Foucault Schiffe für die „Heterotopie per excellence"[18] hielt, ist hier die Ost-West-polarisierte Wahrnehmung stärker: „Eine abstrakte Situation, die hätte uns vergessen machen können, wer wir waren, wo wir waren. Wir vergaßen es keinen Augenblick", wird Wolf 1981 in einem Essay schreiben und sich dem Schweizer gegenüber nun wiederum zu einem Wir der „osteuropäischen Intellektuellen" zählen.[19] Der Kontakt mit dem seelenverwandten Kollegen führt sie vergleichend auf sich selbst zurück: „Zu viele Wiederbegegnungen mit Eigenem bei Frisch. Woher? Der gleiche Kulturkreis?" Warum, so fragt sie sich mitten auf der Wolga, tritt er so viel entschiedener, reifer, sicherer auf? „Man muß einmal untersuchen, warum unsere Generation in Deutschland – speziell in der DDR – so lange braucht, um ‚fertig' zu werden. Der schreckliche Umweg über zwei ausschließliche – alles andere und leider auch die eigene Beobachtung ausschließende Ideen." (137) 1981 wird Christa Wolf rückblickend zuspitzen: „Die Orte, an denen wir uns begegnet sind, haben sich in meiner Erinnerung in Inseln verwandelt, gegen die die Flut ansteigt."[20]

Gewässern, als Gewässern eines Lebens, widmet die Autorin in ihrem letzten Roman *Stadt der Engel* (2010) ein ganzes Kapitel. Sie nennt die Ostsee, das Schwarze Meer, den Atlantik von der Bretagne und Lissabon aus, das Mittelmeer von Cannes und vom Rand Siziliens aus, den Pazifischen Ozean, die Seen Mecklenburgs samt einem ‚Heimatsee', den Zürichsee sowie die Flüsse Pleiße, Saale, Spree, Panke, Moldau, Rhein, Themse, Tiber, Moskwa. Das Schwarze Meer wird nun interessanterweise nicht mehr als Teil des Ostens wie in den *Moskauer Tagebüchern*, sondern als „erste Bekanntschaft mit dem Süden" beschrieben.[21]

Die Bestimmung des Standorts von Osten her führt zur Wahrnehmung der eigenen Zwischenstellung. Auf dem Höhepunkt der Glasnost-Politik Gorbatschows greift Wolf auf östliche und westliche Denkmuster zugleich zurück: „Die Russen auf der Suche nach ihrer Seele – Westler würden sagen: nach ihrer Identität."[22] Wolf ist diejenige, die beide Diskurse kennt, sich nun jedoch nicht mehr für eine der beiden Rhetoriken entscheidet, sondern in ihrer Literatur beide verbindet. In der Frontstadt Berlin lebend verschmilzt sie das Bewusstsein der Westerweiterung des Ostens mit dem der Osterweiterung des Westens. In einem Gedicht, das Thomas Brasch – der 1945 im Exil geborene und ab 1976 in Westberlin lebende Sohn jüdischer Kommunisten – Christa Wolf im Jahr 1994 zum 65. Geburtstag widmete,

---

18 Michel Foucault: „Von anderen Räumen" [1967]. In: Jörg Dünne/Stephan Günzel (Hg.): *Raumtheorie. Grundlagentexte aus Philosophie und Kulturwissenschaft.* Frankfurt/M. 2006, S. 317–329.
19 Christa Wolf: „Begegnungen. Max Frisch zum 70. Geburtstag [1981]". Wieder abgedruckt in: Wolf: *Moskauer Tagebuch*, S. 143–148, hier S. 143.
20 Ebd.
21 Wolf: *Stadt der Engel,* S. 362.
22 Wolf: *Moskauer Tagebuch,* S. 205.

wird diese Zwischenstellung als imaginierter Ort „zwischen Hier und Wiederdort"
zur Achse einer paradoxen Struktur der Identitätszuweisung:

3 Wünsche für C.
1
Den Ort der zwischen Hier und Wiederdort
dich immer gehen aber nie vergehen läßt.
Bleib, ruft er dich, bleib endlich fort.
Ich will dein Land sein. Sei mein Rest.
2
Das Wort, das jeder buchstabieren kann,
der es nicht schreibt, weil jeder es versteht.
Nie heißt es Ich, oft Du und manchmal Wann
hast du mich endlich mir ganz zugedreht.
3
Die Zeit, die zwischen Jetzt und Dunkelheit
sehr plötzlich unaufhörlich dauert, ja
als öffne sie dir deine Türen einmal weit
und steht. Jetzt bin ich wieder da.[23]

Der Titel lässt das Schreiben aus einer nicht zu vereindeutigenden Zwischenstellung zum Wunschobjekt der Autorin werden. Brasch wendet die für Wolf so typische Rede im Konjunktiv, wenn man genau liest, respektvoll-kritisch gegen sie. Seine Wortbildung „Wiederdort" enthält den Hinweis auf eine Falle. Sämtliche Raumvokabeln in diesem Gedicht sind an Zeit gebunden, in der letzten von drei Strophen „steht" die Zeit gar. Aus dem „Wiederdort" der ersten Zeile ist am Ende ein nun zeitliches „wieder da" geworden und aus dem Wunsch eine Warnung. *Hierzulande. Andernorts* wird Christa Wolfs Erzählungsband von 1999 heißen.

Der in den Reisenotizen von 1959 erwähnte Gang zur Moskauer Lubjanka mit dem alten Kommunisten Willi Bredel, der danach in Weinkrämpfe ausbricht, begegnet uns vier Jahrzehnte später in der Erzählung „Begegnungen Third Street"[24] und erneut im letzten Roman *Stadt der Engel* von 2010.[25] Dreimal wird ‚Moskau' mit einer ganz bestimmten Zeit verschmolzen, fungiert also als Chronotopos. Egal was die handlungstreibende Ortsangabe bildet – das *story-here* – und in welchem

---

23 Thomas Brasch: *„Die nennen das Schrei". Gesammelte Gedichte.* Hg. v. Martina Hanf/Kristin Schulz. Berlin 2013, S. 387.
24 In der Erzählung über Los Angeles taucht unvermittelt „Heimweh nach Moskau" auf, „nach einem Moskau, das es nicht mehr gibt", mit Freunden, die sie jetzt in westlichen Städten treffe. Wolf: „Begegnungen Third Street", S. 7–41, hier S. 15.
25 Wolf: *Stadt der Engel*, S. 87.

thematischen Zusammenhang der jeweilige Erzählfluss situiert ist, ‚Moskau' ist stets Teil des diskursiven Orientierungsrahmens, des *discourse-here*.[26]

Zentrale Figuren in Christa Wolfs später Prosa werden auffällig häufig über ihre jeweilige Beziehung zu Russ_innen porträtiert. Es sind Briefe an Lew Kopelew und Raissa Orlowa, jenes Autorenpaar, das Ende der 1970er Jahre aus seiner russischen Heimat getrieben wird, in denen Christa Wolf in ihrer selbstkritischen Auseinandersetzung mit dem sozialistischen Projekt am weitesten geht. Kopelew und Orlowa gegenüber geht sie dem langwierigen und schmerzhaften Prozess der eigenen politischen Desillusionierung nach, wie man in dem Briefwechsel *Christa Wolf – Lew Kopelew. Sehnsucht nach Menschlichkeit* nachlesen kann.[27] Die (Neu)Bestimmung der eigenen Identität wird nach Osten hin vorgenommen.

---

[26] „In a pathbreaking essay on chronotopes (literally, ‚timespaces') Mikhail Bakhtin (1981/ [1938–1973]) argued that time and space were best treated as an inseparable complex of parameters, with time supplying the ‚fourth dimension of space' as in Einstein's theory of relativity." Sabine Buchholz/Manfred Jahn: „Space in Narrative". In: David Herman/Manfred Jahn/Marie-Laure Ryan (Hg.): *Routledge Encyclopedia of Narrative Theory*. London u. a. 2008, S. 551–555, hier S. 551. „Story-HERE is the zero point in story space determining the use of deictic expressions such as ‚here', ‚there', ‚left', ‚right' etc. […] Discourse-HERE, on the other hand, is the current point of orientation in discourse space, equivalent to the current physical location and vantage point of the narrator." (Ebd., S. 552).

[27] Tanja Walenski (Hg.): *Christa Wolf – Lew Kopelew. Sehnsucht nach Menschlichkeit. Der Briefwechsel 1969–1997. Briefe und Dokumente, Texte und Fotos*. Göttingen 2017. Der Band enthält mehr als der Titel suggeriert, nämlich auch Briefe von und an Raissa (Raja) Orlowa, die im Mai 1989 verstorbene Ehefrau Kopelews. Insbesondere der Brief 2/1977 [26.11.1977] von Christa und Gerhard Wolf an Lew Kopelew (S. 100–104) und der unbeendete, nicht abgeschickte Brief 1/1984 [17.03.1984] von Christa Wolf an Raissa Orlowa (S. 125–134) gehen in ihrer Schärfe weit über bislang bekannte Formulierungen Christa Wolfs hinaus.

Magdalena Baran-Szołtys

Transmemoration und Transformationen des Galizien-Narrativs

Über hundert Jahre ist es nun schon her, seit das österreichische Kronland „Königreich Galizien und Lodomerien" (1772–1918) mit dem gesamten Vielvölkerstaat der Habsburger unterging. Es folgten diverse bewaffnete Konflikte um dieses Territorium, die zu zahlreichen Grenzverschiebungen führten. Galizien schied am 30. Oktober 1918 aus der Monarchie aus: Der westliche Teil des Gebiets fiel an die Zweite Polnische Republik (II Rzeczpospolita), um den östlichen begannen kämpferische Auseinandersetzungen zwischen Polen und Ukrainern. Nach einer kurzen Zeit der Zugehörigkeit Ostgaliziens zu der am 1. November 1918 ausgerufenen Westukrainischen Volksrepublik (Zachidnoukraïns'ka Narodna Respublika) folgte der Polnisch-Ukrainische Krieg, der zu einer Übernahme des Gebiets durch die Zweite Polnische Republik führte, welche mit dem Zweiten Weltkrieg endete. All diese Auseinandersetzungen wurden permanent von Pogromen an der jüdischen Bevölkerung begleitet, die letztendlich in der Shoa ihren traurigen Höhepunkt erreichten. Heute verläuft die polnisch-ukrainische Grenze durch Galizien und trennt die historische Region in zwei Teile. Die massiven Konflikte um diesen Raum zeugen von seiner Komplexität und deuten auf seine Vielstimmigkeit hin, denn hier lebten neben den römisch-katholischen Polen, den griechisch-katholischen Ruthenen (Ukrainern) und Juden auch viele andere ethno-religiöse Gruppen: Russen, Deutschösterreicher, Tschechen, Armenier, Huzulen, Lemken oder Bojken.

Die Neuordnung Europas nach dem Ersten und Zweiten Weltkrieg sowie die seit dem 19. Jahrhundert bestehende massive Migration aus diesem Gebiet führte zu einem Nachleben Galiziens in unterschiedlichen nationalen Narrativen. Galizien wurde zu einem transnationalen Phänomen, das heute als eine Fortführung des polyethnischen Galiziens gelesen werden kann.[1] So lebt die einst größte österreichische Provinz als Imagination eines politischen, kulturellen und historischen Raumes weiter, wobei sich eine stereotype Betrachtung Galiziens als periphere, rückständige und arme Region etabliert hat, deren Nachleben durch ambivalente Wahrnehmungen geprägt ist: Einerseits formt das Gedächtnis an die Massenmigrationen sowie die ethnisch-sozialen Konflikte und Zerstörungen der beiden

---

[1] Vgl. Magdalena Baran-Szołtys/Olena Dvoretska/Nino Gude u. a.: „Einleitung der HerausgeberInnen". In: Dies. (Hg.): *Galizien in Bewegung. Wahrnehmungen – Begegnungen – Verflechtungen.* Göttingen 2018, S. 11–19, hier S. 12.

Weltkriege die heutige Vorstellung des einst größten Kronlandes, andererseits stellt Galizien bis heute einen für immer verschwundenen Sehnsuchtsort dar.

Im Folgenden soll es um den Galizien-Diskurs vor allem nach der Wende 1989 gehen, speziell in der deutschsprachigen Reiseliteratur nach Galizien.[2] Durch die Öffnung der Grenzen kam es in den 1990er Jahren zu einem regelrechten Galizien-Reiseboom, dessen Reiserouten vor allem durch die Spuren galizischer Autoren, berühmter Persönlichkeiten und historischer Erinnerungsorte bestimmt sind. Dabei gilt es zu fragen, auf welchen Überlieferungen die Reisen basieren und welche Galizienbilder die Berichte transportieren. Die folgende Darstellung verfährt historisch chronologisch, der Analyse der gegenwärtigen Reisen gehen ein historischer Abriss zum Genre der Galizienreisen sowie methodisch-theoretische Überlegungen zu gegenwärtigen Perspektiven auf Galizien voran. Sie basieren auf meiner Dissertation aus dem Jahr 2018, die 2021 mit dem Titel *Galizien als Archiv. Reisen im postgalizischen Raum in der Gegenwartsliteratur*[3] publiziert wurde.

Schon zur damaligen Zeit befand sich die Ukraine, also der Staat, der heute das größte Territorium des damaligen Galiziens umfasst, im Krieg. Ende Februar 2014 begann dieser auf der Halbinsel Krim, die Russland im Anschluss völkerrechtswidrig annektierte. Im April 2014 eskalierte die Situation im Osten der Ukraine, in den Oblasten Donezk und Luhansk (Donbass). Der Krieg dort dauerte die letzten acht Jahre an, bis es am 24. Februar 2022 zum Angriff Russlands auf die gesamte Ukraine kam – nun ist auch die Westukraine, demnach die alten galizischen Gebiete, vom Krieg betroffen – und die Ukraine steht im Zentrum des weltweiten, öffentlichen Interesses. Angesichts der zahlreichen neueren Publikationen möchten die hier behandelten historischen Galizienberichte noch einmal aufzeigen, wie sehr die meisten veröffentlichten Texte auf bereits vorhandenen „Archivmaterialien" beruhen, das heißt, auf bestehenden Galizienbildern und auf bereits vermittelten Bildern von der Ukraine.

Historische Reiseberichte

Seit der Entstehung der habsburgischen Provinz Galizien und Lodomerien im Jahr 1772 hat die Wahrnehmung Galiziens durch die Reiseliteratur eine lange und

---

2 Für eine über die deutschsprachige Literatur hinausgehende Darstellung, die sich vor allem auf den Habsburg-Mythos stützt, vgl. Magdalena Baran-Szołtys: „Traveling to Post-Galicia and Uncovering the Habsburgian Past". In: Dies./Jagoda Wierzejska (Hg.): *Continuities and Discontinuities of the Habsburg Legacy in East-Central European Discourses since 1918.* Göttingen 2020, S. 155–173.

3 Magdalena Baran-Szołtys: *Galizien als Archiv. Reisen im postgalizischen Raum in der Gegenwartsliteratur.* Göttingen 2021.

einflussreiche Tradition. 1786, nur vierzehn Jahre nach der Gründung des österreichischen Kronlandes, erscheint der erste Reisetext: *Briefe über den itzigen Zustand von Galizien. Ein Beytrag zur Staatistik und Menschenkenntnis* von Franz Kratter.[4] Diese Briefe, die den Anfang einer langen Reihe von Veröffentlichungen zu Reisen nach Galizien bilden, zeichnen ein durchweg negatives Bild einer durch Korruption, niedriges Bildungsniveau und Rückständigkeit geprägten Provinz. Zu den deutschsprachigen Reiseberichten gehören unter anderem Alphons Heinrich Traunpaur d'Ophanies *Dreyßig Briefe über Galizien oder Beobachtungen eines unpartheyischen Mannes, der sich mehr, als nur ein paar Monate in diesem Königreiche umgesehen hat* (1787), Balthasar Hacquets *Neueste physikalisch-politische Reisen in den Jahren 1794 und 95 durch die Dacischen und Sarmatischen oder Nördlichen Karpathen* (1795), Karl Emil Franzos' *Aus Halb-Asien. Culturbilder aus Galizien, der Bukowina, Südrußland und Rumänien* (1876), Joseph Roths *Reise durch Galizien* (1924) und Alfred Döblins *Reise in Polen* (1925) – all diese Texte verbindet, dass sie eine reale Reise in ein konkretes Land beschreiben. In den aufklärerischen Reiseberichten gehört die Vorstellung von Galizien als „Armenhaus an der Peripherie Europas" zu einem vorherrschenden Bild, das dem Kronland seit seiner Entstehung anhaftet[5] und durch welches dieses bis heute bestimmt ist,[6] denn „Reiseberichte sind nicht nur Produkte kulturellen Wissens (wie alle Texte), sondern sie führen die Produktion von kulturellem Wissen auf exemplarische Weise vor."[7] Galizien wird in den alten Reiseberichten als „Bärenland" beschrieben, „in dem wilde Sitten und archaische Zustände herrschen."[8] Erst die neueren Berichte lösen sich davon und lassen das Bild positiv erscheinen. Aus der Hölle wird Atlantis[9] – die Welt der Erinnerung an die eigene Kindheit, die Geschichte oder Literatur: „Heute ist Galizien primär ein Ort der literarischen Rekonstruktion, die dort ansetzt, wo die historische Spurensuche zu Ende ist: die Welt des alten Galizien ersteht nicht aus nüchternen historischen Fakten wieder, sondern in der erzählten Erinnerung ebenso wie in der kreativen Aneignung durch die Nachgeborenen."[10] Solch eine

---

4   Franz Kratter: *Briefe über den itzigen Zustand von Galizien. Ein Beytrag zur Staatistik und Menschenkenntnis*. Leipzig 1786.
5   Vgl. Larry Wolff: „Inventing Galicia. Messianic Josephinism and the Recasting of Partitioned Poland". In: *Slavic Review*, 63 (2004) Heft 3, S. 818–840.
6   Vgl. Elisabeth Haid/Stephanie Weismann/Burkhard Wöller: „Einleitung". In: Dies. (Hg.): *Galizien. Peripherie der Moderne – Moderne der Peripherie?* Marburg 2013, S. 1–10, hier S. 1.
7   Ulla Biernat: *„Ich bin nicht der erste Fremde hier". Zur deutschsprachigen Reiseliteratur nach 1945*. Würzburg 2004, S. 216.
8   Alois Woldan: „Nachwort". In: Stefan Simonek/Alois Woldan (Hg.): *Europa erlesen. Galizien*. Klagenfurt 1998, S. 203–207, hier S. 203.
9   Vgl. Krzysztof Lipiński: „Die Habsburgische Atlantis in Galizien". In: Fridrun Rinner/Klaus Zerinschek (Hg.): *Galizien als gemeinsame Literaturlandschaft*. Innsbruck 1988, S. 55–64.
10 Woldan: „Nachwort", S. 206.

literarische Rekonstruktion findet in den zahlreichen gegenwärtigen Reisen nach Galizien statt, dabei vermischen sich die eigenen, erzählten oder auf literarische Vorlagen zurückgehenden Erinnerungen mit der neuen, kreativen Aneignung des Gebiets durch die Reisenden.

Mit Martin Pollacks 1984 erschienenem Buch *Nach Galizien. Von Chassiden, Huzulen, Polen und Ruthenen. Eine imaginäre Reise durch die verschwundene Welt Ostgaliziens und der Bukowina*[11] begann nach einer längeren Pause die erneute Auseinandersetzung mit Galizien im Kontext von Reisen, jedoch mit dem Unterschied, dass diese imaginäre und nicht tatsächlich unternommene Reise nun in einen historischen Raum führt. Pollacks imaginäre Fahrt in eine der Vergangenheit angehörende, historische Provinz Galizien führt entlang der Eisenbahnroute der Karl-Ludwigs-Bahn, sie beginnt in Przemyśl und endet in Lemberg. Das populäre Buch des österreichischen Publizisten und Schriftstellers, das sein Bild eines „verschwundenen"[12] Galiziens ausschließlich anhand von literarischen Quellen früherer Galizienreisen und galizischer Autoren konstruiert, hat den heutigen Kanon der Galizienliteratur maßgeblich geprägt und dient vielen später publizierten Reisetexten als Ausgangslage und Inspirationsquelle. Diese neueren Reisen sind jedoch nicht mehr imaginär, sondern stellen Aufzeichnungen tatsächlicher Bewegungen im realen Raum dar. Es geht nun nicht mehr um „die Rekonstruktion einer ‚verschwundenen Welt' in Form einer literarischen Anthologie, sondern um die Dokumentation dieser Welt anhand verlässlicher literarischer und historischer Quellen, die auf den Vergleich mit dem Ist-Zustand von heute hinausläuft",[13] so Alois Woldan, der damit auf die Intertextualität als eine grundlegende Eigenschaft der neueren Galizienreiseliteratur aufmerksam macht.

Galizien als Archiv

Das Fortleben Galiziens basiert vor allem auf literarischen und familiären Quellen, die – unabhängig von der gegenwärtigen nationalen Zugehörigkeit – aufgrund einer gemeinsamen Vergangenheit im Raum Galiziens miteinander korrespondieren und die Grenzen nationaler Literaturen durchbrechen. Man kann Galizien als

---

11 Martin Pollack: *Nach Galizien. Von Chassiden, Huzulen, Polen und Ruthenen. Eine imaginäre Reise durch die verschwundene Welt Ostgaliziens und der Bukowina.* Wien 1984. Im Jahr 2001 kam es unter einem leicht abgewandelten Titel zu einer Neuauflage des Buches: Ders.: *Galizien. Eine Reise in die verschwundene Welt Ostgaliziens und der Bukowina.* Frankfurt/M. 2001.

12 Vgl. den Titel von Pollack: *Nach Galizien.*

13 Alois Woldan: „Zum deutschsprachigen Galiziendiskurs nach der Wende von 1989/1991". In: Martin Grimberg (Hg.): *Polendiskurse. Convivium. Germanistisches Jahrbuch Polen 1993–2003.* Bonn 2004, S. 87–105, hier S. 92.

kulturelles Erbe denken, das in einem großen transnationalen Archiv gesichert ist. Das aus der Vergangenheit Überlieferte kann in der Gegenwart immer wieder neu bewertet, neu erzählt und neu interpretiert werden, dem geht jedoch zunächst noch eine viel wichtigere Tätigkeit voraus – die Auswahl. Diese bestimmt die nachfolgende Reise und somit die Bewegung im postgalizischen Raum. „Das Fortleben jener Räume in der Literatur wird in der intertextuellen Zirkulation von bestimmten, immer wiederkehrenden Narrativen, Motiven und Topoi gesichert."[14] Somit wird die Betrachtung des gegenwärtigen realen Raums durch den Bezug auf die Vergangenheit dominiert: Das Hier und Jetzt funktioniert als Ausgangspunkt und (meistens negativer) Opponent der Vergangenheit.

Grundsätzlich ist es schwierig, sich Bewegungen durch historische Räume vorzustellen, darüber zu sprechen und zu schreiben, ohne auf gewisse Bilder und Metaphern zurückzugreifen, die das Denken überhaupt erst ermöglichen und zu einem großen Teil determinieren. Seit der antiken Mnemotechnik besteht eine Verbindung zwischen Gedächtnis und Raum.[15] Diese gründet auf der Legende des Simonides von Keos, welche die Literaturhistorikerin Frances A. Yates Ciceros *De oratore* entnimmt und in ihrer Studie *The Art of Memory*[16] als Gedächtniskunst in Erinnerung ruft: Der griechische Dichter Simonides von Keos (um 557–467 v. Chr.) war in der Lage, nach dem Einsturz der Decke im Haus seines Gastgebers die verstümmelten Leichen der Festgesellschaft anhand ihrer Sitzordnung zu identifizieren. Dieses räumliche Verfahren wurde zu einer Lerntechnik der Rhetorik ausgebaut,[17] welche an bestimmten ausgewählten Orten (*loci*) geistige Bilder (*imagines*) anheftet, die für das Erinnerte bzw. das Memorierte stehen. Begibt man sich in Gedanken an diese Orte, kann auf diese geistigen Bilder zurückgegriffen werden, das Gedächtnis wird aktiviert. Diese Mnemotechnik kann auch bei den Reisen in den postgalizischen Raum angewendet werden. Dabei greifen die Reisenden bei der Einprägung zunächst auf unterschiedlichste Materialien zurück, die unter dem Oberbegriff „Galizien" wie in einem Archiv gespeichert sind; was die Bilder jedoch letztendlich hervorruft, ist die Bewegung im Raum.

Dieser Prozess kann sehr gut anhand der räumlichen Memoria-Metapher versinnbildlicht werden, wie Aleida Assmann anhand von Edmund Spensers Versepos *The Fairie Queene* (1596) zeigt. Im zweiten Buch von Spensers Allegorie auf die christlichen Tugenden wird das Schloss von Alma beschrieben, welches allegorisch für den gesunden menschlichen Körper steht. Der für den Kopf stehende Turm

---

14 Magdalena Marszałek/Sylvia Sasse: „Geopoetiken". In: Dies. (Hg.): *Geopoetiken. Geographische Entwürfe in den mittel- und osteuropäischen Literaturen.* Berlin 2010, S. 7–18, hier S. 13.
15 Ebd., S. 158.
16 Frances A. Yates: *The Art of Memory.* London 1966.
17 Vgl. Aleida Assmann: *Erinnerungsräume. Formen und Wandlungen des kulturellen Gedächtnisses.* München 1999, S. 27.

symbolisiert das menschliche Gedächtnis mit den drei Kammern für die Zukunft, Gegenwart und Vergangenheit.[18] Der dritte Raum, die Vergangenheit, macht einen heruntergekommenen Eindruck und hat zwei Bewohner: Eumenestes und Anamnestes. Eumenestes ist ein Greis mit blendendem Gedächtnis, der „Zeuge allen Geschehens seit Menschengedenken" ist und in einem Raum umgeben von den Dokumenten jener Vergangenheit lebt.[19] Der Greis ist zu gebrechlich, um die Bände selbst aus den Regalen zu holen, ihm hilft sein wendiger Bibliotheks-Gehilfe Anamnestes, der selbst verloren geglaubte Bände ausfindig machen kann. Eumenestes steht für „Good Memory", Anamnestes dagegen ist „the Reminder".[20] Assmann unterscheidet das Gedächtnis, den Speicher, von der aktiven Erinnerung und der Energie des Auffindens und Hervorholens:

> Das passive Gedächtnis trägt den Namen Eumenestes. Diese Gestalt verkörpert den Speicher, den unendlichen Vorrat an angesammelten Daten. Die aktive Erinnerung trägt den Namen Anamnestes. Er verkörpert die bewegliche Energie des Auffindens und Hervorholens, die den Daten aus ihrer latenten Präsenz zur Manifestation verhilft. Das Gedächtnis ist der Speicher, aus dem die Erinnerung auswählt, aktualisiert, sich bedient.[21]

Analog lässt sich die Reise nach und die Auseinandersetzung mit Galizien immer wieder konkret räumlich als ein Gang in ein Archiv denken, bei dem ganz bestimmte Materialien ausgewählt und entnommen werden. Diese werden durch die Reise aktualisiert und schließlich selber Teil des umfangreichen Galizien-Archivs, das bestimmte Themen, Bilder, Mythen, materielle Relikte und kulturelle Praktiken aufbewahrt. Elemente dieser textuell oder materiell im Archiv Galizien niedergelegten Themen und Mythen, die jeden neu geschaffenen Text konstituieren, sind z. B. Multikulturalität, Mehrsprachigkeit, Peripherie, Spurensuche, Shtetl, Ostjudentum. Aus dem Zusammenspiel von Auseinandersetzung mit den im Archiv abgelegten Materialien (Texte, Bilder, Erzählungen, Karten etc.) und dem konkreten Aufsuchen des Raumes Galizien bzw. der Bewegung in diesem Raum (beide können auch imaginär sein) entsteht nun die Reiseliteratur an einer Verbindungsstelle von Vergangenheit und Gegenwart. Der Text entsteht mithin erst durch die Verhandlung der historischen, literarischen Bilder mit den gegenwärtigen Erwartungen und den Erlebnissen der Reise. Auswahl (aus der Vergangenheit), Aktualisierung (in der Gegenwart), Aufzeichnung (für die Zukunft) – diese drei Wesenszüge bestimmen die

---

18 Vgl. Edmund Spenser: The Faerie Queene. London 1977, S. 256–258. Assmann: *Erinnerungsräume*, S. 54 f. und 158 f.
19 Assmann: *Erinnerungsräume*, S. 160.
20 Vgl. ebd., S. 158 f.
21 Ebd., S. 160.

postgalizischen Reisen. Dabei übernehmen die Reisenden eine doppelte archivarische Rolle der Überlieferungsbildung: Sie sind die Verwalter der Archivmaterialien (Auswahl) und ihre Produzenten (Aktualisierung, Aufzeichnung).

Reisen im postgalizischen Raum: Aktualisierung des historisch-literarischen Archivs

Abhängig von der Art des Zugriffs auf das Archiv können die Reisen in unterschiedliche Gruppen unterteilt werden. Die größte Gruppe in der deutschsprachigen Literatur nach 1989 greift vor allem auf das historisch-literarische Archiv zurück,[22] das heißt, auf literarische und historische Texte (sowie damit zusammenhängende Topoi), alte Landkarten, Fotografien, Postkarten etc. Die Reisenden begeben sich auf die Spuren berühmter Schriftsteller und bedeutender Persönlichkeiten, historischer Orte und Ereignisse. Sie schöpfen aus Quellen von Autoren unterschiedlichster Nationalitäten und Ethnien, wodurch ihr aktualisiertes Galizienbild auf einem transnationalen Netz von Archivmaterialien mit bestimmten vergangenheitsbezogenen Schwerpunkten basiert.

Ein großer Teil der deutschsprachigen galizischen Reisetexte behandelt das jüdische Erbe im postgalizischen Raum. Der erste nach 1989 erschienene Text war Verena Dohrns *Reise nach Galizien. Grenzlandschaften des alten Europa* (1991).[23] Die Autorin unternahm ihre reale Reise noch vor 1989, „um die alten Grenzlandschaften Galizien, Wolhynien, Podolien, die unserem Land zugewandte ukrainische Provinz kennenzulernen." (7) Unterwegs greift sie auf die Lektüre zahlreicher galizischer Autoren sowie auf die Lebensgeschichten bedeutender galizischer Persönlichkeiten zurück, wodurch ihr Werk hochgradig intertextuell verfasst ist, was auch das Ziel ihrer Reise erklärt: „um das Gepäck von Angelesenem und am Schreibtisch gefaßten Vorurteilen im Gespräch zu erproben, an lebendigen Eindrücken zu messen und Lesarten miteinander zu vergleichen." (9 f.) Das Interesse an dem jüdischen Erbe Galiziens skizziert Dohrn im ersten Kapitel wie folgt:

> Nach den Ruthenen und den Polen waren die Juden die größte Minderheit in Galizien, Wolhynien und Podolien, machten in Galizien zehn bis zwölf Prozent der Gesamtbevölkerung aus, in den Städten und Städtchen oft mehr als die Hälfte der Einwohnerschaft. Menschen mit großen Namen – Joseph Roth, Rosa Luxemburg, Paul Celan, Rose Aus-

---

22 Vgl. Baran-Szołtys: *Galizien als Archiv*, S. 75–155.
23 Verena Dohrn: *Reise nach Galizien. Grenzlandschaften des alten Europa*. Frankfurt/M. 1991. Weitere Nachweise mit Angabe der Seitenzahl direkt im Text.

länder, Manès Sperber, Wilhelm Reich, Helene Deutsch, die Familie der Brüder Isaac Bashevis und Israel Joschua Singer kommen aus der Provinz Galizien. (9)

Neben dem jüdischen bleibt das polnische literarische Erbe Galiziens, mit Ausnahme einzelner Verweise auf Zbigniew Herbert und Stanisław Lem, fast gänzlich im Hintergrund. Von den ukrainischen Quellen werden Ivan Franko, Taras Ševčenko und Mychajlo Kocjubyns'kyj im Text angeführt. Neben großen Namen dienen historische Landkarten als Orientierung und Hilfe während der Reise; durch deren Benutzung entsteht ein Palimpsest, in dem Vergangenheit und Gegenwart übereinander liegen, wobei die Zeit vor 1918 als die wertvollste gilt. Man findet bei Dohrn nicht viele eigene Beschreibungen von Orten: Ihr Text und ihre Darstellung der Orte entstehen durch intertextuelle Verweise, Anspielungen und Zitate von Vorgängertexten, die sich mit diesen Orten auseinandersetzen, und durch das Anführen von Biographien jener Persönlichkeiten, die an diesen Orten aufgewachsen sind, geboren wurden, dorthin reisten oder sich aus sonstigen Gründen dort aufhielten. Die besuchten Orte stehen also immer mit literarischen Werken oder berühmten Personen in Verbindung. Da bei Dohrn nichts ohne Intertext funktioniert, ist am Ende des Buches eine mehrseitige „Ausgewählte Bibliographie" angefügt, an der man die Schwerpunkte ihrer Archivarbeit sehen kann. (187–192) Die Slawistin und Literaturwissenschaftlerin Dohrn erschafft ein Bild von Galizien, in dem nur das jüdische Erbe von Bedeutung ist. Die gegenwärtige Ukraine hingegen wird, wie in den alten aufklärerischen Reiseberichten, als rückständig, schmutzig und exotisch dargestellt. Gegenüber den Einheimischen nimmt die Erzählerin eine überhebliche Haltung ein und kritisiert oftmals deren mangelndes Interesse an der Geschichte der Orte. Das ukrainische und polnische Erbe wird fast gänzlich ausgeblendet.

Kaspar Schnetzlers *Meine galizische Sehnsucht. Geschichte einer Reise*[24] erschien 1991 mit dem gleichen Schwerpunkt auf dem jüdischen Erbe: „Die Geschichte Galiziens war ohne die Ostjuden nicht zu denken; bald sind die Ostjuden in Galizien nur noch zu denken." (38) Der Schweizer Schriftsteller thematisiert den Untergang des Ostjudentums und die Shoa. Anders als bei Dohrn ist sein Buch durch eine innovative Form geprägt. Es ist eine Sammlung von unterschiedlichen persönlichen Begegnungen, Erlebnissen, Eindrücken, in 27 kurzen anspruchsvollen literarischen Formen. Die Darstellungen sind verfremdet: Gegenwart und Vergangenheit, Realität und Imagination, reale und erfundene Figuren vermischen sich, die Grenzen zwischen ihnen sind nicht erkennbar. Der Erzähler trifft Überlebende des Holocaust, erinnert an Verstorbene auf Friedhöfen oder lässt Literaten wie Karl Emil Franzos zu Wort kommen. Mnemotechnisch erinnert er an bestimmten

---

24 Kaspar Schnetzler: *Meine galizische Sehnsucht. Geschichte einer Reise*. Frankfurt/M. 1991. Weitere Nachweise mit Angabe der Seitenzahl direkt im Text.

Orten an dazugehörige Personen oder Ereignisse. Auch dieser stimmungsvolle Text ist intertextuell, doch werden die Archivmaterialien im Text vermischt und nicht separat angegeben; eine Bibliographie sucht man vergeblich. Quellen sind hier literarische Werke, Zeitungsartikel, Grabinschriften, russische und jüdische Sprichwörter oder Erzählungen von Überlebenden, die wie die Czernowitzer Jüdin Rose Rapaport als historische Figuren fungieren. Die Darstellung seines Auffindens ihrer Person legt den Zynismus mancher Reisender sowie Journalisten aus dem Westen frei: „Rose Rapaport war die Vorzeige-Czernowitzerin, sie wurde als guter Tip in der westlichen Journaille gehandelt. Zeitzeugin: sie hatte das richtige Alter, war Jüdin – nicht gläubig wie die meisten, aber ‚kulturell', wie sie sagte – sprach Deutsch mit österreichischem Akzent. Telegen insofern alles." (11) Die Stelle drückt auch die Ausbeutung des Erbes des Ostjudentums durch den westlichen Intellektuellenkreis (auch in den hier dargestellten Reisetexten) aus und offenbart den steten ausschließenden Rückständigkeitsdiskurs um Galizien. Dabei visualisiert Schnetzler den Fortschrittsgedanken und die immanente Polarisierung zwischen Ost und West: „Befremdend ist die Unvorstellbarkeit, daß eines Tages all das nicht mehr sein wird. Daß die Straßen geebnet, geteert und geglättet sein werden, die Häuser renoviert, verputzt, bemalt. Daß Farben herrschen. Daß die Auslagen und Angebote der Ladengeschäfte reichlich, daß die Kleider der Lembergerinnen bunt sein werden." (59 f.) Dass Schnetzler Galizien in den letzten Tagen der Zugehörigkeit zur Sowjetunion bereist hat, verstärkt dieses Argument. Seine Vorstellung der zukünftigen Angleichung der Ukraine an den Westen ist bis heute noch nicht vollständig realisiert, was auch die nachfolgende Analyse der Reise nach Galizien von Stefan Weidner sowie der derzeitige Krieg in der Ukraine bestätigen. Der Schweizer zeigt die stetige Wandelbarkeit Galiziens: „Dafür habe ich das alte Galizien noch gesehen, das alte Lemberg. Das alte? Heute ist das k.u.k. Galizien das alte, morgen wird die sowjetrussische Ukraine das alte Galizien sein." (60)

Das jüdische Erbe steht auch im Zentrum des Reiseberichts *Verwehte Spuren. Von Lemberg bis Czernowitz. Ein Trümmerfeld der Erinnerungen*[25] (1999) von Ernst Hofbauer und der Fotografin Lisa Weidmann: „Wir haben uns bemüht, den jüdischen Hintergrund dieses vielfach vergessenen östlichen Winkels des historischen Österreichs in Wort […] und Bild […] auszuleuchten und zu dokumentieren." (8) Wie Dohrn und Schnetzler ist es das Ziel Hofbauers, an das jiddische Schtetl und die Auslöschung des Ostjudentums zu erinnern:

---

25 Ernst Hofbauer/Lisa Weidmann: *Verwehte Spuren. Von Lemberg bis Czernowitz. Ein Trümmerfeld der Erinnerungen*. Wien 1999. Da Hofbauer für den Text des Buches verantwortlich war, ist er im Fließtext als Autor angeführt. Weitere Nachweise mit Angabe der Seitenzahl direkt im Text.

> Dort aber, wo diese Musik entstanden ist, in den jiddischen Schtetl, spielt und hört sie keiner mehr. Denn jiddisches Leben ist dort ausgestorben. Wenn das Ausmaß der absoluten Macht über Menschen und ihre religiösen und kulturellen Symbole topographisch überhaupt erfaßbar ist, dann sind die Städte und Schtetl Galiziens und der Nordbukowina authentische Trümmerfelder der Vertreibung, Verlassenheit und des Vergessens. (7)

Der Bericht basiert auf literarischen Texten, vorranging von Joseph Roth, Rose Ausländer, Paul Celan, Leopold von Sacher Masoch oder Salcia Landmann, und auf Gesprächen mit Zeitzeugen sowie Akteuren des gegenwärtigen jüdischen Lebens in der Ukraine (Alexander Lisen, Josef Burg, Max Schickler u. a.). Galizien steht für das Jüdische als Teil der österreichischen Geschichte und zeigt auf, wie die Habsburgpolitik das Entstehen einer ukrainischen Nation förderte – ein österreichisches Narrativ herrscht vor. So führt die Reise nur durch den ukrainischen Teil der einstigen Provinz: Lemberg, Brody, Zablotów, Sadagora, Czernowitz. Neben der Sicherung des jüdischen Erbes liefert der publizistische Text vor allem eine Darstellung der westukrainischen Realität Ende der 1990er Jahre. Die Beschreibung der sozioökonomischen und politischen Verhältnisse samt geschichtlichem Hintergrund mit einer völligen Ausblendung der polnischen Perspektive dominiert diesen Reisetext. Der aus Wirtschafts- und Politikkreisen stammende österreichische Journalist entwirft ein tristes, hoffnungsloses Bild der verfallenden sowie von Mafiakriegen und Korruption gezeichneten Ukraine, das leicht überzeichnet zu sein scheint. Auch hier steht das heutige Galizien für Rückständigkeit, wie am Beispiel von Brody ersichtlich wird: „Die kurze Fahrt […] erinnert an eine Fahrt durch eine schlampig organisierte Dritte-Welt-Stadt." (101) Der Blick aus dem Westen herrscht vor, die literarischen Ambitionen sind gering. Ersichtlich wird abermals, dass die westlichen Reisenden vor allem an der Westukraine interessiert sind.

Eine recht neue Art des Erzählens über eine Reise nach Galizien stellt *Der stille Bug. Reise durch ein zerrissenes Land* (2004)[26] der Journalisten Annette Dittert und Fritz F. Pleitgen dar. Die Reise wurde zum Dreh eines Dokumentarfilms durchgeführt, wobei die Verschriftlichung und Publikation des Buches erst im Anschluss stattfanden. Wie der Titel andeutet, liegt der Fokus des Buches auf den geschichtlichen Umwälzungen und den damit einhergehenden Entwicklungen. Der Darstellung historischer Zusammenhänge und ihrer Auswirkungen auf die Gegenwart wird viel Raum gegeben, samt einer historischen Zeittafel im Anhang. Den Ausgangspunkt bildet der Grenzfluss Bug mit seiner politischen und geschichtlichen Bedeutung für die Region, wobei die Reise bis nach Brest führt. Als Quellen für Reise und Erzählung dienen die dort lebenden Menschen mit ihren Schicksalen

---

26 Annette Dittert/Fritz F. Pleitgen: *Der stille Bug. Reise durch ein zerrissenes Land*. Köln 2004.

und Berichten über das gegenwärtige und vergangene Galizien, aber auch literarische und historische Quellen (Rose Ausländer, Paul Celan, Martin Pollack, Joseph Roth, Taras Ševčenko etc.). Indem er sich auf die Gegenwart der Ukraine und ihre Geschichte konzentriert, ähnelt dieser publizistische Text dem von Hofbauer, das jüdische Erbe steht jedoch erstmals nicht mehr im Zentrum der Reise.

Auch Roswitha Schiebs 2000 veröffentlichte *Reise nach Schlesien und Galizien. Eine Archäologie des Gefühls*[27] eröffnet einen neuen Zugang, der ebenso für den 2010 erschienenen Roman *Katzenberge* von Sabrina Janesch[28] gilt. Schieb und Janesch begeben sich auf den Spuren der Vergangenheit der eigenen Familie in Schlesien bzw. Galizien auf die Reise. Beide Texte haben den gleichen historischen Kontext: die Zwangsumsiedlungen und Vertreibungen der polnischen Bevölkerung aus Ostgalizien und der Deutschen aus Schlesien in den 1940er Jahren. So beginnen beide Reisen in Niederschlesien und führen erst später nach Galizien. Janeschs Text konzentriert sich ausschließlich auf die Familiengeschichte, Schiebs Text behandelt sowohl die Ursprungsorte ihrer Familie (sie ist die Tochter von aus Schlesien vertriebenen Deutschen) als auch literarisch-historische Spuren von Schlesien und Galizien. Die intertextuelle Komponente ist bei Schieb aber deutlich schwächer ausgebaut, da sie vor allem an den Schicksalen der Vertriebenen und deren Nachfahren sowie an den gegenwärtigen Entwicklungen in Schlesien und Galizien interessiert ist. Da Galizien für sie vor allem aufgrund der vertriebenen Polen interessant ist, bekommen auch die polnischen Quellen einen größeren Raum (u. a. Jan Parandowski, Józef Wittlin).

Die letzte erschienene Reise nach Galizien, außerhalb der journalistischen Kriegsberichte, mit dem Titel *Ins Griechenland des Ostens. Die Ukraine, Lemberg, die Juden und wir. Wiederholung einer Reise* (2014/2015) ist ein, um es mit den Worten des Autors Stefan Weidner zu beschreiben, „Nachreisen von Schriftstellerreisen."[29] Der deutsche Schriftsteller, Übersetzer und Islamwissenschaftler bereiste im März 2014 Lemberg auf den Spuren des Autors Alfred Döblin und gleichzeitig „auf der Suche nach den gesamteuropäischen Wurzeln der Krise in der Ukraine."[30] Initiiert wurde

---

27 Roswitha Schieb: *Reise nach Schlesien und Galizien. Eine Archäologie des Gefühls*. Berlin 2000.
28 Sabrina Janesch: *Katzenberge*. Berlin 2010. Auf diesen Roman wird nicht eingegangen, da er nicht aus dem historisch-literarischen Archiv, sondern dem Familienarchiv schöpft. Für eine Darstellung dieses Romans vgl. Magdalena Baran-Szołtys: „(Re-)Visionen von Galizien: Transgenerationale Reisenarrative zwischen Wiederentdeckung, Rekonstruktion und Imagination". In: *Studia Litteraria Universitatis Iagellonicae Cracoviensis*, 10 (2015) Heft 1, S. 1–14; Dies./Marianne Windsperger: „Galicia revisited. Spurensuche als Generationenerzählung in der deutschsprachigen, polnischen und jüdisch-amerikanischen Gegenwartsliteratur". In: Goran Lovrić/Marijana Jeleč (Hg.): *Familie und Identität in der deutschsprachigen Gegenwartsliteratur*. Frankfurt/M. 2016, S. 247–259.
29 Stefan Weidner: *Ins Griechenland des Ostens. Die Ukraine, Lemberg, die Juden und wir. Wiederholung einer Reise*. Köln 2015, Schmierseite. Der Text erschien erstmalig im Oktober 2014 als E-Book.
30 Ebd. Weitere Nachweise mit Angabe der Seitenzahl direkt im Text.

die Reise durch die Ereignisse rund um die Ukrainekrise und den Euromaidan, wodurch die Ukraine im deutschsprachigen Raum wieder mit einigen weiteren publizistisch-literarischen Veröffentlichungen in das öffentliche Interesse rückte.[31] Weidner stützt seinen Bericht vor allem auf eine Archivquelle: Alfred Döblins *Reise in Polen* (1924),[32] die den ganzen Text hindurch zitiert wird. Der Erzähler besucht die von Döblin aufgesuchten Orte und stellt beide Eindrücke bzw. Texte, den seinen der Gegenwart und den Döblins der Vergangenheit, durchgehend nebeneinander. Döblins Text ist durch Kursivierung markiert und nicht direkt belegt. Bei einem Besuch des Krakauer Platzes in Lemberg kommen beide Blickpunkte nahezu zur Deckung. Die Zeitschichten und Perspektiven überlagern sich:

> vor uns ein länglicher Platz, zugestellt mit Verkaufsbuden, Bretterverschlägen. Während ich das Bild betrachte, […], spüre ich etwas – eine Erinnerung an Dinge, die ich selbst nie erlebt habe, bricht über mich hinein […]. *Hinter dem Stadttheater fängt ein Morast an. Meine Stiefel überziehen sich mit Lehm.* Mit Schneematsch. *Dies ist, mit einer kribbelnden Masse von Händlern, Kleinhändlern, Kleinsthändlern,* die stehen da wirklich, *Herumlungerern, Schnorrern,* davon weniger, liegt wohl am Schnee, die *Judenstadt* gewesen. *Der Krakowskiplatz erweitert sich; er steht voller Holzbuden.* Eine freie Fläche, zu Döblins Zeit noch *wüste, grauenerregende Ruinenmassen. Ein einsames Haus ist erhalten.* Ich sehe es. (18 f.)

Transparentes Palimpsestieren – so könnte man Weidners Methode beschreiben. Außer Döblin werden Józef Wittlins *Mein Lemberg* (1994)[33] und Stanisław Lems *Das Hohe Schloss* (1974)[34] mehrmals angeführt. Weiters zitiert Weidner mit einer Rede von Hans Frank, Zeugenaussagen eines Überlebenden des Lemberger Professorenmords in Ostgalizien, Martin Pollacks *Galizien*, Johann Gottfried Herders *Journal meiner Reise im Jahr 1769*[35] und Laura U. Marks *Enfoldment and Infinity* (2010)[36] ein neuartiges Spektrum. Diese bemerkenswerte Reise ist eigentlich nur ein viertägiger Besuch in Lemberg und unterscheidet sich in mehreren Bereichen

---

31 Vgl. u. a. Juri Andruchowytsch (Hg.): *Euromaidan – Was in der Ukraine auf dem Spiel steht*. Frankfurt/M. 2014; Katharina Raabe/Manfred Sapper (Hg.): *Testfall Ukraine – Europa und seine Werte*. Frankfurt/M. 2015; Karl Schlögel: *Entscheidung in Kiew. Ukrainische Lektionen*. München 2015; Jens Mühling: *Schwarze Erde. Eine Reise durch die Ukraine*. Reinbek 2016; Jutta Sommerbauer: *Die Ukraine im Krieg. Hinter den Frontlinien eines europäischen Konflikts*. Wien 2016.
32 Alfred Döblin: *Reise in Polen* [1924]. Olten u. a. 1968.
33 Józef Wittlin: *Mein Lemberg*. Übers. v. Klaus Staemmler. Mit Fotografien von Guido Baselgia. Frankfurt/M. 1994.
34 Stanisław Lem: *Das hohe Schloss*. Übers. v. Caesar Rymarowicz. Frankfurt/M. 1974.
35 Johann Gottfried Herder: *Journal meiner Reise im Jahr 1769*. Erlangen 1946.
36 Laura U. Marks: *Enfoldment and Infinity. An Islamic Genealogy of New Media Art*. Cambridge 2010.

von den zuvor publizierten Reisetexten: Der Text ist reflektiert, distanziert und durchaus selbstkritisch. Der Wissenschaftler und selbsternannte „Großstadtarchäologe" (30) weiß, wie Erinnern funktioniert, und führt dies auf exemplarische Weise vor:

> Was sind wir, denken wir, sprechen wir anderes als die Sprachen, die Gedanken, die Sichtweisen, die uns vererbt, in das Wachs unseres Gedächtnisses eingedrückt worden sind? Ich erkenne und finde dieses Erbe bloß wieder, nehme es bewusst als meines an. Wenn ich Döblin lese, mit ihm durch Lemberg laufe, finde ich […] die Sätze und Bilder, die als Rudimente in mein Gedächtnis schon eingeschrieben waren […]. Und zugleich lege ich, indem ich darüber schreibe, eine neue Gedächtnisschicht, die womöglich eines Tages von anderen wiedererkannt wird, denn sie ist selbst nur ein Ausfluss dessen, was sich einschreibt in uns, heute und nach uns. (30 f.)

Weidner nennt dies „Transsubstantion, Transmemoration" und beschreibt so die archivarische Rolle in der Überlieferungsbildung eines jeden Einzelnen im Allgemeinen und seine im Speziellen: Man verwaltet und produziert Archivmaterialien. Eine archäologische Arbeit, wie sie den postgalizischen Reisen nach Galizien entspricht.

Der Reisetext überzeugt überdies durch seine Kontemporalität. Nicht nur, dass das Buch zunächst als E-Book erschien und sich der Autor auf die Reise nicht mit traditionellen Landkarten, sondern mit Google Maps vorbereitet – auch, und das ist wohl am bedeutendsten, zieht er Parallelen zu globalen politisch-ökonomisch-moralischen Fragestellungen der Gegenwart. Er zieht immer wieder Vergleiche mit dem Islam und den Flüchtlingen und dies anhand der Juden, genauer anhand der in der Zwischenkriegszeit nach Galizien Reisenden, die sich die osteuropäischen Juden anschauen wollten, sich dabei Klischeevorstellungen bedienten und diese zu bestätigen versuchten: „Um die zu finden, die waren, wie man Juden sich vorstellte, musste man wie Döblin (und die Nazis) in Polen und der Ukraine suchen."(22) Das Ziel war es, „die Differenz zwischen wertvollen und weniger wertvollen Menschen" zu verstehen. Dies wendet Weidner in ein Warnsignal für die Gegenwart:

> Es ist heute sehr wichtig, das zu verstehen, um nicht (wieder!) dem Wahn aufzusitzen, wer unter uns ist und anders als wir, müsse sich anpassen; um nicht so zu tun wie der Film, als sei die Vernichtung der Juden heute deshalb so unverständlich und schockierend, weil sie ja, so wie der Jude im Film, nicht anders waren als unsere Mütter, unsere Väter, nicht so ein komischer Fremder, der Lufthandel betreibt, eine komische andere Sprache spricht (Jiddisch! Arabisch! Türkisch!), als Sozialbetrüger verunglimpft wird (*die feindseligen Worte von Parasiten, Schmarotzern*), vernachlässigt ausschaut (ja, die Juden in Galizien waren arm), an einen anderen Gott glaubt, Parallelgesellschaften bildet und Ähnliches,

was viele heute den Muslimen unter uns vorwerfen und was das Gleiche ist wie der damals verbreitete Blick auf die Juden, die Döblin in Lemberg sah. (22 f.)

Das Buch thematisiert aber auch die Komplexität von Urteilen der Täter- und Opferschaft, wie sie zahlreiche Reisende aus dem Westen nach Galizien kommend bisher ignorierten oder leichtfertig als Fortschreibung des Rückständigkeitsdiskurses und ihrer Überlegenheitsstellung fällten. Obwohl Weidner keine ukrainischen Quellen verwendet, versucht er, das Ukrainische nicht unerwähnt zu lassen: Er stellt Bezüge zum Euromaidan und der ukrainischen Politik her, ohne hart ins Gericht zu gehen. Es ist kein überlegener, sondern ein empathischer Blick.

Fazit

Die Analyse der wichtigsten deutschsprachigen Reiseliteratur im postgalizischen Raum nach 1989 bringt mehrere Aspekte in Bezug auf die literarisch-publizistische Darstellung Galiziens zum Vorschein. Nach 1989 wird Galizien vor allem mit Ostgalizien in Beziehung gebracht, die reale Verwaltungseinheit der Habsburger spielt keine Rolle mehr. Die Reisen beruhen auf einem etablierten literarischen Kanon und verlaufen größtenteils in ähnlichen Bahnen. Die Konzentration auf das jüdische Erbe dauert bis heute an, obwohl die Darstellung der ukrainischen Realität samt sozioökonomischer und politischer Erläuterungen immer wichtiger wird. Das polnische Erbe spielt in den Darstellungen keine gravierende Rolle und wird nur nebenbei behandelt, doch dienen polnische Werke eher als Vorlage als ukrainische Texte, was mit der Etablierung und Verfügbarkeit der polnischen Literatur in deutscher Übersetzung im deutschsprachigen Raum zu begründen wäre. Auch verändert sich die Einstellung der Reisenden zum postgalizischen Raum und dessen Einwohnern. Während in den 1990er Jahren noch ein belehrendes, überhebliches Narrativ vorherrscht, sind die neueren Berichte selbstkritischer und empathischer und spiegeln damit eine grundlegend kritische Haltung gegenüber der vermeintlichen westlichen Allwissenheit und dem erbarmungslosen Neoliberalismus. Vor allem zeigt Stefan Weidners Bericht eines: wie Galizien als Ausgangspunkt für die Analyse von gegenwärtigen Problemen herangezogen werden kann.

Nun gewinnen diese Texte in Zeiten des Ukraine-Kriegs zusätzlich an Bedeutung. Da die öffentliche Aufmerksamkeit auf der Ukraine liegt, dienen sie als Bücher, die Einblicke in dieses Land geben, von dem viele keine klare Vorstellung haben. Die verflochtene Geschichte und die Reiseerzählungen, die wir von dem Gebiet der Westukraine, also etwa des damaligen Ostgaliziens haben, stellen zudem dar, wie komplex die Geschichte des ukrainischen Staates ist und wie viele Ethnien, Sprachen, Religionen und, was für uns vielleicht am wichtigsten ist, Geschichten sich hier vermischen. Auch das Archiv wird sich erweitern: Nun finden auch schon bald diejenigen Geschichten aus diesem Krieg darin Platz, die keine reinen Kriegsberichterstattungen sind, sondern die Folgen des Krieges darstellen werden.

Anna Katharina Neufeld

Zwischen Mobilität und Transformation

Der Fahrradhelm als biotechnologisches Paradox

> Die Saga geht weiter: Dank Helm.
> Gilt in jeder Galaxie. Und auf dem Fahrrad.[1]

Der Fahrradhelm ist ein Schutzhelm für Radfahrer, der auf dem Kopf getragen wird. Damit ist er nicht nur unmittelbar an einen Körper gebunden und Teil der „Bewegung, die wir *mit* unserem Körper und *als* Körper" machen, die es uns ermöglicht das zu denken, was wir „historisch, kulturell, individuell als Raum verstehen."[2] Er ist auch für einen ganz bestimmten Teil des Körpers vorgesehen, dem spätestens seit dem Ausrufen des *Decade of the Brain* in den 1990er Jahren eine erhöhte Aufmerksamkeit zukommt, nämlich dem Kopf, bzw. dem Gehirn. Als Schutzhelm für den Kopf hebt er demnach die heute zu beobachtende exponierte Stellung des Körpers hervor, die sich in Begriffen wie ‚Biohacking', ‚Neuro-Engineering' oder ‚Mind-Uploading', aber auch in Diskussionen um die Patientenverfügungen oder der Organspende zeigen und die im Sinne Michel Foucaults auf das Leben als Macht verweisen. In diesem Zusammenhang symbolisiert der Fahrradhelm in besonderer Weise, wie ich im Weiteren ausführen werde, das Verhältnis von Körper, Leben und Raum.

Die Wissenschaftshistorikerin Lorraine Daston stellt dem Aufsatzband *Things That Talk* den Aufruf voran: „Imagine a world without things", um die Konsequenz dieser Aussage mit den Worten „[w]ithout things, we would stop talking" zu kommentieren.[3] Dabei verweist Daston auf das Chimärenhafte und Kompositorische von Dingen, das uns zum Sprechen bringt, sobald wir ihnen begegnen.[4] Erleben wir sie zunächst als „materiell, partikulare Realien", so werden sie über die historischen und kulturellen Narrative, in die sie eingebettet sind, zu erzählen-

---

[1] Kampagne „Runter vom Gas" des Bundesministeriums für Verkehr und digitale Infrastruktur (BMVI) und des Deutschen Verkehrssicherheitsrats (DVR).
[2] Hartmut Böhme (Hg.): *Topographien der Literatur. Deutsche Literatur im transnationalen Kontext.* Stuttgart u. a. 2005, S. XV.
[3] Lorraine Daston: „Speechless". In: Dies. (Hg.): *Things That Talk.* New York 2004, S. 9–27, hier S. 9.
[4] Ebd., S. 21.

den Objekten („*telling objects*" [Bal 1994]), wie Ulrike Vedder betont.[5] Ein Ding wird damit in ein Objekt transformiert, welches sich, in Anlehnung an Barbara Kirshenblatt-Gimblett, als Akteur bezeichnen lässt. Dieser wird durch das Wissen, das ihm über den Objekttext zugeschrieben wird, animiert.[6] Nicht nur wird dabei die Performativität des Akteurs sichtbar, sie verändert sich entsprechend dem zugeschriebenen Wissen. In diesem Sinne eröffnet auch der Fahrradhelm, den ich hier in seiner Funktion als Kopfschutz und modisches Accessoire betrachten möchte, einen diskursiven Raum des Sprechens, der über den konkreten Gegenstand hinausgeht und diesen zu einem Objekt macht. Entsprechend seines Kontextes animiert er nicht nur zu verschiedenen vernetzten Diskursen, er eröffnet auch unterschiedliche Körper-Raum-Verhältnisse. Dabei möchte ich zum Ersten den Fragen nachgehen, wie er als Akteur eingesetzt wird, welche Narrative er produziert und welche Transformationen dabei sichtbar werden. Um dann sein Verhältnis sowohl zwischen Mobilität und Sicherheit als auch zwischen Körper und Raum näher zu untersuchen.

Der Fahrradhelm – ein ambivalentes kulturelles Narrativ

Der Fahrradhelm ist zunächst ein konkreter Gegenstand, bestehend aus Hartschaumstoff und verschiedenen Kunststoffüberzügen, Bändern und Verschlüssen, der in den 1920er Jahren im Bereich des Radrennens erstmals zum Einsatz kam. Hier übernimmt er die Funktion des Kopfschutzes, wissend, dass bei erhöhter Geschwindigkeit ein Sturz zu Kopfverletzungen führen kann. Ab den 1970er Jahren wurde der Fahrradhelm für den Breitensport entwickelt. Seine Verbreitung erfolgte allerdings erst in den 1980er Jahren – aufgrund von Studien, die zu belegen versuchten, dass ein Fahrradhelm das Kopfverletzungsrisiko um 80 Prozent reduziere.[7] Der Tod des Profi-Radrennfahrers Fabio Casartelli bei der Tour de France 1995 trug zu einer weiteren Sensibilisierung bei, denn er starb an einer Kopfverletzung nach einem Sturz „mit ungeschütztem Kopf".[8] Dieses Ereignis steuerte zur Verbreitung

---

5 Vgl. Ulrike Vedder: „Sprache und Ding". In: Stefanie Samida/Manfred K.H. Eggert/Hans Peter Hahn (Hg.): *Handbuch Materielle Kultur. Bedeutungen, Konzepte, Disziplinen*. Stuttgart u. a. 2014, S. 39–46, hier S. 39.

6 „Objects are actors and knowledge animates them". Barbara Kirshenblatt-Gimblett: *Destination Culture. Tourism, Museums and Heritage*. Berkeley u. a. 1998, S. 3.

7 In der Regel wird sich auf folgende Studie berufen: Thompson, Rivara: „A Case-Control Study of the Effectiveness of Bicycle Safety Helmets". In: *The New England Journal of Medicine*, 320 (1989) Heft 21, S. 1361–1367.

8 www.eurosport.de/radsport/tour-de-france/2018/tour-de-france-geschichte-n-der-tragische-tod-des-fabio-casartelli_sto3847256/story.shtml (letzter Zugriff: 28.02.2024).

der Idee vom Fahrradhelm als ‚Knautschzone' bei, dass also die Styroporschicht im Helm einen zusätzlichen Bremsweg schafft, das Gehirn besser schützen kann und zudem Abschürfungen, Platzwunden und Prellungen reduziert. So wurden Mitte der 1990er erste Helmpflichtgesetze diskutiert und in einigen Ländern umgesetzt, wobei der Internationale Radsport-Verband die Helmpflicht erst 2003 einführte.[9]

Eine damit entstehende Fahrradhelmindustrie sorgte nun, neben ihren Bemühungen den Helm zunehmend sicherer zu machen, auch für seine ästhetische Gestaltung. Nicht nur in verschiedenen Farbversionen, von einfarbig bis bunt, sondern auch mit modischen Mustern und poetischen Bezeichnungen wie *Cherry Blossom* oder *Rainbow Sky*, in verschiedenen Formen als Hut, Tierkopf oder Frisur, wird der Fahrradhelm als Accessoire zeitgenössischen Modebewusstseins produziert und verkauft. Die im Jahr 2000 in den USA gegründete Firma *Nutcase* zählt zu den internationalen Marktführern und geht aus Fahrradhelmvergleichen immer wieder als Testsieger hervor.[10] Die Gründung der Firma fand in Oregon bei einem American Football-Spiel statt, also bei einer Sportart, für die der Helm unerlässlich ist und spätestens seit 2005 zum Politikum wurde.[11] *Nutcase* hat das Motto „I love my brain" gewählt und verbindet die Herstellung der Fahrradhelme mit der Kreativszene, indem betont wird, dass Künstler das Design der Helme mitgestalten. Damit steht *Nutcase* beispielhaft für eine Entwicklung, die in den letzten zwanzig Jahren sowohl den Sicherheitsaspekt des Fahrradhelms als auch

---

9 Die Gesetzgebung zur Helmpflicht wird in den europäischen Ländern unterschiedlich gehandhabt. In Deutschland beispielsweise herrscht keine Helmpflicht, in Österreich schon. Die Herstellung von Fahrradhelmen in der Europäischen Union und der Schweiz unterliegt allerdings der Prüfung der Europäischen Norm.

10 www.vergleich.org/fahrradhelm/?gid=EAIaIQobChMI4LGaopHJ3QIVTouyCh2RagCXEAAYA SAAEgLXlvD_BwE (letzter Zugriff: 28.2.2024). Neben *Nutcase* sind auch weitere Firmen zu nennen, die sich im Führungssegment der Helmherstellung bewegen, z. B. CASCO, ein 1989 gegründetes Familienunternehmen. Die Marke *Alpina* führte 1996 die ersten größenverstellbaren Fahrradhelme ein. Die 1924 gegründete Sicherheitsfirma *Abus* produziert ebenfalls in verschiedenen modischen Varianten Fahrradhelme.

11 Der aus Nigeria stammende US-Rechtsmediziner und Neuropathologe Bennet Ifeakandu Omalu veröffentlichte 2005 als Erster Fallstudien von Obduktionen ehemaliger American Football-Spieler. Dabei traten neurologische Schädigungen des Gehirns zutage, die durch heftige Schläge auf den Kopf (trotz Helm) verursacht wurden. Diese Schädigungen wurden als *Chronisch-traumatische Enzephalopathie* (CTE) bezeichnet. Seine Veröffentlichung stieß auf heftigen Widerstand von Seiten der NFL. 2015 wurden Omalus Bemühungen, die Gesundheitsrisiken beim American Football gegen den Widerstand der NFL sichtbar zu machen, von der Journalistin Jeanne Marie Laskas in dem Buch *Concussion* publiziert, welches im gleichen Jahr mit Will Smith unter dem Titel *Erschütternde Wahrheit* (Regie Peter Landesman) verfilmt wurde. 2017 erschien Omalus eigenes Buch *Truth Doesn't Have a Side. My Alarming Discovery about the Danger of Contact Sports*.

seine Ästhetik weiter ausgebildet hat und nicht zuletzt auch im Rahmen des *Decade of the Brain* gedacht werden kann.[12]

Die verschiedenen modischen Variationen des Fahrradhelms weisen somit auf seine Herstellung hin, die hier immer im Zusammenhang mit seiner Funktion steht. Allerdings, während die Hersteller den Fahrradhelm befürworten und – auch aus verkaufstechnischen Gründen – sein Sicherheitspotential betonen, gibt es auch diejenigen, die es anzweifeln. Das Online-Magazin *HardShell – Das Fahrradhelm Magazin* publizierte 2009 eine Reihe von Aufsätzen zu der Frage, ob Fahrradhelme Leben retten und vor schweren Kopfverletzungen schützen. Verschiedene wissenschaftliche Studien wurden geprüft und nebeneinandergestellt, um festzustellen: „Wenn es um Fahrradhelme geht, geben sich Fakten und Mythen ein munteres Stelldichein."[13] Nach physikalischen Berechnungen, so ein Autor des Magazins, könne ein Fahrradhelm das Gewicht des Körpers nicht abbremsen, so dass von einer Wirksamkeit nicht gesprochen werden könne. Eine 2004 herausgegebene Publikation der *Deutschen Gesellschaft für Neurochirurgie e. V.* (DGNC) kommt zu dem Schluss, dass Fahrradfahrer, die durch Geschwindigkeit und Verkehr ein erhöhtes Risiko tragen, mit einem Schädel-Hirn-Trauma zu verunglücken, durch einen Helm nicht ausreichend geschützt sind. Helme müssten dementsprechend nicht nur verbessert, es sollten auch neue Schutzsysteme entwickelt werden.[14] Das *British Medical Journal* veröffentlichte 2013 eine kanadische Studie, die weiterhin nur von einem minimalen Schutz durch Fahrradhelme spricht, aber trotzdem das Tragen eines Helms empfiehlt.[15] Das Für und Wider bleibt demnach eine kontroverse Debatte,

---

12 Vgl. Diane Roberts Stoler/Barbara Albers Hill (Hg.): *Coping with Mild Brain Injuries. A Guide to Living with the Challenges Associated with Cocussion/Brain Injury*. New York 1998, S. XVII. Das Motto „I love my brain" lässt sich durchaus mit dem 1989 von der US-amerikanischen Regierung ausgerufenen *Decade of the Brain* in Verbindung zu bringen. Die seitdem umfangreichen Studien zum Gehirn haben nicht nur zu einer Differenzierung von Begrifflichkeiten und damit auch Diagnosen geführt. Mit dem 1996 von Bill Clinton verabschiedeten *Traumatic Brain Injury Act* sind auch innovative Programme zur Behandlung von Hirnschädigungen veranlasst worden. Dass diese Popularisierung der Hirnforschung allerdings auch in gewissen Bereichen nationaler Identität wie der *National Football League* ignoriert wird, zeigen die Bemühungen des Neuropathologe Bennet Ifeakandu Omalu.

13 www.rennrad-news.de/forum/threads/helmpflicht-f%C3%BCr-rennradfahrer-zumutbar.24914/page-5 (letzter Zugriff: 28.02.2024).

14 Frank Thomas Möllmann/Bernhard Rieger/Hansdetlef Wassmann: „Spezifische Unfallmechanismen von Fahrradverkehrsunfällen – Analyse der Korrelation zwischen dem Unfallmechanismus und dem Schweregrad des Schädel-Hirn-Traumas". In: *55. Jahrestagung der Deutschen Gesellschaft für Neurochirurgie e. V.* Köln 2004.

15 Jessica Dennis/Tim Ramsay/Alexis F. Turgeon u. a.: „Helmet Legislation and Admissions to Hospital for Cycling Related Head Injuries in Canadian Provinces and Territories: Interrupted Time Series Analysis". In: *British Medical Journal* (2013): www.bmj.com/content/346/bmj.f2674 (letzter Zugriff: 28.02.2024).

die sich nicht zuletzt auch in der Einführung einer Helmpflicht spiegelt.[16] Dabei geht es neben der Problematik von Selbstbestimmung und Bevormundung auch darum, dass laut Studien eine Helmpflicht das Fahrradfahren an sich reduziert,[17] so dass der Fahrradhelm entscheidend zur Kultur des Fahrradfahrens beiträgt. Konkret bedeutet das, dass in Folge der Einführung einer Helmpflicht beobachtet wurde, dass weniger Leute Rad fahren und dies Auswirkungen auf Alltags- und Mobilitätskulturen hat. Das Fahrradfahren, welches im 19. Jahrhundert sowohl der Arbeiterklasse als auch Frauen eine Form der Unabhängigkeit bot, prägt bis heute Raumerfahrung und Raumverständnis. Verkehrsinfrastrukturen und städtische Topographien machen dies sichtbar und ihr Ausbau dient heute vor allem in gesundheitspolitischen und/oder umwelttechnischen Debatten als Argument, eine gesunde Bevölkerung zu erhalten. Kampagnen, die das Tragen eines Helms befürworten, versuchen demnach die Debatte um eine Helmpflicht zu umgehen, indem sie den Helm auf andere Art und Weise salonfähig machen wollen.

Die Kampagnen

Die Kindersendung *Sendung mit der Maus* strahlte im November 2013 einen Beitrag zum Fahrradhelm aus, der die Relevanz des Kopfschutzes durch einen Helm verdeutlicht. Verglichen wird der Kopf mit einem rohen Ei, das zerbricht, wenn es auf den Boden fällt. Innerhalb dieser simplen Logik werden dann die Herstellung des Helms und sein korrektes Tragen veranschaulicht, denn nur ein passender Helm kann den Kopf schützen. In ähnlicher Weise argumentiert die auf Schädel-Hirn-Verletzungen fokussierte *ZNS – Hannelore Kohl Stiftung* im Juni 2017 in ihrer Präventionskampagne „Schütz deinen Kopf!" Ihr Ziel besteht darin, „durch Aufklärung über Unfallrisiken und geeignete Schutzmaßnahmen möglichst viele Menschen vor einer schweren Kopfverletzung und den damit verbundenen Folgen zu bewahren und die hohen Unfallzahlen zu senken."[18] Als Schutzmaßnahme wird hier der Fahrradhelm beworben, neben einer groß angelegten Plakatkampagne wurde auch ein Schülerwettbewerb ausgeschrieben: „Design Hero" versucht, über das Einbeziehen von Schülern in die grafische Gestaltung eines Helms ihre Motivation zum Helmtragen zu steigern. Die Plakate dieser Kampagne wiederum zeigen

---

16 Die *European Cyclists' Federation* (ECF) lehnt beispielsweise die Helmpflicht ab. Vgl. Holger Dambeck: „Helmpflicht für Radfahrer. Reine Kopfsache". In: *Spiegel Online* vom 13.06.2013: www.spiegel.de/gesundheit/ernaehrung/helmpflicht-fuer-radfahrer-helm-frage-laesst-forscher-verzweifeln-a-905466.html (letzter Zugriff: 28.02.2024).
17 Dorothy L. Robinson: „Head Injuries and Bicycle Helmet Laws". In: *Accident Analysis & Prevention*, 28 (1996) Heft 4, S. 463–475.
18 www.hannelore-kohl-stiftung.de/praevention/aufgaben/ (letzter Zugriff: 28.02.2024).

in mehreren Varianten die Folgen eines Unfalls und betonen mit dem Slogan „Ein Helm hilft, bevor wir helfen müssen! Auf Kopfschutz setzen!" seine Notwendigkeit.

Auch die *Deutsche Verkehrswacht* hat 2011 zusammen mit dem *Bundesministerium für Verkehr, Bau und Stadtentwicklung* (BMVBS) eine Medienkampagne entworfen, deren Plakate – mit dem das Motto „Ich trag' Helm" – Kinder, Männer und Frauen verschiedener Altersgruppen in einer selbstverständlichen Geste mit Fahrradhelm inszenieren. In einer gemeinsamen Initiative des *Bundesministeriums für Verkehr und digitale Infrastruktur* (BMVI) mit dem *Deutschen Verkehrssicherheitsrat* (DVR) wird in der 2015 gestarteten Plakatserie mit der Star Wars-Figur Darth Vader geworben. 2016 appellieren Prominente im Rahmen der „Runter vom Gas"-Kampagne an Fahrradfahrer mit dem Satz „Hut ab – Helm auf". Ebenfalls mit Prominenz wirbt das *Präventions- und Charityprojekt zum freiwilligen Helmtragen stadthelm.de*. Nicht nur ihre prominente Botschafterin Bettina Wulff ist als Gesicht der Imageplakate zu sehen, auch Schauspieler wie der Tatortkommissar Dietmar Bär oder Orthopäden und Kinderchirurgen werden mit einem Helm gezeigt.

Die genannten Kampagnen stellen einen öffentlich zugänglichen Ausschnitt dessen dar, was in den letzten Jahren an Mühen und Kosten in die Bewerbung von Fahrradhelmen geflossen ist. Das gemeinsame Motto lautet „Fahrradhelme retten Leben", wie die bundesweite Kampagne „Runter vom Gas" behauptet. Fahrradhelme, so die Begründung, schaffen bei Unfällen größere Überlebenschancen. Der Helm reduziert die Aufprallenergie und damit auch die Wahrscheinlichkeit eines Schädel-Hirn-Traumas.[19] Gleichzeitig, so lässt sich anhand der Kampagnenführer und Schirmherren argumentieren, ist der Fahrradhelm zu einem politischen Anliegen des Staates geworden, der seiner ethischen Verpflichtung nachkommt, zum „Schutz von Leben" einzutreten.[20] Dies zeigt sich nicht nur in der Sorge, als die freiwillige „Helmtragequote"[21] nicht anstieg und der damalige Bundesverkehrsminister Peter Ramsauer (CSU) 2011 und 2012 sich veranlasst sah, mit der Einführung der Helmpflicht zu drohen. Auch das Gerichtsurteil des Schleswig-Holsteinischen Landgerichts, das einer Radfahrerin, weil sie keinen Helm trug, eine Mitschuld an ihrem Unfall gab, der sie durch das Aufreißen einer Autotür zu Fall brachte, verdeutlicht die politische Brisanz dieses Objektes. Dabei lässt sich eine Transformation des Fahrradhelms beobachten, der vom Gegenstand, den man sich auf den Kopf setzt, um diesen zu schützen, zu einem biopolitischen Instrument wird,

---

19 Vgl. Grafik „Runter vom Gas" im Rahmen der Fahrradhelm-Aktion „Du bist mir nicht egal", Mai 2017.

20 Dass der Staat das Leben effektiv vor unfreiwilligem Verlust schützen muss, tut er strafrechtlich durch §§ 211, 212 StGB. Vgl. Ulf Kämpfer: www.boell.de/sites/default/files/buch_die_freiheit_zu_sterben.pdf (letzter Zugriff: 28.02.2024).

21 www.welt.de/politik/deutschland/article106169297/Peter-Ramsauer-und-die-verrohten-Kampf-Radler.html (letzter Zugriff: 28.02.2024).

um ethisches Handeln zu lenken.[22] Die genannten Kampagnen verfolgen dabei verschiedene Strategien, um ihre Aufforderung an den/die Bürger*in, im Sinne des Staates verantwortlich für das eigene Leben, aber auch für die Gemeinschaft zu handeln, auszuformulieren.

Ästhetisierung als Instrument der Überzeugung

Durch prominente Schauspieler, Politiker, Musiker oder abgebildete Kultfiguren wie Darth Vader sowie durch die Betonung seines Designs wird der Fahrradhelm zum modischen Accessoire stilisiert, so dass er über ästhetische Vorstellungen zu einem Instrument der Überzeugung wird. Der Fahrradhelm als ästhetisches Accessoire, der von Prominenten getragen wird, wird in diesen Kampagnen von einem Wissen animiert, das unartikuliert im Raum steht, aber jeder dieser Kampagnen als Ausgangsthese dient, ebenso wie das Wissen der Motor einer ganzen Industrie ist: Fahrradhelme sind in der Regel *nicht* modisch, zerdrücken die Frisur, sind unpraktisch. Die Kampagne „Ich trag Helm" des BMVBS und des DVR von 2011, die einem jungen Mann lässig im Anzug und Helm neben seinem Fahrrad stehend die Worte in den Mund legen „Für Mode zerbrech' ich mir nicht den Kopf", wirbt einerseits für den Fahrradhelm, damit der Kopf nicht verletzt wird (oder gar zerbricht). Andererseits wird in umgekehrter Weise auf den modischen Aspekt des Helmtragens hingewiesen. Denn dass Fahrradhelme in der Regel selten als modisch betrachtet worden sind, machen die Plakate indirekt deutlich, indem sie eben diesen Punkt hervorheben: „Endlich ist wieder Hutsaison" bedeutet ein anderes Plakat dieser Kampagne, welches eine mondän gekleidete Frau auf dem Fahrrad zeigt.[23] Die Firma *Nutcase* bringt es auf den Punkt, wenn sie formuliert: „Helmets used to be boring."[24] Eben dies stellt den Ansatz ihrer Arbeit dar und begründet sogar die Entstehung der Firma, wie es auf der Internetseite zur „Nutcase story" heißt: „We founded Nutcase to change all of that. To make helmets fun again. To make them into something you wanted to wear without being told you should. A piece of art, something that makes you smile, each and every time you put it on."[25]

---

22 Ich beziehe mich hier auf Foucaults Vorstellung von Biomacht. Vgl. Michel Foucault: „Recht über den Tod und Macht zum Leben". In: Ders.: *Histoire de la sexualité 1: La volonté de savoir* [1976]. Übers. v. Ulrich Raulff/Walter Seitter als *Der Wille zum Wissen. Sexualität und Wahrheit 1*. Frankfurt/M. 1977, S. 129–153.
23 Weitere Kommentare auf den Plakaten lauten: „Loch im Kopf sieht peinlich aus." oder „Ich trag' nur, was keiner trägt."
24 www.nutcasehelmets.com/pages/about-us (letzter Zugriff: 28.02.2024).
25 Ebd.

In diesem Sinne tragen prominente Personen aus der internationalen Kreativszene – Musiker, Fotografen, Schauspieler, Stylisten – auf den Plakaten „Hut ab – Helm auf" ein ‚Kunstwerk' (*art piece*) und keinen einfachen Helm.[26] Als Vorbilder schaffen Prominente und ‚Kunstwerk'-Helm „eine visuelle Präsentation von Zukunft", gleichzeitig produzieren sie ein „normatives Ideal"[27], dem die Menschen folgen und nacheifern sollen. Indem diese Kampagnen den ästhetischen Aspekt betonen, lassen sie die Frage nach der Rolle der Industrie zu. Denn im gleichen Maß, wie der Fahrradhelm als Instrument biopolitischer Strategien betrachten werden kann, produziert seine Ästhetisierung ein Vorbild, das einen „Transfer zwischen Körper und Medien" darstellt, der immer auch „Anlass und Ergebnis von Beseelungs- und Verwandlungsprozesse[n]" sind.[28] Diese Kampagnen ergeben damit ein homogenes kulturelles Narrativ, in dem der Fahrradhelm sowohl für die „staatliche Regierungspraxis" als auch für die „Selbstregierungspraxis jeder einzelnen Person" steht.[29] Damit spiegelt diese Form der Darstellung ein Verhältnis von Körper und Raum wieder, das sich ganz aufs Leben konzentriert und sich im räumlichen Diesseits verortet. Eine Präsenz des Todes – möglich durch einen Unfall – als räumliches Jenseits wird allerdings ausgespart, auch wenn der Sicherheitsaspekt diese Assoziation durchaus zulässt. Die Star Wars-Figur Darth Vader deutet zwar auf eine räumliche Grenzüberschreitung hin, in dem sie den Blick auf andere Galaxien öffnet: „Die Saga geht weiter: Dank Helm. Gilt in jeder Galaxie. Und auf dem Fahrrad."[30] Doch, auch wenn hier andere Galaxien anzitiert werden, spiegeln sie ein raum-zeitliches Kontinuum wieder, das doch noch ganz diesseitig ist und bedeutet, dass dort die Möglichkeit gegeben ist, mit dem Fahrrad zu fahren.

Die Abwesenheit des Helms

Ebenfalls darauf ausgerichtet, den Fahrradhelm als Schutzmaßnahme für den Kopf zu präsentieren, inszenieren Plakatserien (etwa solche der *ZNS – Hannelore Kohl Stiftung*) Drohkulissen, um die Folgen sichtbar zu machen, die aus Unfällen ohne Helm resultieren. Hier wird die Abwesenheit des Fahrradhelms in den Fokus

---

26 „Hut ab – Helm auf" wirbt mit Künstlern wie dem deutsch-polnischen Sänger, Rapper und Musikproduzenten Mateo Jasik, dem deutsch-portugiesischen Schauspieler, Fotografen, Stylisten und Videoregisseur Manuel Cortez oder dem 2016 verstorbenen Pop- und Jazzmusiker Roger Cicero.
27 Thomas Macho: *Vorbilder*. München 2011, S. 13.
28 Ebd., S. 15.
29 Vgl. Isabell Lorey/Robert Nigro/Gerald Raunig: „Biopolitik". In: Dies. (Hg.): *Inventionen I. Zur Aktualisierung poststrukturalistischer Theorie*. Zürich 1990, S. 188–192, hier S. 188.
30 Kampagne „Runter vom Gas" des Bundesministeriums für Verkehr und digitale Infrastruktur (BMVI) und des Deutschen Verkehrssicherheitsrats (DVR).

gestellt, und es werden Szenarien gezeigt, wie die eines verunglückten Kindes in einer Blutlache neben seinem Fahrrad vor dem Auto liegend oder das Bild des siebenjährigen Mirco mit seiner Mutter, der aufgrund eines Schädel-Hirn-Traumas auf den im Hintergrund schemenhaft abgebildeten Rollstuhl angewiesen ist. Auch hier geht es um eine „visuelle Repräsentation von Zukunft"[31] – einer Zukunft allerdings, der im Gegensatz zu den erwähnten anderen Kampagnen nicht nachgeeifert werden soll und die das Leben zum Grenzfall macht. Vielmehr sollen die Bilder eine abschreckende Wirkung erzielen, zeigen sie doch das Kind als Pflegefall, angewiesen auf Hilfe und Unterstützung. Auch hier spielen Prominente eine Rolle, wie das Plakat des Rennfahrers Ralf Schumacher darlegt. Seine Anwesenheit auf dem Plakat betont die Abwesenheit seines Bruders Michael Schumacher, des 2013 verunglückten Formel-1-Rennfahrers, der laut Medienberichten beim Skifahren verhängnisvoll stürzte und *trotz* Helm folgenschwer am Kopf verletzt wurde. Dass er seit seinem Unfall nie mehr persönlich in der Öffentlichkeit aufgetreten ist, lässt nicht nur Spekulationen über seinen Gesundheitszustand oder gar Tod zu,[32] seine Abwesenheit hebt ein Aufgabengebiet der *ZNS – Hannelore Kohl Stiftung* hervor: Neben Beratung, Aufklärung, Finanzierung und Forschung unterstützt sie mit Hilfsfonds „in Not geratene Familien"[33] und verdeutlicht, dass Pflegefälle zur finanziellen Belastung werden können, ist man nicht so abgesichert wie Michael Schumacher.

Die asiatische Präventions- und Helmkampagne *AIP Foundation. Safe Roads for Life* wirbt unter anderem mit dem Profil eines Mannes, dessen Kopf eine große Operationsnarbe zeigt und der gefüttert wird, da er, so lässt sich sein Zustand interpretieren, nicht mehr selbstständig essen kann. Kommentiert wird das Porträt mit dem Satz „I won't wear a helmet, it makes me look stupid."[34] Das Plakat produziert eine Ironie, die auf einen Schicksalsschlag hinweist, der die ethische Frage stellt, ob man durch den modischen Verzicht auf einen Helm zum Pflegefall werden möchte, und damit weiter impliziert, ob dies ein lebenswertes Leben ist. Damit steht diese Problematik im Kontext einer aktuellen Debatte, die eng mit medizin-technischen

---

31 Macho: *Vorbilder*, S. 13.
32 www.autozeitung.de/arzt-aus-schumachers-ex-behandlungsteam-mahnt-geduld-an-180295.html (letzter Zugriff: 28.02.2024).
33 www.hannelore-kohl-stiftung.de/stiftung/ueber-zns/ (letzter Zugriff: 28.02.2024).
34 http://aip-foundation.org/news/updated-calculations-attribute-vietnams-2007-helmet-law-us-4-billion-savings-33500-fatalities-averted/ (letzter Zugriff: 28.02.2024). Die *AIP Foundation. Safe Roads for Life* hat in dem Zusammenhang zwei weitere Plakate und ein Video herausgebracht, die ebenfalls Portraits und Menschen darstellen, die von einem Unfall am Kopf gekennzeichnet sind. Begleitet werden die Bilder von den Sätzen „I won't wear a helmet, because I don't look cool", „I won't wear a helmet, because it ruins my hair", „I won't wear a helmet, because it will never happen to me" oder „I won't wear a helmet, because you don't wear one".

Fortschritten und pharmazeutischen Entwicklungen einer Intensiv- und Hochleistungsmedizin verbunden ist. Bei allen positiven Errungenschaften, die diese Entwicklungen geschaffen haben, allem voran Leben retten zu können, eröffnen doch die Möglichkeiten, gezielte Eingriffe in Sterbeprozesse vorzunehmen und Menschen ‚künstlich' am Leben zu halten, nicht selten ein ethisch-moralisches Dilemma.

Der Fahrradhelm als Symbol des ‚Zwischenraums'

Als Instrument zum Schutz des Lebens zielt der Fahrradhelm insbesondere auf den Schutz des Gehirns (vgl. „I love my brain"). Damit rückt eine weitere Perspektive in den Blick, ist doch das Gehirn spätestens seit 1968 zum zentralen Gegenstand kontroverser Diskussionen um die Definition von Leben und Tod geworden. 1968 beschlossen Wissenschaftler der *Harvard Medical School* die Einführung der sogenannten Hirntodkriterien, welche nicht nur den Herztod als bis dahin entscheidendes Kennzeichen der Todesfeststellung ablösten, sondern auch eine veränderte Wahrnehmung und ein neues Verständnis des toten Körpers beförderten. Seither entscheiden Mediziner*innen, dass ein Mensch tot ist, weil sein Hirn tot ist, selbst wenn sein Herz noch schlägt.[35] Dabei wird erneut die Frage aufgeworfen, was als lebendig und was als tot gilt. Diese Überlegungen wurden bereits Ende des 18. Jahrhunderts im Zusammenhang mit der Angst vor dem Scheintod angestellt und fanden in verschiedenen Formen ihren Ausdruck, sei es in literarischen Entwürfen wie Grimms *Schneewittchen* (1812) und Mary Shelleys *Frankenstein or The Modern Prometheus* (1818) oder in medizinischen Publikationen wie die von Christoph Wilhelm Hufeland, wie *Ueber die Ungewissheit des Todes und das einzige untrügliche Mittel, sich von seiner Wirklichkeit zu überzeugen und das Lebendigbegraben unmöglich zu machen; nebst Nachricht von der Errichtung eines Leichenhauses in Weimar* (1791) oder *Der Scheintod, oder Sammlung der wichtigsten Thatsachen und Bemerkungen darüber, in alphabetischer Ordnung mit einer Vorrede* (1808). Die entsprechenden heutigen Diskurse sind stark durch Technisierung und medizinisch-pharmazeutische Entwicklungen beeinflusst und machen den Raum zwischen Leben und Tod als einen zunehmend entgrenzenden ‚Zwischenraum' sichtbar. Nicht nur die Thematisierung von Komazuständen, wie in Pedro Almodóvars Film *Sprich mit ihr* (*Hable con ella*, 2002) oder in Alex Gar-

---

35 Petra Gehring weist hier auf die neue Rolle der Ärzte hin, die nun über die Grenze zwischen Tod und Leben entscheiden und damit in gewisser Weise den Tod ‚herstellen'. Diese Entscheidungsmacht ist ein Expertenmonopol, das die nicht medizinisch geschulten Beteiligten entmündigt. Petra Gehring: *Theorie des Todes. Zur Einführung*. Hamburg 2010, S. 172.

lands Roman *Das Koma* (2004),[36] macht dies deutlich. Auch die 1968 erschienenen ersten Zombie-Filme von George Romero[37] thematisieren die hart umkämpfte „twilight-zone",[38] wie Georg Seeßlen und Markus Metz den ‚Zwischenraum' bezeichnen, der von ‚Untoten' bewohnt wird. Der Begriff der ‚Untoten' betont dabei auf der semantischen Ebene die Erweiterung dieses ‚Zwischenraums', indem er den Körper verräumlicht. Nicht nur symbolisieren ‚Untote' eine Ausdifferenzierung von Leben und Tod, sie spielen auf eine neue Wahrnehmung des als hirntot erklärten Körpers an. Noch durchblutet und mit funktionierenden Organen wird er als ‚noch lebendig' erlebt und weist dabei auf die eigentlichen Bemühungen der Einführung der Hirntodkriterien hin, nämlich die Ermöglichung von Organtransplantationen. Medizinisch gesehen ist eine Organentnahme nur dann erfolgreich, wenn die Organe noch ausreichend durchblutet sind, was sie selten bei Feststellung des Herztods sind. Entsprechend stellt der Beschluss der Hirntodkriterien einen signifikanten Wandel in der Medizin dar, der sich auf politischer Ebene als konsequente Fortführung biopolitischer Strategien betrachten lässt.[39] Die Philosophin Petra Gehring spricht in dem Zusammenhang von einem „neuen Wert der Leiche"[40], der darüber entsteht, dass durch die Organtransplantation ein verstorbener Mensch in einem anderen Menschen ‚weiterlebt', wie nicht zuletzt auch Filme wie *Return To Me* (USA, 2000) von Bonnie Hunt oder *21 Grams* von Alejandro González Iñárritu (USA, 2003) thematisieren. Der Tod, so lässt sich sagen, wird mit der Möglichkeit der Transplantation ins Leben zurückgeführt und ruft dabei nicht nur Foucaults vielzitierten Satz *„sterben lassen, um Leben zu machen"* ins Gedächtnis, der als

---

36 Die beiden Beispiele sind nur zwei der zahlreichen literarischen und filmischen Veröffentlichungen, die in den letzten Jahren zu dem Thema erschienen sind. Für einen genaueren Überblick vgl. z. B. Ulrike Vedder: „Scheintod, Koma, Testament. Wissenschaftliche und literarische Fiktionen an der Grenze des Todes." In: Claudia Breger/Irmela Krüger-Fürhoff/Tanja Nusser (Hg.): *Engineering Life. Narrationen vom Menschen in Biomedizin, Kultur und Literatur.* Berlin 2008, S. 53–70; Ulrike Vedder: „Zwischen Leben und Tod: Koma als literarischer Grenzfall". In: *Zeitschrift für Germanistik*, XXV (2015) Heft 3: *An der Grenze. Sterben und Tod in der Gegenwartsliteratur.* Hg. v. Ders./Anna Katharina Neufeld; Ulrike Vedder: „Im Koma. Zur literarischen Darstellung extremer Existenz". In: Anja Tippner/Christopher F. Laferl (Hg.): *Extreme Erfahrungen. Grenzen des Erlebens und der Darstellung.* Berlin 2017, S. 125–138.
37 Ebenfalls 1968 kam der Film *Night of the Living Dead* von George A. Romero heraus, der innerhalb seiner Karriere als Autor und Filmregisseur sechs Zombie-Filme drehte.
38 Georg Seeßlen/Markus Metz: *Der Untote in der Krise.* Berlin 2010. Der Text erschien im Rahmen der Konferenz *Die Untoten – Life Science & Pulp Fiction* (2010). www.untot.info (letzter Zugriff: 28.02.2024).
39 Die erste erfolgreiche Transplantation fand an einem Herzen statt, die bereits kurz nach Einführung der Hirntodkriterien 1968 in Kapstadt erfolgte.
40 Petra Gehring: „Vom tabuisierten zum begehrten Objekt. Über den neuen Wert der Leiche". In: Dominik Groß/Andrea Esser/Hubert Knoblauch u. a. (Hg.): *Tod und toter Körper. Der Umgang mit dem Tod und der menschlichen Leiche am Beispiel der klinischen Obduktion.* Kassel 2007, S. 33–42.

Paradigma seiner Darstellung von „Biomacht" gilt.⁴¹ Die Entmachtung des Todes, die hier sichtbar wird, verlagert die Grenzziehung zwischen Leben und Tod auf den Körper und stellt gleichzeitig die Frage nach dem Raum, der bislang jenseits der Grenze zum Leben lag.

Die Kampagnen der *AIP Foundation* und der *ZNS – Hannelore Kohl Stiftung,* die auf die Folgen eines Unfalls ohne Helm hinweisen und die Hilfebedürftigkeit der Personen, die dort abgebildet sind, thematisieren, stellen ein anderes Verhältnis von Körper und Raum dar als die, die seine Ästhetisierung betonen. Gerade weil der abgebildete Zustand der Menschen vermuten lässt, dass die Hirnverletzungen nicht reversibel sind, aber die medizin-technischen Entwicklungen es heute möglich machen, das Leben zu retten, werden hier Assoziationen zu jenem ‚Zwischenraum', der mit der Einführung der Hirntodkriterien entstand, möglich. Dieser lässt sich anbinden an Giorgio Agambens *„homines sacri"*⁴², die der Soziologe Thomas Lemke als „Menschen, die zugleich lebendig und tot sind. […] Produkte der modernen Biomedizin"⁴³ paraphrasiert hat. Die Kampagnen, die die Abwesenheit des Fahrradhelms thematisieren, spiegeln demnach eine „Repräsentation von Zukunft"⁴⁴, die auf einen ‚Zwischenraum' verweist, der einen Grenzfall verkörpert. Nicht nur wird der Fahrradhelm so in seiner Funktion als biotechnisches Objekt sichtbar, das das Fahrradfahren optimieren soll. Er repräsentiert zugleich das ethisch-moralische Dilemma der medizin-technischen Entwicklungen, das in Bezug auf die Hirntoddebatte die durchaus zynische Aussage, „Fahrradhelme […] schützen Menschen oft vor der Art von Kopfverletzung, die zum Hirntod führt. Fahrradhelme sind schlecht für die Organspende",⁴⁵ zulässt.

Ausblick

Ausgegangen von dem Gegenstand Fahrradhelm wird deutlich, dass seine Thematisierung in öffentlichen Kampagnen verschiedene Blickwinkel eröffnet, die sowohl das Verhältnis von Mobilität und Sicherheit als auch das Verhältnis von Körper und Raum eruieren. Die Unterschiedlichkeit, mit der allerdings der Sicherheitsaspekt des Fahrradhelms betont wird, schafft durch seine Anbindung an die Mobilität des

---

41 Foucault: *Der Wille zum Wissen*, S. 134. Eigentlich heißt der Satz: „Man könnte sagen, das alte Recht, sterben zu *machen* oder leben zu *lassen* wurde abgelöst von einer Macht, leben zu *machen* oder in den Tod zu *stoßen*."
42 Giorgio Agamben: *Homo Sacer. Die souveräne Macht und das nackte Leben.* Frankfurt/M. 2002.
43 Thomas Lemke: *Gouvernementalität und Biopolitik*. Wiesbaden 2007, S. 115.
44 Macho: *Vorbilder*, S. 13.
45 Alard von Kittlitz: „Diskussion um Organspende. Herztod." In: *Frankfurter Allgemeine Zeitung* vom 07.10.2012.

Körpers verschiedene Räume. Die einen Kampagnen konzentrieren sich darauf eine Rezeption von Vorbildern zu schaffen, denen nachzueifern ist, indem sie den Helm über seine Ästhetisierung zu einem Instrument machen, der Kopf und somit auch das Leben schützt. Hier symbolisiert der Helm nicht nur den Schutz des Lebens, er führt auch den Zusammenschluss von Politik und Industrie vor und ihre diesseitig ausgerichtete Biopolitik. Der Vorbildcharakter der anderen Kampagnen besteht hingegen in der Thematisierung seiner Abwesenheit, indem die Folgen eines ‚Fahren-ohne-Helm' visualisiert werden. Damit wird der Helm zum Symbol des ‚Zwischenraums', bewohnt von Menschen, deren Abhängigkeit nicht nur von anderen, sondern auch von der Biomedizin und ihren Technologien sichtbar wird.

Der Fahrradhelm lässt sich demnach als ein komplexes Objekt betrachten, das, über seine verschiedenen Inszenierungen in Bezug auf die Sicherheit und den Schutz des Kopfes, die Transformation des Menschen und seine zunehmende Abhängigkeit von den selbst geschaffenen Technologien sichtbar macht. Indem er als Instrument biopolitischen Handelns sowohl den diesseitigen Raum des Lebens als auch den ‚Zwischenraum', als „weitreichendste [Folge] biopolitischer Interventionen",46 symbolisiert, verweist er dabei konkret auf den Menschen und seinen Kopf, den er schützen soll. Steht in den untersuchten Kampagnen die Ästhetik oder die Abwesenheit des Helms als Argument im Vordergrund, vereinen sich diese beiden Aspekte zu einem neuen Verhältnis in dem *Hövding Airbag Helm*. Nicht mehr als Helm, der die Frisur zerdrücken kann, sondern als schicker Kragen in diversen modischen Farben wird der *Hövding* im Fall eines Aufpralls über einen Sensor zu einem Airbag-Fahrradhelm umgewandelt und lässt dann durchaus Assoziationen zur Science-Fiction Figur Darth Vader zu. Als sicheres und modisches Accessoire, so die Werbung, kann der *Hövding* sogar beim Fahren eines E-Bikes benutzt werden, wenn bis zu 25 km/h erreicht werden. Seit 2012 die Anforderungen der EU-Richtlinien erfüllend, stellt er ein sog. High Tech Produkt für den urbanen Radfahrer dar und macht den Prozess der Optimierung und Technisierung dieses Objekts sichtbar, wie das junge Startup *Boulder- und Bike Buddies* es für den Mountainbike Bereich zeigt. *Boulder- und Bike Buddies* entwickeln derzeit einen Helm mit integriertem Sturzsensor, der mit einer App verbunden ist, die im Fall eines Sturzes einen Notruf absetzen kann.47 So lässt sich mit Blick auf diese Entwicklungen, in denen der Fahrradhelm nicht nur mit der Science-Fiction Figur Darth Vader assoziiert wird, sondern sich seine Ästhetik tatsächlich materialisiert und zu einem Teil unserer Alltagskultur wird, durchaus die Frage stellen, ob er nicht bereits paradoxerweise auf die „Auflösung" der „Subjektform ‚Mensch'" hinweist, „da der

---

46 Lemke: *Gouvernementalität und Biopolitik*, S. 115 u. 118.
47 Idee und Motivation des Startups war der Unfall eines Freundes, der nach einem „Crash mit einem Baum" bewusstlos im Wald lag und erst nach einer gewissen Zeit von Wanderern gefunden wurde. www.startnext.com/tocsen (Letzter Zugriff: 28.02.2024).

Mensch zum Hindernis auf dem Weg zu einer immer weitergehenden Optimierung des Lebens wird"[48]. Damit ließe sich der Fahrradhelm nicht nur als ein Objekt der Mobilität betrachten, der auf eine Fahrradkultur hinweist, die in Bezug auf gesundheitspolitische und umwelttechnische Themen heute an Bedeutung gewonnen hat. Der Fahrradhelm ließe sich gleichzeitig als Transformationsobjekt betrachten, der die Technisierung und Selbstoptimierung des Menschen in einem Leben spiegelt, das die wachsende Verschmelzung und Abhängigkeit von der Technik darstellt.

---

48 Lemke: *Gouvernementalität und Biopolitik*, S. 126.

Autor*innenverzeichnis

MAGDALENA BARAN-SZOŁTYS forscht als FWF-Firnberg-Fellow am Research Center for the History of Transformations (RECET) und am Institut für Zeitgeschichte der Universität Wien zu Transformations- und Ungleichheitsnarrativen im postsozialistischen Polen. Sie studierte Germanistik und Slawistik in Wien, Krakau und Breslau. 2018 promovierte sie am interdisziplinären Doktoratskolleg Galizien an der Universität Wien über Reisen nach Post-Galizien. Sie war u. a. Visiting Scholar am Ukrainian Research Institute der Harvard University, lehrte Deutsch und Literatur an der University of Sydney und arbeitete 2019 bis 2021 am NCN-Projekt „(Multi)national Eastern Galicia in the Interwar Polish Discourse (and its Selected Counter-Discourses)" an der Universität Warschau. 2021 erschien ihre Monographie *Galizien als Archiv. Reisen nach (Post-)Galizien in der Gegenwartsliteratur*. 2023 wurde sie mit dem Danubius Young Scientist Award vom österreichischen Bundesministerium für Bildung, Wissenschaft und Forschung ausgezeichnet.

BIRGIT DAHLKE ist Literaturwissenschaftlerin und seit 2016 Leiterin der „Arbeits- und Forschungsstelle Privatbibliothek Christa und Gerhard Wolf" an der Humboldt-Universität zu Berlin. Sie promovierte 1994 an der FU Berlin und habilitierte 2003 an der HU Berlin. Monographien neben zahlreichen Aufsätzen: *Christa Wolf. Antifaschistin – Humanistin – Sozialistin*. Würzburg 2019; *Wolfgang Hilbig*. Hannover 2011; *Jünglinge der Moderne. Jugendkult und Männlichkeit in der Literatur um 1900*. Köln u. a. 2006 und *Papierboot. Autorinnen aus der DDR – inoffiziell publiziert*. Würzburg 1997. „NEU CHRISTA WOLF LESEN" (Wanderausstellung, 2019, zusammen mit dem Grafiker Martin Hoffmann und Studierenden der HU); Ausstellungsexponat „Poesie der Kritik". Zu „Störfall. Nachrichten eines Tages" von Christa Wolf (Projekt mit Studierenden des Instituts für deutsche Literatur der HU, zu sehen seit 2021 im Humboldt-Labor des Berliner Humboldt Forums).

MAGDALENA DAROCH ist seit 2016 Literaturwissenschaftlerin am Institut für Germanistik der Universität Warschau. Sie promovierte 2015 zum Thema *Holokaust we współczesnej prozie niemieckiej* (Holocaust in der deutschsprachigen Literatur der Gegenwart). Forschungsschwerpunkte: deutsche, österreichische und polnische Literatur der Shoah, weibliche Lagererfahrung in Literatur und Überlebensberichten von Frauen. Veröffentlichungen zuletzt: „‚Ein Teil der gemeinsamen vorgestellten Welt…' – Konzentrationslager im Zeitalter der Globalisierung". In:

Ewa Wojno-Owczarska (Hg.): *Topographien der Globalisierung*. Frankfurt/M. 2020, Bd. I, S. 171–182; „Willkommen in Auschwitz! Zur Institutionalisierung und Trivialisierung des Shoahgedenkens in Robert Menasses Theaterstück ‚Doktor Hoechst. Ein Faust-Spiel'". In: Krzysztof Tkaczyk (Hg.): *Das moderne Theater in Österreich*. Frankfurt/M. 2021, S. 141–154; „In einer Zwangsgemeinschaft. Zur Ambivalenz von Frauenbeziehungen in den Konzentrationslagern". In: Monika Bednarczuk, Justyna Górny (Hg.): *Schreiben über Frauenbeziehungen. Konstellationen, Räume, Texte*. Wiesbaden 2022, S. 223–241.

MAJA DĘBSKA ist wissenschaftliche Assistentin am Institut für Germanistik an der Abteilung für deutschsprachige Medien und österreichische Kultur der Universität Łódź, Polen. Sie promovierte 2023 zum Thema „*Ein literarischer Sprachkomponist". Musikalität im Schaffen von Gert Jonke*. Forschungsaufenthalte an den Universitäten Wien 2017, Regensburg 2015–2016, Gießen 2014–2015. Franz-Werfel-Stipendiatin im Exzellenzprogramm des BMBWF für junge Universitätslehrer/innen der deutschen Sprache und österreichischen Literatur (OeAD) an der Universität Wien 2018–2019. Zuletzt publiziert: „Atmosphären der Krise im Werk Gert Jonkes". In: Primus-Heinz Kucher/Kalina Kupczyńska/Artur Pełka (Hg.): *Krisen(reflexionen). Literatur- und kulturwissenschaftliche Bestandsaufnahmen*. Göttingen 2024, S. 151–166. „Zwischen ‚Sprachhohlheit' und sprachlichem Alltag. Zur Mehrsprachigkeit innerhalb einer Sprache bei Gert Jonke." In: Renata Cornejo/Tamás Lénárt (Hg.): *Mehrsprachigkeit – Polyphonie*. Wien 2024, S. 53–68.

JOHANNA ENGEL ist als Lehrerin in Berlin tätig. Sie promovierte 2018 an der Humboldt-Universität zu Berlin zu Erzähl- und Repräsentationsformen weiblicher Generationalität unter literaturhistorischen und formalästhetischen Gesichtspunkten. Publikationen zuletzt: *Der weibliche Aufbruch um 1900. Generationalität als Erzählparadigma von Autorinnen der Jahrhundertwende*. Marburg 2020.

JUSTYNA GÓRNY ist Literaturwissenschaftlerin und Übersetzerin. Seit Oktober 2011 ist sie wissenschaftliche Mitarbeiterin im Institut für Germanistik der Universität Warschau. Ihre Forschungsschwerpunkte als Literaturwissenschaftlerin sind Geschichte des Weiblichkeitsdiskurses, Kulturtransfer, Rezeption der Literatur. Sie arbeitet derzeit am Projekt „Figurationen der Moderne: Literarische Weiblichkeitsdiskurse zwischen Wissenschaft und Fiktion 1900–1933"; Publikationen: „Das Erwachen des Ichs im Sein einer anderen Frau – Konstruktion der Figuren in lesbischen Romanen vor 1945". In: Monika Bednarczuk/Justyna Górny (Hg.): *Schreiben über Frauenbeziehungen. Konstellationen, Räume, Texte*. Wiesbaden 2022, S. 171–191; „Bilder aus der Schulzeit – weibliche Adoleszenz bei Marlen Haushofer, Christa Winsloe und Grete von Urbanitzky". In: Andrea Capovilla (Hg.): *Marlen Haushofer: Texte und Kontexte*. Berlin 2022, S. 141–157. Als Übersetzerin arbeitet sie an wissenschaftlichen Texten zur polnischen und deutschen Geschichte, zur Sozial-, Kultur- und Ideengeschichte, zuletzt: *Nur Erinnerungen und Steine sind geblieben: Leben und Sterben einer polnisch-jüdischen Stadt: Tarnów 1918–1945* von Agnieszka Wierzcholska (poln. Titel: *Wspomnienia i kamienie. Życie i śmierć polsko-żydowskiego miasta. Tarnów 1918–1956*).

AGNIESZKA JEZIERSKA-WIŚNIEWSKA ist wissenschaftliche Assistentin am Institut für Germanistik der Universität Warschau. Sie promovierte über Elfriede Jelineks Prosa. Forschungsschwerpunkte: deutsch-polnischer Literaturtransfer, Elfriede Jelineks Prosa und Drama, böse Mütterlichkeit in der deutschen und polnischen Literatur, neuere polnische Literatur, Dystopien in der Literatur, Klimawandelliteratur, Post- und Transhumanismus. Publikationen: mit Bożena Chołuj (Hg.): *O kobietach po niemiecku*. Warschau 2012; mit Monika Szczepaniak (Hg.): *Elfriede Jelinek: Moja sztuka protestu. Eseje i przemówienia*. Warschau 2012; mit Monika Szczepaniak und Pia Janke (Hg.): *Jelineks Räume*. Wien 2017. Zur Zeit arbeitet sie an einem Projekt zu Literatur als Form von Klimaaktivismus.

ROMAN KABELIK studierte Deutsche Philologie und Anglistik in Wien, Manchester und Tübingen und war DOC-team-Stipendiat der ÖAW (2016–2020). Publikationen: mit Syntia Hasenöhrl und Barbara Maly-Bowie: „Why Mobilisation Matters. Interdisciplinary Inquiries about Mobilities, Communications and Power". In: Alexandra Ganser-Blumenau/Annegret Pelz (Hg.): *Mobile Kulturen und Gesellschaften*. Wien 2021, S. 57–84; „Narrative Senses of Perspective and Rhythm: Mobilising Subjectivity with *Werther* and *Effi Briest*". In: Marian Aguiar/Charlotte Mathieson/Lynne Pearce (Hg.): *Mobilities, Literature, Culture*. London 2019, S. 139–162.

SABINE KALFF ist habilitierte Literaturwissenschaftlerin an der Humboldt-Universität zu Berlin, bis 2019 wissenschaftliche Mitarbeiterin am Institut für deutsche Literatur, Neuere deutsche Literatur vom 18. Jahrhundert bis zur Gegenwart/Theorien und Methoden der literaturwissenschaftlichen Geschlechterforschung. 2011 promovierte sie über die *Politische Medizin der Frühen Neuzeit*. Berlin/Boston 2014; 2023 habilitierte sie über die weibliche Erfahrung des Luftkriegs in Deutschland bis 1945. Zuletzt erschienen: „The Reich From Below: Maria Leitner's Undercover Reportages and Research on German National Socialism". In: Lori Weintrob/Judy Tydor Baumel-Schwartz (Hg.): *Heroines of the Holocaust: Frameworks of Resistance*. London 2024; „Konzentration und Kontrolle. Die Pilotin Hanna Reitsch zwischen Loyolas ‚Geistlichen Übungen' und ‚Selbstopferanschlägen'". In: Nina Engelhardt/Johannes Schick (Hg.): *Körpertechniken – Imaginationstechniken*. Bielefeld 2021, S. 269–295.

ALFRUN KLIEMS ist seit 2012 Professorin für Westslawische Literaturen und Kulturen an der Humboldt-Universität zu Berlin. Sie promovierte 2000 zum Thema *Im Stummland. Zum Exilwerk von Libuše Moníková, Jiří Gruša und Ota Filip*. Frankfurt/M. 2002, und war als Fachkoordinatorin für Literaturwissenschaft Ostmitteleuropas am GWZO Leipzig tätig. Forschungsschwerpunkte: Exilliteraturen Ostmitteleuropas 1945–1989; Fragen des Sprach- und Kulturwechsels; Imaginationen des Urbanen; Poetik des Underground; Romantik im polnischen, tschechischen und slowakischen Comic. Publikationen zuletzt: *Underground Modernity. Urban Poetics in East-Central Europe, Pre- and Post-1989*. Budapest/New York 2021.

GRAŻYNA KWIECIŃSKA ist Professorin für Germanistik an der Universität Warschau und leitete ebd. von 2006–2017 die Abteilung für Literaturgeschichte und Literaturtheorie am Germanistischen Institut. Habilitation 1999 über *Hermann Brochs Engagement für die Demokratie. Literatur und Politik*. Warszawa 1999. Forschungsschwerpunkte: Literatur des 19. und 20. Jahrhunderts mit besonderer Berücksichtigung der Literatur der Zwanziger Jahre/Weimarer Republik und neuere österreichische Literatur. Veröffentlichungen zu Alfred Döblin, Hermann Broch und neuerer österreichischer Literatur.

MARCO LORENZ ist wissenschaftlicher Mitarbeiter am Lehrstuhl für Historische Bildungsforschung an der Ruhr-Universität Bochum. In seinem Promotionsprojekt forscht er zur Ausbildung und Förderung von Nachwuchsautor*innen in der DDR und fragt nach Vorstellungen von Lehr- und Lernbarkeit literarischen Schreibens sowie der damit verbundenen Sozialisation junger Schriftsteller*innen in den „Arbeitskreisen Junger Autoren". Publikationen zuletzt: mit Sabine Reh: „Korrigieren, Kommentieren und Beurteilen des deutschen Abituraufsatzes am Beispiel eines Westberliner Gymnasiums in den 1950er Jahren". In: Michael Kämper-van den Boogaart/Sabine Reh/Christoph Schindler u. a. (Hg.): *Abitur und Abituraufsätze zwischen 1882 und 1972. Prüfungspraktiken, professionelle Debatten und Aufsatztexte*. Bad Heilbrunn 2023, S. 263–276; mit Josefine Wähler/Sabine Reh/Joachim Scholz (Hg.): *Fachunterrichtsgeschichten. Studien zur Geschichte der Praxis des Fachunterrichts*, Bad Heilbrunn 2024.

KAMILLA NAJDEK ist als Literaturwissenschaftlerin seit 1993 an der Universität Warschau tätig. Nach einem Studium der Germanistik und Philosophie promovierte sie 2001 mit der Arbeit *Zur Visualisierung der Geschichte in literarischen biographischen Experimenten am Beispiel von „Gottfried Keller" Adolf Muschgs*. 2010 erschien die Habilitationsschrift *Zitat als Figur des Denkens. Aus der philosophischen Rhetorik Hamanns und Benjamins*. Sie ist Mitherausgeberin der Reihe „Eine lebendige Literaturtheorie"; ihr wissenschaftliches Interesse gilt der Rhetorik, Ästhetik und Literaturtheorie. Zu diesen Themen sind mehrere kleinere Schriften erschienen.

ANNA KATHARINA NEUFELD ist Literatur- und Kulturwissenschaftlerin und arbeitet als freie Autorin in Berlin. Sie promovierte als Stipendiatin des Evangelischen Studienwerks e.V. im Bereich Kulturwissenschaft und Germanistik an der Humboldt-Universität zu Berlin zum Thema *Sterben erzählen. Polyphones Erzählen als eine Form zeitgenössischer Sterbekunst* (Berlin 2023). Arbeitsschwerpunkte sind die Kulturgeschichte des Todes und des Sterbens in der zeitgenössischen Literatur, *Narrative Medicine*, Museum und Raum. Publikationen u. a.: mit Ulrike Vedder (Hg.): *An der Grenze. Sterben und Tod in der Gegenwartsliteratur* (= Zeitschrift für Germanistik 3/2015); „*Afterlife* oder Erlösung? Reiseschilderungen und Sterben in Lionel Shrivers *So Much For That*". In: Isabelle Stauffer (Hg.): *Jenseitserzählungen in der Gegenwartsliteratur*. Heidelberg 2018, S. 145–160; „Call me Lazarus – David Bowies *Lazarus* als Sammlung verschiedener Figuren und Persönlichkeiten". In: Michael Neecke/Rainer Barbey (Hg.): *Schriftstücke. Beiträge zu Philosophie und Literaturwissenschaft*. Bd. 3: *Musik, Melancholie und Tod*. Berlin 2020, S. 257–270.

ANNEGRET PELZ ist Professorin i.R. am Institut für Germanistik der Universität Wien und Faculty Member des FWF doc.funds-Projekts *Cultural Mobility Studies*. Sie promovierte zur Reiseliteratur von Autorinnen des 18.–20. Jahrhunderts und habilitierte zu literarischen (Schreib-)Tischszenen. 2019/20 war sie Senior Fellow am Alfried Krupp Wissenschaftskolleg Greifswald. Publikationen zuletzt mit Nicola Kopf: „When the World Comes to a Halt: Imagining Im/mobilized Futures in the Work of Forster, Haushofer, and Lehr". In: Daniela Atanasova/Romana Bund/Dovaine Buschmann u. a. (Hg.): *Entangled Future Im/Mobilities. Interdisciplinary Perspectives on Mobility Studies*. Bielefeld 2024; mit Birgit Erdle (Hg.): *Ilse Aichinger Wörterbuch*. Göttingen 2021; mit Alexandra Ganser (Hg.): *Mobile Kulturen und Gesellschaften/Mobile Cultures and Societies*. Göttingen 2021.

CHRISTINE RINGER ist im Auswärtigen Dienst der Bundesrepublik Deutschland tätig. Zuvor war sie Masterstudentin am Peter-Szondi-Institut für Allgemeine und Vergleichende Literaturwissenschaft an der Freien Universität Berlin sowie studentische Mitarbeiterin im CENTRAL-Projekt *Transformationen und Transfers. Literarische Raumordnungen und ihre Dynamisierung* an der Humboldt-Universität zu Berlin.

KERSTIN ROOSE promovierte 2020 an der Humboldt-Universität zu Berlin mit einer Arbeit über die Semantisierung des Plunders in der Literatur des deutschsprachigen Realismus. Zu ihren Forschungsschwerpunkten gehören die Verbindungen von Literatur und materieller Kultur, Ding-Narrative im literarischen Realismus sowie das Werk Gottfried Kellers. Publikationen zuletzt: *Poetik des Plunders. Ästhetische und kulturhistorische Dimensionen unnützer Dinge im Werk Gottfried Kellers*. Köln u. a. 2022; „‚Letztes Bett' und ‚schwarzer Kasten'. Der Sarg als Objekt zwischen

Ausstellen und Verbergen in Texten des Realismus". In: *Zeitschrift für Germanistik* 3/2021, S. 439–451; „,Ich brauche weiße Wände, schadlose Wände'. Zur Problematik von (Ab-)Trennungen in Ingeborg Bachmanns Roman *Malina* (1971)". In: Julia Freytag/Astrid Hackel/Alexandra Tacke (Hg.): *Gegen die Wand. Subversive Positionierungen von Autorinnen und Künstlerinnen*, Berlin 2021, S. 95–111.

ULRIKE VEDDER ist seit 2009 Professorin für Neuere deutsche Literatur an der Humboldt-Universität zu Berlin. Sie promovierte 2000 zur Mediengeschichte des Liebesdiskurses, habilitierte 2009 zum Testament als literarisches Dispositiv im 19. Jahrhundert und war als wissenschaftliche Mitarbeiterin am Zentrum für Literatur- und Kulturforschung Berlin tätig. Forschungsschwerpunkte: Literaturwissenschaftliche Geschlechterforschung; Literatur und Materielle Kultur; Genealogie, Generation, Erbe; Narrationen an der Grenze des Todes. Publikationen zuletzt: mit Christian Luckscheiter (Hg.): *Deutsch-französische Literaturbeziehungen im 20. und 21. Jahrhundert* (= Zeitschrift für Germanistik 3/2023); „Autographen und ihre Faszinationsgeschichte: von Goethe bis Stefan Zweig". In: *Jahrbuch der Deutschen Schillergesellschaft* 66/2022, S. 187–210; mit Johanna Stapelfeldt und Klaus Wiehl (Hg.): *Museales Erzählen. Dinge, Räume, Narrative*. Paderborn 2020.

CHRISTIAN WIMPLINGER ist wissenschaftlicher Referent der Austrian *School of Government* im BMKÖS - Bundesministerium für Kunst, Kultur, öffentlicher Dienst und Sport. Er promoviert zum Thema kooperative Schreibpraxis von Oskar Negt und Alexander Kluge. Zuvor Universitätsassistent am Institut für Germanistik der Universität Wien, IFK-Junior-Fellow in Wien, Berlin und Princeton sowie OeAD-Lektor an der Universität Wrocław. Seit 2021 außerdem Redaktionsmitglied von *undercurrents – forum für linke literaturwissenschaft*. Zuletzt erschien: gemeinsam mit Ana de Almeida: „Kooperation und Empfindung. Helga M. Novaks politische Prosa der Neuen Sensibilität". In: Jörgen Schäfer/Georg Stanitzek (Hg.): *Neue Sensibilität. Vorschläge zu einem Kanon*. München 2024, S. 230–249; „Reinschrift per procura. Zur Care-Seite des Schreibens". In: undercurrents (Hg.): *Literatur und Care*. Berlin 2023, S. 115–130; mit Ana de Almeida: „Inherited Revolution. Narratives in Transgenerational Memory Transfer". In: *JLT Journal of Literary Theory,* 16 (2022) 2, S. 289–308.